KB022883

탈원전의 철학

DATSU GEMPATSU NO TETSUGAKU

by Yoshiyuki Sato, Takumi Taguchi

Copyright © Yoshiyuki SATO, Takumi TAGUCHI, 2016

All rights reserved.
Original Japanese edition published by Jimbunshoin.

Korean translation copyright © 2021 by b-Books
This Korean edition published by arrangement with Jimbunshoin, Kyoto,
through HonnoKizuna, Inc., Tokyo, and BESTUN KOREA AGENCY.

이 책의 한국어판 저작권은 일본 혼노키즈나 에이전시와 베스툰코리아 에이전시를 통해 일본 저작권자와
독점 계약한 도서출판 b에 있습니다. 저작권법에 의해 한국 내에서 보호를 받는 저작물이므로 무단전재나
복제, 광전자 매체 수록 등을 금합니다.

탈원전의 철학

사토 요시유키 · 다구치 다쿠미 지음

이신철 옮김

도서출판 b

| 일러두기 |

1. 이 책은 佐藤嘉幸·田口卓臣의 『脫原發の哲學』(人文書院, 2016)을 옮긴 것이다.
2. 외국 인명, 지명 등은 현행 외래어 표기법을 기준으로 표기하는 것을 원칙으로 하였으나, 표기 원칙이 정해지지 않은 것은 일반적으로 통용되고 있거나 굳어진 표현을 사용하였다.
3. 기호의 쓰임은 다음과 같다.
   『 』: 책 제목 및 잡지명
   「 」: 논문명
   < >: 그림, 영화, 시, 노래 등의 예술작품 제목
5. 인명, 중요한 용어나 어구 중 일부는 원어를 병기하였다.

| 차 례 |

6

제4부 공해 문제로부터 후쿠시마 제1원전 사고를 생각한다

서론

— 후쿠시마의 핵 대재앙은 중대한 원자력 사고 발생에 관한 통계를 일거에 뒤집어버렸습니다. 600년에 한 번이라는 상정 규준으로부터 원자력의 민간 이용이 이루어져 온 약 60년 사이에 30년에 한 번이라는 상정 규준으로 이행하게 되었던 것입니다. 이러한 사례는 인류가 이전 세기에 획득한 발전방식의 존속이 여러 심각한 위협으로 위태로워지고 있는 모든 영역에 걸쳐 널리 존재하고 있는 것으로 보입니다. 기후변화와 세계화된 금융자본주의의 붕괴 등이 그렇습니다. 극단적인 것이 정상상태로 되어 온 것입니다.

최악의 사태 도래가 확실하다는 것은 결코 아닙니다. 하지만 마치 그것이 피할 수 없는 것처럼 행동하는 것은 때때로 유효합니다. 아르헨티나의 시인 호르헤 루이스 보르헤스가 말했듯이 '미래는 불가피하지만, 그것이 일어나지 않는 일은 있을 수 있는El porvenir es inevitable, pero puede no acontecer' 것입니다. 확실과 필연이라는 두 개의 술어는 주의 깊게 구별할 필요가 있습니다. (장-피에르 뒤퓌, 「극단적 생기사건의 빈도에 대하여 — 계몽 대재앙주의에 대한 서론」)[1]

. .

1. ジャン−ピエール・デュピュイ, 「極端な出來事の頻度について—啓蒙カタストロフィ主義

9

— 피억압자의 전통은 우리가 살아가고 있는 '예외상태'가 정상상태라는 것을 우리에게 가르치고 있다. 우리는 이에 부응한 역사 개념을 형성해야만 한다. 그 경우 참된 예외상태를 불러오는 것이 우리의 눈앞의 과제가 된다. (발터 벤야민, 「역사의 개념에 대하여」)[2]

　　— 헤테로토피아란 다른 모든 공간에 대한 이의제기이며, 그것은 두 가지 방식으로 이의를 제기할 수 있다. 즉, 아라공이 말했던 사창가에서처럼 다른 모든 현실을 환상으로서 고발하는 환상을 만들어내든가 아니면 반대로 우리의 현실이 무질서하고 잘 배치되어 있지 않으며 혼란스러운 것인 만큼, 그에 반해 완전하고 자세하며 정돈된 다른 현실 공간을 현실적으로 만들어냄으로써 말이다. (미셸 푸코, 『유토피아적 신체/헤테로토피아』)[3]

　　우리는 이 책을 『탈원전의 철학』이라 이름 짓고 원전과 핵에너지를 둘러싼 문제들에 대해, 그리고 탈피폭과 탈원전을 위한 구체적 과정에 대해 철학적 관점에서 논의하고자 한다. 왜 철학자가 탈원전에 대해 논의해야 할까? 곧바로 생각되는 것은 '그러한 논의는 원자력공학자, 과학자, 정치가 등의 전문가에게 맡겨두는 것이 좋지 않을까' 하는 반응이다. 그에 대해 우리는 미리 다음과 같이 대답해두고자 한다. 후쿠시마 제1원전 사고 이후 우리를 둘러싼 현실은 근본적으로 변했으며, 우리가 사는 세계도

　　へのイントロダクション」, 石川学 옮김, 『日仏文化』 제81호, 2002년, 5~6쪽.
2. Walter Benjamin, "Über den Begriff der Geschichte" in *Gesammelte Schriften*, Bd. I-2, Suhrkamp, 1999, S. 697. 일역, 「歴史の概念について」, 『ボードレール — ベンヤミンの仕事 2(보들레르 — 벤야민의 작업 2)』, 野村修 옮김, 岩波文庫, 1994년, 334쪽.
3. Michel Foucault, *Le corps utopique, les hétérotopies*, Nouvelles Editions Lignes, 2009, pp. 33~34. 일역, 『ユートピア的身体/ヘテロトピア』, 佐藤嘉幸 옮김, 水声社, 2013년, 48~49쪽.

근본적으로 변화했다. 우리는 후쿠시마 제1원전 사고 이후 좋든 싫든 사고에 의해 방출되어 지면에 스며든 방사성 물질과 함께 살아갈 수밖에 없다. 우리의 생활양식과 사유양식이 후쿠시마 제1원전 사고라는 '생기사건'에 의해 근본적으로 변했다면, 그러한 변화에 눈을 감고서 지금까지와 동일한 방식으로 철학적 사유를 전개해나가기는 불가능하다. 이러한 이유에서 우리는 탈원전 문제를 철학적 문제로서 받아들여 그에 대해 철저히 사유하기를 선택한다.

탈원전의 철학을 전개하기 위해 우리는 특히 핵, 원전, 공해 문제와 관련해 1960년대부터 현재에 이르기까지 전개되어온 비판적 과학자들의 사유를 중시한다. 영국의 과학사학자이자 과학철학자인 제롬 R. 라베츠의 정의에 따르면, 비판적 과학이란 '폭주하는 [산업화된] 과학기술이 인류와 자연에 초래하는 다양한 위험을 발견, 분석하고 비판하는' 과학을 말한다.[4] 이 책에서 비판적 과학자란 핵과 원전에 대해 비판적 사유를 전개해온 다카기 진자부로高木仁三郞, 교토대학 원자로실험소의 이른바 '구마토리 6인조'(에비사와 도오루海老澤徹, 고바야시 게이지小林圭二, 세오 다케시瀬尾健, 가와노 다신지川野眞治, 고이데 히로아키小出裕章, 이마나카 데쓰지今中哲二), 미나마타병을 비롯한 공해 문제의 해명에 몸을 바쳐온 하라다 마사즈미原田正純, 우이 준宇井純 등, 핵 오염과 공해를 산출하는 과학의 폭력성을 과학 그 자신에 의해 비판하는 과학자들을 가리킨다. 우리가 이 책에서 비판적 과학자의 사유를 참조하는 것은 단지 그들의 사유를 반복하기 위해서가 아니다. 오히려 우리의 목적은 비판적 과학자의 사유를 참조함으로써 후쿠시마 제1원전 사고라는 '생기사건'의 의미를 따져 묻고, 그로부터 핵에 의해서나 원전에 의해 위협당하지 않는 새로운 삶의 가능성을 제기하는 것이다.

• •

4. Jerome R. Ravetz, *Scientific Knowledge and Its Social Problems*, Oxford University Press, 1971, 424쪽. 일역, 『批判的科学 — 産業化科学の批判のために(비판적 과학 — 산업화 과학의 비판을 위하여)』, 中山茂 외 옮김, 秀潤社, 1977년, 297쪽.

따라서 이 책의 방법은 순수철학에 의해 대재앙과 핵 기술을 논의하는 것이 아니다. 우리 생각에 순수철학에 의해서만 핵과 원전 문제를 논의하기는 불가능하며, 설령 논의한다고 하더라도 그 사유는 후쿠시마 제1원전 사고 후에 우리가 놓인 상황, 핵 기술과 원전이 지니는 기술적인 동시에 사회적인 모순들, 그것들이 국가와 자본의 논리와 맺는 관계 등을 다양한 각도에서 분석할 수 없는 지나치게 추상적인 것이 되고 말 것이다. 따라서 우리는 오히려 철학과 여러 다른 분야의 크로스오버에서 탈원전의 철학을 구축하고자 한다. 그것은 기본적으로 사회철학을 기초로 하여 구축되지만, 동시에 철학과 비판적 과학, 공해 연구, 환경학, 경제학, 사회학 등의 크로스오버로서 제기될 것이다. 본래 고대 철학으로부터 데카르트, 라이프니츠, 몽테스키외, 루소, 칸트, 헤겔, 마르크스, 프랑크푸르트학파, 포스트구조주의로 끊임없이 이어지는 철학사를 돌이켜보면, 철학자가 동시에 자연학자, 과학자, 수학자, 법학자, 경제학자, 사회학자인 경우는 그 예를 다 들 수 없을 정도로 수많이 존재한다. 우리는 이 책에서 적극적으로 이러한 계보를 계승하여 철학과 여러 다른 분야의 크로스오버라는 의도된 전략에 기초함으로써 하나의 하이브리드 철학으로서 탈원전의 철학을 구축할 것이다.

대재앙과 '예외상태의 정상상태화'

프랑스의 과학철학자 장-피에르 뒤퓌는 현대 사회에서는 '극단적인 것의 정상상태화', 즉 대재앙의 정상상태화가 관찰된다고 말한다. 이러한 사태는 예를 들어 지구온난화라는 기후변화 현상에서, 세계화된 신자유주의적 자본주의의 폭주에 의한 금융공황에서, 방대한 양의 핵무기가 시스템의 오류에 의해 초래할 수 있는 핵전쟁의 위험에서, 그리고 원전에 의한 에너지 생산이 내포하는 대재앙적인 사고의 가능성에서 각각 고유한 형태로 관찰된다는 것이다. 원전과 핵무기는 동일한 테크놀로지에 기초하여 만들어진다. 에너지 생산을 위해 세계에서 원전이 운전되는 한, 그것은 언제나 대재앙적인 사고의 가능성을 내포한다. 그리고 그 대재앙은 한 번 발생하면 전쟁과 같은 정도의 거대한 피해를 초래하지 않을 수 없다. 이것을 우리는 체르노빌과 후쿠시마에 의해 몸으로써 인식했다. 그러나 동시에 미래는 어디까지나 불확실한 채로 열려 있으며, 적어도 더 이상의 대재앙적인 사고를 피하는 것은 가능하다고 뒤퓌는 말한다. 요컨대 보르헤스가 이전에 지적했듯이 '미래는 불가피하지만, 그것이 일어나지 않는 일은 있을 수 있는' 것이다. '확실성'과 '필연성'은 서로 다른 것이며, 우리는 마치 대재앙적인 원전 사고가 필연적인 것처럼 행동하는 가운데 그것이 현실적으로 일어나는 것을 피할 수 있다. 우리가 이 책에서 '탈원전의 철학'을 제시하는 것은 그러한 목적에서다.

후쿠시마 제1원전 사고 이후 우리는 바로 발터 벤야민이 말하는 '예외상태의 정상상태화' 속으로 던져 넣어졌다. 도호쿠, 간토 지방에는 후쿠시마 제1원전 사고 이전이라면 '방사선 관리구역'으로 지정되는 오염구역(4만 베크렐/평방미터 이상, [그림 1]을 참조)이 14,000평방킬로미터에 걸쳐 존재하는데, 거기서는 수백만 명의 사람들이 어쩔 수 없이 대체로 이전과 마찬가지 모습으로 생활하고 있다.[5] 또한 일본 정부는 후쿠시마 제1원전 주위에 설정된 피난 지시 구역을 상대적으로 선량이 낮은 지역부터 차례로 해제해갈 계획을 시사하고 있으며, 그것이 실현되면 이들 광대한 지역에서 사람들이 방사능의 영향을 느끼면서도 대체로 이전과 마찬가지 모습으로 생활하게 될 것이다. 후쿠시마 제1원전 사고 이전의 연간 1밀리시버트라는 제한 대신에 사고 이전에는 생각하기 어려웠던 연간 20밀리시버트라는 피폭량을 상한으로 하는 방사능 오염 속에서 사람들이 일상생활을 하는 이러한 상황이야말로 '예외상태의 정상상태화'가 아니고 무엇이겠는가?

- -

5. 고이데 히로아키의 일련의 지적에 따른다. 예를 들어 다음의 강연 개요를 참조. 小出裕章, 「東京電力福島第一原子力發電所事故の過去・現在・未來(도쿄전력 후쿠시마 제1원자력 발전소 사고의 과거·현재·미래)」, 제4회 시민과학자국제회의, 2014년 11월 22일. http://csrp.jp/symposium2014/programme

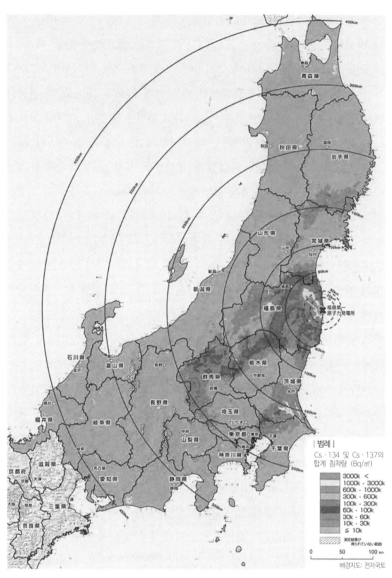

| 범례 |
Cs · 134 및 Cs · 137의
합계 침착량 (Bq/㎡)

3000k <
1000k - 3000k
600k - 1000k
300k - 600k
100k - 300k
60k - 100k
30k - 60k
10k - 30k
≤ 10k

측정결과가
확인되지 않은 범위

0   50   100 km

배경지도: 전자국토

[그림 1] 문부과학성에 의한 제3차 항공기 모니터링의 측정 결과.(지표면에 대한 세슘 134, 137의 침착량 합계, 2011년 11월 1일 현재의 값으로 환산)

'예외상태의 정상상태화'는 위와 같은 사태만을 가리키는 것이 아니다.

동일본 대지진과 후쿠시마 제1원전 사고는 전원3법電源三法에 기초하여 방대한 보조금과 교환하는 방식으로 원전을 지방에 떠넘기는 '희생의 시스템'[6]과 지진이 빈발하는 일본 열도에 54기에 달하는 원전을 전개해온 핵에너지 정책의 취약함 등, '전후 일본'의 통치 시스템의 근본적인 약점을 드러냈다. 그러나 이러한 약점들은 지진재해 후에 선전된 '키즈나絆, 유대와 결속'라는 이름의 내셔널리즘과 중국, 한국, 러시아와의 '영토 문제'라는 이름의 국경 분쟁, 북한의 핵무장이 야기한 배외주의적인 내셔널리즘에 의해 은폐되고, 오히려 역으로 '외적'과의 전쟁의 '실재적 가능성'[7]으로 전환되었다. 이러한 전환을 배경으로 하여 2014년 7월, 제2차 아베 정권은 헌법 해석의 변경을 행하는 각의 결정에 의해 집단적 자위권, 나아가서는 집단 안전보장을 행사할 수 있게 하는 '해석 개헌'을 강행했다.

정치를 전쟁으로부터, 즉 '예외상태'로부터 정의함으로써 평화헌법을 기초로 한 입헌 민주주의 시스템을 정지시키고, 거기에 전혀 다른 시스템, 요컨대 대외 전쟁을 가능하게 하는 시스템을 구축하는 것, 이것이 동일본 대지진과 후쿠시마 제1원전 사고 이후의 일본에서 '예외상태의 정상상태화'의 또 하나의 모습이다. 이와 같은 위기적 상황은 간토 대지진과 세계공황에 의한 경제적 피해 이후 식민지주의와 전시 체제의 강화, 확대로 돌진하여 15년 전쟁의 수렁으로 빠져들어 간 '전전戰前'의 일본 상황을 상기시키지 않을 수 없다. 요컨대 2011년의 동일본 대지진과 후쿠시마 제1원전 사고 이후의 상황은 마치 간토 대지진 이후 상황의 '망령'이 회귀하고 있는 것으로

● ●

6. 다음을 참조. 高橋哲哉, 『犠牲のシステム ― 福島 · 沖縄(희생의 시스템 ― 후쿠시마 · 오키나와)』, 集英社新書, 2012년.

7. 정치를 '우 · 적'의 대립과 '외적'과의 전쟁의 '실재적 가능성'에서 생각하는 칼 슈미트, 『정치적인 것의 개념』(Carl Schmitt, *Der Begriff des Politischen*, Duncker & Humbolt, 1932. 일역, 『政治的なものの概念』, 田中浩 · 原田武雄 옮김, 未來社, 1970년)을 참조. 또한 두 가지 점에 대한 상세한 분석으로서 자크 데리다, 『우애의 정치학』(Jacques Derrida, *Politiques de l'amitié*, Galilée, 1994. 일역, 『友愛のポリティックス』 1, 鵜飼哲 · 大西雅一郎 · 松葉祥一 옮김, みすず書房, 2003년)을 참조.

보이는 것이다.[8]

3·11 원전 지진재해 직후에 트위터를 개시한 근세 일본 사상사 연구자 고야스 노부쿠니子安宣邦는 일본이 간토 대지진으로부터의 '부흥' 과정에서 침략전쟁으로 폭주해갔다고 지적했다.[9] 고야스의 발언을 기초로 하여 보면, 현재 일본은 지진재해로부터의 '부흥'을 재개발의 논리로 바꿔치기 하고, 지진재해에 희생된 주변(=도호쿠 지방)을 중심(=도쿄)의 관점에서 잘라내며, '사회봉사'를 옳다고 여기는 정신에 기초하여 확장주의적인 자위전쟁('집단적 자위권')으로 달려 나가기 시작했다는 것을 알 수 있다. '자위'라는 대의가 모든 침략전쟁의 출발점이 된다는 것은 역사의 교훈에 비추어보면 분명한 사실이다. 후쿠시마 제1원전 사고 후의 일본에서는 원전 사고 그 자체가 초래한 영향에서뿐만 아니라 그것을 계기로 하여 추진되는 집단적 자위권의 행사에 대해 용인하는 동향에서도 '예외상태의 정상상태화'가 드러나고 있다.

벤야민은 「역사철학테제」에서 사람들을 억압하는 '예외상태의 정상상태화'에 저항하기 위해 지금까지의 '예외상태'와는 다른 참된 '예외상태'를 수립하는 것을 철학적 과제로 하고 있었다. 벤야민의 말을 빌리자면, 탈원전과 핵 폐기라는 참된 '예외상태'를 수립하는 것이, 그리고 그것과 더불어 새로운 형태의 민주주의를 수립하는 것이 이 책의 목표다. 이 책의 이러한 시도를 미셸 푸코에 따라 '헤테로토피아'의 구축이라 부를

●●

8. 이 점에 대해서는 다음에서 상세히 논의하고 있다. 佐藤嘉幸, 「立憲デモクラシーの危機と 例外状態 — デリダ, アガンベン, ベンヤミン, シュミットと「亡靈の回歸」(입헌 민주주의 의 위기와 예외상태 — 데리다, 아감벤, 벤야민, 슈미트와 '망령의 회귀')」, 『思想』 제 1,088호, 특집 「10年後のジャック·デリダ(10년 후의 자크 데리다)」, 岩波書店, 2014년.

9. '간토 대지진(1923)에서 만주사변(1931)까지는 10년도 채 걸리지 않는다. 지진재해 후의 부흥이 쇼와의 전쟁에 이르는 일본적 시스템을 만들어 간 것은 아니었을까? 지금 재해 후의 부흥이 말해지고 있다. 일본적 시스템의 유야무야한 복구적인 재생이 아닌 부흥을 우리는 어떻게 성취할 것인가?' 트위터에서의 발언, 2011년 4월 29일. https://twitter.com/Nobukuni_Koyasu/status/63768546320199680

수도 있을 것이다. 권력이 만들어낸 장치들을 내부로부터 해체하고 그것을 파탄시킬 수 있는 것은 그 외부에 구축되는 '유토피아'에 의해서가 아니라 권력이 만들어낸 장치들을 내부로부터 해체하면서 그것과는 전혀 다른 원리에 의거한 '다른 장소', 즉 '헤테로토피아'를 구축하는 것에 의해서만 가능하다고 푸코는 말한다. 우리는 탈원전과 핵 폐기라는 이념을 결코 '유토피아'적인 이념으로 간주하지 않는다. 그것들은 우리의 미래에 언제나 열린 실현 가능한 이념이며, 그것도 가능한 한 일찍 실현되어야 할 '절박한' 이념(자크 데리다)이다. 탈원전과 핵 폐기라는 이념은 바로 우리가 살아가는 세계 안에 권력의 효과들을 내부로부터 무화시킨 '다른 장소', 즉 '헤테로토피아'를 구축하는 시도이다.

이 책의 구성

아래에서는 각 장에서 다루는 내용에 대해 미리 개관해두고자 한다. 제1부 「원전과 핵무기」에서는 원전과 핵무기의 본질적인 관계성에 대해 고찰한다. 원자력발전 시스템이란 핵무기라는 대량파괴무기의 제조를 위해 개발된 원자로 시스템을 민생으로 전용하고, 그 방대한 에너지로부터 전력을 생산하는 것이었다. 그러나 대량파괴무기 기술을 민생으로 전용한다고 하는 그 기술적 특성 때문에 원자력발전 시스템은 대재앙적인 사고 가능성을 언제나 내포하는 위험한 존재가 되었다. 그와 같은 원전과 핵무기의 본질적인 관계성에 대해 제1장에서는 20세기 독일 태생의 유대계 철학자 귄터 안더스의 사상과 후쿠시마 제1원전 사고 후의 상황 분석을 통해, 제2장에서는 원전의 위험성을 계속해서 호소해온 비판적 과학자 다카기 진자부로의 사상을 통해 고찰한다. 또한 제3장에서는 18세기 프랑스의 철학자 몽테스키외, 현대 프랑스의 철학자 장-뤽 낭시의 사상을 통해 원자력-핵 기술이라는 '절멸 기술'이 과학기술에서의 목적과 수단의 '도착'에 의해 태어나 유지되고 있다는 점을 지적하고 비판한다.

제2부 「원전을 둘러싼 이데올로기 비판」에서는 후쿠시마 제1원전 사고

이전과 이후에 어떠한 이데올로기가 원전과 원전 사고의 위험성을 은폐해 왔는지 찾아내 분석하고, 그 이데올로기들을 철저히 비판한다. 그러함에 있어 우리는 20세기 프랑스의 철학자 루이 알튀세르의 이데올로기 이론에 의거하여 이데올로기의 구조를 '재인/부인'의 구조라고 정의한다. 제1장에 서는 20세기 프랑스의 철학자 미셸 푸코의 '권력-앎' 개념에 의거하는 가운데 후쿠시마 제1원전 사고 후에 문제가 된 저선량 피폭을 둘러싸고 '100밀리시버트 이하라면 건강에 영향이 없다'라는 이른바 '허용치'설을 이데올로기로서 비판하고, 더 나아가 ICRP(국제방사선방호위원회)의 방 사선 방호 원칙이 과학적 근거가 아니라 비용-편익 분석이라는 신자유주 의적인 원리에 기초하고 있음을 밝힌다. 제2장과 제3장에서는 원전을 둘러싼 '안전' 이데올로기를 비판한다. 제2장에서는 우선 후쿠시마 제1원 전 사고가 대규모 자연재해에 의한 '상정 범위 밖'의 사고였다고 주장하는 도쿄전력과 일본 정부 논리의 기만을 분석해 드러낸다. 그리고 그에 기초하 여 1970년대의 이카타 원전 소송으로 소급하여 국가와 전력회사가 어떠한 논리에 의해 사고 가능성을 계속해서 부인해왔는지를 교토대학 원자로실 험소의 비판적 과학자 집단 '구마토리 6인조'에 의한 분석을 통해 분명히 보여주고 비판한다. 제3장에서는 현대 미국의 사회학자 찰스 페로Charles Perrow가 1984년에 출판한 저서 『정상 사고Normal Accidents』에 기초하여, 그리 고 더 나아가 근원적 차원으로 소급하여 원전과 같은 거대 시스템에서는 어떠한 대책을 세우더라도 언제나 거대 사고의 가능성이 계속해서 남는다 는 것, 다른 한편으로 행정당국과 전력회사는 그러한 거대 사고의 가능성을 언제나 계속해서 부인한다는 것을 밝히고, 그로부터 거대 사고의 가능성을 제로로 만들기 위해서는 결국 원전을 폐기하는 것 말고 다른 방법은 없다는 결론을 도출한다.

제3부 「구조적 차별 시스템으로서의 원전」에서는 원자력-핵에너지가 지니는 본질적 위험성 때문에 원전이 초래하는 이런저런 위험은 중앙과 주변, 정규직 사원과 하청 노동자와 같은 다양한 차별에 기초하여 불평등한

형태로 분배된다는 사실에 주목하고, 원전을 둘러싼 구조적 차별의 모습들을 분석, 비판한다. 제1장에서는 미셸 푸코와 현대 미국의 철학자 주디스 버틀러의 개념을 참조하는 가운데 전원3법 교부금 시스템이 국가(=중앙)와 가난한 지방(=주변) 사이의 역전 불가능한 권력관계에 기초하여 원전이 지니는 위험을 집중적으로 가난한 지방에 부담시키는 '종속화' 시스템이라는 것을 밝힌다. 제2장에서는 쓰치모토 노리아키土本典昭 감독의 다큐멘터리 영화 〈원전 스크랩북〉을 다루어 오염 현장으로서의 원전, 전 지구적인 세계 주변부 지역에서의 방사능 오염과 같은 관점으로부터 구조적 차별의 양태들을 고찰한다. 제3장에서는 니체적인 의미에서의 '계보학' 방법에 기초하여 전력 생산을 둘러싼 구조적 차별의 '기원'으로 소급함으로써 지방이 전력을 생산하고 중앙이 그 전력을 소비하는 비대칭적인 중앙과 주변 관계가 이미 다이쇼 시대에 생겨났음을 밝히고자 한다.

　제4부 「공해 문제로부터 후쿠시마 제1원전 사고를 생각한다」에서는 후쿠시마 제1원전 사고를 대재앙적인 산업공해로 파악하여 그것을 과거 일본에서 일어난 여러 공해 사건과 비교한다. 이 비교 작업을 통해 '전전'으로부터 오늘날에 이르기까지 공해와 공해의 현실을 '부인'하는 구조가 (프로이트적인 의미에서) '반복강박적'으로 계속해서 '회귀'해왔음을 밝히고 비판한다. 그러함에 있어 우리는 고도 경제성장 시기에 공해와 공해가 생겨나는 구조를 일관되게 계속해서 고발한 비판적 과학자들인 우이 준, 하라다 마사즈미 등의 학설들을 참조한다. 제1장에서는 아시오 광독 사건에 주목하여 차별이 있는 장소에서 공해가 일어난다는 것, 나아가 공해의 발생이 그 차별을 다층화한다는 것을 지적하고, 이러한 사실들을 후쿠시마 제1원전 사고 후의 상황과 비교한다. 제2장에서는 공해와 원전 사고가 계속해서 회귀하는 이유를 근현대 일본의 '공업-군사 입국'이라는 통치 원리에서 찾고, '전후'의 언뜻 보아 민주주의적이고 평화주의적인 사회에서도 그와 같은 통치 원리가 일관되게 지속해왔음을 밝힌다. 우리는 이러한 해명 작업에서 '전후'의 통치 시스템을 그저 '민주주의'로 간주하는

것이 아니라 국가와 자본의 논리에 의해 중앙집권적으로 통치된 '관리된 민주주의'로 정의할 것이다. 제3장에서는 20세기 미국의 생물학자 레이첼 카슨, 우이 준과 같은 공해를 둘러싼 비판적 과학자들의 학설을 분석하고, 이른바 '전문가'들은 왜 어떠한 논리에 기초하여 공해나 원전 사고의 영향을 계속해서 부인하는 것인지, 그리고 그와 같은 부인을 멈추게 하기 위해서는 어떠한 관점이 필요한 것인지 고찰한다.

마지막으로 결론에서는 후쿠시마 제1원전 사고를 경험한 우리에게 가장 절실한 두 가지 문제를 다룬다. 첫째, 원전과 원전 사고가 초래하는 방사능 오염의 현실을 앞에 두고 어떻게 피폭을 피하고 피폭량을 감소시킬 것인가 하는 탈피폭의 문제, 그리고 둘째, 탈원전을 어떠한 수단으로 실현하고 탈원전으로 어떠한 새로운 사회를 구축할 것인가라는 탈원전과 민주주의의 문제. 우리는 체르노빌과 후쿠시마의 대재앙 이후 요구되는 탈원전과 탈피폭 이념의 '절박성'에 대해 20세기 독일 태생의 유대계 철학자 한스 요나스와 20세기 프랑스의 철학자 자크 데리다를 참조하여 논의한 후, 후쿠시마 제1원전 사고 후의 현실적 상황을 분석하고 그 분석에 토대하여 탈피폭과 탈원전이라는 두 가지 이념의 실현과 그 실현으로 향한 사회 시스템의 변혁에 관해 구체적인 제안을 행할 것이다.

* * *

이 책은 들뢰즈-가타리, 네그리-하트를 본떠 '네 손으로' 쓰였다. 각 장은 공저자의 한 편에 의해서나 공동으로 쓰인 후, 공저자의 다른 한편이 철저하게 손을 보았다. 따라서 이 책은 문자 그대로 공저다. 이 책의 집필을 위해 많은 분들에게서 의견과 가르침을 받았다. 그 흔적이 이 책에 존재하는 것에 대해 특히 이와타 와타루岩田涉, 오가와 미도리小川美登里, 히로세 준廣瀨純, 가키나미 료스케柿並良佑, 사카모토 구미코阪本公美子, 시게타 야스히로重田康博, 시미즈 나나코清水奈名子, 세키자와 이즈미關澤和泉, 다카기와 스미오高際澄雄, 다카하시 와카나高橋若菜, 다케다 마사아키武田將明, 쓰다 가쓰노리津田勝憲, 도나키 요테쓰渡名喜庸哲, 니시야마 유지西山雄二, 후나하시 아쓰시船橋淳, 야마와키 나오시山脇直司, 요시노 히로유키吉野裕之, 이언 토머스 아슈, 리비오 보니, 세실 아사누마-브리스, 토마 브리슨, 티에리 리보, 아란-마르크 류 씨에게 감사드린다. 또한 철학서로서는 이례적인 내용을 지닌 이 책을 적절히 출판으로 이끌어주신 진분쇼인人文書院의 마쓰오카 다카히로松岡隆浩 선생에게는 최대한의 감사를 바친다.

제1부
원전과 핵무기

제1장 핵 종말 불감증의 현 상황
— 귄터 안더스로부터 후쿠시마 제1원전 사고 후의 상황을 생각한다

　　제1부에서 우리는 원전과 핵무기의 본질적인 관계성에 대해 고찰한다. 왜 우리는 원전과 핵무기의 관계성에 대한 고찰로부터 이 책을 시작하는 것일까? 그것은 원전이 그 기술에 내재하는 이유에서 언제나 대재앙적인 거대 사고의 위험을 안고 있을 수밖에 없으며, 더욱이 그 위험은 제1부 제2장에서 상세히 말하게 되듯이 원전이 핵무기라는 대량파괴무기 기술을 기초로 하여 개발된 기술이라고 하는 사실에서 유래하기 때문이다. 이러한 전제에 의거하여 이 장에서는 제2차 대전후의 세계에서 핵과 현대 문명에 대해 집요한 고찰을 계속해온 귄터 안더스Günther Anders, 1902~1992의 사상을 참조하되, 안더스를 따라 우리가 '핵 종말 불감증' 내지 '핵 대재앙 불감증'이라 부르는 것이 60년 전부터 오늘날에 이르기까지 반복강박적으로 되풀이되고 있다는 점을 후쿠시마 제1원전 사고 후의 현 상황과 관계 지어 논의해가고자 한다.

1. 핵 '경시'의 반복 — 1954년, 1979년, 2011년

1950년대에 핵 개발 이후의 현대 문명의 위기에 대해 가장 중후함을 지닌 사유를 전개한 것은 귄터 안더스일 것이다. 안더스는 근대 기술 비판으로 알려진 독일 태생의 유대계 철학자다. 그는 후설, 하이데거, 아도르노 밑에서 공부하고, 나치스의 정권 획득 후 프랑스를 거쳐 미국으로 망명하는데, 망명지에서 히로시마와 나가사키에 대한 원폭 공격에 충격을 받고부터는 핵무기와 핵에너지 비판이 그의 작업의 중요한 부분을 차지하게 된다. 우리가 이 장에서 참조하는 것은 1954년에 집필된 논문 「핵무기와 종말 불감증의 근원」(『시대에 뒤떨어진 인간*Die Antiquiertheit des Menschen*』, 1956)이다. 제목이 보여주는 대로 안더스가 이 논문에서 다루고 있는 것은 다름 아닌 핵무기 문제다. 이 1954년이라는 해는 미국의 신탁통치령이었던 비키니 환초에서 세계에서 최초의 수소폭탄 실험이 행해져 일본의 제5후쿠류마루 선원들이 대량 피폭된 해이다. 그 선원들의 거의 전원이 이 수소폭탄 실험이 원인이 되어 피폭 증상을 보이고 사망하게 된 사실은 잘 알려져 있다.

후쿠시마 제1원전 사고 후에 이 논고를 다시 읽어보면, 안더스의 사유가 단순한 '무기'라는 주제로는 수렴되지 않는 범위에 걸쳐 있다는 점을 느끼게 된다. 달리 말하자면 2011년 3월의 후쿠시마 제1원전 사고는 안더스가 약 60년 전에 제시한 '핵'에 대한 물음을 새로운 형태로 우리에게 제기하는 것이었다고 할 수 있을 것이다.

우선 무엇보다도 주목하고 싶은 것은 1979년 10월에 쓰인 「제5판 서문」에서 안더스가 자신의 고찰을 되돌아보면서 말한 다음의 한 구절이다.

> 핵무기에 관한 당시의 논문과 관련해 나는 오늘날에도 생각을 바꾸지 않았을 뿐만 아니라 25년 전보다 훨씬 더 중요해졌다고 생각한다. 왜냐하면 오늘날에는 원자력발전소가 핵전쟁으로부터 사람들의 눈을

딴 데로 돌리고, '종말 불감증[Apokalypse-Blindheit]'에 빠진 우리 자신을 한층 더 불감증으로 만들고 있기 때문이다.[1]

안더스가 여기서 같은 해 3월 28일에 발생한 스리마일섬 원전 사고를 염두에 두고 있다는 것은 의심의 여지가 없다. 현재의 우리는 스리마일섬이 자칫하면 체르노빌(1986년)과 후쿠시마(2011년)와 동일한 수준의 원자로 중대사고Severe Accident에 이르더라도 이상하지 않았다는 것을 알고 있다. 이러한 의미에서 후쿠시마 제1원전 사고를 경험한 우리에게 원전의 존재가 '종말 불감증'을 한층 더 심화시키고 있다고 지적하는 안더스의 발언은 상당히 조야하거나 그렇지 않으면 도발적으로 보인다. 그러나 문자에만 주의를 빼앗겨서는 안 된다. 왜냐하면 안더스는 이 논문의 서두에서 '경시된 대상에 대해서는 과장된 언어가 필요하다'[2]고 말하고 있기 때문이다. 안더스의 눈에는 1954년의 시점에도 1979년의 스리마일섬 원전 사고 후에도 핵 문제는 '경시된 대상'으로 비치고 있었다.

미리 결론을 말하자면 우리는 안더스의 생각에 동의한다. 왜냐하면 우리 자신의 '종말 불감증'이 지금도 계속되고 있다고 생각하기 때문이다. 요컨대 안더스가 1954년, 1979년의 시점에서 지적한 것은 2011년 이후의 상황에도 꼭 들어맞는다고 생각하는 것이다. 그렇지만 후쿠시마 제1원전 사고 이후의 현실적 상황을 고려하면, 안더스가 충분히 말하지 못한 것, 말할 수 없었던 것에 대해서도 발을 들여놓을 필요가 있다. 그래서 우리는 이로부터 핵을 둘러싼 안더스의 주장을 되돌아보는 가운데 후쿠시마 제1원전 사고 이후의 일본이 어떠한 의미에서 '종말 불감증'의 징후를

• •

1. Günther Anders, *Die Antiquiertheit des Menschen, Bd. I : Über die Seele im Zeitalter der zweiten industriellen Revolution*, C. H. Beck, 1956, S. Ⅷ. 일역, 『時代おくれの人間(上卷) ― 第二次産業革命時代における人間の魂(시대에 뒤떨어진 인간(상권) ― 제2차 산업혁명 시대에서 인간의 영혼)』, 靑木隆嘉 옮김, 法政大學出版局, 1994년, ⅵ쪽.

2. Ibid., S. 235. 일역, 같은 책, 247쪽.

보이고 있는지 검토하고자 한다. 이러한 과정을 통해 원전이든 핵무기든 모두 다 폐기하지 않는 한, 다음의 핵 대재앙의 발생이 충분히 상정될 수 있다는 것을 확인할 것이다.

2. 자유의지의 저편

안더스는 논문 「핵무기와 종말 불감증의 근원」에서 단장 형식을 마음껏 살리면서 여러 가지에 걸친 문제를 다루고 있다. 그가 주장하는 내용 자체는 단순명쾌하며, 더욱이 흐릿한 것이 없다. 그의 주장을 뒷받침하는 것은 핵무기가 등장함으로써 "모든 인간은 죽지 않을 수 없다"는 명제 대신에 오늘날에는 "인류는 전체로서 살해될 수 있다"는 명제가 등장했다[3]는 인식이다. 안더스에 따르면 핵의 등장으로 가능해진 이 인류 절멸의 위험은 이후에도 다시 소멸할 수 없다. 왜냐하면 인류의 역사가 가르쳐주듯이 일단 발견하고 획득한 지식을 인간이 놓아버리는 일은 있을 수 없기 때문이다. 이러한 의미에서 우리 인간은 이미 불가역의 역사적 과정을 걸어가고 있다. 따라서 우리가 '집단으로서의 죽음'을 면하는 유일한 길은 세계 각국에 배치된 핵무기가 사용되는 일이 없도록 그 파국의 순간을 그저 계속해서 연기하는 것뿐이다 — 안더스는 그러한 페시미즘적인 결론을 말하게 된다.

말할 필요도 없이 핵전쟁에 의한 인류 전체의 파국이라는 이미지 자체는 새로운 느낌을 주는 것이 아니다. 1962년 쿠바 위기 이후의 문학, 영화, 만화, 애니메이션은 여러 차례에 걸쳐 이러한 종말론적인 세계관을 다루어 왔으며, 80년대의 텔레비전에서는 '핵겨울'이라는 비전이 집요하게 다루어지기도 했다. 이러한 '핵'을 둘러싼 언설과 표상들이 대체로 그림자를

• •

3. Ibid., S. 242. 일역, 같은 책, 255쪽.

감추고 이전과 같은 현실성을 잃어버린 지금, 안더스의 주장에 주목하는 의의는 도대체 어디에 있을까?

여기서 주의해야 하는 것은 안더스가 '핵전쟁'을 이른바 통상적인 국가 간 전쟁으로서 파악한 것이 아니라는 점이다. 좀 더 명확히 말하면, 안더스가 가장 강하게 경종을 울리고 있었던 것은 '핵' 종말이 기술적 오류나 상정 범위 밖의 사건으로 인해, 다시 말하면 인간의 자유의지 — 국가 의지, 위정 자의 의지 등 — 로는 제어할 수 없는 원인에 의해 일어날 수 있다는 점이었다. 안더스가 지적하고 있듯이 '현재 저장되어 있는 핵무기의 잠재 적 폭력이 이미 절대적인 것이 되었다'[4]는 것, 요컨대 만약 지구상의 모든 핵이 사용된다면 인류가 쉽게 절멸할 수 있다는 것은 명백하다. 그런데도 이 점이 우리의 실감을 수반한 것이 되지 않는 것은 왜일까? 안더스 자신은 그 원인을 산업기술사회 시스템을 조건으로 한 '종말 불감 증'에서 찾고 있지만, '냉전'의 종언으로부터 긴 세월이 지난 지금은 그것보 다 먼저 언급해두어야 할 문제가 있다.

그 문제란 '핵 억지력' 언설이다. 이 사고방식은 바로 '냉전시대'에 일정한 설득력을 지니는 것으로서 받아들여졌다. 논자에 따라 강조하는 요점은 다르지만, 그 주장은 대체로 다음과 같이 요약될 수 있을 것이다. 즉, 세계 각국이 언제라도 가상 적국을 절멸시킬 수 있을 정도의 핵무기를 보유하게 되면, 개개의 나라들은 바로 상호적인 절멸의 위기를 회피할 수밖에 없게 되기 때문에, 결과적으로 핵무기 사용을 자제하리라는 것이다. 이러한 주장의 대표적인 것은 1965년에 당시 미국 국무장관 로버트 맥나마 라가 주창한 '상호확증파괴Mutual Assured Destruction: MAD'라는 핵 억지 독트린 이다. 이 독트린은 상대국에 의해 선제 핵 공격이 행해지더라도 자국의 잔존 핵전력에 의한 보복 공격이 상대국을 더 이상 존속할 수 없을 만큼 파괴할 수 있다면 핵 억지력이 성립한다고 주장한다. 이러한 '공포의

• •

4. Ibid., S. 250. 일역, 같은 책, 262쪽.

균형'이 가져오는 핵 억지력은 그 억지력이 핵무기에 의한 쌍방 나라의 전면 가능성을 전제로 하는(나아가서는 인류 전체의 멸망 가능성도 전제로 하는) 까닭에 바로 'MAD(미친)'라고 형용하게 되었다.[5]

그런데 이와 같은 역설적 주장의 근저에 놓여 있는 것은 실은 다름 아닌 순진하고 낙관적인 인간관이다. 왜냐하면 거기에는 인간의 자유의지에 대한 근거 없는 신뢰가 드러나 있기 때문이다. 인간은 스스로의 의지에 기초하여 자기 자신의 태도와 행동을 선택하고 결정하며 통제할 수 있다 — 바로 이 증명 불가능한 인간관을 '핵 억지력' 논자는 스스로의 주장의 대전제로 삼고 있는 것이다. 안더스 눈에는 이 전제 자체가 의심스럽게 보였음에 틀림없다. 본래 안더스가 문제로 삼았던 것은 인간이 충분히 자신을 규율할 수 있을 정도의 강인한 의지와 냉정한 이성을 가지고 있는 것일까 하는 물음이었기 때문이다. 안더스가 생각한 '종말'이란 서서히 높아지는 위기로서 현재화하는 것이 아니었다. '종말'이란 누구나 위기를 잊고 있는 바로 그때 이 세계의 어딘가에서 생겨난 사소한 오류와 균열이 방아쇠가 되어 불의의 습격처럼 찾아오는 무언가인 것이다. 그것은 원전에서 예상할 수 없는 복합적 요인의 연쇄가 불러일으키는 원자로 중대사고, 그리고 그 사고가 불러일으키는 '핵 대재앙'과 본질적인 관계를 지닌다.

3. 원자력-핵사고는 '전쟁'과만 비교할 수 있다

안더스는 논문 「핵무기와 종말 불감증의 근원」에서 제2차 세계대전과

5. '상호확증파괴'에 대한 철학적 고찰로서 다음을 참조. Jean-Pierre Dupuy, *Pour un catastrophisme éclairé: Quand l'impossible est certain*, Seuil, 2002, ch. 12 'Rationalité du catastrophisme'. 일역, 『ありえないことが現實になるとき — 賢明な破局論に向けて (있을 수 없는 것이 현실로 될 때 — 현명한 파국론을 향하여)』, 桑田光平 · 本田貴久 옮김, 筑摩書房, 2012년, 제12장 「파국론의 합리성」.

도래하게 될 제3차 세계대전, 요컨대 핵전쟁을 비교하면서 양자는 동일한 '절멸을 목적으로 한 전쟁'이라 하더라도 역시 근본적으로 다른 전쟁이라고 말한다. 요컨대 전자는 설사 총력전이었다 하더라도 통상적인 무기에 의한 통상적인 국가 간 전쟁에 그쳤던 데 반해, 후자는 핵무기에 의한 인간과 세계 전체의 파괴가 되리라는 것이다. 핵무기의 등장 이후 인간은 그저 죽을 수밖에 없는 자가 아니라 '전체로서 살해될 수 있는 자'가 되었다. 그런 의미에서 핵무기는 전쟁 개념 그 자체를 근본적으로 변화시켜버렸다.

이러한 안더스의 고찰에 따르면, 원전에서의 중대사고는 '사고' 개념 그 자체를 근본적으로 변화시켰다고 말할 수 있다. 원전과 원자력 시설에서 원자력-핵사고(이런 종류의 사고는 일반적으로 '원자력 사고'라고 불린다. 그러나 '원자력'과 '핵'은 동일한 테크놀로지를 다른 이름으로 부르는 것일 뿐이라는 사정에 토대하여 우리는 이것을 '원자력-핵사고'라고 부르기로 한다)가 일어나면, 광대한 토지가 거주 불가능해지고 수만 명 규모의 사람들이 죽음의 위기에 노출된다. 그런 의미에서 원자력-핵사고는 '전쟁'과만 비교될 수 있다.[6]

체르노빌 원전 사고에 대해 생각해보자. 첫째, 체르노빌 원전 사고의 영향에 대해서는 다양한 평가가 있지만, IAEA 등으로 이루어진 체르노빌 포럼은 체르노빌 원전 사고 피해를 입은 3개국(벨라루스, 러시아, 우크라이

● ●

6. 이러한 인식은 교토대학 원자로실험소의 비판적 과학자들, 이른바 '구마토리 6인조'의 공통 인식이었다. 예를 들면 '구마토리 6인조'의 한 사람인 세오 다케시는 일본의 원전들 가운데 가장 인구가 밀집된 지역에 자리 잡고 있는 도카이 원전 2호기가 중대사고를 일으키는 경우의 피해를 상정하여 주변 자치단체인 히타치시에서 20만 명, 가쓰타시(현재의 히타치나카시)에서 10만 명, 미토시에서 21만 명의 급성 사망자가, 그리고 수도권을 중심으로 800만 명의 만발성 사망자가 나온다고 평가하고 있다. '원전이 초래하는 큰 사고의 재해 규모는 한 기의 플랜트로서는 다른 것을 엄청나게 능가하는 거대한 것이다. 이것에 필적하는 것은 전쟁 정도밖에 없다고까지 말해진다'고 그가 말하는 것은 바로 이러한 차원이 다른 거대한 피해 예측에 기초한다. 다음을 참조. 瀨尾健, 『原発事故……その時, あなたは!(원전 사고…… 그때, 당신은!)』, 風媒社, 1995년, 10쪽.

나) 중에서 비교적 피폭량이 많은 60만 명을 대상으로 하여 암 사망자 수를 약 4,000명으로 평가했다. 또한 그린피스는 전 세계를 대상으로 암 사망자 수를 9만3,080명으로 평가하고 있다. 나아가 뉴욕과학학회는 전 세계의 5,000개 이상의 논문과 현지 조사를 토대로 암 이외의 것도 포함한 다양한 사인에 의한 사망자 수를 98만5,000명으로 평가했다[7](체르노빌 포럼의 평가는 대상을 좁은 범위로 한정했기 때문에 암 사망자 수를 낮게 계산하고 있지만, 이것은 원자력의 민생 이용을 촉진하는 국제기관 IAEA가 원전 추진 세력에 가깝고 사고 피해를 과소평가하는 경향이 있는 것과 관련된다). 이러한 사망자 수는 하나의 사고로서는 엄청나게 크고 전쟁과만 비교할 수 있는 규모다. 둘째, 사고에 수반되는 토양 오염에 의해 약 1만 평방킬로미터의 고오염지역으로부터 약 40만 명의 사람이 이주를 강요받았다. 이 상황은 전쟁과 내전에 따라 많은 난민이 출현하는 상황과 흡사하다. 셋째, 체르노빌 원전 사고에 의해 벨라루스에 초래된 경제적 손실은 사고 당시 국가 예산의 32년분이다.[8] 이러한 거대한 경제적 손실은 소비에트연방 붕괴 요인의 하나가 되었다고 말해지기도 한다. 일반적으로 이른바 사고가 국가의 붕괴를 초래할 정도의 영향을 미치는 예는 없다. 그러한 사태가 있다면, 그것은 전쟁으로 인해서 뿐이다.

이상과 같은 관점에 서게 되면, 후쿠시마 제1원전 사고 후에 반복된 '원전 사고에서는 한 사람의 사망자도 나오지 않았지만, 교통사고에서는 연간 5,000명 정도가 사망하는데, 자동차를 폐지할 필요가 없듯이 원전을 폐지할 필요는 없다'라는 언설이 근본적인 기만을 포함하고 있다는 것이

● ●

7. 田口卓臣·阪本公美子·高橋若菜, 「放射線の人體への影響に關する先行研究に基づく福島原發事故への對應策の批判的檢証(방사선의 인체에 대한 영향에 관한 선행 연구에 기초한 후쿠시마 원전 사고에 대한 대응책의 비판적 검증)」, 『宇都宮大學國際學部研究論集』 제32호, 2011년.

8. 今中哲二, 「チェルノブイリ原發事故の「死者の數」と想像力(체르노빌 원전 사고의 '사망자 수'와 상상력)」, 『科学』 제76권 5호, 岩波書店, 2006년.

분명하다. 우선 후쿠시마 제1원전 사고가 발생함으로써 2013년 3월 시점에서 후쿠시마현의 약 15.4만 명의 사람들이 다른 토지로의 피난을 강요받았다(그 가운데 피난 지시 구역 등으로부터의 강제 피난민 수는 약 10.9만 명, 자발적 피난민은 4.5만 명).[9] 이것은 확실히 전쟁이나 내전에 따라 많은 난민이 출현하는 상황과 흡사하다. 이주를 강요받은 사람들 가운데 많은 병자와 고령자가 컨디션을 해쳐 사망하게 되었고, 정든 토지와 직업을 잃은 사람들이 자살로 내몰리는 경우도 보고되었다(후쿠시마현의 '지진재해·원전 사고 관련 사망'은 2014년 3월 시점에 1,660명이다).[10] 또한 만발성 장애와 관련해서는 사고 후 4년의 시점에 이미 종래의 발생률보다 수십 배 더 많은 숫자의 소아 갑상선암이 발견되었으며, 2015년 6월의 데이터에서 소아 갑상선암은 검사 대상인 사고 당시 18세 이하의 약 38만5천 명 가운데 의심스러운 것도 포함하여 총 137명이었다. 더 나아가 후쿠시마현이 행한 첫 번째 검사에서 이상이 없다고 한 25명의 아이에게서 두 번째 검사에서 갑상선암이 발견되었는데, 이것은 발암에 대한 피폭의 영향을 강하게 시사하는 데이터다.[11] 일본 정부와 후쿠시마현은 갑상선암의 발병에 대한 피폭의 영향을 부정하고 있지만, 방사성 요오드에 의한 피폭 선량이 높은 지역에서 갑상선암이 많이 발생하고 있다는 점에서(후쿠시마현 나카도리 중부로부터 남부에서 약 40배에서 50배 더 많은 발병이 확인된다), 이것이 피폭에 의한 과잉 발생이라는 것은 역학적으로 증명되고 있다.[12] 마지막으로 교통사고가 일어난 토지에서 사람들이 살 수 없게

● ●

9. 環境省 편, 『平成25年度版 環境白書·循環型社会白書·生物多様性白書(헤이세이 25년도 판 환경 백서·순환형 사회 백서·생물 다양성 백서)』, 2013년. https://www.env.go.jp/policy/hakusyo/h25/html/hj3010101.html

10. 「被災3県, 震災関連死3千人 福島では直接死上回る(재해 피해 3현, 지진재해 관련 사망 3천 명. 후쿠시마에서는 직접 사망을 상회)」, 〈朝日新聞〉, 2014년 3월 7일.

11. 「甲状腺がん疑い含め137人へ, 2巡目は25人 — 福島健康調査(갑상선암 의심 포함 137명으로, 두 번째는 25명 — 후쿠시마 건강 조사)」, OurPlanet-TV, 2015년 8월 31일. http://www.ourplanettv.org/?q=node/1969

되는 일은 있을 수 없지만, 후쿠시마 제1원전 사고는 원전 주변의 약 1,000평방킬로미터 지역을 거주 불가능하게 만들고(정부는 피난 지시 구역을 단계적으로 축소하고 있지만, 거기서 방사선량은 여전히 높은 상태다), 그 주변의 14,000평방킬로미터의 지역을 방사선 관리구역에 해당하도록 오염시켰다. 이른바 사고가 원인이 되어 이 정도로 광대한 토지가 거주 불가능하게 되는 일은 없다. 그러한 일이 있다면, 그것은 전쟁으로 인해서 뿐이다.

원자력-핵사고의 이러한 영향의 거대함을 고려하면, 원자력-핵사고는 종래의 사고와는 근본적으로 다르다는 것을 알 수 있다. 원자력-핵사고는 급성 장애와 암 등의 만발성 장애에 의해 사람들을 죽음에 이르게 할 뿐만 아니라 광대한 토지를 거주 불가능하게 만들어 거기서 살아가고 있던 사람들의 생활을 송두리째 빼앗는다는 점에서 종래의 사고 규모와는 비교할 수 없다. 원자력-핵사고는 오로지 전쟁과만 비교 가능한 것이다.

원전의 중대사고는 왜 이처럼 전쟁과 흡사한 상황을 만들어내는 것일까? 그것은 원전에서 사용되는 기술이 뒤에서 이야기하듯이 핵무기와 동일한 기술이기 때문이다.[13] 표준적인 100만 킬로와트의 원자로는 하루에 히로시마 원자폭탄 약 3발분, 1년간 약 1,000발분의 방사성 물질을 생성, 축적한다. 원전에서 중대사고가 일어나 이와 같은 방대한 방사성 물질이 방출되면, 핵무기가 사람들과 환경에 대해 초래하는 것과 동등하거나 그 이상의 영향을 준다고 추정할 수 있다.

여기서 다시 안더스를 참조해보자. 안더스는 핵전쟁의 영향력의 거대

12. 다음의 중요한 논고를 참조. Toshihide Tsuda, Akiko Tokinobu, Eiji Yamamoto, Etsuji Suzuki, "Thyroid Cancer Detection by Ultrasound Among Residents Age 18 Years and Younger in Fukushima", in *Epidemiology*, 2015. 다음에서 찾아 읽을 수 있다. http://www.ourplanettv.org/files/Thyroid_Cancer_Detection_by_Ultrasound _Among.99115.pdf
13. 이 점에 대해서는 제1부 제2장에서 상세히 논의한다.

함, 요컨대 인간과 세계의 전체적 파괴라는 귀결을 인간이 쉽게 상상할 수 없다고 말한다. 그에 따르면 그것은 인간의 상상력에 모종의 한계가 있기 때문이다.

> 우리의 이성이 '유한'하다는 것과 그 의미를 칸트는 가르쳐주었다. 그러나 한계를 제시받은 이성 능력과 비교하여 '과도'한 감정과 상상력 역시 좁은 한계에 갇혀 있으며 그 한계를 넘어설 수 없다는 점은 보통 밝혀진 적이 없다. 감정은 분명 이성과 동일한 운명에 놓여 있으며, 분명히 감정에도(폭은 있지만, 그것에도 한도가 있다) 용량이 결정되어 있다. 공포뿐만 아니라 모든 정서도 마찬가지다. …… 종말을 생각하면 우리의 마음은 움직이지 않게 된다. 하나의 말을 생각하는 데 그치고 마는 것이다.[14]

칸트는 인간의 이성에는 한계가 있다고 말했지만, 안더스에 따르면 인간의 상상력에도 마찬가지로 한계가 있다. 인간은 인간과 세계의 전체적 파괴라는 핵전쟁의 귀결, 즉 '핵 종말'을 충분히 상상할 능력을 갖추고 있지 못하다. 따라서 인간은 핵무기를 폐기할 수 없다고 그는 말한다.

동일한 의미에서 인간은 원자력-핵사고의 파멸적 귀결, 즉 핵 대재앙을 잘 상상할 수 없다. 일단 원전에서 중대사고가 일어나면, 광대한 토지가 거주 불가능하게 되고 수만 명 규모의 사람들이 죽음의 위험에 노출될 가능성이 있다. 그런데도 인간이 원전을 폐기할 수 없다면, 그것은 핵 대재앙에 대한 인간 상상력의 한계 때문이며, 최악의 사고를 상상하기를 두려워하고 그 가능성을 (정신분석적인 의미에서) '부인'하기 때문이다.[15]

● ●

14. *Die Antiquiertheit des Menschen*, Bd. *1*, S. 268~269. 일역, 『時代おくれの人間(上卷)』, 281~282쪽.

15. 정신분석적인 의미에서 '부인' 메커니즘에 대해서는 루이 알튀세르의 이데올로기 이론(그는 거기서 정신분석적인 '부인'의 이론을 참조하고 있다)에 의거하는 가운데

그뿐만이 아니다. 사고 가능성의 부인은 단지 인간 상상력의 한계에서 유래할 뿐만 아니라 국가와 자본에 의한 '안전' 이데올로기(이른바 '안전신화')에서도 유래한다. 국가와 자본은 경제성장을 위해 집중적인 에너지 생산 시스템을 필요로 하는 까닭에, 원자력-핵사고의 가능성과 그 대재앙적인 귀결을 은폐하려고 하는 경향을 지닌다.[16] 예를 들어 미국 원자력규제위원회(NRC)의 「라스무센 보고」(1975년)는 대량 사망을 초래하는 원자력-핵사고가 일어날 가능성을 10만~100만 년에 한 번의 확률로 평가했다. 이 확률은 '뉴욕의 양키 스타디움에 운석이 떨어지는 것과 같은 것'이라는 표현으로 일반에 전해져 '안전' 이데올로기의 확립에 크게 기여했다. 그러나 스리마일섬 원전 사고 후에 행해진 사고 확률 평가(NRC가 오크리지국립연구소에 의탁하여 작성한, 이른바 「ASP 보고」의 수정판)에 따르면, 원전에서의 중대사고 확률은 4,000원자로년에 한 번으로 생각된다(1원자로년이란 하나의 원자로를 1년 가동한 운전력을 말한다). 이것은 전 세계에서 400기 정도의 원자로가 운전되고 있다는 것을 고려하면, 약 10년에 한 번의 페이스로 중대사고가 일어난다는 것을 의미한다.[17] 1979년에 스리마일섬 원전 사고, 1986년에 체르노빌 원전 사고, 2011년에 후쿠시마 제1원전 사고가 일어났다는 것을 생각하면, 이 평가는 경험적으로도 거의 올바른

* *

제2부 제1장에서 다시 논의한다.

16. 마찬가지 것이 비키니 수소폭탄 실험(1954년) 이후에 미국 정부가 발표한 '위험평가'에 관해서도 말해질 수 있다. 미국 정부는 당시 핵실험에서 유래하는 방사성 강하물이 '안전'하다고 주장하고, 이 주장을 정통한 것으로 만들기 위해 '오염 모델과 환경 모니터링'을 사용했다. 국제정치학자 히구치 도시히로는 이러한 '언뜻 보아 기술적인 과정에 숨어 있는 정치성'에 분석의 칼날을 들이댄다. 樋口敏弘, 「核による平和」に地球環境的限界はあるか ― 放射性降下物の安全性信義過程と安全保障國家アメリカの知的ヘゲモニーの構造と變容('핵에 의한 평화'에 지구환경적인 한계는 있는가 ― 방사성 강하물의 안전성 신의 과정과 안전보장 국가 미국의 지적 헤게모니의 구조와 변용)」, 일본국제정치학회 편, 『國際政治』 제163호 「核とアメリカの平和」, 2011년.

17. 高木仁三郎, 『巨大事故の時代(거대 사고의 시대)』, 弘文堂, 1989년, 161~163쪽.

것으로 생각된다. 따라서 우리는 이후에도 약 10년에 한 번의 확률로 원전의 중대사고가 일어난다는 것을 미리 고려하지 않으면 안 된다. 이후에도 일어날 수 있는 중대사고를 회피하기 위해서는 우리는 스스로의 상상력의 한계와 국가와 자본에 의한 '안전' 이데올로기에 대항하여 원전을 폐기하는 것 이외에 다른 방법이 없는 것이다.

4. 후쿠시마 제1원전 사고 후에 안더스를 다시 파악한다

지금까지의 논의를 근거로 삼음으로써 후쿠시마 제1원전 사고 이후에 고찰해야 할 문제의 소재가 떠오른다. 이것은 다시 말하면 후쿠시마 제1원전 사고를 진지하게 받아들임으로써 안더스의 사유가 지닌 가능성을 끌어낼 수 있다는 것을 의미한다. 사실 후쿠시마 제1원전 사고의 발생으로 인해 원전이라는 괴물적인 시스템이 핵무기와 다양한 공통점을 지닌다는 것이 사회적으로 드러나게 되었다. 아래에서는 그 점을 간단히 되돌아보고자 한다.

4-1. 원전과 핵무기

우선 무엇보다도 강조해두지 않을 수 없는 것은 원전과 핵 처리 시설에서 산출되는 방사성 핵종이 핵무기와 방사능 무기로 전용될 수 있다는 사실이다. 이 사실로부터 출발하면, 원전을 핵의 '평화 이용'으로 간주하는 것이 얼마만큼이나 기만적인가 하는 것이 곧바로 이해될 수 있다. 원자력 산업은 핵무기와 분리될 수 없다. 원전에 의한 에너지 공급을 긍정하는 것은 원자력 산업의 전제인 핵무기 제조를 긍정하는 것과 같은 뜻이다. 따라서 핵의 '평화 이용'과 '군사 이용'을 구별하는 것은 불가능하며, 다만 핵의 '평시 이용'과 '전시 이용'이 존재할 뿐이다. 이러한 인식은 후쿠시마 제1원전 사고 이전부터 다카기 진자부로나 고이데 히로아키와 같은 비판적 과학자들에 의해 지적되고 있었다.[18] 그러나 그들의 증언은 터부로 여겨지거나 아니면 적어도 사회적으로 무시되거나 했다. 원전과 핵무기의 분리 불가능성이 널리 인지되게 된 것은 역시 후쿠시마 제1원전 사고 이후의 일일 것이다.

원전과 핵무기가 존재론적으로 '동일'하다는 것 — 이것은 후쿠시마 제1원전 사고 경위를 보더라도 분명하다. 이 사고에서는 세 개의 원자로 폭발로 인해 요오드, 세슘, 스트론튬, 플루토늄 등의 방사성 물질이 대량으로 방출되었다. 이 방사성 물질들은 핵무기의 폭발로 인해 방출되는 물질과 전적으로 동일한 것들이다. 그러한 의미에서 원전 사고에 의한 환경오염과 핵무기 폭발에 의한 환경오염 사이에는 조금의 차이도 없다. 또한 후쿠시마 제1원전 3호기가 폭발할 때는 히로시마와 나가사키에 대한 원폭 두하 때와 마찬가지의 '버섯구름'이 떠올랐다. 복수의 비판적 과학자는 이 3호기 폭발이 원리적으로는 핵무기 폭발과 동일할 가능성이 있었다고 지적한다.[19] 이러한 증언 내용들을 직시하지 않고 마치 사고 이전과 아무런 변화도 없는 것처럼 계속해서 원전에 의존하는 것은 이후의 일본을 위해서나 세계를 위해 있어서는 안 되는 일이라고 우리는 생각한다.

4-2. '있을 수 없다'는 주문을 스스로에게 금지하기

상상력의 한계에 대항하고 부인 메커니즘에 맞서기 위해 단 하나의 단순한 방법을 제안하고자 한다. 그것은 '다음의 파국은 있을 수 없다'라는

• •

18. 다카기 진자부로의 지적에 대해서는 제1부 제2장에서 상세히 논의한다. 또한 핵의 '평시 이용'과 '전시 이용'이라는 구별에 대해 우리는 다음의 고이데 히로아키의 논고를 참조했다. 小出裕章, 「深刻化する核-原子力の危機(심각해지는 핵-원자력 위기)」, 『科学, 社会, 人間』 제98호, 2006년. 다음의 곳에서 찾아 읽을 수 있다. http://chikyuza.net/xoops/modules/news1/article.php?storyid=65

19. 예를 들면 쓰치다 아쓰시(槌田敦)와 고이데 히로아키에 의한 다음의 발언을 참조. https://www.youtube.com/watch?v=scVL1tRdbLM, http://hiroakikoide.wordpress.com/2011/05/04/tanemaki-may4/

주문을 스스로에게 금지하는 것이다. 후쿠시마 제1원전 사고를 통해 일거에 드러난 앞에서 말한 경위에 근거하게 되면, 아무리 황당무계한 상정이라 하더라도 '그것은 있을 수 없다'라고 결론지을 수 없다. 우리가 리얼한 실감을 지니기 어려운 경우야말로 한 번은 진지하게 검증해볼 필요가 있을 것이다. 이러한 경우로는 크게 나누어 두 가지가 있다. 하나는 다음의 원전 사고 가능성, 그리고 또 하나는 핵전쟁 가능성이다.

우선 다음의 원전 사고 가능성에 대해 이야기하자면, 이것은 일본 국내에 한정된 문제가 아니다. 다만 가장 위기적인 것은 일본의 원전이 아닌가 생각한다. 왜냐하면 원전 사고의 '**사후**事後'에도 불구하고 (다음의) 원전 사고 가능성을 계속해서 부인한다는 점에서 이러한 국가의 태도는 '**사전**事前'과 본질적으로 다르지 않기 때문이다. 예를 들어 후쿠시마 제1원전 사고 직후에 유포된 '이것은 "천 년에 한 번"의 확률로밖에 일어나지 않는 대규모 쓰나미에 의한 "상정 범위 밖"의 사건이다'라는 언설은 이 점을 징후적으로 이야기해준다. 이 언설은 첫째, 후쿠시마 제1원전이 1966년의 설치 허가 신청 시에 1960년의 칠레 지진 쓰나미 수준밖에 고려하지 않았다는(쓰나미 상정 수위는 3.122미터) 점에서,[20] 둘째, 후쿠시마 제1원전이 쓰나미가 아니라 지진에 의해 이미 파괴되었을 가능성이 있다는 점에서,[21] 셋째, 최악 수준의 원전 사고(스리마일, 체르노빌, 후쿠시마)만 하더라도 10년에서 20년에 한 번의 간격으로 일어났다는 사실을 무시하고 있다는 점에서 삼중의 기만을 품고 있다고 말할 수 있다. 이에 더하여 일본 정부는 사고 발생으로부터 2년도 지나지 않은 가운데 국내의 원전 재가동 방침을 분명히 하고, 베트남, 요르단, 터키 등에 대한 원전 기술 수출을 단행했다. 이러한 후안무치한 행동에도 3 · 11 원전 지진재해 경험

• •

20. 添田孝史, 『原発と大津波 ― 警告を葬った人々(원전과 대쓰나미 ― 경고를 묻어버린 사람들)』, 岩波新書, 2014년, 10쪽.
21. 예를 들면 다음을 참조. 田中三彦, 「原発で何が起きたのか(원전에서 무슨 일이 일어났던 가)」, 石橋克彦 편, 『原発を終わらせる(원전을 끝낸다)』, 岩波新書, 2011년.

을 '없는 것 같은'(하야시 교코) 것으로 하는 부인의 자세가 드러나 있다.[22]

두 번째의 '핵전쟁 가능성'에 관해 말하자면, 우리의 '불감증'은 한층 더 심각하다고 말할 수 있을지 모른다. 반복하게 되지만, 안더스가 가장 두려워했던 것은 국가 간의 의지, 계산, 전략 등의 대항으로 인해 초래되는 것과 같은 알기 쉬운 '핵전쟁'의 이미지가 아니었다. 안더스는 이른바 '국가 의지'나 '국가 이성' 등과 같은 범주 외부를 응시하고 있었다. 요컨대 상정 범위 밖의 기술적 오류, 계산하지 못한 인위적 실수, 시스템 내에 생겨난 극히 작은 버그나 노이즈가 결과적으로 의도하지 않은 핵 공격의 폭주하는 연쇄를 불러일으킬 가능성을 안더스는 두려워한 것이다. 이러한 안더스의 상정은 그저 웃고 끝낼 일이 아니다. 이미 확인했듯이 이 지구상이 현재도 인류 전체를 절멸시킬 분량의 핵무기로 채워져 있다는 점은 움직이기 어려운 사실이다. 지금 '냉전의 종언'이라는 구호가 외로이 내걸리고 있지만, '냉전'에 기초한 군비 확산 경쟁이 가져온 대량의 핵무기는 분명히 부정적인 유산으로서 계속해서 남아 있다. 설사 국가가 핵무기를 사용하지 않는다고 하더라도 국가의 감시를 빠져나간 핵 테러가 일어날 가능성이 전혀 없는 것은 아니다. 이 점에 더하여 2013년에 공개된 미국의 기밀 사항은 하나의 결정적인 현실을 우리에게 들이대 보였다. 왜냐하면 이 문서에서는 폭격기 B52로부터 낙하한 수소폭탄이 핵폭발 직전에 이르렀던 1961년의 사건을 필두로 미국 국내에서 일어난 수많은 미사일 낙하 사건들이 보고되고 있었기 때문이다.[23] 좀 더 덧붙이자면, 2015년 3월에는 전 미군

• •

22. 하야시 교코(林京子)는 나가사키에서의 피폭 체험에 기초하여 수많은 원폭 소설을 집필한 작가다. 그 가운데 하나인 장편 소설 『없는 것 같은』(1981년)에서는 히로시마와 나가사키에 대한 원폭 투하를 '없는 것 같은' 것으로 다루는 '전후' 일본 사회 현실이 담담히 그려지고 있다. 이 소설이 그리는 현실은 원전 사고도 원폭 투하도 '없는 것 같은' 것으로서 지나쳐버리는 오늘날의 일본 사회 현실 그 자체다.

23. Ed Pilkington, "US nearly detonated atomic bomb over North Carolina(미국은 노스캐롤라이나에 원자폭탄을 폭발시킬 뻔했다)", *The Guardian*, September 20, 2013.

기사 등의 증언으로 1962년의 쿠바 위기 때에 미군 내부에서 소련 극동 지역을 표적으로 하는 오키나와 미사일 부대에 잘못해서 핵 공격 명령이 내려졌는데, 현장의 판단으로 발사를 피하게 되었다는 것도 밝혀졌다.[24] 이러한 생각지도 못한 사건이나 연락 실수가 이야기하는 것은 아무리 정밀한 시스템을 구축하려고 하더라도 그 시스템을 움직이는 인간의 행동과 판단에는 잘못이 따라붙는다는 현실이다. 우리 인간에게는 아무리 냉정한 이성을 지니고자 하고 아무리 강인한 의지를 갖추려 한다고 하더라도 통제할 수 없는 오류, 실패, 부주의가 따라다닌다. 안더스를 비롯하여 '핵'에 의한 파국 가능성을 응시한 이전 사람들이 가장 걱정했던 것은 인간의 오류 가능성이자 인간 행동의 통제 불가능성이고 인간이 만들어내는 시스템 그 자체의 기능 부전이었다.[25]

인간 자신의 상상력의 한계를 직시하고 사실에 대한 부인 경향에 대항하여 '그것은 있을 수 없다'라는 주문을 스스로에게 금지하기. 또한 그러한 자세로부터 출발하여 모든 '핵'의 폐지를 지향하기. 이 방법 이외에 우리가 우리 스스로에게 내재하는 아포리아를 넘어설 수 있는 길은 없다. 이 지상으로부터 핵무기와 원전을 통째로 제거하지 않는 한, 귄터 안더스의 묵시록적인 비전은 언제까지나 우리에게 최후통첩을 보내고 있다.

4-3. 핵 종말 불감증의 심각화

처음에도 말했듯이 귄터 안더스는 스리마일섬 원전 사고가 일어난 1979년, 인류의 '종말 불감증'이 한층 더 심화하였다고 지적했다. 만약

- - -

24. 「冷戰下, 米沖縄部隊に核攻撃命令 元米軍技師ら証言(냉전 시, 미 오키나와 부대에 핵 공격 명령. 전 미군 기사 등 증언)」, 〈東京新聞〉, 2015년 3월 14일.
25. 핵 시스템 내부에서 사소한 오차가 돌이킬 수 없는 파국으로 이어질 수 있다는 점은 쓰치모토 노리아키 감독의 영화 〈원전 스크랩북〉(1982년)에서도 반복해서 강조되고 있었다. 덧붙이자면, 〈원전 스크랩북〉에 대해서는 제3부 제2장에서 상세히 논의한다.

안더스가 살아 있었더라면 지금도 이 불감증이 더욱더 심화하였다고 경고했을 것이다. 실제로 후쿠시마 제1원전에서 폭발한 세 개의 원자로는 아직도 제어 불능 상태이며, 핵연료봉이 어디서 어떠한 상태에 있는 것인지, 이후 어느 정도의 방사능 오염이 퍼질 것인지, 그것을 어떻게 막을 것인지, 이 모든 것이 불가지의 상태에 머물러 있다. 전대미문의 사태임이 틀림없다. 이 정도의 사태가 일어난 후에 '다음의 파국은 일어날 수 없다'라고 주장하는 것은 자신이 바보라고 고백하는 것과 마찬가지다.

안더스의 문제제기를 토대로 하여 다시 일본의 '전후' 역사를 돌이켜보면, 위정자들에 의한 핵무기 보유 원망이 분명히 공언되고 있었다는 점을 깨닫게 된다. 예를 들어 기시 노부스케는 1983년에 출간된 회고록에서 총리대신으로서 이바라키현 도카이촌의 원자력 연구소를 시찰한 1958년 당시의 일을 돌이켜보면서 다음과 같이 말하고 있다.

> 원자력 기술은 그 자체가 평화 이용도 무기로서의 이용도 모두 가능하다. 어느 쪽으로 이용하는가 하는 것은 정책이자 국가 의지의 문제다. 일본은 국가와 국민의 의지로써 원자력을 무기로서 이용하지 않을 것을 결정했기 때문에 평화 이용으로 오로지하고 있지만, 평화 이용이라 하더라도 그 기술이 진보함에 따라 무기로서의 가능성은 자동적으로 높아진다. 일본은 핵무기를 갖지 않지만, (핵무기 보유의) 잠재적 가능성을 높임으로써 군축과 핵실험 금지 문제 등에 대해 국제적인 마당에서의 발언권을 높일 수 있다.[26]

이 발언은 핵의 '평화 이용'과 '군사 이용'을 분리하여 파악하는 것이

● ●
26. 岸信介, 『岸信介回顧錄(기시 노부스케 회고록)』, 廣濟堂出版, 1983년, 395~396쪽. 다음의 인용에 따른다. 山本義隆, 『福島の原發事故をめぐって(후쿠시마 원전 사고를 둘러싸고)』, みすず書房, 2011년, 8~9쪽.

단적으로 과녁을 벗어난 것이라는 점을 가르쳐준다. 기시 노부스케에 따르면 '국가 의지'로써 원전을 추진하는 것은 핵무기 보유의 잠재적 가능성을 높인다는 것을 의미했다. 두 가지 '이용'법은 국제적인 권력정치를 제어하는 데서 필요 불가결한 국가정책의 두 바퀴로서 자리매김하고 있었다. 주의해야 할 것은 이 기시 노부스케의 증언이 1983년에 행해졌다는 사실이다. 우리는 다시 한번 1979년에 스리마일섬 원전 사고가, 1986년에 체르노빌 원전 사고가 일어났다는 것을 떠올리지 않을 수 없다. 이 두 원전 사고 사이의 짧은 기간에 한 나라의 최고 권력 자리에 올랐던 경력의 소유자가 일본이 원전 산업을 추진하기 시작한 1950년대를 돌이켜보면서 핵무기 보유 원망을 밝히고 있다는 사실은 지극히 징후적이다. 왜냐하면 거기서는 안더스가 염려한 '종말 불감증'의 심각화가 명료하게 간취될 수 있기 때문이다.

이상과 같이 생각해보면 후쿠시마 제1원전 사고를 경험한 현재도 여전히 이 나라의 정치가들로부터 '핵무기'라는 말이 발화된다고 하는 사실에 대해서는 특단의 주의가 필요하다.[27] 우리의 '국가'는 자국의 원자력-핵사고를 제어할 수 없음에도 불구하고, 타국에 대한 핵 공격을 상정하고자 하고 있다는 점에서 분명히 '핵 종말 불감증'을 심화시키고 있다고 말할 수 있다. 정말이지 평론가나 역사가들이 지적하고 있듯이 그 역사적 기원을 추적하자면 거기에는 확실히 히로시마와 나가사키의 원폭 트라우마를 넘어서기 위해 실시된 프로파간다 문제(요미우리신문에 의한 '원자력 평화 이용' 캠페인)가 자리 잡고 있다고 말할 수 있을 것이다.[28] 그러나 그와 같은 정신사적 과정을 파고듦으로써 그 결과로서 '핵 종말 불감증'의

• •

27. 이 점에 대해서는 제1부 제2장에서 다시 논의한다.
28. 예를 들면 다음을 참조. 武田徹 『私たちはこうして「原發大國」を選んだ ― 増補版 「核」論 (우리는 이렇게 해서 '원전 대국'을 선택했다 ― 증보판 '핵'론)』, 中公新書ラクレ, 2011년(초판, 2006년). 山本昭宏, 『核エネルギー ― 言說の戰後史 1945~1960(핵에너지 ― 언설의 전후사 1945~1960)』, 人文書院, 2012년.

현 상황을 추인하는 것으로만 끝난다면, 그것은 우리가 본래 의도한 것이 아니다. 우리가 지향해야 할 결론은 분명하다. 안더스의 경고에 귀를 기울이고 일본을 비롯하여 세계의 정치적, 사회적 상황이 '종말 불감증'에 사로잡혀 있는 현실을 직시하는 것, 그리고 모든 핵, 즉 핵무기와 원자력 산업을 폐기하는 것이다. 아무리 비현실적인 제안으로 보인다고 할지라도, 전면적인 핵 폐지를 실현하지 않는 한, 안더스에게 다가온 핵의 묵시록적인 비전은 잠재적인 동시에 현실적인 위험으로서 계속해서 남게 되기 때문이다.

제2장 원자력발전과 핵무기의 등가성
— 푸코적인 '권력–앎'의 관점에서

이 장에서 우리는 원자력발전이라는 시스템에 대해 사회적–기술적 관점에서 원리적인 고찰을 전개하고자 한다.[1] 이 점에 관한 우리의 생각을 단적으로 말하자면 다음과 같다. 원자력발전이란 말의 강한 의미에서 '근대적인'(요컨대 20세기적이라는 의미에서 '모던한') 과학기술이며, 그와 같은 과학기술의 문제를 미셸 푸코가 말하는 의미에서의 '권력–앎'*pouvoir–savoir*이라는 관점에서, 요컨대 국가권력과 과학기술적 앎의 결합이라는 관점에서 고찰하는 것이 후쿠시마 제1원전 사고 후의 철학에 있어 중요한 과제 가운데 하나가 아닌가 하는 것이다. 푸코는『감시와 처벌 — 감옥의 탄생』에서 '권력–앎'의 개념을 다음과 같이 설명한다. '우리가 승인해야만 하는 것은 권력이 무언가 앎을 산출한다(단지 앎은 봉사하기 때문에 앎을 우대하는 것에 의해서나 앎은 유익하기 때문에 앎을 응용하는 것에 의해서만이 아니라)는 점인바, 권력과 앎은 상호적으로 서로 포함한다는 점, 또한 어떤 앎의

----

1. 우리는 이 장에서 원자력발전을 기술적 측면에서 고찰하기 위해 자주 '원자력발전소'를 의미하는 '원전'이라는 생략형이 아니라 '원자력발전'이라는 말을 사용한다.

영역과의 상관관계가 조립되지 않으면 권력관계는 존재하지 않으며, 동시에 권력관계를 상정하거나 조립하지 않는 앎은 존재하지 않는다는 점이다.[2] 이처럼 푸코는 '권력-앎'이라는 개념으로 권력과 과학적 앎이 서로의 영역을 구성한다는 양자의 긴밀한 결합관계를 밝히고 있으며, 나아가서는 권력과 과학적 앎의 결합관계가 존재하지 않으면 권력도 과학적 앎도 존재할 수 없다고까지 말하고 있다. 이 장에서 우리는 이러한 푸코적인 '권력-앎'이라는 관점에서 원자력-핵 과학이라는 분야에서의 국가권력과 과학기술적 앎의 긴밀한 결합에 대해 고찰하고 그로부터 원자력발전과 핵무기의 등가성을 밝히고자 한다.

1. 원자력발전과 핵무기의 등가성

원자력발전과 핵무기의 등가성에 대해 고찰하기 위해 다시 귄터 안더스에 의한 핵무기, 핵에너지 비판을 검토하는 것에서 시작해보자. 안더스는 『원자력의 위협 — 원자력 시대에 대한 근본적 성찰』에 수록된 「원자력 시대를 위한 테제」(1959년)에서 다음과 같이 말하고 있다. '1945년 8월 6일, 요컨대 히로시마[폭격]의 날에 새로운 시대가 시작되었다. 그것은 어떠한 순간에도 어떠한 장소에서도 우리가, 아니 우리의 대지 모두가 하나의 히로시마로 변용될 수 있는 시대다.'[3] 안더스는 이 '하나의 히로시마로의 변용' 가능성을 '자기 절멸 가능성'으로 바꿔 말하기도 한다. 이로부터

• •

2. Michel Foucault, *Surveiller et punir*(『감시와 처벌』), Gallimard, 1975, p. 32. 일역, 『監獄の誕生(감옥의 탄생)』, 田村俶 옮김, 新潮社, 1977년, 31~32쪽.

3. Günther Anders, "Thesen zum Atomzeitalter", in *Die atomare Drohung: Radikale Überlegung zum atomaren Zeitalter*, C. H. Beck, 1981, S. 93. 일역, 「核の時代のついてのテーゼ(핵 시대에 대한 테제)」, 矢野久美子 옮김, 『現代思想』 제31권 10호 「特集 — 「核」を考える(특집 — '핵'을 생각한다)」, 2003년 68쪽.

끌어내지는 것은 '히로시마는 어디에나 있다'[4]라는 테제다.

안더스는 체르노빌 원전 사고 후에 쓰인 「체르노빌을 위한 열 개의 테제」(1986년)에서 '히로시마는 어디에나 있다'의 변형으로서 '체르노빌은 어디에나 있다'라는 테제를 제시한다.[5] 요컨대 원자력발전소에서 대규모 사고가 일어나면, 어떠한 순간에도 어떠한 장소에서도 우리의 대지가 하나의 체르노빌로 변용될 수 있다는 것이다. 실제로 동일본 대지진에 의해 일본에서도 체르노빌 급의 큰 사고가 일어나 광범위한 대지가 방사능에 의해 오염되었다. 안더스의 테제를 뒷받침하기 위해 덧붙이자면, 도쿄전력의 발표에 따르면 후쿠시마 제1원전으로부터의 세슘-137의 방출량은 15,000테라베크렐로, 히로시마형 원폭(89테라베크렐) 168.5개분에 해당한다. 또한 후쿠시마 제1원전으로부터 방사성 물질의 총방출량은 900페타베크렐로, 체르노빌 원전 사고에 의한 방출량의 6분의 1에 미친다고 생각되고 있다(해양 방출분은 포함되지 않는다). 덧붙이자면, 이러한 평가들은 도쿄전력의 추계에 기초하는 것이며, 실제 수치는 이것의 두 배에서 세 배에 이를 가능성이 있다.[6]

이렇게 생각하게 되면 핵무기가 초래하는 '자기 절멸 가능성'은 원전 사고가 초래하는 '자기 절멸 가능성'과 같아진다. 그로부터 안더스는 '핵에너지의 군사 이용과 평화 이용을 구별하는 것은 어이없는 것이자 기만이다'[7]라고 말한다. 안더스의 문장은 때때로 하이데거적인 형이상학적 음조(모종의 종말론적인 음조)를 띠는 경우가 있지만, 이 테제는 앞에서 말한

• •

4. Günther Anders, *Hiroshima ist überall*(『히로시마는 어디에나 있다』), C. H. Beck, 1982.

5. Günther Anders, "10 Thesen zu Tschernobyl", *Psychosozial*, Nr. 29, 1986, S. 7.

6. 노르웨이대기연구소의 Andreas Stohl의 연구에 따른다. Cf. Geoff Brumfiel, "Fallout forensics hike radiation toll(낙진 포렌식은 방사능 희생자 수를 늘린다)", *Nature*, No. 478, 2011. http://www.nature.com/news/2011/111025/full/478435a.html

7. "10 Thesen zu Tschernobyl", *Psychosozial*, Nr. 29, S. 8.

것과 같은 푸코적인 '권력-앎'의 관점에서 검토될 수 있다. 본래 일본어에서는 '원자력'이라는 말이 핵에너지의 '평화 이용'에 할당되고('원자력발전'), '핵'이라는 말이 핵에너지의 '군사 이용'에 할당되는('핵무기') 관습적 용법이 있는 까닭에, '원자력' 즉 핵에너지의 '평화 이용'과 '핵' 즉 핵에너지의 '군사 이용'이 전혀 다른 것인 것처럼 파악되는 경향이 있다.[8] 그러나 영어, 프랑스어, 독일어 등의 유럽 언어에서 '핵에너지[nuclear energy, énergie nucléaire, Kernenergie]'라는 말은 그 '평화 이용'과 '군사 이용' 모두 다를 가리키는 말이며, 원자력발전소는 '핵발전소[nuclear power plant, centrale nucléaire, Kernkraftwerk]'라고 불린다는 점에 주의해야 한다. 그런 의미에서 핵에너지의 '평화 이용'과 '군사 이용'이라는 구별은 의미를 지니지 못하며, 단지 그 '평시 이용'과 '전시 이용'이 존재할 뿐이다.[9]

이러한 관점에 기초하여 우리가 참조하고자 하는 것은 1970년대 이래로 2000년의 너무 이른 죽음에 이르기까지 일관되게 반원전을 주장해온 다카기 진자부로의 사상이다. 다카기 진자부로는 핵화학을 전공하는 과학자인데, 반원전 운동을 과학자로서 시민과 함께 시민 속에서 수행해간다는 견지에서 스스로를 '시민과학자'로 호칭하고 있었다. 그는 일본 원자력 사업, 도쿄대학 원자핵연구소 조교를 거쳐 1969년에 도쿄도립대학 조교수가 되는데, 당시 이어지고 있던 학생운동이나 산리즈카 투쟁 하의 농민에 대한 공감을 거쳐 1973년에 도쿄도립대학을 사직한다. 그리고 1975년에 원자력자료정보실의 설립에 참여하고, 1986~1998년에는 그 대표를 맡는다.[10]

• •

8. 예를 들어 다음을 참조. 吉岡斎一 『新版 原子力の社会史 — その日本的展開(신판. 원자력의 사회사 — 그 일본적 전개)』, 朝日選書, 2011년(초판, 1999년), 6쪽.
9. 이 점에 대해서는 제1부 제1장을 참조.
10. 高木仁三郎, 『市民科學者として生きる(시민과학자로서 살아간다)』, 岩波新書, 1999년. 다카기의 학생운동과 농민운동에 대한 공감이라는 '마오쩌둥주의'적인 측면에 대해서는 다음을 참조. 絓秀実, 『反原發の思想史 — 冷戰からフクシマへ(반원전의 사상사

1968년의 학생운동을 직간접적으로 경험한 과학자 중에는 핵 오염이나 공해 등, 과학이 사회에 주는 모순에 눈을 돌려 과학 그 자체에 내재하는 폭력성을 과학에 의해 비판한다는 입장으로 전환한 '비판적 과학자'가 많이 존재한다.[11] 그 예로서 응용화학을 공부하고 미나마타병의 유기수은 원인설에 충격을 받아 공해 연구로 전환한 우이 준, 원자력을 공부하면서 그 위험성을 깨닫고 원자력 폐지를 위한 연구로 전환한 교토대학 원자로실험소의 '구마토리 6인조' 등을 들 수 있다. 그들은 마르크스주의의 영향을 강하게 받은 세대에 속하며, 그런 까닭에 동시대의 철학과 사회과학도 적극적으로 흡수하여 자연과학을 비판적으로 객관화하고자 했다.[12] 다카기는 바로 1968년을 계기로 하여 스스로가 공부한 원자력의 위험성을 의식화하고, 원자력 폐기를 위한 연구와 운동으로 전환한 비판적 과학자의 한 사람이다.

다카기는 원자력자료정보실의 전 대표 또는 '시민과학자', '반원전 활동가'로서 현재도 널리 알려져 있다. 우리에게 흥미로운 것은 그가 몇 개의 저작에서 원자력발전이라는 기술의 본질과 국가권력의 관계에 대해 날카

●●

— 냉전에서 후쿠시마로)』, 筑摩選書, 2012년, 79~97쪽.

11. 이 점과 관련해 다카기 진자부로는 1968년에 많은 젊은 과학자에게 문제였던 것은 '과학과 기술이 국가와 기업에서 중요한 시스템이 되어 이를테면 체제 그 자체의 유지 기구가 되었다'라는 위기감이었다고 말하고 있다. 다음을 참조. 高木仁三郎, 『市民の科学(시민의 과학)』, 講談社學術文庫, 2014년(초판, 『市民の科学を目指して(시민의 과학을 지향하여)』, 朝日選書, 1999년), 16쪽. 덧붙이자면, '비판적 과학자'의 정의에 대해서는 제4부 제3장에서 다른 관점으로부터 다시 상세히 검토한다.

12. 예를 들어 후에 '구마토리 6인조'라고 불리는 구성원들은 본래 교토대학 원자로실험소의 동아리 '현대사상연구회'에 모인 과학자들이다. 과학과 사회의 관계를 논의하는 것을 목적으로 하여 조직된 이 '현대사상연구회'에서 그들은 마르크스주의 철학 문헌과 공해 문제 등을 검토했으며, 그 활동의 연장선상에서 1973년부터 이카타 원전 소송에 대한 지원에 참여하여 '반원전'의 입장을 명확히 하고, 1980년부터는 '원자력 안전 문제 세미나'를 조직하게 된다. 다음을 참조. 細見周, 『熊取六人組 — 反原發を貫く研究者たち(구마토리 6인조 — 반원전을 관철하는 연구자들)』, 岩波書店, 2013년, 36쪽.

로운 고찰을 제시하고 있다는 점이다.

본래 원자력발전이라는 기술에 대해 생각할 때 처음에 떠오르는(떠올라야 할) 의문은 방사성 물질과 같은 위험한 물질을 다루고 플루토늄이라는 극도로 독성이 강한 물질을 산출하는, 그래서 우리의 일상생활을 위협할 수 있는 기술이 왜 발전 수단으로 사용되고 있는 것인가 하는 의문이다. 원자력발전이라는 기술을 사용하는 한에서, 일단 발전소에서 대규모 사고가 일어나면 강한 독성을 지닌 방사성 물질이 광범위하게 퍼져 주변 토지를 오염시키고 많은 사람을 죽음의 위험에 노출시킬 가능성을 부정할 수 없다(그에 반해 화력발전에는 사고가 일어나더라도 그러한 위험이 존재하지 않는다). 그와 같은 위험한 기술을 왜 발전에 사용하는 것일까? 답은 간단하다. 그것은 원자력발전이라는 기술이 다름 아닌 핵의 군사기술의 민생 전용이기 때문이다.

다카기 진자부로는 이제는 반원전에 관한 고전적인 책이 된『플루토늄의 공포』에서 미국에 의한 원폭 개발 프로젝트인 맨해튼 계획으로까지 소급하여 원자력발전이라는 기술의 본질에 대해 고찰한다.

맨해튼 계획에서는 원폭 개발을 위해 두 가지 경로가 추구되었다. 하나는 천연우라늄을 농축하여 우라늄-235를 추출하는 방법(히로시마형 원폭의 제조 방법)이며, 또 하나는 천연으로는 존재하지 않는 플루토늄-239를 인공적으로 만들어내는 방법(나가사키형 원폭의 제조 방법)이다. 플루토늄을 대량 생산하기 위해서는 우라늄-238에 중성자를 충돌시켜 핵분열 연쇄반응을 만들어내야 하지만, 그 플루토늄-239의 대량 생산 기술이야말로 원자로의 원리 그 자체이다. 다카기는『플루토늄의 공포』에서 다음과 같이 말하고 있다. '결국 플루토늄-239를 대량으로 생산하는 것은 원자로— 제어된 핵분열 연쇄반응 장치 — 를 만드는 것으로 귀착하는 것이었다.'[13] 이처럼 원자로는 우선은 군사용의 플루토늄 생산로로서

• •

13. 高木仁三郎, 『プルトニウムの恐怖(플루토늄의 공포)』, 岩波新書, 1981년, 13쪽.

실용화되며(물론 군사용의 플루토늄 생산로는 단지 플루토늄을 생산할 뿐이며, 거기서 산출되는 열에너지를 발전에 이용하는 것은 아니다), 그 기술이 후에 발전용 원자로의 원형이 되었다. 이로부터 이해할 수 있는 것은 원자로란 본래 원자폭탄의 원료인 플루토늄을 생산하기 위해 만들어졌으며, 그것이 후에 발전용으로 민생 전환된 것이라는 점이다. 좀 더 덧붙이자면, 원자로가 제어된 핵분열 연쇄반응을 산출하는 것인데 반해, 핵무기란 제어되지 않는 상태에서 핵분열 연쇄반응을 일으키고 그로부터 파괴적인 에너지를 산출하는 것이다. 요컨대 제어된 것인가 제어되지 않은 것인가라는 차이는 있어도(물론 그 차이는 중요하지만), 양자는 '핵분열 연쇄반응'이라는 점에서 동일한 원리에 의거하는 것이다.

2. 국가적 기술 시스템으로서의 핵 기술

나아가 다카기는 원폭을 개발·제조한 맨해튼 계획이라는 프로젝트의 특징을 고찰하고 거기서 원자력 기술의 본질을 발견하고자 한다.

맨해튼 계획은 전쟁이라는 목적에 초점을 맞춘 앎의 국가적 센터를 만들어내는 작업이기도 했다.
더구나 이 계획은 전적으로 비밀리에 진행되지 않을 수 없었다. 그것에는 고도의 정보관리와 중앙집권적인 연구개발 시스템이 필요했다. 즉, 권력의 집중이다.
부와 힘과 앎의 집중, 더욱이 거기서 다루어지는 기술과 물질이 한 사람의 인간에게서는 헤아릴 수 없는 파괴적인 힘을 지닌다는 것, 이것이 여기서 생겨난 새로운 국가적 기술 시스템, 즉 거대과학(기술)의 기본적인 특징이었다. 오늘날 거대과학은 전적으로 일반적인 것이 되었지만, 그 기본적인 성격은 이미 이때 심어졌다.[14]

요컨대 맨해튼 계획이란 국가적 규모의 관산군학 복합체를, 다시 말하면 국가적 기술 시스템을 조직하는 것이었다. 핵에너지가 지니는 거대한 파괴적 에너지를 다루고 그것을 발전시키기 위해서는 국가가 그 기술 발전을 선도하는 국가적 기술 시스템이 필요하다. 맨해튼 계획이란 바로 그러한 국가적 기술 시스템 그 자체였다. 그리고 그와 같은 시스템이 일본에서는 '원자력 무라原子カムラ(원자력마피아)'라고 불리는 정관산학 복합체로서 현재도 존속하고 있다.

일본 정부는 1953년 12월에 아이젠하워 대통령이 유엔 총회에서 행한 「평화를 위한 원자력」 연설을 수용하는 형태로 1954년에 '원자력평화이용 준비위원회'를 발족시키고 원자력발전의 도입을 개시했다. 그 이래로 일본의 원자력 정책은 언제나 국가와 관료기구(통상산업성[현재의 경제산업성], 과학기술청[현재의 문부과학성])가 방침을 세우고 국가기관(과학기술청의 주도하에 있는 동력로·핵연료 개발사업단[현재의 일본 원자력연구개발 기구])이 고속증식로, 핵연료 재처리와 같은 핵연료 사이클에 관계되는 연구개발을 행하며,[15] 민영의 전력회사가 그것을 실현하는 이른바 '국책 민영' 형태로 실현되어왔다. 이에 의해 일본의 원전은 1970년대에는 연평균 2기, 그리고 세계의 원전 증가 페이스를 둔화시키게 된 스리마일섬 원전 사고 후인 1980년대부터 1995년까지조차 연평균 1.5기라는 경이적인 페이스로 계속해서 증가되어왔다(그에 반해 미국에서는 스리마일섬

●●
14. 같은 책, 15~16쪽.
15. 덧붙이자면, 이 연구개발비는 기묘한 일이지만 전원3법 교부금의 '전원 다양화 계정'에 의해 조달되고 있다. 전원3법 시스템의 일각을 이루는 '전원개발 촉진세'란 전원입지를 촉진하기 위해 설립된 세제인 까닭에, 이것을 핵연료 사이클에 관계되는 연구개발에 지출하는 것은 본래는 목적 외 사용일 것이다. 다음을 참조. 清水修二, 『原發になお地域の未來を託せるか(원전에 여전히 지역의 미래를 맡길 것인가?)』, 自治体研究社, 2011년, 80~81쪽.

원전 사고 이후 원전은 1기도 신설되지 않았다).[16] 이것은 바로 맨해튼 계획 이래의 국가적 기술 시스템 형식을 답습하는 것이다.

우리가 앞에서 원용한 푸코의 개념을 사용하자면, 이것은 '권력-앎', 즉 권력과 과학기술적 앎의 결합관계 그 자체다. 과학기술적 앎은 맨해튼 계획이나 원자력 무라와 같이 국가적 기술 시스템으로서 국가권력의 주도로 조직되고 발전시켜짐으로써 권력이 스스로를 행사하기 위한 도구가 된다. 그때 과학기술적 앎은 내발적으로 발전하는 순수한 '앎'이기를 그치고 권력과의 결합관계 속에서 권력 메커니즘의 일부로서 스스로를 발전시킨다. 그와 같은 의미에서만 푸코가 말하듯이 '권력은 무언가의 앎을 만들어내고', '권력과 앎은 직접적으로 상호 간에 서로를 포함하는' 것이다.[17]

이상과 같은 국가적 기술 시스템이라는 존재 방식이 핵에너지의 민간 이용, 요컨대 원자력발전이라는 기술에 거대한 그림자를 드리우게 된다. 다카기는 다음과 같이 말하고 있다.

맨해튼 계획은 대단히 단순한 목표를 지닌 계획이었다. 그 목표는 이를테면 가능한 한에서 파괴력과 살상 능력이 큰 원폭을 만드는 것이며, 경제성과 노동자나 환경의 안전과 같은 것은 그 목표에서 보자면 아무래도 좋았다. 그리고 그것은 기술적으로 달성하기 쉬운 목표였다.

그러나 원자력 이용은 전혀 다른 문제다. 경제성도 안전성도 커다란 문제이며, 무엇보다도 결국 그 기술의 도입이 사람들을 행복하게 하는 것이 아니면 결코 안 된다. 이것이 인명 살상 무기를 개발하는 것과 결정적으로 다른 점이었다. 하지만 맨해튼 계획으로부터 원자력 이용 계획으로 핵 기술을 이어받고자 한 사람들은 이 중요한 점을 망각하고

16. 『신판. 원자력의 사회사』, 제4장, 제5장.
17. *Surveiller et punir*, Gallimard, p. 32. 일역, 『감옥의 탄생』, 31~32쪽.

맨해튼 계획의 수행방식을 답습했다. 한마디로 말하면, 그것이야말로 원자력 개발 40년이 되어서도 '핵'이 달성한 성과보다 훨씬 많은 어려운 문제에 우리가 직면한 것의 역사적 배경이다.[18]

이처럼 핵에너지의 군사기술을 민생기술로 그대로 전용한 것이 원자력 발전의 모든 문제로 이어지고 있다. 군사 이용에서 핵에너지가 지니는 거대한 힘은 오히려 바람직한 측면이지만, 민간 이용에서 그것은 다음과 같은 극복하기 어려운 문제를 산출한다.

첫째, 원자력발전은 생명에 대해 극도로 위험한 방사성 물질(이른바 '죽음의 재')을 필연적으로 만들어낸다. 원자력 기술 개발 초기에는 방사성 폐기물을 독이 없게 만들 수 있을 것이라는 기대가 있었다. 하지만 현재는 기술적 어려움과 비용 대비 효과로 인해 그 희망은 거의 사라졌다고 말할 수 있다. 방사성 폐기물의 처리나 보관 문제는 탈원전을 실현하더라도 계속해서 남는 중대한 문제다. 방사성 폐기물의 반감기는 수만 년으로부터 수백만 년이 된다(플루토늄-239에서 2.4만 년, 넵투늄-237에서 214만 년). 수만 년으로부터 수백만 년이라는 시간은 우리가 상상할 수 없을 정도로 긴 시간이며, 바로 **형이상학적 시간**이라고 부를 수 있다. 이 정도로 장기간에 걸쳐 지극히 위험한 방사성 폐기물을 과연 안전하게 보관할 수 있을지는 의문이다. 특히 일본은 지진 다발 지대에 자리하고 있어 방사성 폐기물을 땅속에 묻어 수만 년에 걸쳐 안전하게 보관하기는 거의 불가능하다. 또한 이 정도로 긴 기간에 걸쳐 발전에 의한 직접적인 은혜를 받지 않은 미래 세대에게로 극도로 위험한 방사성 폐기물을 떠넘기는 것은 윤리적 관점에서도 허용될 수 있는 일이 아니다.[19]

둘째, 원자력발전은 전력을 생산하는 과정에서 원자로 내에 거대한

18. 『플루토늄의 공포』, 18~19쪽.
19. 이 점에 대해서는 결론에서 한스 요나스를 참조하면서 상세히 논의한다.

에너지를 집중시키며, 또한 동시에 불안정하게 된 방사성 물질을 원자로 내에 많이 축적한다(표준적인 100만 킬로와트의 원전을 1년간 가동하면, 히로시마 · 나가사키 원폭 약 1,000발분의 방사성 물질이 원자로 안에 축적된다).[20] 그로 인해 이 시스템이 무언가의 요인으로 와해할 때 원자로 내에 축적된 방사능이 대량으로 환경에 방출될 가능성을 부정할 수 없다.[21]

이처럼 원자력발전은 그것이 산출하는 방사성 물질의 강한 독성과 사고가 일어났을 때 환경에 미치는 파괴적 영향을 극복할 수 없다. 그것은 원자력발전이라는 기술이 핵무기 원리(핵분열 연쇄반응)와 핵무기 생산기술(원자로에 의한 플루토늄 생산)로부터 태어났다고 하는 사실에서 기인한다. 요컨대 원자력발전의 위험성은 핵무기라는 대량파괴무기의 위험성에 기인하는 것이다. 또한 원자력 무라라고 불리는 정관산학 복합체가 산출하는 다양한 폐해(원자력의 안전 신화, 사고 대책의 불비, 나아가서는 사고의 영향과 사고 그 자체의 은폐 등)는 핵에너지 기술이 국가적 기술 시스템에 의해, 요컨대 권력과 과학기술적 앎의 결합체에 의해 발전되어왔다고 하는 사실에서 기인한다.

3. 원자력발전과 핵무장

우리의 고찰에 대해 또 하나 중요한 점은 원자력발전이 발전의 결과로서 반드시 플루토늄을 산출한다는 점이다. 플루토늄은 핵무기의 재료가 될 수 있는 까닭에, 원자력발전은 언제나 핵무기 제조 가능성을 가져온다.

20. 今中哲二, 『低線量放射線被曝 ─ チェルノブイリから福島へ(저선량 방사선 피폭 ─ 체르노빌로부터 후쿠시마로)』, 岩波書店, 2012년, 34~35쪽.
21. 高木仁三郎, 『原子力神話からの解放(원자력 신화로부터의 해방)』, 講談社+a文庫, 2011년 (초판, 光文社, 2000년), 47~55쪽.

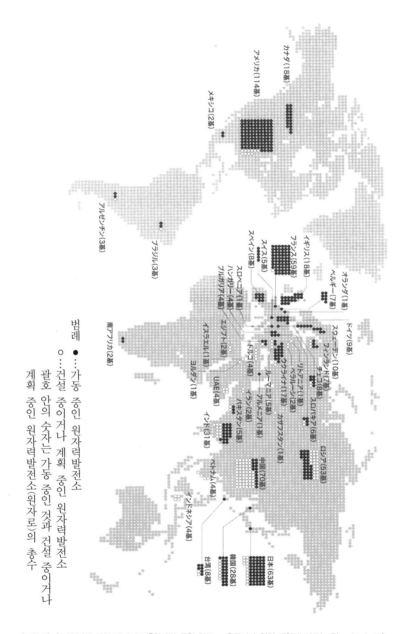

범례
● … 가동 중인 원자력 발전소
○ … 건설 중이거나 계획 중인 원자력 발전소
괄호 안의 숫자는 가동 중인 것과 건설 중이거나
계획 중인 원자력 발전소(원자로)의 총수

[그림 1] 원자력발전 관련 세계지도(『원자력 종합 연표 — 후쿠시마 원전 재앙에 이르는 길』, すいれん舎, 2014년, 620~621쪽). 출전: 일본 원자력 산업협회, 『세계의 원자력발전 개발 동향 2012』, 2012년, 일본 원자력 산업협회.

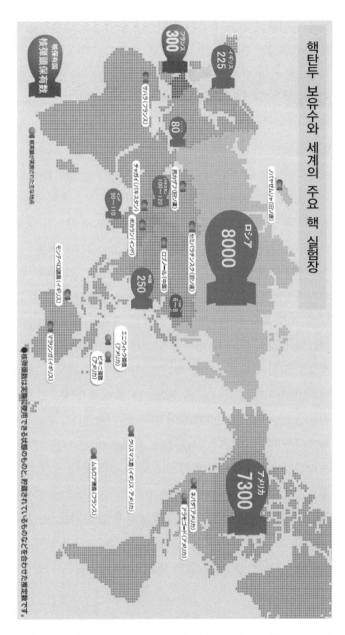

[그림 2] 핵탄두 보유수와 세계의 주요 핵 실험장(나가사키시 평화·원폭 홈페이지, 2014년.
http://nagasakipeace.jp/japanese/abolish/data/weapon.html).
출전: SIPRI *Yearbook 2014* 등.

북한과 이란의 예를 끄집어낼 필요도 없이 원자력발전은 언제나 핵무기 보유와 밀접한 관계를 지닌다. 예를 들어 가라타니 고진柄谷行人이 올바르게 지적했듯이 후쿠시마 제1원전 사고 후에 탈원전 방침을 결정한 독일과, 체르노빌 원전 사고 후에 국민투표로 탈원전 방침을 결정하고 후쿠시마 제1원전 사고 후에 정부의 원전 재개 방침을 다시 국민투표로 부정한 이탈리아는 모두 핵무기를 보유하고 있지 않다.[22] 역으로 다수가 제2차 세계대전의 전승국인 핵무기 보유국은 플루토늄 생산과 핵 기술 보유와의 관련으로 인해 예외 없이 원자력발전이라는 시스템을 보유하고 계속해서 유지하고 있다. 요컨대 원전 대국은 거의 반드시 핵무기 대국인 것이다([그림 1], [그림 2]를 참조).

　이로부터 이해할 수 있는 것은 다음과 같은 점이다. 즉, 일본 정부가 원자력발전뿐만 아니라 핵연료 재처리(플루토늄 농축)와 고속증식로(발전에 의해 동시에 플루토늄의 '증식'을 행하는 원자로) 기술 개발을 여러 차례의 실패와 기술적 어려움에도 불구하고 포기할 수 없는 것은 말할 필요도 없이 핵연료 사이클(핵연료 재처리와 고속증식로에 의한 플루토늄의 재이용)이라는 거의 실현 불가능한 정책 목표와도 관계되지만, 동시에 핵무장 선택지를 유지하고 싶어 하는 일부 정치가와 관료기구의 의도와도 관계가 있다는 것이다. 예를 들어 요시오카 히토시吉岡齊는 다음과 같이 지적하고 있다. '원자력 민간 이용의 포괄적 확대 노선[핵연료 재처리와 고속증식로 계획]에 대한 일본의 강력한 약속 배경에 핵무장의 잠재력을 부단히 높이고 싶어 하는 관계자의 의도가 있었다는 것은 명확해 보인다.'[23] 실제로 1969년의 외무성 문서 『우리나라의 외교정책 대강』에는 '핵무기 제조의 경제적·기술적 잠재력을 언제나 유지함과 동시에 이에 대한

• •

22. 柄谷行人, 「反原發デモが日本を変える(반원전 데모가 일본을 변화시킨다)」, 『週刊讀書人』 2011년 6월 17일호. 다음의 곳에서 찾아 읽을 수 있다. http://associations.jp/interview.html

23. 『신판. 원자력의 사회사』, 175쪽.

간섭을 받지 않도록 배려한다'라는 문구가 적혀 있다.[24] 따라서 일본 정부는 후쿠시마 제1원전 사고 후에도 원자력발전과 핵연료 사이클 정책을 쉽사리 포기할 수 없는 것이다. 이 점에 대해 고이즈미 내각에서 방위청 장관에 취임한 경험이 있고, 발언 당시 자유민주당 정조회장을 맡고 있던 이시바 시게루石破茂가 후쿠시마 제1원전 사고 직후인 2011년 10월에 다음과 같이 말한 것은 대단히 징후적이다. '원전을 유지하는 것은 핵무기를 만들려고 생각하면 일정 기간 안에 만들 수 있는 '핵의 잠재적 억지력'이 된다고 생각합니다. 역으로 말하면, 원전을 없애는 것은 그 잠재적 억지력도 포기하게 된다고 하는 점을 묻고 싶습니다. ······ 핵의 기초 연구에서 시작하면 실제로 핵을 갖기까지 5년에서 10년 걸립니다. 그러나 원전 기술이 있음으로써 몇 달에서 1년이라는 비교적 단기간에 핵을 가질 수 있습니다. 그에 더하여 우리나라는 세계 유수의 로켓 기술을 갖고 있습니다. 이 두 가지를 조합하면, 상당히 짧은 기간에 효과적인 핵 보유를 현실화할 수 있습니다.' '나는 일본의 원전이 세계에서 수행해야 할 역할에서도, 핵의 잠재적 억지력을 계속해서 지니기 위해서도 원전을 멈추지 않아야 한다고 생각합니다.'[25]

이 발언으로 대표되듯이 일부 정치가와 관료들은 후쿠시마 제1원전 사고 후에도 잠재적 핵무장 능력('핵의 잠재적 억지력')으로서의 원자력발전의 포기를 완강히 거부하고 있다.

또한 2012년 6월 20일에는 원자력 기본법이 개정되어 '원자력 이용'의 '안전 확보'는 '우리나라의 안전보장에 이바지할 것을 목적으로 하여' 행하는 것으로 한다는 문구가 덧붙여졌다. '우리나라의 안전보장에 이바지한다'라는 문구가 덧붙여진 것은 핵무장이라는 옵션을 확보하기 위해서가 아닌가 하여 국내적이고 국제적인 논의를 불러일으키고 있다. 이처럼

- -
24. 杉田弘毅, 『檢証 非核の選擇(검증. 비핵의 선택)』, 岩波書店, 2005년, 76쪽.
25. 『SAPIO』, 2011년 10월 5일 호.

원자력발전이라는 기술은 단지 핵에너지의 군사 이용 기술을 전용한 것일 뿐만 아니라 핵무장과 밀접히 관계되는 것이기도 하다. 우리가 이 장에서 '원자력발전과 핵무기의 등가성'이라 부른 것은 원자력발전과 핵무기의 이러한 정치적-기술적 결합관계를 가리킨다.

제3장 절멸 기술과 목적 도착
— 몽테스키외와 낭시로부터 원자력-핵 기술을 생각한다

원자력-핵 기술을 근대 산업기술의 극점으로 간주하는 관점은 이제는 일일이 다 거론할 여유가 없을 정도다. 이러한 관점은 앞으로도 계속될 수 있으며, 그 과정에서 근대에 대한 새로운 접근이 떠오를 가능성은 충분히 생각될 수 있다. 그러나 우리는 이 장에서 이 관점을 염두에 두면서도 거기에 새로운 사유, 즉 원자력-핵 기술과 같은 절멸 기술에서의 목적 도착 — 목적과 수단의 전도 — 이라는 사유를 도입하게 될 것이다. 이 장의 대략적인 겨냥도는 아래와 같다. 첫째, 근대의 입구에서 산업기술에 관한 두 가지 서로 대립하는 관념의 원형을 제시한 몽테스키외의 『페르시아인의 편지』를 검토하고, 절멸 기술에서의 목적 도착이라는 사유를 도입한다. 둘째, 장-뤽 낭시가 『후쿠시마 이후』에서 제시한 '범례로서의 후쿠시마'라는 관점에서 출발하여 근대 산업기술이 초래하는 부단한 목적 도착을 재확인하는 가운데, 절멸 기술의 궁극적인 형태를 체현하는 원자력-핵 기술이 계속해서 존재하는 한에서 사람들은 이 목적 도착 이후의 조건에서 벗어날 수 없다는 점을 분명히 한다.

1. 두 개의 근대 기술론 — 몽테스키외 『페르시아인의 편지』

유럽 나라들이 19세기 후반부터 20세기 초에 걸쳐 제2차 산업혁명을 경험하고 근대적인 산업기술 사회의 기초를 확립하기에 이르렀다는 것은 이제는 하나의 대전제로서 널리 공유되고 있다. 다른 한편 제2차 산업혁명기로부터 소급하여 대략 150년 전에 발표된 몽테스키외의 『페르시아인의 편지』(1721년)에서 이미 근대 기술을 둘러싼 사유의 자기장이 선취되어 있었다는 것은 거의 알려지지 않았다. 당시 대 베스트셀러를 기록한 이 작품에서는 '기예[Arts]'에 대해 서로 정면에서 대립하는 두 개의 언설이 분명히 의도적으로 병치되어 있다. 이 두 개의 언설은 1720년대 당시의 정치적, 사회적 맥락 속에 어떻게 자리매김할 수 있을까? 그리고 원자력-핵기술이 등장한 이후의 관점에서 돌이켜볼 때, 그것들은 어떻게 다시 읽힐 수 있을까? — 우리는 이 두 가지 문제의식에 기초하여 감히 '근대' 이전으로 거슬러 올라가는 데서 시작하고자 한다.

1-1. 『페르시아인의 편지』에서 두 개의 기술론

『페르시아인의 편지』에서 제시된 기술론은 두 가지 서로 대립하는 형태를 취하고 있다. 하나는 편지 105에서의 기술 비판, 또 하나는 편지 106에서의 기술 옹호다.[1] 첫 번째 편지의 발신자는 베네치아 주재의 등장인물 레디, 수신자는 파리 주재의 주인공 우스벡이다. 다른 한편 또 하나의 편지의 발신자는 우스벡, 수신자는 레디로 적혀 있다. 요컨대 이 두 사람의 등장인물 사이에서 기술의 옳고 그름을 둘러싸고 논의를 겨루게 하는

● ●

1. Montesquieu, "Lettres persanes", Édition de Jean Starobinski, Gallimard, coll. *Folio Classique*, 2003, pp. 234~239. 일역, 「ペルシア人の手紙(페르시아인의 편지)」, 井田進也 옮김, 『世界の名著』 28, 中央公論社, 1972년, 190~195쪽.

설정으로 되어 있는 것이다.

그런데 여기서 가장 주의해야만 하는 것은 작자인 몽테스키외 자신이 우스벡과 레디의 어느 쪽 입장에 서 있는지가 확정될 수 없다는 점이다. 사실 두 번째 편지의 분량은 첫 번째 편지의 대략 2.5배에 이르며, 그 논조도 첫 번째 편지의 주장에 대한 상세한 반박으로 제시되어 있다. 이 때문에 대강 쭉 읽어나가는 한에서는 두 번째 편지에서의 '기술 옹호' 견해가 몽테스키외의 주장을 대변한 것으로 읽을 수도 있다. 그러나 두 번째 편지의 발신자인 우스벡은 이 소설의 클라이맥스에서 자기가 모국에 남기고 온 가족공동체(하렘)의 파국을 지켜보는 당사자로서 그려지게 되는 인물이기도 하다. 이에 더하여 우스벡의 하렘 파탄극은 『페르시아인의 편지』가 쓰이는 계기가 된 프랑스 사상 최대 규모의 금융공황, '로 시스템'의 파탄극[2]—『페르시아인의 편지』는 '로 시스템'으로 대표되는 통화, 금융, 주식회사의 존재 방식을 국가와 자본이 공동으로 주도한 '망상[chimère]'의 산물로서 그려내고 있으며, 그 파탄과 '공황[panique]'은 말하자면 이러한 원리적인 공동 환상성이 드러난 순간이기도 했다— 과 거울상 관계에 있다는 것이 작품 속에서 반복해서 시사되고 있기도 하다. 이상과 같은 이야기 맥락에 근거해보면, 두 개의 편지가 보여주는 기술론

• •

2. '로 시스템'이란 섭정 오를레앙 공에 의해 당시 재무총감에 발탁된 은행가, 존 로(John Law)에 의한 금융개혁 프로세스를 가리킨다. 존 로는 우선 국가 주도로 발권은행을 설립하고 본위화폐의 수입에 대해 대량의 태환은행권을 발행했다. 그러나 다른 한편으로는 이 은행권을 당시 무역권을 독점하고 있던 인도회사에 대한 주식투자로서 흡수하기 위해 아메리카 루이지애나에서의 그 회사의 경영 실태와 동떨어진 선전을 단행했다. 이 두 가지 기둥에 기초하는 금융개혁—통칭 '로 시스템'—은 원인을 밝히자면 루이 14세 시대로부터 물려받은 대량의 왕채와 심각한 불황을 해소하기 위해 고안된 일종의 고육책이었지만, 결국 유례없는 투기 열풍을 부채질한 끝에 주가의 대폭락을 불러일으키게 된다. '로 시스템'과 그 파탄에 대해서는 예를 들어 다음의 것을 참조. 吉田啓一, 『ジョン・ロー研究(존 로 연구)』, 泉文堂, 1968년. 赤羽裕, 『アンシャン・レジーム論序說(앙시앵레짐론 서설)』, みすず書房, 1978년. 淺田彰, 「ローとモンテスキュー(로와 몽테스키외)」, 樋口謹一 편, 『モンテスキュー研究(몽테스키외 연구)』, 白水社, 1984년.

가운데 어느 쪽이 우위에 있는지 즉각적으로 단정할 수 없는 해결 불가능의 이율배반으로서 제시되어 있다고 간주하는 것이 좋을 것이다. 좀 더 엄밀하게 말하자면, '기술' — 텍스트의 말로 이야기하자면 '기예' — 을 둘러싼 사유의 자기장 그 자체가 이 두 가지 정면으로 충돌하는 텍스트를 통해 떠오르는 틀이라고 할 수 있다.

각각의 편지에서 논의되고 있는 내용을 조감해보기로 하자. 편지 105의 발신자인 레디에 따르면, '기예'의 유용성에 대해서는 과연 그것이 초래하는 폐해와 비교하여 크다고 말할 수 있는 것인지 의문부호가 붙는다. 예를 들어 '폭탄의 발명'은 도시의 방위를 둘러싼 군사적 상식을 뒤엎었지만, 그것은 동시에 군주들에게 '상비군의 필요성'이라는 구실을 주어 결과적으로 점점 더 통치자에 의한 인민 압박을 강화하게 되었다. 무엇보다도 기술사를 거슬러 올라가 보게 되면, 본래 '화약'이라는 신기술이 탄생한 그 시점에서 원리적으로 인류 전체를 멸망시키는 것이 가능해졌다고 말할 수도 있을 것이다. 이후에 만약 '좀 더 간단한 방법'이 발견되면, 인류의 절멸은 단순한 상상의 그림이 아니게 될지도 모른다고 레디는 추측한다. 이처럼 산업의 잠재력을 비약적으로 높인 '화학[Chimie]'이라는 '기예'는 전쟁, 페스트, 기근과 더불어 대량살육을 초래하는 '재해'로 간주해야만 한다. 이 '기예'의 산물은 일단 발견되고 발명되자마자 그 이후에는 '단속적'으로 '대량의 인간'을 계속해서 파괴하지 않을 수 없다. 이렇게 말한 다음 레디는 좀 더 덧붙여 말한다. '나침반의 발명'이든 '금과 은'(화폐)의 발명이든 모든 기예는 본래 존재하고 있던 문제를 확장하거나 아니면 새로운 문제를 낳는 것에만 기여한 것이 아닐까? 사실 전자는 신대륙 내부에 머물러 있던 '질병'(매독)을 전 세계적으로 만연시키는 것으로 이어졌으며, 후자는 사물의 가치를 표상하기 위한 기호를 새롭게 늘린 것에 지나지 않았다. 또한 양자는 모두 유럽 중심주의적인 자원 개발의 논리에 기초하여 '발견된 나라들'의 인민을 '노예 상태'로 떨어트리는 결과마저 초래했다.

다른 한편 편지 106의 발신자인 우스벡은 편지 105에서의 레디의 '기예 비판'에 대해 상세한 반박을 시도한다. 우스벡에 따르면, '기예'가 쇠퇴한 나라에서 인민이 맛보는 불행은 측량할 수 없을 정도로 심각한 것이게 된다. 왜냐하면 '기예'란 국가의 발전과 성장을 뒷받침하는 토대이기 때문 이다. 사실 인류를 절멸시킬 수 있는 '모종의 파괴 방법'이 발명되는 것이 아닐까 하는 상정은 전적으로 부정될 수 있는 것이 아닐 것이다. 그러나 그러한 '치명적'인 신기술이 탄생하면, 자연히 '만민법'과 '국민들 전체의 일치된 동의'에 의해 해당 기술의 사용이 금지될 것이다. 우스벡은 이러한 낙관적인 관측을 이야기한 다음, 다음과 같이 계속한다. '화약과 폭탄의 발명'에 관해서도 이러한 기술 덕분에 예전보다 신속하게 전쟁을 종결시킬 수 있다는 것을 생각하면, 오히려 환영해야 할 사건인 것이 아닐까? 본래 하나의 '기예'에 해로운 측면이 있다고 해서 곧바로 그것을 폐지해야만 한다고 결론짓는 것은 성급하다. 예를 들어 '이익[intérêt]' 추구를 최고의 목적으로 내세우는 파리 사회에서는 '노동에 대한 열의'와 '풍요롭게 되고 싶다는 열정'이 신분이나 계급의 차이를 넘어서서 사람들의 활동을 가져오 는 원동력이 되었다. 어떠한 나라이든 농업에 관계되는 기예만을 중시한다 면, '노동과 근면'의 원천이 되는 '사치'를 폐하게 되고, 그 나라의 인민은 결코 행복해질 수 없을 것이다. 사치가 없어지면 '개인의 수익[revenus]'이 없어질 것은 자명하며, 개인의 수익이 없어지면 통치자의 수익이 없어질 것도 자명하다. 기예의 개발과 성장을 지향하지 않는 국가는 '기예들의 상호의존'에서 생겨나는 '부의 유통'이나 '수익의 증식'을 기대할 수 없으며, 시민들 사이에 '능력들의 교류'를 불러일으킬 수도 없을 것이다. 기예의 발전을 촉진하는 것은 통치자 스스로가 강대해지기 위해서도 불가결한 통치술이다.

이상의 두 가지 논의에서는 크게 나누어 두 가지 차원의 두드러진 대립이 간취될 수 있다. 첫째, '기예'는 유용한 것인가 그렇지 않으면 해악을 가져오는 것인가라는 물음을 둘러싼 판단의 대립이다. 이 대립은 근대 기술의 원형이라고도 말해야 할 '화학' 등의 '기예'를 긍정해야 하는가 아니면 긍정해서는 안 되는가라는 물음을 둘러싼 판단의 대립으로 바꿔 말할 수 있을 것이다. 두 번째 대립은 그 '화학'이 예시하고 있듯이 도래하게 될 궁극의 '기예'에 의해 초래되는 인류 절멸 가능성을 인류 자신이 과연 제어할 수 있는가 그렇지 않으면 제어할 수 없는가라는 물음을 둘러싼 판단의 대립이다. 이것은 다른 말로 하자면 부단한 기술혁신 사이클이 인간의 주체적 의지로 통제될 수 있는가 아닌가라는 점을 평가하는 관점의 대립으로 바꿔질 수 있다.

그렇지만 위와 같은 외견적 대립에는 그것을 가능하게 하는 공통의 전제가 놓여 있으며, 다름 아닌 바로 그 점이 두 개의 편지에 대한 해석을 다루기 힘든 것으로 만들고 있다. 여기서 말하는 공통의 전제도 마찬가지로 두 개의 차원으로 크게 구별될 수 있다. 즉, 첫 번째는 인류를 절멸시키는 궁극의 기술이 확실히 언젠가는 도래할지도 모른다는 인식이다. 이 인식은 예를 들어 주인공 우스벡의 하렘의 비극을 그리는 과정에서 두드러지게 나타나는 묵시록적인 문체에서 간접적인 형태로 표출된다. 두 번째 공통의 전제란 정치와 경제를 매개하는 기술 내지 기술혁신이라는 관점이다. 이 관점에서 보면, 적어도 문명화된 국가의 '기예'는 언제나 이미 통치의 일환으로서 자리매김한다(정치). 물론 그와는 다른 한편으로 '기예'는 또한 '이익' 내지 '수익'의 자기 증식하는 사이클의 기본요소로서도 파악되어야 만 한다(경제). 이로 인해 '부'의 생산과 유통이라는 일정한 경제활동을 포섭하는 정치체제에서 부단한 기술혁신이라는 과정은 거의 필연적인 귀결로서 도출되게 된다. 두 개의 텍스트는 이러한 공통의 인식에 근거하여 그것을 악으로 간주할 것인가 선으로 간주할 것인가를 둘러싸고 정면으로 충돌하고 있다.

1-2. 『페르시아인의 편지』를 현재 시점에서 다시 읽다

우리에게는 20세기 중반에 핵무기가 발명되어 히로시마와 나가사키에 원폭 투하가 실행된 **'사후'**의 관점에서 『페르시아인의 편지』를 다시 읽는 것이야말로 불가결한 작업이다. 결론부터 말하자면, 이 소설에서 예감된 두 가지 막연한 불안, 즉 인류 절멸을 가능하게 하는 신기술의 도래에 대한 불안, 그리고 정치와 경제를 매개하는 기술혁신의 제어 불가능한 악순환에 대한 불안은 모두 현실의 것이 되고 말았다. 특히 후쿠시마 제1원전에서 세 개의 원자로 폭발 및 그 후에 출현한 멜트다운 과정은 이러한 두 가지 불안의 절박성을 가장 상징적인 방식으로 상기시키지 않을 수 없는 현재 진행형의 대재앙이다. 이러한 관점에 설 때 『페르시아인의 편지』의 기술론은 어떠한 사상적 진폭을 지닐 수 있는 것일까?

처음에 지적해두고 싶은 것은 첫 번째 편지야말로 한층 더 나아간 독해를 요구하는 텍스트로서 우리 앞에 다시 떠오른다는 점이다. 20세기 중반 이후의 관점에서 보면, 레디에 의한 기술 비판 배후에는 단순한 '기술-해악'론에 머물지 않는 원리적 통찰이 가로놓여 있기 때문이다. 여기서 말하는 원리적 통찰의 첫 번째를 정식화하자면 다음과 같은 것이 될 것이다. 즉, 절멸 기술의 원형으로서의 폭약이 탄생함으로써 인간과 기술의 관계는 그 이전과는 결정적으로 다른 차원으로 이행했다는 것이다. 폭약의 발명 이후 인간은 사실상 자기가 설정한 목적을 위해 수단으로서의 기술을 활용하는 주체의 지위를 상실했다. 기술은 '인류는 전체로서 살해될 수 있다'(안더스)라고 하는 전적으로 새로운 위상을 초래했기 때문에, 아리스토텔레스가 정식화한 것과 같은 '수단으로서의 기술'이라는 차원으로 수렴되지 않는 것으로 변모했다. 요컨대 인간 스스로가 절멸 기술의 대상으로 화한 것이다.

둘째로 중요한 것은 절멸 기술이 도래함으로써 이 세계로부터 '피난처'가 소멸했다는 통찰이다. 발신자인 레디의 진단에 따르면, 인간은 그 어떤 장소로 피난한다고 하더라도 언제나 이미 전체로서의 절멸 가능성 위험에 노출되어 있다. 어떠한 위험도 회피할 수 있는 '유토피아'는 바로 '어디에도 없는 장소'라는 것이다. 그런데 매우 흥미로운 것으로 레디의 논의에서는 국가권력이 인민에 대한 지배를 원활하게 하려고 그 위험을 이용하고 있다는 인식이 엿보인다.

> 군주들은 폭탄의 최초의 일격에 항복하고 마는 서민들에게는 이미 요새의 수비를 맡겨둘 수 없게 되었기 때문에, 하나의 구실을 만들어 정규군의 대부대를 유지하고, 그 후 이 군대에 의해 그들의 신민을 억압했던 것입니다.[3]

요컨대 권력자는 기술 개발을 도와주고 절멸 기술의 위험을 높여가는 가운데, 바로 그 절차를 통해 '상비군의 필요성'이라는 이데올로기를 끌어내고, 점점 더 힘으로 인민을 지배하는 경향을 강화해갔다는 것이 레디의 견해인 것이다. 이리하여 『페르시아인의 편지』가 지닌 사상적 함축은 이 단계에서 이미 근대 기술의 또 하나의 얼굴로서 절멸 기술(군사기술)이 지닌 역설을, 그리고 특히 그 궁극 형태로서의 핵무기가 지닌 역설을 대단히 적확하게 알아맞히고 있다. 일반적으로 국가라는 것은 다른 국가의 세력 확대를 억지하고자 하는 본성을 지니지만, 그 본성에 따라 추진된 신기술의 발명이 그 국가 자신을 포함하는 전 지구적인 규모의 절멸 위험을 초래할 때, 근대 기술은 놀랍게도 자기 내에 존재하고 있던 '임계점'에 도달한 것이다. 국가는 이와 같은 근대 기술의 끊임없는 성장을 촉진하는 경향을 지닌다. 다름 아닌 바로 이 점에 의해 국가는 한편으로는 자기 자신의 해체 위기를 불러 모으고, 나아가 다른 한편으로는 동시에 자기 자신의 통치 논리를 계속해서 보강해간다. 핵무기란 이러한 국가의 자기 보존의 역설을 상징적인 형태로 체현한 근대 기술의 극점이라고 간주할 수 있다.

국가와 군사기술의 관계를 둘러싼 위와 같은 통찰에는 세 번째 통찰,

● ●

3. "Lettres persanes", p. 235. 일역, 「페르시아인의 편지」, 『世界の名著』 28, 190~191쪽.

요컨대 국가와 근대 기술 전반의 관계를 둘러싼 통찰이 숨어 있다. 국가의 자기 보존의 역설이 드러나는 것은 반드시 절멸 기술로서의 군사기술에서만이 아니다. 실제로 『페르시아인의 편지』에서는 통화, 상품, 금융에 관련된 이런저런 근대 기술이 국가의 '수익'을 보증하는 필요 불가결한 요소로서, 그러나 동시에 국가와 자본이 공동으로 만들어낸, 언제라도 파탄이 따라붙는 '망상'의 산물로서 그려지고 있다. 물론 이러한 기술들이 그 자신 속에 인체를 살상하는 능력을 지니는 것은 아니다. 그러나 그 팽창, 축소, 파탄의 과정을 통해 이 시스템 속에 사로잡힌 인간의 사회적 관계에 커다란 변화를 가져오고, 때에 따라서는 사람들 — 예를 들면 '로 시스템'에 의해 선동된 들뜬 사람들 — 을 파멸로까지 몰아간다. 이처럼 금융이나 통화와 같은 국가적인 관리와 운영에 관계되는 기술은 많은 인간의 희생을 불가피하게 요청한다는 의미에서 대단히 현실적인 틀로서 기능하고 있다. 이러한 몽테스키외의 관점에 서는 한에서 근대 기술은 부단히 새로운 차별을 생산하는 장치라고 정의할 수 있다.

이상과 같은 고찰은 두 번째 편지와 더불어 읽음으로써 좀 더 명확한 윤곽을 지니게 된다. 우스벡에 의한 편지 106에서는 '기예들의 상호의존'이라는 열쇳말이 제시되어 있다. 그리고 이 '기예들의 상호의존'이라는 상황에서야말로 시민들 사이의 '능력의 교류', '부의 유통', '수익의 증식'이 비로소 가능해진다는 논의가 이루어진다. 다시 말하면, 인간이 기술의 수단 또는 대상으로 되는 것은 특별히 군사기술이나 금융기술과 같은 거대기술과의 관계에서만이 아니다. 본래 근대 기술의 본질이란 기술들이 나누기 어렵게 서로 연결된 관계들의 그물망 그 자체로 화했다는 점에 존재한다. 하나의 거대한 시스템으로 화한 이 관계들의 총체에서는 각각의 기술이 다른 것으로부터 자율적인 단위로서 존립하기가 불가능해진다. 바로 그와 같은 기술적 토대 위에서야말로 근대적 시민 생활의 모든 것이 영위될 수 있다고 우스벡은 주장한다. 이러한 관점에서 도출되는 것은 국가와 자본의 결합체가 초래한 '기예들의 상호의존'이야말로 바로 그것 자체로서 부단한 자기 목적화를 운명으로 지닌 시스템일 뿐이라는 인식이다. 이 '기예들의 상호의존'을 가장 위기적인 방식으로 상징하는 것이 핵무기이자 핵-원자력 기술이라고 말할 수 있겠지만, 이러한 기술들은 관계들의 그물망으로서의 근대 기술의 역설이 가시화된 필연적인 결과로서 존립한다. 근대 기술에서는 '기예들의 상호의존' 시스템의 보존 그 자체가 목적으로 화하고, 인간은 이를테면 그 목적을 위해 봉사하는 수단 또는 요소에 지나지 않게 된다.

사실 편지 106의 발신자인 우스벡은 편지 105의 발신자인 레디의 기술 비판에 대해 상세한 반박을 시도하고 있다. 그러나 그 기술 옹호의 논의가 아무리 긍정적인 어조를 띠고 있다 하더라도, 우스벡이 보여주는 상황 인식은 오히려 인간과 기술의 관계를 둘러싼 그 자신의 낙관주의를 배반하지 않을 수 없게 된다. 사실 다음에 인용하는 우스벡의 주장은 20세기 중반부터 이어지는 국제사회의 현 상황에 비추어보면 대단히 의심스럽다고 말하지 않을 수 없다.

> 만약 그 정도로 치명적인 발명[레디가 두려워하는 '가장 잔혹한 모종의 파괴 방법의 발명']이 등장하게 된다면, 그것은 곧바로 만민법에 의해 금지될 것이며, 국민들 전체의 일치된 동의가 이 발견을 매장해버릴 것이다.[4]

여기서 우스벡은 '치명적인 발명'에 관해 국제법에 의한 금지나 인류적인 합의에 기초한 폐기가 실현될 것이라고 기대한다. 이러한 낙관적인 관측 배후에 놓여 있는 것은 인간의 이성에 대한 신뢰이자 그 이성에 기초한 공정한 숙의에 대한 기대다. 다시 말하면 우스벡이 표명하고 있는 것은 인간이 자유의지에 기초하여 자기 자신이 산출한 기술을 제어할

• •

4. Ibid., p. 237. 일역, 같은 책, 193쪽.

수 있다는 확신이다. 하지만 그것이 얼마나 근거 없는 확신에 지나지 않는 것인가 하는 것은 두 차례의 세계대전에서의 절멸 기술의 발현, 그 후의 역사 과정에서 등장한 여러 가지 국제법과 국제기관들의 한계, 그리고 지금도 세계 각지에서 연이어 벌어지는 분쟁이나 대량학살 사건을 보면 불을 보듯이 명확할 것이다. 무엇보다도 지금까지 그 도달 지점조차 보이지 않는 후쿠시마 제1원전 사고의 진행 과정은 우스벡이 인간의 이성, 숙의, 자유의지, 통제력에 보내는 순진한 기대에 대해 강한 의혹을 품게 하기에 충분하다.

이상과 같은 고찰로부터 우리는 몇 가지 결론을 끌어낼 수 있다. 첫째, 우스벡 자신의 논의로부터 연역되는 것은 끊임없는 '수익'의 자기 증식 운동을 초래하는 '기예들의 상호의존' 시스템은 그 자체로서 인간이 이 시스템을 '통치'할 수 없다는 것의 증거 외에 다른 것이 아니라는 인식이다. 자본의 '원죄'라고도 해야 할 이 제어 불가능한 운동을 포착한 『페르시아인의 편지』의 관점에서 볼 때 인간은 자기가 기술을 통제할 수 있다고 믿는 바로 그때, 기술 그 자체의 노예로 화한다는 것이다. 둘째로 주의해야 하는 것은 절멸 기술 탄생 후의 근대 기술의 존재 방식이 모종의 도착을 포함한다는 쓰디쓴 인식일 것이다. 현재 시점에서 몽테스키외를 다시 읽음으로써 분명히 드러나는 것은 인간이 근대 기술을 둘러싼 상황 한가운데서, 그중에서도 특히 군사기술과 금융기술을 매개로 하여 현재화하는 근대 기술의 역설에 기초하여 영속적인 '목적과 수단'의 도착 소용돌이에 휘말리지 않을 수 없다는 것이다. 다시 말하면 국가와 자본에 의한 공동 환상의 산물로서 생겨난 '기술혁신'의 자기 목적화의 악순환을 자명한 것으로 여기는 한에서, 인간이 기술의 수단, 요소, 대상으로 계속해서 추락하는 세계를 넘어서는 것은 전혀 가능하지 않다는 것이다. 근대 기술의 존재 방식을 재검토하고 그 극점으로서의 핵무기와 원자력발전을 폐기하기. 이를 위해 인간의 능력들(이성, 자유의지, 숙의, 통제력)을 둘러싼 근원적인 다시 묻기로부터 출발하기. — 아무리 멀리 돌아가는 것으로 보일지라도,

이러한 사상적인 동시에 실천적인 작업에 몰두하지 않으면, 약 300년 전에 몽테스키외가 우연하게도 예견한 묵시록적인 비전 — 인간과 기술 사이에서 생겨난 '목적 도착' — 은 우리의 현재와 미래에 계속해서 따라붙게 될 것이다.

2. '범례'로서의 후쿠시마와 히로시마

2-1. 세 가지 논점 — 절멸 기술, 국가와 자본, 기술혁신

앞 절에서 고찰한 사항들을 재정리하는 데서 시작하자. 우리가 몽테스키외의 두 개의 기술론에 관한 검토를 통해 추출한 논점은 주로 세 가지로 크게 구별될 수 있다.

> 명제 1: 절멸 기술의 탄생으로 기술은 인간의 수단이 아니게 되었을
> 뿐 아니라 역으로 인간이야말로 스스로가 창출한 그 절멸
> 기술의 대상이 되었다.
> 명제 2: 국가와 자본 시스템은 그 시스템 자체의 자기 보존을 목적으로
> 하고 있으며, 인간은 이 시스템을 구성하는 요소가 되었다.
> 명제 3: 국가와 자본 시스템에는 기술혁신의 자기 목적화라는 계기가
> 끼워 넣어져 있으며, 인간은 이 계기를 위해 이용되는 수단이
> 되었다.

이 세 개의 명제는 서로 겹쳐지면서 하나의 문제 계열을 구성하고 있지만, 적어도 원리적인 차원에서 말하자면, 명제 2가 가장 근저에 놓여 있고 다른 두 개의 명제가 그로부터 파생된 것이라는 점은 의심할 여지가 없다. 그렇지만 역사적인 관점에 서게 되면, 이 명제 2의 근원성을 말하는 것만으로는 반드시 충분하다고 말할 수 없다. 왜냐하면 명제 1은 명제

2와 명제 3의 양자를 언제나 이미 가시화하는 기능을 수행하고 있기 때문이다. 좀 더 구체적으로 말하면, 절멸 기술의 등장이라는 역사적 사건은 국가와 자본의 자기 보존 시스템(과 그 역설), 그리고 이 시스템이 초래하는 기술혁신의 악순환(과 그 한계)을 끊임없이 드러내는 지표가 되는 것이다.

우선 궁극의 절멸 기술로서의 핵무기가 전 지구적으로 확산한 **'사후'**의 이 세계에서 종래 그대로의 권력정치에만 의거한 국가관은 실질적으로 파탄했거나 아니면 적어도 '국가 자체의 절멸'이라는 잠재적 가능성을 무시함으로써 비로소 성립할 수 있을 뿐이다. 적국보다 많은 핵무기를 보유하는 것이 자국의 안전 확보로 이어진다는 생각은 언제나 이미 '시대에 뒤떨어진'(안더스) 발상이다. '이미 이 지상에는 부정과 폭력으로부터의 피난처는 어디에도 없는 것입니다.'(몽테스키외)[5]

다음으로 지적해두어야만 하는 것은 기술혁신의 악순환에 잠재하는 하나의 한계에 대한 것이다. 사실 여기서 말하는 끊임없는 기술혁신 과정은 예를 들어 마르크스가 『자본』 제1권(제4편 제10장 「상대적 잉여가치 개념」)에서 정확히 통찰했듯이 자본주의의 필연적 귀결이라고 말할 수밖에 없다. 또한 찰리 채플린의 영화 〈모던 타임스〉(1936년)가 아이로니컬하게 풍자해 보여주었듯이 근대 기술 시스템은 인간을 끊임없이 스스로를 위한 수단으로 만들 수 있으며, 때에 따라서는 하나의 시스템의 요소 또는 부품으로서 활용할 수 있다는 점도 여전히 참이라고 말할 수 있다. 그러나 이러한 악순환 내지 시스템은 동시에 분명히 하나의 한계에 의해 제약되어 있다는 점도 잊어서는 안 된다. 이 점은 명제 1에서의 절멸 기술에 관한 전망과 더불어 생각함으로써 선명하게 인식될 수 있다. 그것은 만약 절멸 기술의 잠재력이 완전히 전개되는 상태가 되고, 만에 하나 '인류 전체의 절멸'이 실현될 때는 기술혁신 그 자체가 완전히 정지 상태로 될 것이라는 전망이다. 기술혁신의 악순환은 인간을 그 수단으로 하지만,

• •

5. Ibid., p. 235. 일역, 같은 책, 191쪽.

인간 그 자체가 소멸하면 기술혁신의 계기 역시 소멸하고 만다. 기술혁신의 지속은 수단으로서의 인간의 존재 그 자체에 의존하지 않을 수 없는 것이다. 워쇼스키 형제의 영화 『매트릭스』(1999년)가 우의적으로 말하고 있던 것은 '시스템'이 자기를 위해 이용하는 수단으로서의 인간이 바로 그 '시스템'의 연명에 불가결한 구성요소이기도 하다는 역설이었다. 명제 1이 제시하는 '절멸 기술'이라는 관점은 이러한 기술혁신 악순환의 한계, 나아가서는 그 한계가 '수단'으로서의 인간의 생존 여하에 달려 있다는 현실적 조건을 언제나 이미 계속해서 가시화한다는 것이다. 이 점은 또한 국가와 자본이라는 시스템의 연명이 그 구성요소로서의 인간의 생존을 계속해서 필요조건으로 한다는 것도 의미하지 않을 수 없다.

　이상과 같은 고찰 내용을 근거로 하여 우리는 그로부터 어떠한 사유를 전개할 수 있을까? 여기서 일단 몽테스키외를 떠나 20세기 이후의 사상 맥락에 접근함으로써 절멸 기술, 국가와 자본, 목적으로서의 기술혁신이라는 세 가지 주제에 대해 좀 더 나아간 고찰을 전개해 보이고자 한다.

2-2. '범례'로서의 후쿠시마 제1원전 사고 — 장-뤽 낭시의 관점

　현대 프랑스 사상계를 대표하는 철학자 가운데 한 사람인 장-뤽 낭시의 언설은 때때로 필요 이상으로 난삽하기 때문에 일정한 거리를 두고서 파악하는 것이 좋아 보인다. 다만 후쿠시마 제1원전 사고가 그 이전부터 계속되어온 이런저런 잠재적 위기 ─ 재해, 공해, 전쟁 등 대재앙의 발생 가능성 ─ 를 상기시키는 '범례'로서의 기능을 수행했다는 낭시의 지적은 매우 타당하다. 다음의 인용은 낭시의 그러한 인식을 가장 알기 쉽고 명료한 언어로 말하고 있다는 점에서 주목할 만하다.

　　후쿠시마는 21세기의 서두에 20세기가 처음으로 대규모로 폭발시킨 두려움과 물음을 되살려냈다. 하지만 이것은 그 앞 세기에도 이미 나타나 있었다. 그 세기는 산업혁명과 민주주의 혁명이라는 이중의

혁명에서 유래하는 '부르주아 정복자'의 시대라고 불리고 있었다.[6]

그러면 후쿠시마 제1원전 사고는 어떠한 의미에서 '범례'라고 말할 수 있는 것일까? 낭시 자신의 관점을 토대로 하여 거기에 이 장에서 전개해온 고찰도 보완하게 되면, 적어도 아래의 네 가지 논점을 빠뜨릴 수 없다.

(1) 대재앙의 통제 불가능성 — 낭시에 따르면 후쿠시마 사건은 현대 사회의 대재앙이 매우 쉽게 증식과 확산을 이룬다는 것, 그 연쇄 과정이 인간에 의한 통제를 넘어선다는 것을 우리에게 생각하도록 만드는 '범례' 였다.[7]

(2) 대재앙의 단속적인 재생산 — 현시점에서 진행 중인 과정도 포함하여 후쿠시마 사건은 국부적이고 단기적인 대재앙이 대규모의 중장기적인

• •

6. Jean-Luc Nancy, *L'équivalence des catastrophes (Après Fukushima)*, Galilée, 2012, p. 19. 일역, 「破局の等價性 — フクシマの後で(파국의 등가성 — 후쿠시마 후에)」, 『フクシマの後で(후쿠시마 후에)』, 渡名喜庸哲 옮김, 以文社, 2012년, 27쪽.

7. 이로부터 낭시는 현대의 대재앙이 결코 '자연적'일 수 없다는 관점을 도출한다. '지진과 그에 의해 산출된 쓰나미는 기술적인 대재앙이 되고, 이러한 대재앙 자체가 사회적, 경제적, 정치적 그리고 철학적 진동이 되며, 동시에 이러한 일련의 진동이 금융적인 대재앙, 그것의 특히 유럽에 대한 영향, 나아가서는 세계적 네트워크 전체에 대한 그 여파와 같은 것과 서로 연결되고 교차한다. 이미 자연적인 대재앙이 아니다. 있는 것은 어떠한 기회에도 파급해가는 문명적인 대재앙뿐이다. 이 점은 지진, 홍수 내지 화산의 분화 등, 자연적이라고 말해지는 재해의 각각에 대해서도 제시될 수 있을 것이다. 우리의 기술이 자연에 대해 불러일으킨 이런저런 격변에 대해서는 말할 필요도 없다.'(Ibid., pp. 56~57. 일역, 같은 책, 59쪽) '자연'과 '기술'을 분리하여 파악하고자 하는 사유가 얼마나 순진한가 하는 것에 관해서는 아래의 낭시론이 명쾌한 고찰을 전개하고 있다. 柿並良佑, 「'技術'への階梯 — 經濟技術から集積へ('기술'에의 입문 — 경제기술로부터 집적으로)」, 柿並良佑 편, 『グローバル化時代における現代思想 vol. 2 「ジャン-リュック・ナンシー『フクシマの後で』から出發して」(지구화 시대의 현대 사상 제2권, '장-뤽 낭시 『후쿠시마 후에』로부터 출발하여')』, 東京大學東洋文化研究所CPAG, 2014년.

대재앙 — 그 극한의 형태는 '절멸'일 것이다 — 을 충분히 상정 가능한 것으로 만들었다고 할 수 있다. 그것은 특히 전 지구적으로 대재앙을 재생산하는 이 세계의 짜임새에 대해 우리가 다시 인식하는 계기를 가져왔다는 점에서 '범례'적이었다. 또한 '원자력-핵'이 대재앙 가운데서도 가장 커다란 규모의 것을 초래할 수 있다는 점에서도 후쿠시마는 낭시가 말하는 '범례'의 하나로 헤아려진다.

(3) 기술의 상호의존 — 후쿠시마는 또한 전 지구화된 근대 기술의 상호의존 상태가 대재앙의 통제 불가능성과 그 단속적인 재생산의 요인이라는 것을 분명히 보여주었다. 무수히 많은 기자재와 부품이 극도로 복잡하게 서로 뒤얽힌 원전 내부 시스템에서는 정말 사소한 요소의 결손이나 일탈마저도 치명적인 대재앙으로 이어질 수 있다. 이런 의미에서 후쿠시마는 기술들이 상호적으로 복잡하게 서로 의존하는 이 세계 시스템의 위기를 상징적으로 이야기해주는 '범례'가 되었다.

(4) 자본주의 시스템과 '기술의 자기 생성적 전개' — 후쿠시마는 더 나아가 풀어헤치기 어려울 정도로 기술들이 상호 의존하는 상태가 드러난 가장 큰 배경이 자본주의 시스템이라는 사실을 우리에게 들이대 보였다. 자본주의 시스템은 부단한 이익의 자기 증식 운동을 불러일으킴으로써 그 증식 운동 안쪽에 기술혁신 과정을 끌어들인다. 그 결과 이성적 통제를 벗어난 형태로 '기술의 자기 생성적 전개'가 진행되고, 목적과 수단의 도착 — 즉 인간에게 단순한 수단인 기술이 자기 목적화하는 것 — 이 항상적인 것이게 된다.[8] 본래 핵무기를 위해 개발된 핵분열 연쇄반응이라는 인간적 삶에 대해 대단히 위험한 기술을 원자력발전으로 민생 전용하는 것 자체가 다름 아닌 '기술의 자기 생성적 전개', 요컨대 목적과 수단

• •

8. *L'équivalence des catastrophes*, p. 44. 일역, 『후쿠시마 후에』, 49쪽. 또한 낭시는 정확하게는 목적과 수단의 전도가 아니라 목적과 수단의 등가성('모든 것이 모든 것의 목적인 동시에 수단이 되는 것')으로 정식화하고 있다. Cf. Ibid., p. 60. 일역, 같은 책, 62쪽.

도착의 '범례'일 뿐이다. 또한 후쿠시마 제1원전 사고 과정을 통해 가시화된 원자력 산업의 복잡한 결탁관계는 이러한 자본주의 시스템과 그 시스템에 기초한 '기술의 자기 생성적 전개'의 대재앙적인 귀결을 가시화시킨 하나의 '범례'로 간주할 수 있다.

다시금 확인하자면, 이상의 네 가지 논점은 후쿠시마 제1원전 사고를 '범례'로 간주하는 낭시의 철학적, 역사적 관점을 토대로 하여 우리의 소견을 부분적으로 덧붙이면서 다시 정리한 것이다. 그런데 이 장의 맥락에서 또 하나 잊어서는 안 되는 것은 무엇보다도 후쿠시마가 원자력-핵사고이며, 더욱이 사고에 의해 방출된 플루토늄을 비롯한 방사성 물질은 본래 핵무기 생산에 전용 가능한 물질이라는 단적인 사실이다. 낭시도 바로이 두 가지 점에 주목하고 있지만, 그는 이 두 가지 점에서 출발하여 어느 정도 자유 연상적인 사유를 통해 히로시마와 아우슈비츠 경우를 언급하게 된다. 그때 중요한 것은 양자의 경우가 모두 '절멸 기술'의 발명과 실천이라는 차원을 도입했다는 점이다.

> [아우슈비츠와 히로시마는] 어느 쪽이든 그때까지 지향해온 일체의 목적과는 이미 통약 불가능한 목적을 위해 기술적 합리성을 작용시키기에 이르렀다. 왜냐하면 이러한 목적은 단지 비인간적인 파괴뿐만 아니라 (비인간적인 잔혹함은 인류의 역사 속에서도 예부터 알려져 있다) 완전한 절멸이라는 척도에 맞추어 고안되고 계산된 파괴도 필연적인 것으로서 통합시켰기 때문이다.[9]

이러한 낭시의 고찰은 몽테스키외가 『페르시아인의 편지』에서 제시한 묵시록적인 비전과 명확히 일치한다. 사실 낭시가 직접적으로 참조하는 것은 그 자신도 분명히 말하고 있듯이 하이데거의 기술론이자 귄터 안더스

• •

9. Ibid., pp. 25~26. 일역, 같은 책, 32~33쪽.

의 종말 불감증론이며, 나아가서는 스탠리 큐브릭의 영화 〈닥터 스트레인 지러브〉(1964년)가 그려낸 풍자적인 종말관이다. 또한 몽테스키외가 제시한 것이 '치명적'인 절멸 기술의 도래 가능성에 관한 불안이었다면, 말할 필요도 없이 낭시가 말하고 있는 것은 이 '치명적'인 기술이 제각각의 방식으로 실현된 **'사후'**의 세계에 관한 인식이다. 그러나 어쨌든 몽테스키외가 예견한 사항은 낭시에 의한 이 쓰디쓴 **'사후'**의 인식에 의해 보완되어 전개되고 있다고 말할 수 있을 것이다.

'체계적으로 다듬어진 기술적 합리성'[10]에 기초하여 세상에 흔히 존재하는 어떠한 목적과도 통약될 수 없는 '절멸'이라는 극한적인 사태를 하나의 목적으로서 달성한 것. 이러한 기술의 행사를 통해 통상적인 국가 간 전쟁이라는 범주로는 도저히 수습될 수 없는 방식으로 '집단적 규모에서의 인간의 삶'을 전체로서 완전히 '말소'한 것. — 낭시에 따르면 아우슈비츠와 히로시마는 이처럼 전쟁 그 자체의 '본성'을 근본적으로 고쳐 썼다는 점에서 근대 기술사회 이후의 세계에서 '범례'로서 기억되어야만 하는 것이다.

3. 인간적 삶을 목적으로 생각하기

이 장의 결론으로서 원전 문제로 돌아가자. 원전이 이와 같은 절멸 기술로서의 원자력-핵 기술로부터 태어났다는 것은 틀림없는 사실이다.[11] 이 점은 우리가 앞에서 정식화한 명제 1 '절멸 기술의 탄생으로 기술은 인간의 수단이 아니게 되었을 뿐 아니라 역으로 인간이야말로 스스로가 창출한 그 절멸 기술의 대상이 되었다'와 밀접한 관계를 지닌다. 원전과

• •

10. Ibid., p. 24. 일역, 같은 책, 31쪽.
11. 이 점에 대해서는 제1부 제2장에서 상세히 논의했다.

절멸 기술의 관계는 평상시에는 주변 주민이나 원전 작업원의 피폭이라는, 잘 보이지 않지만 현재적인 방식으로, 그리고 대재앙적인 사고 시에는 광범위한 환경이 장기간에 걸쳐 그 안에 들어갈 수 없을 정도로 오염되고 많은 사람이 죽음의 위험에 노출되는 한층 더 현재적인 방식으로 분명해진다. 나아가 원자력발전이라는 기술은 전력 생산이 한 나라 경제성장의 원동력을 이루는 까닭에 국가와 자본 시스템과 밀접한 관계를 지닌다. 그런 의미에서 우리가 명제 3으로서 정식화했듯이('국가와 자본 시스템에는 기술혁신의 자기 목적화라는 계기가 끼워 넣어져 있으며, 인간은 이 계기를 위해 이용되는 수단이 되었다') 원자력발전이라는 기술은 국가와 자본 시스템 내부에서 기술혁신의 자기 목적화가 낳은 결과로서 태어난 것이다. 앞에서도 말했듯이 핵무기를 위해 개발된 핵분열 연쇄반응이라는 인간적 삶에 대해 대단히 위험한 기술을 원자력발전으로 민생 전용하는 것은 '기술의 자기 생성적 전개' 또는 목적과 수단 도착의 '범례' 그 자체이다.

국가와 자본 시스템은 이후에도 '경제성장의 원동력'으로서 원전을 계속해서 활용하고자 할 것이다. 그때 우리가 상기해야만 하는 것은 인간적 삶이란 이러한 '경제성장'을 위한 '수단'이나 자기 목적화한 기술을 위한 '수단'이 아니라 어디까지나 '목적'이어야 한다는 점이다. 그런 의미에서 후쿠이 지방법원이 2014년 5월 21일에 오오메시 원전 3, 4호기의 재가동 금지를 명령한 판결문은 우리에게 주목할 만하다.

피고[간사이 전력]는 본건 원전의 가동이 전력 공급의 안정성, 비용의 감소로 이어진다고 주장한다. 하지만 본 법원은 대단히 많은 숫자의 사람들의 생존 그 자체에 관계되는 권리와 전기요금의 높고 낮은 문제 등을 나란히 논하는 것과 같은 논의에 참여한다든지 그 논의의 옳고 그름을 판단하는 것 자체가 법적으로는 허용되지 않는 것이라고 생각한다. 우리나라의 원자력발전에 대한 의존율 등에 비추어보면, 본건 원전의 가동 정지로 전력 공급이 정지되고 이에 수반하여 사람의 생명과 신체가 위험에 노출되는 인과 흐름에 대해서는 이것을 고려할 필요가 없는 상황이라고 말할 수 있다. 피고의 주장에서도 본건 원전의 가동 정지로 초래되는 상황은 전력 공급의 안정성, 비용 문제에 머무르고 있다. 이 비용 문제와 관련하여 국부의 유출이나 상실이라는 논의가 있다. 하지만 설령 본건 원전의 운전 정지로 많은 액수의 무역 적자가 나온다고 하더라도, 이것을 국부의 유출이나 상실이라고 해야 하는 것이 아니라 풍요로운 국토와 거기에 국민이 뿌리를 내리고 생활하고 있는 것이 국부이며, 이것을 회복할 수 없게 되는 것이 국부의 상실이라고 본 법원은 생각한다.[12]

판결문이 명확히 말하고 있듯이 '국부'란 역설적으로 국가와 자본에 대한 경제적 비용이나 그러한 비용을 피하려고 원전을 재가동시키는 것이 아니라 인간적 삶 그 자체다. 이러한 의미에서 우리가 추구하는 탈원전을 실현하기 위해서는 인간적 삶을 자기 목적화한 기술이나 경제성장을 위한 '수단'으로서 파악하는 것이 아니라 '목적'으로서 다시 파악하는 관점이 필요 불가결해진다. 세계 역사상 최대급의 원전 중대사고의 **'사후'**에도 불구하고 원전 재가동, 원전 기술 수출, 핵무장으로의 기울어짐을 강화하는 이 나라에서 이제 가장 먼저 회복해야 할 것은 다름 아닌 목적 도착의 소용돌이 속으로 던져 넣어진 우리 자신의 인간적 삶이다.

• •

12. 「大飯原發三, 四号機運轉差止請求事件判決(오오메시 원전 3, 4호기 운전 금지 청구 사건 판결)」, 福井地裁, 2014년 5월 21일. 다음의 곳에서 열람할 수 있다. http://www.courts.go.jp/app/files/hanrei_jp/237/084237_hanrei.pdf

제2부
원전을 둘러싼 이데올로기 비판

제1장 저선량 피폭과 안전 권력
— '허용치' 이데올로기 비판

후쿠시마 제1원전 사고 후에 분명해진 중요한 사실의 하나는 국가권력과 추진파 과학자 그리고 전력회사가 원전을 추진하고 원전의 중대사고 가능성과 그 영향을 과소평가하기 위해 다양한 이데올로기를 필요로 해왔다는 점이다. 그것을 커다란 의미에서 '안전' 이데올로기(이른바 '안전신화')라고 총괄할 수 있지만, 그 변주는 대단히 다양한 영역에 걸쳐 있다. 제2부에서 우리는 원전을 추진하고 그 폐기를 방해하는 다양한 이데올로기에 대해 분석하고, 그것들을 넘어서서 원전을 폐기하기 위한 방향성을 제시하고자 한다.

여기서 우리는 '이데올로기'라는 개념을 구조주의적 마르크스주의 철학자 루이 알튀세르가 말했던 것과 같은 의미에서 사용한다. 알튀세르는 유명한 논문 「이데올로기와 이데올로기적 국가장치」에서 이데올로기를 국가와 자본이 스스로의 시스템을 재생산하기 위한 사회적 관계들의 '재인/부인' 메커니즘이라고 정의한다. 요컨대 국가와 자본 시스템은 개개인에게 작용하여 국가와 자본 시스템을 현재와 마찬가지로 재생산할 수 있는 방식으로 개개인에게 사회적 관계들을 재인시키고 그 재생산을 저지하는 요소를 부인하도록 개개인의 인식을 구성하고자 하는 것이다. 알튀세르는 이 메커니즘을 이데올로기적인 주체화-종속화 메커니즘이라고 이름 짓고 있다.[1] 이것을 우리의 맥락에 맞추어 보게 되면, 국가와 자본은 스스로가 경제적, 군사적 목적으로 구축한 원전 시스템을 유지하고 발전시키기 위해 주체들에게 작용하여 '원전은 안전하며, 사고를 일으키더라도 그 영향은 거의 없다'라는 '이데올로기적 재인/부인' 메커니즘에 따라 주체들의 인식을 구성하고자 한다는 것이다. 우리가 '안전' 이데올로기라고 부르는 것은 원전의 안전성과 원전 사고의 영향에 관한 이러한 '이데올로기적 재인/부인' 메커니즘의 총체다.

2011년 3월에 후쿠시마 제1원전에서 일어난 대재앙적인 사고는 사고로 인해 방출된 방대한 양의 방사성 물질에 의해 도호쿠로부터 간토 고신에쓰, 나아가서는 도카이 지방의 일부까지 광범위하게 오염시키고, 우리가 생활하는 세계를 되돌릴 수 없는 방식으로 변화시키고 말았다. 광대한 오염지역에서 생활하는 사람들은 하루하루 누적되는 저선량 피폭이라는 상황 속에 놓여 있다. 저선량 피폭의 영향에 대해서는 피폭량을 기준으로 한 확률·통계적인 견해 이외에 무엇 하나 확실한 지식은 존재하지 않는다. 이 장에서 우리가 제시하고자 하는 가설은 저선량 피폭의 영향에 대한 평가가 순수하게 과학적인 지식인 것이 아니라 권력과 과학적 앎의 결합관계에 의존한다는 것이다. 이 가설을 증명하기 위해 이 장에서 우리는 미셸 푸코의 '권력-앎'이라는 개념에 의거하여 후쿠시마 제1원전 사고 후의 저선량 피폭 문제를 둘러싸고 행사되는 '권력-앎'에 대해 분석해 보이고자 한다. 푸코가 정의하는 '권력-앎'이란 권력과 과학적 앎의 긴밀한

• •

1. Louis Althusser, "Idéologie et appareils idéologiques d'État", in *Sur la reproduction*, deuxième édition augmentée, PUF, 2011. 일역, 「イデオロギーと國家のイデオロギー諸裝置(이데올로기와 국가의 이데올로기 장치들)」, 『再生産について(재생산에 대하여)』하권, 西川長夫 외 옮김, 平凡社ライブラリー, 2010년.

결합관계를 가리키며, 권력은 그 행사에 있어 모종의 앎을 필요로 하고 모종의 앎은 권력과의 관계에서만 성립한다고 하는 양자의 상호의존관계, 상호구성관계를 말한다. 이 점에 대해 푸코는『감시와 처벌 — 감옥의 탄생』에서 다음과 같이 이야기했다. '우리가 인정해야만 하는 것은 권력이 모종의 앎을 산출한다(그저 앎이 봉사하기 때문에 앎을 우대하든가 아니면 앎은 유익하기 때문에 앎을 응용하든가 하는 것이 아니라)는 점이며, 권력과 앎은 상호적으로 서로를 포함한다는 점, 또한 어떤 앎의 영역과의 상관관계가 구성되지 않으면 권력관계는 존재하지 않는 동시에 권력관계를 상정한다든지 구성한다든지 하지 않는 앎은 존재하지 않는다는 점이다. 따라서 "권력-앎"의 이러한 관계들은 자유로워야 할 한 사람의 인식 주체에 기초하거나 권력 제도와의 관계에 의해서는 분석될 수 없다. 반대로 고려해 둘 필요가 있는 것은 인식하는 주체, 인식되어야 할 객체, 인식의 양태 각각이 권력-앎의 저 기본적인 관계의 결과이자 또한 그러한 관계들의 역사적 변화의 결과라는 점이다. 요컨대 권력에 유익한 앎이든 불복종하는 앎이든 하나의 앎을 산출한다고 생각되는 것은 인식 주체의 활동이 아니다. 그것은 권력-앎이며, 그것을 횡단하고 그것을 구성하며 있어야 할 인식 형태와 인식 영역을 규정하는 과정이자 투쟁이다.'[2] 따라서 푸코에 따르면 '권력-앎'의 긴밀한 결합체는 권력과 과학적 앎이 서로의 영역을 상호적으로 구성하는 데만 머무르지 않고 기존의 권력관계에 의거하여 우리 인식 주체에게 개입함으로써 우리 인식의 틀 그 자체를 형성하고자 한다. 그렇게 생각하면, 저선량 피폭의 영향평가와 관련해서도 '권력-앎'의 결합체가 우리 인식 주체에 대해 개입함으로써 그 인식의 주요한 틀을 형성하고자 한다는 것이 될 것이다. 이러한 관점에서 이 장에서는 저선량 피폭을 둘러싼 국가권력과 과학적 앎의 상호의존관계에 대해 분석하고, 피폭

· ·

2. Michel Foucault, *Surveiller et punir*(『감시와 처벌』), Gallimard, 1975, p. 32. 일역, 『監獄の誕生(감옥의 탄생)』, 田村俶 옮김, 新潮社, 1977년, 31~32쪽.

영향을 부인하는 '허용치'라는 개념을 '권력-앎'의 결합체가 산출한 이데올로기적인 개념으로 규정하고 비판한다.

1. 피난 지시 구역의 설정과 안전 권력

ICRP(국제방사선방호위원회)가 후쿠시마 제1원전 사고 직후인 2011년 3월 21일에 발표한 '후쿠시마 원전 사고'라는 성명은 긴급 시(사고가 계속될 때)에 대중이 입는 최대 방사선량을 20~100밀리시버트로 할 것, 또한 방사선원을 관리하에 둔 단계에서는 대중의 연간 피폭량을 1~20밀리시버트로 할 것, 그리고 장기적으로는 대중의 연간 피폭량을 1밀리시버트로 억제할 것을 권장하고 있다.[3] 이 성명에 따라 일본 정부는 원전 사고에 의한 피난 지시 구역을 연간 피폭량이 20밀리시버트 이상의 지역으로 설정했다. 이 20밀리시버트라는 값은 ICRP 성명이 말하는 '방사선원을 관리하에 둔 단계'에서의 최대치에 해당한다. 또한 방사선 피폭에 관한 일본의 법령에 따르면, 일반 대중의 연간 피폭 한도량은 1밀리시버트이며, 20밀리시버트란 그 20배에 해당한다(20밀리시버트라는 피폭 한도량이 얼마만큼 높은 것인가 하는 것은 방사선 관리구역의 지정 기준이 연간 5.2밀리시버트, 원전 노동자의 백혈병 재해 인정 기준이 연간 5밀리시버트, 원전 노동자의 피폭 한도량이 5년간에 100밀리시버트, 1년간에 50밀리시버트라는 것을 생각하면 잘 알 수 있다). 연간 20밀리시버트라는 피폭 한도량을 채택함으로써 정부는 방사능 오염에 따른 피난 지역을 후쿠시마현 하마도리의 제한된 지역으로 한정하고, 연간 20밀리시버트에 달하지는 않지만 그것에 가까운 오염지역을 포함하는 현청 소재지인 후쿠시마시와

• •

3. ICRP, "Fukushima Nuclear Power Plant Accident", March 21, 2011. http://www.icrp.org/docs/Fukushima%20Nuclear%20Power%20Plant%20Accident.pdf

경제 기능의 중심지인 고리야마시를 피난 지역으로부터 제외할 수 있었다. 인구밀도가 높고 후쿠시마현의 행정, 경제 기능의 중심인 후쿠시마시와 고리야마시를 피난 지역으로 지정하는 것은 방대한 경제적-사회적 비용을 산출하게 된다. 피난 지역을 지정하면서 정부는 당연히 그 점을 고려했을 것이다. 실제로 2011년 12월에 피난 지역 재편 방침을 책정하면서 당시의 민주당 정권은 체르노빌 원전 사고로부터 5년 후에 채택된 피난 기준에 따라 피난 기준을 연간 20밀리시버트로부터 연간 5밀리시버트로 엄격하게 만드는 안을 검토하고 있었다. 그러나 그 안을 채택하면 후쿠시마시와 고리야마시의 일부가 피난 지역에 포함되고 피난민이 극도로 증가하기 때문에 결국 그 안은 포기되었다고 한다.[4]

이 점에 대해 후쿠시마현 나미에마치에서 엠 목장 나미에 농장의 목장주로서 '희망의 목장 · 후쿠시마' 프로젝트를 제안하고, 피난 지시 구역 안의 소를 살처분하지 않고 계속해서 사육하고 있는 요시자와 마사미吉澤正巳의 발언은 시사적이다. '나미에마치에서는 더 이상 살 수 없어요. 우리는 바로 '기민棄民'입니다. 내 아버지가 만주에서 버림받았듯이 이 오염지대의 주민은 버려진 것이죠. 또는 모든 것을 잃은 '유민'이라고 말할 수 있을지도 모릅니다. 그것은 어느 쪽이든 '난민'이 되겠지요. 지금 살처분을 받은 가축의 모습은 지금부터의 나미에 사람들의 모습이에요. 정부는 성실한 보상도 내놓지 않고, 가능한 한 오염지대를 좁혀 설정하고서는 거기에 바리게이트를 설치하여 봉쇄할 작정입니다. 생산 활동이 가능하지 않기 때문에 돈을 들이는 것은 쓸데없다고 생각하는 것이죠.'[5] 이러한 전망대로 정부는 피난 지시 구역을 후쿠시마 제1원전에 가까운 고오염지역(연간 20밀리시버트 이상의 피폭량이 예상되는 지역)으로 한정하여 설정하고,

• •

4. 「福島の歸還基準, 避難者增を恐れて强化せず 民主党政權時(후쿠시마의 귀환 기준, 피난민 증가를 우려하여 강화하지 않아. 민주당 정권 때)」, 〈朝日新聞〉, 2013년 5월 25일.

5. 吉沢正巳, 「被ばく牛を生かす道が放射能汚染地帶を救う!(피폭 소를 살리는 길이 방사능 오염지대를 구한다!)」, 『atプラス』 제12호, 太田出版, 2012년, 98쪽.

그 구역조차 상대적으로 선량이 낮아진 지역(연간 20밀리시버트의 피폭량을 밑돈다고 평가되는 지역)부터 차례대로 해제하고자 했다. 나아가 2014년 6월에 내각부는 현재 가장 선량이 높은 지역인 귀환 곤란 구역에서조차 2024년에는 방사성 물질의 자연 감소와 가옥의 제염으로 피폭량이 연간 20밀리시버트를 밑돌게 된다는 계산을 발표하고, 고선량 하에서의 주민의 조기 귀환을 가속하고자 했다.[6] 그러나 연간 20밀리시버트의 피폭량이란 원전 노동자의 피폭 한도량(5년간에 100밀리시버트)에 가까운 숫자이며, 그와 같은 고선량을 국가의 결정에 따라 일반 주민에게 허용하는 것은 아무래도 용인될 수 있는 사태가 아니다.

또한 2014년 8월에는 장기적으로 연간 피폭량 1밀리시버트를 지향한다는 제염 목표를 공간 선량에 기초한 수치가 아니라 개인 피폭량에 기초한 수치(매시간 0.3~0.6밀리시버트)로 완화하는 방침이 환경성에 의해 제시되었다. 이 방침에 의해 공간 선량에 의한 피폭 관리('장場의 선량') 대신에 개개인에게 선량계를 건네고서 개인 피폭량을 관리하도록 하는 개인화된 피폭 관리('1인당 선량')가 지배적인 것이 되었다.[7] 이것은 많은 액수의

• •

6. 「避難者「樂觀的すぎる」歸還困難區域, 21年の線量「20ミリシーベルト未滿」(피난민 '지나치게 낙관적인' 귀환 곤란 구역, 21년의 선량 '20밀리시버트 미만')」, 〈朝日新聞〉, 2014년 6월 24일. '[내각부의 원자력 피해자 생활] 지원팀은 귀환 곤란 구역의 선량에 대해 반감기나 비와 바람에 의해 방사성 물질이 줄어드는 '자연 감소' 효과에 더하여, 환경성이 작년에 실시한 구역 내에서의 모델 제염 실적 등으로부터 제염으로 선량을 54~76% 감소시킨다고 추계. 나아가 사람들이 실제로 피폭되는 개인 선량은 공간 선량의 7할로 가정했다. 그 결과 작년 11월에 연 100밀리시버트였던 지점의 목조가옥에 사는 성인이 하루에 6.5시간을 옥외에서 지내는 경우, 피폭 선량은 2021년에 제염 없이 연 24밀리, 제염하면 연 6~12밀리로 줄어든다고 추계 되었다. 아이들의 피폭 선량은 추계 되지 않았다.'

7. 다음의 것을 참조. 「除染基準緩和 — 空間線量から個人被曝線量へ(제염 기준 완화 — 공간 선량으로부터 개인 피폭 총량으로)」, OurPlanet-TV, 2014년 8월 1일. http://www.ourplanet-tv.org/?q=node/1814 개인 선량에 의한 피폭 관리를 정당화하는 문서로서 아래의 것을 참조. 酒井一夫, 「「場の線量」から「人の線量」へ('장의 선량'에서 '인의 선량'으로)」, 首相官邸, 2013년 4월 8일, http://www.kantei.go.jp/saigai/senmonka_g38.html

비용을 들여 제염하더라도 기대되고 있던 정도로는 공간 선량이 내려가지 않기 때문에 정부가 고안한 고육책이다. 공간 선량에 대해 개인 선량을 우선하는 것은 공간 선량이라는 '장'의 선량에 대한 관리를 소홀히 하는 것이며, 주민을 좀 더 높은 위험에 노출시키는 조치라고 시민 · 전문가위원 회는 비판하고 있다.[8] 또한 이러한 피폭 관리 방법이 신자유주의적인 가치('자기책임')와 대단히 친화적이라는 점에 대해 유의할 필요가 있다. 그러한 의미에서 후쿠시마 제1원전 사고란 과학기술적인 앎의 문제임과 동시에 바로 신자유주의 권력으로서의 국가권력 문제이다.

우리는 푸코를 참조하면서 이러한 경제적-사회적 비용계산에 기초하여 인구-주민[population]을 통치하는 권력을 안전 권력이라 부르기로 한다. 그때 안전 권력이란 어떠한 권력 메커니즘을 의미하는 것일까? 푸코는 1977~1978년 강의 『안전, 영토, 인구』의 제1회째 강의(1978년 1월 11일)에서 다음과 같은 세 가지 권력 메커니즘을 구별하고 있다.

(1) 법적 권력 또는 주권 권력은 법을 정립하고 그 법을 침해하는 것에 대한 형벌을 정한다. 요컨대 그것은 허가와 금지라는 이항 분할을 정립함으로써 금지를 위반한 것에 대해 형벌을 부과한다.

(2) 규율적 권력은 감시와 교정 메커니즘에 의해 특징지어질 수 있다. 그것은 개인들을 대강과 세목을 갖춘 감시 메커니즘에 의해 포착하고, 개인들의 신체적 행위에 작용함으로써 개인들의 내면을 통제한다.

(3) 안전 권력은 개인들을 인구라는 집단으로서 포착하고, 환경과의 관계에서 산출되는 위험을 통계적으로 파악하고 경제적-사회적

• •

8. 방사선 피폭과 건강관리방식에 관한 시민 · 전문가위원회, 「除染目標の見直しに関する 要請書(제염 목표의 재검토에 관한 요청서)」, 2014년 8월 11일. http://www.foejapan. org/erergy/news/140814.html

비용계산을 통해 그 위험을 관리한다.[9]

푸코는 이러한 세 가지 권력 메커니즘에 대해 전염병 관리의 예를 들고 있다. 첫째, 법적 권력 또는 주권 권력은 중세의 나병 환자의 배제에 해당한다. 그 권력은 나병에 걸린 자와 그렇지 않은 자를 이항 분할하고 병에 걸린 자를 배제한다. 요컨대 그것은 사회질서로부터 비정상적인 자를 물리적으로 배제함으로써 사회공간을 질서화하고자 한다.

둘째, 규율 권력은 중세 말부터 17세기에 걸친 페스트의 통제에 해당한다. 페스트의 통제에서는 페스트가 발생한 지역과 도시를 바둑판 눈 모양으로 분할하고 사람들에 대해 통제를 부과한다. 요컨대 그 바둑판 눈에서 언제 어떻게 나와도 좋은지, 자기 집에서는 무엇을 해야만 하는지, 어떠한 먹을거리를 섭취해야만 하는지가 지시되고, 특정 유형의 접촉이 금지되고, 시찰관 앞에 출두하며, 시찰관에 의해 자기 집을 검사받는 것이 강제된다. 규율 권력은 이러한 일련의 통제로써 권력의 대강과 세목을 지역과 도시의 구석구석에까지 미치게 하고, 그 공간을 차지하는 주체를 권력의 감시 아래 두는 것을 지향한다.

셋째, 안전 권력은 18세기 이후의 천연두 관리와 접종의 실천에 해당한다. 이 권력 메커니즘은 앞에서 말한 두 개의 권력 메커니즘과는 전적으로 다르다. 안전 권력은 천연두에 걸린 사람들의 숫자와 속성, 그 영향을 통계적으로 파악하는 동시에 접종을 받은 경우의 위험은 어느 정도인지, 접종을 받았음에도 불구하고 천연두에 걸리고 나아가서는 죽음에 이르는 개연성은 어느 정도인지, 인구 전체에서 접종의 통계상의 효과는 어느 정도인지 파악한다. 여기서 목표로 하는 것은 인구 전체에서의 접종 비용이

• •

9. Michel Foucault, *Sécurité, territoire, population, Cours au Collège de France, 1977~1978*, Gallimard/Seuil, 2004, p. 8. 일역, 『安全・領土・人口(안전, 영토, 인구)』, 高桑和巳 옮김, 筑摩書房, 2007년, 8~9쪽(우리의 관점을 덧붙인 요약).

접종하지 않는 것의 비용보다 큰지 작은지를 통계적으로 판정하고, 그 결과를 의학적 실천에 반영하는 것이다. 요컨대 안전 권력은 개인들을 인구로서 통계적으로 파악하고, 그것이 환경과의 관계에서 보유하는 위험에 대해 비용계산을 통해 개입한다.[10]

요약하자면, 강의『안전, 영토, 인구』에서 푸코는 안전 권력을 다음과 같은 세 가지 점에서 정의한다.

> (1) 안전 권력은 자기가 다루는 현상을 일련의 개연적인 사건 속에 끼워 넣는다.
> (2) 동시에 그 권력은 이 현상에 대한 대응을 모종의 계산, 요컨대 비용계산 안에 끼워 넣는다.
> (3) 위와 같은 것으로부터 그 권력은 최적의 것으로 여겨지는 평균치를 설정하고, 이것을 넘어서서는 안 된다는 허용한도를 정한다.[11]

이상의 세 가지 점을 원전 사고 후의 일본 정부에 의한 피난 지시 구역의 설정에 적용하면, 그 의미를 다음과 같이 이해할 수 있을 것이다.

> (1) 안전 권력은 방사능 오염에 따른 피난 지시 구역의 설정을 저선량 피폭이 초래할 수 있는 발암 위험과의 관계 속에 끼워 넣는다.
> (2) 동시에 그 권력은 방사능 오염에 따른 피난 지시 구역의 설정을 경제적-사회적 비용계산 안에 끼워 넣는다.
> (3) 위와 같은 것으로부터 그 권력은 발암 위험과의 관계에서 가장 안전한 수치로서 연간 피폭 한도량의 장기적 목표를 1밀리시버트로 하지만, 경제적-사회적 비용계산에 기초하여 중기적인 허용한

---

10. Ibid., pp. 11~12. 일역, 같은 책, 13~14쪽.
11. Ibid., p. 8. 일역, 같은 책, 9쪽(우리에 의한 요약).

도를 20밀리시버트로 하고, 이것을 넘어서는 구역을 피난 지시 구역으로 설정한다.

이로부터 이해할 수 있는 것은 다음의 두 가지 점이다. 첫째, 정부에 의한 피난 지시 구역의 설정 기준이 단지 방사능이 초래할 수 있는 발암 위험과의 관계에서 결정되는 것이 아니라 오히려 경제적-사회적 비용계산을 우선하여 결정되고 있다는 점이다. 정부가 발암 위험과의 관계에서 가장 안전한 수치에 따라 피난 지시 구역을 결정하게 되면, 연간 피폭 한도량을 1밀리시버트로 해야만 할 것이다. 그러나 그와 같은 피난 지시 구역 설정은 너무나 지나친 경제적-사회적 비용을 필요로 한다. 따라서 중기적으로는 연간 피폭 한도량을 20밀리시버트로 완화함으로써 부풀어 오를 우려가 있는 경제적-사회적 비용을 주의 깊게 회피하는 것이다. 그것은 특히 인구 밀집 지역이자 경제적-사회적으로 중요한 도시인 동시에 오염이 심각한 지역을 포함하는 후쿠시마시와 고리야마시를 피난 지시 구역으로부터 제외하는 정부의 결정에서 명확히 나타난다.

둘째, 이와 같은 안전 권력의 메커니즘이 신자유주의적인 가치에 의거하고 있다는 점에 유의할 필요가 있다. 법적 권력과 규율 권력은 권력의 대강과 세목을 가능한 한 적게 하여 자기의 관리 범위 내로부터 하나의 주체도 빠지지 않도록 할 것을 지향하는 통제적 가치에 의거한다. 그에 반해 안전 권력은 신자유주의적인 가치에 의거하는 가운데 모든 주체를 자기의 관리 범위 내로 모으는 것은 오히려 경제적-사회적 비용이 지나치게 들어가 좋지 않다고 생각한다. 따라서 안전 권력은 자기의 관리 범위로부터 빠지는 주체가 어느 정도 존재하는 것을 적극적으로 용인하고, 비용-편익 계산에 기초하여 사회적 비용과 편익이 균형을 이루는 점을 결정하고서는 그것을 한도량으로서 설정하는 것이다. 이것을 저선량 피폭 문제에 맞추어 보면, 다음과 같이 말할 수 있다. 안전 권력은 경제적-사회적 비용이 부풀어 오르는 것을 피하고자 저선량 피폭에 의해 어느 정도의 인간이 암으로 죽을 가능성을 허용한다. 요컨대 신자유주의 권력인 안전 권력은 비용-편익 계산에 기초하여 인구 전체 차원의 경제적-사회적 이익을 우선시하고, 일정 숫자의 '기민'을 죽음에 내맡기는 것이다.[12]

2. 저선량 피폭의 영향평가와 권력-앎

이로부터 우리는 더 나아가 '권력-앎'의 '앎', 즉 과학적 앎의 측으로 눈을 돌려 후쿠시마 제1원전 사고 후에 자주 들을 수 있는 '100밀리시버트 이하로는 건강에 영향이 없다'라는 언명의 의미에 대해 고찰해보고자 한다. 우리는 원전 사고 후에 이러한 언명을 원전 추진파의 공학자(이른바 '원자력 무라'에 속하는 많은 공학자)나 의사(예를 들어 방사선 방호의사인 나가사키대학의 야마시타 슌이치山下俊一, 방사선 의사인 도쿄대학의 나카가와 게이이치中川惠一 등)의 발언으로서 미디어에서 들을 수 있었다. 그들은 피폭량에 관해 건강에 영향을 주는지 아닌지를 나누는 '허용치'가 존재하며, 그 허용치는 100밀리시버트라는 '허용치 가설'을 취한다. 그러나 실제로 허용치 가설은 현재의 과학적 앎에서 거의 부정되는 사고방식이다. 오히려 허용치 없음 · 직선 모델(LNT 모델)이야말로 현재의 과학적 앎에서 주류 사고방식이다.[13] 예를 들어 원자력 추진파의 조직으로 여겨지는 ICRP에서 조차 2007년의 권고ICRP Publication 103에서 다음과 같이 말하고 있다.

● ●

12. 신자유주의적인 권력 메커니즘의 특성에 대해서는 다음의 것이 상세하게 논의했다. 佐藤嘉幸, 『新自由主義と權力 ― フーコーから現在性の哲學へ(신자유주의와 권력 ― 푸코로부터 현재성의 철학으로)』, 人文書院, 2009년.
13. 저선량 피폭은 인체에 유해하기는커녕 오히려 면역력을 활성화하여 인체에 좋은 영향을 가져다준다는 '호르메시스 효과'설은 여기서는 고려하지 않는다. 시마조노 스스무(島薗進)는 『만들어진 방사선 '안전'론(つくられた放射線「安全」論)』(河出書房新社, 2013년)에서 '호르메시스 효과'설은 주로 원전 추진파의 과학자가 ICRP의 '지나치게 엄격한' 기준을 완화하기 위해 1980년대 이후에 전개한 학설이라고 주장한다.

약 100밀리시버트 이하의 선량에서는 불확실성이 수반하기는 하지만, 암의 경우 역학 연구 및 실험적 연구가 방사선 위험의 증거를 제공한다. …… 기초적인 세포 과정에 관한 증거는 선량 반응 데이터와 아울러 다음과 같은 견해를 지지하고 있다고 위원회는 판단한다. 즉, 약 100밀리시버트를 밑도는 저피폭량 영역에서의 암이나 유전성 영향의 발생률은 관계되는 장기 및 조직의 피폭량 증가에 비례하여 증가한다고 가정하는 것이 과학적으로 타당하다는 것이다.[14]

이 권고를 인용한 이마나카 데쓰지今中哲二에 따르면, 이 견해에 기초하여 ICRP는 '저피폭량에서의 역학 데이터가 불충분하더라도, 생물 실험 데이터나 세포 수준에서의 지식을 아울러 검토하면, 100밀리시버트 이하의 피폭에 대해 LNT 모델[허용치 없음·직선 모델]을 적용하는 것이 적절하다'[15]고 말하고 있다.

이러한 '허용치' 문제에 대해 방사선의 영향을 연구한 의료물리학자이자 1960년대부터 원자력의 위험성을 계속해서 호소해온 존 W. 고프만의 방대한 책 『인간과 방사선』(1981년)을 참조하자. 이 책에서 고프만은 허용치 없음·직선 모델을 채택하여 저선량 피폭의 위험성을 증명하고 있다. 그는 히로시마·나가사키의 피폭자 추적 조사LSS: Life Span Study를 기초로 하여 피폭 선량과 암 사망 위험성의 관계는 2래드에서 300래드(20밀리시버트에서 3시버트) 범위에서 허용치 없음의 직선 관계(〈그림 6A〉) 또는

• •

14. ICRP Publication 103, 2007, pp. 50~52. http://ani.sagepub.com/content/suppl/2013/06/25/37.2-4.DCI/P_103_JAICRP_37_2-4_The_2007_Recommendations_of_the_International_Commission_on_Radiological_Protection.pdf 다음의 인용에 따른다. 今中哲二, 『저선량 방사선 피폭 — 체르노빌로부터 후쿠시마로』, 岩波書店, 2012년, 110쪽.
15. 『저선량 방사선 피폭 — 체르노빌로부터 후쿠시마로』, 110쪽.

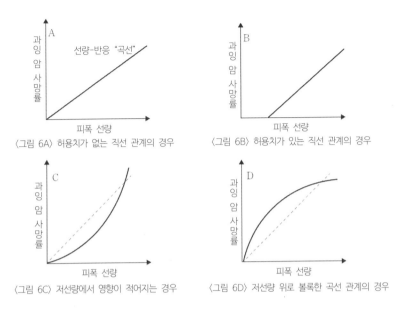

〈그림 6A〉 허용치가 없는 직선 관계의 경우 　　　〈그림 6B〉 허용치가 있는 직선 관계의 경우

〈그림 6C〉 저선량에서 영향이 적어지는 경우 　　〈그림 6D〉 저선량 위로 볼록한 곡선 관계의 경우

[그림 6A-6D] (*Radiation and Human Health*, p. 371. 일역, 『인간과 방사능』, 319쪽)

볼록 곡선 관계(요컨대 저선량일수록 피폭 선량에 대한 영향이 커진다)(〈그림 6D〉)이며, 나아가 태내 피폭에 관한 스튜어트의 연구를 고려하면, 0.25래드(2.5밀리시버트)까지 직선 관계가 성립한다고 말하고 있다.[16]

　나아가 고프만은 '허용치'의 존재를 가정하는 원자력 추진파 과학자의

16. John W. Gofman, *Radiation and Human Health*, Sierra Club Books, 1981, pp. 385~388. 일역, 『新版 人間と放射線(신판 인간과 방사선)』, 今中哲二 외 옮김, 明石書店, 2011년(초판, 社会思想社, 1991년), 331~334쪽. 존 W. 고프만(1918~2007년)은 캘리포니아대학 버클리 캠퍼스에서 핵물리학 박사 학위를, 캘리포니아대학 샌프란시스코 캠퍼스에서 의학 박사 학위를 취득했다. 1954년, 캘리포니아대학 버클리 캠퍼스 교수에 취임. 1963년에는 로렌스 리버모어 국립연구소(에너지성 관할 하에 있으며, 핵무기의 연구 개발을 그 주요 임무로 한다)의 부소장에 취임하며, 미국 원자력위원회의 원조를 받아 방사선의 영향에 대한 연구에 종사했다. 1969년에 저선량 방사선의 영향이 적어도 20분의 1로 과소평가되고 있다는 결론에 도달하여 1973년에 로렌스 리버모어 연구소, 캘리포니아대학을 사직하고, 이후에는 원자력의 위험을 알리기 위한 시민운동에 몸담았다.

가설에 대해 다음과 같은 비판적 견해를 밝히고 있다.

전적으로 당연한 일이지만 원자력과 의료 방사선을 적극적으로 사용하는 사람들은 '허용치'가 발견될 것이라는 원망을 끊임없이 지닌다. '허용치'란 그 값 이하의 방사선량이라면 피폭되더라도 해가 없다는 값이다. 또한 이 원망을 바탕으로 한 사고방식에서는 피폭 선량의 합계가 많더라도 (이른바 허용치 이하의) 적은 선량으로 몇 차례인가로 나누어 긴 시간에 걸쳐 쏘이게 되면(완만한 진도로 노출되게 되면) 해가 없다고 하기도 한다. 이러한 '긴 시간에 걸쳐 쏘이게 되면'이라는 원망이 분할 조사分割照射는 안전하다는 의견의 출처다.

만약 허용치라는 것이 존재하고 그 값 이하에서는 해가 없으며 그 이상에서는 선량에 정비례한다면, 그래프는 〈그림 6A〉가 아니라 〈그림 6B〉처럼 된다.

〈그림 6C〉도 추진자들이 제시하는 것이지만, 〈그림 6B〉와는 조금 다른 원망이 들어 있다. 저선량으로 되면 될수록 영향도 적어진다는 것이다. 해가 없는 선량이 없다 하더라도 저선량으로 되면 될수록 1래드[10밀리시버트] 당의 해도 점점 더 적어지기 때문에, 대단히 낮은 선량의 해는 보잘것없다는 것이다. ……

원자력과 방사선 의료의 추진자들에게 있어 〈그림 6D〉는 〈그림 6A〉보다 한층 더 형편이 나쁘다. 〈그림 6D〉는 위로 솟은 커브, 요컨대 저선량일수록 1래드 당의 영향이 좀 더 커지는(좀 더 심각해지는) 것을 보여준다.[17]

고프만에 따르면 원전 추진파의 과학자와 의료 방사선의 적극적 사용자에게는 '허용치'가 존재한다는 '원망'을 지닐 유인이 존재한다. 왜냐하면

17. Ibid., pp. 370~371. 일역, 같은 책, 319~320쪽.

허용치 가설에 따르면 누적 피폭 선량이 많더라도 허용치 이하의 선량을 몇 차례로 나누어 긴 시간에 걸쳐 피폭하게 되면 안전하다는 것이 되기 때문이다. 따라서 저선량 피폭은 '건강에 영향이 없다'라는 것이 된다. 그러나 고프만에 따르면 분할 조사하더라도 피폭의 영향은 0으로 되는 것이 아니며, 그 영향은 누적적이다. 예를 들어 미국 워싱턴주의 핸포드 원자력 시설에서 일하는 노동자의 직업 피폭에 대한 맨쿠소, 스튜어트, 닐, 고프만의 연구에 따르면, 대상으로 한 노동자들 가운데 20년 이상의 고용 기간에 전부 다 해서 10래드(100밀리시버트) 이상의 피폭을 한 집단은 1년당 평균 1래드(10밀리시버트)라는 완만한 속도로 피폭하고 있다. 그리고 그 집단에서는 암 사망의 1래드 당의 과잉률이 대단히 높다는 것이 밝혀지고 있다.[18]

또한 고프만은 저선량에서는 회복 메커니즘이 작용하기 때문에 허용치는 존재한다는 설도 명확히 부정한다.

암과 방사선의 직선 관계를 부정하는 사람들이 좋아하는 말에 '저선량에서는 회복 메커니즘이 작용하며, 손상은 치유된다'라는 것이 있다. ……

DNA의 어떤 종류의 결손에 대한 회복 메커니즘은 몇 가지 존재하며, 그것들은 손상 후 몇 시간 안에 작용한다는 것이 알려져 있다. 그러나 DNA 손상의 모든 것이 회복되는 것은 아니다. 이것은 다수의 유전적 질환이 실증한다. ……

나아가 '회복'이라는 말을 사용하는 것만으로는 그 메커니즘이 피폭 선량의 많고 적음과 어떠한 관계에 있느냐는 중대한 문제에 조금도 대답하고 있지 않다. 고선량에서는 회복되지 않지만, 저선량에서는 회복된다고 주장하기 위해서는 그 회복 메커니즘이 저선량에서 유효하

18. Ibid., pp. 404~405. 일역, 같은 책, 346~347쪽.

게 작용하고 고선량으로 됨에 따라 효력이 저하된다는 것을 제시해야만 한다. 암 발생과 관련하여 그러한 증명이 이루어진 적은 단 한 번도 없다.[19]

방사선의 피폭량과 DNA의 절단 빈도는 비례관계에 있다. DNA의 단 하나의 결손이 암의 원인이 된다면, DNA의 회복 메커니즘의 단 하나의 에러도 암을 불러일으키게 된다(저선량 피폭에서 DNA의 회복 메커니즘이 하나도 남김없이 완벽하게 작용한다는 근거는 없다). 또한 절단된 DNA가 고선량의 피폭에서는 회복되지 않지만, 저선량의 피폭에서는 회복된다는 주장에는 합리성이 없다.

이와 같은 것으로부터 고프만은 허용치의 존재를 명확히 부정한다. 그 근거를 요약하면 다음과 같이 된다.

(1) 히로시마·나가사키의 피폭자 추적 조사로부터는 허용치가 2래 드(20밀리시버트) 이하인 경우는 있을 수 없다.

(2) 핸포드 원자력 시설에서의 노동자의 직업 피폭의 연구 결과는 회복이라는 생각에 한층 더 반한다. 회복 메커니즘이 존재한다면 분명히 발암을 억제할 수 있을 연간 약 1래드(10밀리시버트)라는 저선량률의 피폭에서 평균치보다 과도한 비율로 노동자에게서 암이 발생하고 있다.

(3) 나아가 스튜어트에 의한 태내 피폭 연구는 선량·반응 관계가 250밀리래드(2.5밀리시버트)에 이르기까지 직선이라는 것을 보여준다.[20]

• •

19. Ibid., pp. 408~409. 일역, 같은 책, 350~351쪽.
20. Ibid., pp. 410~411. 일역, 같은 책, 352쪽(우리에 의한 요약).

고프만이 말하듯이 허용치가 존재하지 않는다면, 설사 저선량이라 하더라도 피폭량 증가에 따라 암 사망 위험은 증가하게 된다. 따라서 '허용치'라는 개념은 과학적 개념이 아니라 오히려 이데올로기적인 개념이며, 100밀리시버트라는 '허용치'뿐만 아니라 ICRP의 권고에 따라 일본 정부가 결정한 연간 20밀리시버트라는 '피폭 한도량' 이하였다 하더라도 피폭량은 가능한 한 낮게 억제되어야 한다. 다시 말하자면 연간 20밀리시버트라는 일본 정부가 결정한 '피폭 한도량'은 경제적-사회적 비용계산에 의해 결정된 수치이지 결코 과학적 수치가 아니다. 그것은 이를테면 '권력-앎'에 기초하여, 요컨대 국가권력과 과학적 앎의 결합관계에 기초하여 결정된 수치인 것이다. 이 점에 대해 예를 들어 다케타니 미쓰오 등은 『원자력발전』에서 다음과 같이 말하고 있다. '"허용치"의 존재가 과학적으로 증명되지 않는 한에서 …… 유해와 무해의 경계선으로서의 허용량의 의미는 없어지고, 방사선은 가능한 한 받지 않도록 하는 것이 원칙이 된다. 그리고 어쩔 수 없는 이유가 있을 때만 방사선 조사를 받아들이게 된다. 어느 정도의 방사선량 피폭까지 허용하는가 하는 것은 그 방사선을 받는 것이 당사자에게 어느 정도 필요 불가결한가 하는 것에서 결정될 수 있을 뿐이다. 이리하여 허용량이란 안전을 보장하는 자연과학적인 개념이 아니라 유의의有意義함과 유해함을 비교하여 결정되는 사회과학적인 개념인바, 오히려 "인내량"이라고도 불러야 할 것이다.'[21] 다케타니 등의 생각은 피폭에는 '허용치'가 존재하지 않는 이상, 피폭 '허용량'이라는 개념은 순수한 과학적 개념이 아니라 피폭의 위험과 편익을 고려한 비용-편익 분석에 의해 결정되는 경제-사회적 개념이라고 생각한다는 점에서 우리 생각과 대단히 가깝다.

실제로 ICRP의 방사선 방호의 일반 원칙은 비용-편익 분석에 기초한다. 그 원칙이란 피폭 선량을 줄이는 데 필요한 비용을 그에 의해 얻어지는

●●
21. 武谷三男 편, 『原子力發電(원자력발전)』, 岩波新書, 1976년, 71쪽.

경제적-사회적 편익과 비교하여 비용이 편익을 밑도는 한에서 선량 저감 조치를 하고, 반대로 비용이 편익을 상회할 때는 사람들에게 피폭을 허용하게 하는 것이다. 예를 들어 1973년의 ICRP 문서 「선량은 쉽게 달성할 수 있는 한에서 낮게 유지해야 한다는 위원회 권고의 의미에 대하여」ICRP Publication 22는 '선량 저감에 의한 경제적-사회적 편익이 선량 저감에 필요한 경제적-사회적 비용과 같아지도록 함으로써 모든 선량을 쉽게 달성할 수 있는 한에서 낮게 제한할 수 있다'[22]고 말하여 비용-편익 분석에 의거하고 있음을 분명히 보여준다. 또한 1977년의 ICRP 권고ICRP Publication 26는 '모든 피폭은 경제적 및 사회적 요인을 고려하여 합리적으로 달성할 수 있는 한에서 낮게 유지되어야만 한다'[23]고 하는 이른바 ALARA('합리적으로 달성할 수 있는 한에서 낮게[As Low As Reasonably Achievable]') 원칙을 제시하고 있다. '합리적으로 달성할 수 있는 한에서 낮게'란 피폭 선량은 경제적-사회적 비용이 편익을 상회하지 않는 한에서만(즉, '합리적으로 달성할 수 있는 한에서만') 감소시켜야 한다는, 명확히 비용-편익 분석에 의거한 피폭 선량 관리를 의미하는 것이다.[24]

또한 정부에 의한 피난 지시 구역 설정의 근거로 사용된 ICRP의 「후쿠시마 원전 사고」에 관한 성명은 2007년의 ICRP 권고ICRP Publication 103에서 사고 시의 피폭 '최적화' 원칙에 따르는 것이다. '최적화' 원칙이란 '경제

● ●

22. ICRP Publication 22, 1973, p. 4. http://ani.sagepub.com/content/suppl/2013/06/25/os-22.1.DC1/P_022_1973_Implications_of_Commission_Recommendations_that_be_Kept_as_Low_as_Readily_Achievable.pdf

23. ICRP Publication 26, 1973, p. 3. http://ani.sagepub.com/content/suppl/2013/06/25/1.3DC1/P_026_JAICRP_13_Recommendations_of_the_ICRP.pdf

24. 中川保雄, 『增補 放射線被曝の歷史(증보, 방사선 피폭의 역사)』, 明石書店, 2011년(초판, 技術と人間, 1991년), 142~146쪽. 다음의 것도 참조. 「ICRPによる放射線被曝を伴う行爲の正當化の考え(ICRP에 의한 방사선 피폭에 수반되는 행위의 정당화 생각)」, 『原子力百科事典 ATOMICA(원자력 백과사전 ATOMICA)』, 高度情報科學技術研究機構, 2012년 2월. http://www.rist.or.jp/atomica/data/dat_detail.php?Title_No=09-04-01-06

적-사회적 요인을 고려하여 피폭의 발생 확률, 피폭하는 사람의 숫자 및 개인 선량의 크기 모두를 합리적으로 달성할 수 있는 한에서 낮게 억눌러야만 한다'[25]는 것이다. 요컨대 '최적화' 원칙이란 사고가 일어났을 때의 사람들의 피폭 선량을 최소화하는 것을 목표로 하는 것이 아니라 피폭으로 잃게 되는 인명(ALARA 원칙의 구체적 적용 방법을 검토한 로저스와 던스터는 피폭으로 잃게 되는 한 사람의 인명 당 값을 10만~100만 달러로 간주하고 있다[26])과 피폭 관리 및 제염 등의 대책 비용을 비교함으로써 균형점을 발견하는 경제적-사회적 비용계산에 기초하여 사람들의 피폭 한도량을 설정하는 것이다.[27]

이처럼 피폭 선량 관리가 경제적-사회적 비용계산에 의거하고, '피폭 한도량이 오로지 경제적-사회적 수치일 뿐이라면, 왜 원전 추진파 과학자들은 아직도 '100밀리시버트 이하로는 건강에 영향이 없다'라는 언명을 유지할 수 있는 것일까? 이마나카 데쓰지는 「"100밀리시버트 이하는 영향 없다"는 원자력 무라의 새로운 신화인가?」라는 논문에서 이 문제를 다룬

● ●

25. ICRP Publication 103, 2007, p. 89.
26. 『증보, 방사선 피폭의 역사』, 146~148쪽. '미국의 로저스와 영국의 던스터가 주도하여 ALARA 원칙을 구체적으로 적용하기 위한 경제적 손익 감정 방법이 검토되었다. 그것을 위해서는 우선 방사선 피폭에 따르는 비용의 내용을 규정하는 것이 필요했지만, 피폭 방호에 필요한 시설과 용구 등의 물적 비용이 포함된다는 것을 곧바로 알 수 있다. 그러나 문제는 인적 비용 쪽이었다. 방사선 피폭에 의한 인적 손해비용을 어떻게 생각할 것인가 하는 문제였다. …… 당시 생명의 일반적으로 통용되는 시세는 대체로 10만~100만 달러 정도로 여겨졌다. ICRP도 그 정도로 생각했다. / ICRP의 위험평가에 따르면, 한 사람의 암 사망은 10,000인·렘(100인·시버트)의 피폭 선량에서 일어나게 되기 때문에 10,000인·렘(100인·시버트)이 10만~100만 달러에 해당하게 된다. 즉, 인·렘(인·10밀리시버트) 당 10~100달러가 되는 것이다. ICRP는 이러한 계산 결과가 "10달러~250달러 사이로 모두 수렴된다"라고 마치 하나의 커다란 법칙을 발견한 것처럼 주장하고, 이 환산식을 "비용-편익 분석에 직접 사용할 수 있다"라는 결론을 내렸다.'
27. 稻岡宏蔵,「增補 フクシマと放射線被曝(증보, 후쿠시마와 방사선 피폭)」, 『증보, 방사선 피폭의 역사』, 296~297쪽.

분석 대상 피폭량(Sv)	1Sv 당의 과잉 상대 위험(SE)	p값*
0~4	0.47 (0.05)	<0.001
0~2	0.54 (0.07)	<0.001
0~1	0.47 (0.10)	<0.001
0~0.5	0.44 (0.12)	<0.001
0~0.2	0.76 (0.29)	0.003
0~0.15	0.56 (0.32)	0.045
0~0.125	0.74 (0.38)	0.025
0~0.1	0.64 (0.55)	0.30
0~0.05	0.93 (0.85)	0.15

[표 1] 분석 대상 범위를 변화시켰을 때의 1시버트 당의 과잉 상대 위험(『저선량 방사선 피폭』, 87쪽).
　　　* 편측 검정치

다. 이마나카에 따르면 원전 추진파 과학자들에 의한 이 언명의 논거는 히로시마 · 나가사키의 피폭자 추적 조사 데이터에서 100밀리시버트 이하에서 통계적인 유의미성을 보여주는 값이 통상적인 판정 기준보다 크게 된다는 점에 놓여 있다. 이마나카는 이 논문에 피폭자 추적 조사 데이터 전체로부터 피폭량이 큰 그룹을 차례로 제하여 가고, 분석 범위를 낮은 피폭량 영역으로 비켜 놓으면서 암 사망의 과잉 상대 위험을 구한 표를 게재하고 있다([표 1]). 그것에 따르면 피폭량이 큰 그룹을 포함할 때는 통계적 유의미성은 명백하지만, 100밀리시버트 이하의 피폭 영역에서는 통계적 유의미성의 판정에 사용되는 값(p값)이 유의미성의 판정 기준인 0.05보다 크게 된다.[28]

그러나 통계적으로 유의미하지 않다는 것은 결코 100밀리시버트 이하에서는 암 사망의 증가가 존재하지 않는다는 의미가 아니다. 이마나카에 따르면 '히로시마 · 나가사키에서 100밀리시버트 이하에서 통계적으로

•　•
28. 『저선량 방사선 피폭 ─ 체르노빌로부터 후쿠시마로』, 108~109쪽.

유의미한 암 사망 영향이 인정되지 않는다는 것은 피폭 영향이 없었다는 것이 아니라 [흡연이나 생활습관 등의] 다른 요인에 의한 암 사망에 피폭 영향이 섞여 들어와 통계적으로 유의미한 증가로서는 관찰되지 않았다고 해석되어야 한다.'[29] 100밀리시버트 이하에서는 암 사망 과잉 상대 위험이 0으로 되는 것이 아니라 오히려 커지는 경향이 인정된다. 요컨대 피폭량과 암 사망 과잉 상대 위험의 관계는 저선량 영역에서는 직선이 아니라 오히려 볼록한 형태의 곡선에 가까운 것이지만, 통계적으로는 그 증가를 유의미한 것으로 간주하기 어렵다고 해서 피폭 영향의 과학적 인과관계가 부정되는 것이다.

그러나 1990년대 이후의 역학 이론에서는 오히려 통계적으로 유의미한 차이의 유무를 판정하는 p값에 지나치게 의거함으로써 중요한 정량적 정보를 간과하지 않도록 할 것이 권고되고 있다.[30] 따라서 통계적인 유의미성에만 의거하여 100밀리시버트 이하의 피폭 영향을 부정하는 것은 과학적으로도 잘못된 판단이라고 말할 수 있다. 본래 히로시마·나가사키의 피폭자 데이터에서 100밀리시버트 이하의 피폭자는 전 연령층을 합해서 6만8,470명이지만, 그에 반해 후쿠시마 제1원전 사고에서는 후쿠시마현이 발표한 피폭 추계량에서의 1밀리시버트 이상의 피폭자가 14만8,685명인데, 히로시마·나가사키의 데이터에 의거하여 후쿠시마의 데이터를 부정하는 것은 후쿠시마의 모집단 쪽이 크다는 의미에서 확실히 본말이 전도된 것이라고 말할 수밖에 없는 것이다.[31]

더 나아가 원폭 공격의 가해자 측인 미국의 기관인 ABCC(원폭상해조사위원회)가 작성한 피폭자 추적 데이터의 신빙성에는 문제가 있으며, 이

● ●

29. 같은 책, 111쪽.
30. 津田敏秀·山本英二·鈴木越治,「100mSv 以下の被曝では発がん影響がないのか ― 統計的有意差の有無と影響の有無(100mSv 이하의 피폭에서는 발암 영향이 없는가 ― 통계적으로 유의미한 차이의 유무와 영향의 유무)」,『科學』제83권 7호, 岩波書店, 2013년.
31. 津田敏秀,『醫學的根據とは何か(의학적 근거란 무엇인가?)』, 岩波新書, 2013년, 95~96쪽.

조사는 원폭 피해를 낮게 평가하려고 한다는 지적도 있다. 나카가와 야스오
中川保雄의 『방사선 피폭의 역사』는 ABCC 조사의 문제점을 다음과 같이
정리하고 있다. '첫째, 피폭 후 몇 년 사이에 방사선 피폭의 영향으로
높은 사망률을 보여준 피폭자의 존재가 모두 제외되었다. / 둘째, 피폭
중심지 가까이에서 피폭하고, 그 후 오랫동안 시외로 이주하지 않을 수
없었던 고선량 피폭자가 제외되었다. / 셋째, ABCC가 조사 대상으로 한
직접 피폭자는 1950년 시점에서 파악되어 있던 직접 피폭자 수, 28만3,500명
의 대체로 4분의 1 정도밖에 안 되었다. 더욱이 조사의 중점이 2킬로미터
이내의 피폭자에게 두어졌으며, 원거리의 저선량 피폭자 대부분은 조사의
대상조차 되지 않았다. / 넷째, 게다가 ABCC는 고선량 피폭자와 저선량
피폭자를 비교 대조하는 잘못된 방법을 채택하여 방사선 영향을 조사했다.
/ 다섯째, 연령 구성이라는 점에서도 ABCC가 조사 대상으로 삼은 집단은
젊은 층이 빠진 연령적으로 치우친 집단이었다.'[32] 이처럼 100밀리시버트를
허용치로 하는 근거인 ABCC의 조사 데이터 그 자체가 방사선 피폭의
영향을 과소평가한 것일 가능성이 큰 것이다.

저선량 피폭 집단에서 통상적인 집단과 비교하여 암 사망의 증가가
인정되더라도 그 데이터에서 통계적 유의미성이 확보되지 않는다면 그
암 사망의 증가는 존재하지 않는 것으로 간주할 수 있게 된다. 그로부터
원전 추진파 과학자들이 '100밀리시버트 이하에서는 건강에 영향이 없다'
고 언명하는 것이 가능해지는 것이다. 과학은 과학적 엄밀성을 추구함으로써
어떤 사태와 위험의 인과관계를 부정할 수 있다. 바로 이와 같은 의미에서
체르노빌 원전 사고 직후에 출판된 『위험 사회』에서 울리히 벡은 다음과
같이 말했다. '과학성의 기준을 엄밀하게 하면 할수록 위험하다고 판정되
어 과학의 대상으로 되는 위험은 정말로 얼마 안 되게 되며, 결과적으로
암암리에 위험 증대 허가서를 주게 된다. 굳이 말하자면 과학적 분석의 "순수성"

• •

32. 『증보. 방사선 피폭의 역사』, 106~107쪽.

에 얽매이는 것은 대기, 식품, 토양, 나아가 식물, 동물, 인간의 오염으로 연결된다. 과학성을 엄밀하게 함으로써 생명의 위험은 용인되거나 조장된 다. 엄밀한 과학성과 생명의 위험은 은밀한 연대 관계에 놓여 있다.'[33]

또는 저선량 피폭에 의한 암 사망의 증가는 피폭의 영향과는 다른 요인으로 돌려진다. 그러한 다른 요인으로서 원전 추진파 과학자나 어떤 종류의 의사들은 자주 원전 사고에 수반되는 정신적 스트레스를 거론한다. 확실히 스트레스는 면역 계통에 나쁜 영향을 주며, 암의 원인이 될 수도 있다고 말해진다. 그러나 실제로는 스트레스와 암 사이의 인과관계는 과학적으로 증명되어 있지 않다. 또한 저선량 피폭보다 스트레스 쪽이 몸에 나쁜 영향을 미친다는 과학적 지식도 없다. 따라서 '저선량 피폭의 영향보다 방사능을 두려워하는 것에 기인하는 정신적 스트레스 쪽이 건강에 나쁘다'라는 언설은 '피폭과는 다른 요인'을 강조함으로써 오히려 피폭의 영향을 은폐하는 효과를 지니는 것이다.

이렇게 생각하면, 100밀리시버트를 피폭 영향의 허용치로 하는 원자력 추진파 과학자들의 견해는 결코 순수하게 과학적인 입장에서 제시되는 것이 아니라는 점이 분명히 이해될 수 있다. 허용치는 존재하지 않는다는 견해가 과학적 지식의 주류를 차지하고 있는 가운데 100밀리시버트가 피폭 영향의 허용치라고 주장하는 것은 저선량 피폭의 영향을 은폐하는 모종의 '권력-앎'과 관련된다. 요컨대 그러한 주장은 원전 사고의 경제 적-사회적 비용을 적게 보이게 만들 뿐만 아니라 실제로도 적게 만들고자 하는 국가권력의 입장과 깊이 결합되어 있는 것이다.[34]

• •

33. Ulrich Beck, *Risikogesellschaft: Auf dem Weg in eine andere Moderne*, Suhrkamp, 1986, S. 82~83. 『危險社会 — 新しい近代への道(위험 사회 — 새로운 근대로의 길)』, 東廉・伊藤美登里 옮김, 法政大學出版局, 1998년, 97쪽.
34. 우리 생각에 허용치 문제를 논의할 때 권력-앎의 결합관계에 언제나 유의하지 않으면, 국가에 의한 저선량 피폭의 영향 은폐라는 중요한 논점을 놓치게 된다. 최근의 철학 연구자의 작업에서 말하자면, 이치노세 마사키(一ノ瀬正樹), 『방사능

3. 방사능 오염과 피난의 권리

원하든 원하지 않든 간에 이미 방사능에 오염된 세계 속에서 살아가고 그 세계와 마주 대하지 않으면 안 되는 우리에게 위와 같은 푸코적인 고찰을 후쿠시마 제1원전 사고 후의 구체적인 사회 상황 속에서 활용해가는 것은 중요하다고 생각된다. 우리는 위의 고찰로부터 피폭 선량에는 '허용치'가 존재하지 않으며, 연간 20밀리시버트라는 '피폭 한도량'도 경제적-사회적 비용계산에 기초하여 정부가 제시하는 것에 지나지 않는 이상, 피폭량은 가능한 한 적은 쪽이 좋다는 점을 이해할 수 있었다. 이러한 고찰로부터 구체적으로 제안할 수 있는 것은 다음의 점이다. 만약 오염지역의 주민이 자발적 피난을 원하고 또한 강제 피난민과 자발적 피난민이 피난처로의 정주를 희망한다면, 그에 대해서는 경제적-사회적으로 원조해야 하며, 그것을 위한 경제적 부담은 지금까지 원자력 정책을 추진해온 국가에 의해 보상되어야 한다. 특히 원전 추진의 사회적 결정에 전혀 관여하지 않았음에도 불구하고, 방사능에 대해 감응성이 강하고 방사능 피해를 가장 받기 쉬운 아이들을 위해 피난의 권리가 경제적-사회적으로 보증되어야 한다. 이 점에 대해서는 체르노빌 원전 사고 5년 후에 제정된 우크라이나공화국의 이른바 「체르노빌 법」이 참고가 된다. 이 법률은 제정 시에 연간 5밀리시버트 이상의 오염지역을 의무적 이주 구역(단계적인 '계획적 피난' 구역)으로, 연간 1~5밀리시버트의 오염지역을 보증된 자발적 이주 구역('이주의 권리'가 인정되는 구역)으로 지정하고 있다.[35]

● ●

문제에 맞서는 철학(放射能問題に立ち向かう哲學)』(筑摩選書, 2013년)은 허용치를 과학적인 것으로서 무비판적으로 긍정하고 허용치의 배후에 놓여 있는 이러한 권력-앎의 결합관계를 전혀 고려하지 않는다. 그리고 스스로의 공리주의적인 분석에서 권력-앎이 채택하고 있는 비용-편익 분석을 무의식적으로 반복하고 있다.

당연한 일이지만 현재도 모든 사람이 오염지역으로부터의 피난의 '자유'를 지닌다. 그러나 동시에 수입과 고용이 확보될 수 없는 것과 같은 경제적 어려움과 정든 토지를 떠난다는 심리적 고통으로 인해 피난이 피난한 사람들의 생활을 붕괴시킬 가능성을 부정할 수 없다. 따라서 피난은 '의무'이어야 하는 것이 아니라 오히려 피난을 희망하는 사람들에게 그 '권리'가 경제적-사회적으로 보장되어야 한다. 또한 잔류를 희망하는 사람들, 특히 자녀들에 대해서는 방사선량이 낮은 지역에서의 정기적인 '휴양'이라는 수단에 의한 탈피폭의 권리가 경제적-사회적으로 보장되어야 한다.

2012년 6월, 「원전 사고 자녀 · 재해 피해자 지원법」[36]이 국회에서 성립되고, 오염지역으로부터의 피난을 국가가 '지원'해야 한다는 것이 법률에 명문화되었다. 그러나 이 법은 오염지역의 범위나 구체적인 '지원'

• •

35. 다음을 참조. 關西學院大學災害復興制度硏究所 · 東日本大震災支援全國ネットワーク · 福島の子供たちを守る法律家ネットワーク 편, 『原発避難白書(원전 피난 백서)』, 人文書院, 2015년, 제IV부 제10장, 尾松亮, 「체르노빌 원전 사고 '피난민'의 정의와 피난민 수의 파악 — 러시아 · 체르노빌 법의 예를 참고하여」. 辰巳雅子, 「벨라루스의 경험을 토대로 하여 일본에 응용하는 힘을 — 나라와 민족의 다름을 넘어서서」, 田口卓臣 · 高橋眞由 편, 『ベラルーシから學ぶ私たちの未來 — チェルノブイリ原発事故と福島原発事故を振り返る(벨라루스로부터 배우는 우리의 미래 — 체르노빌 원전 사고와 후쿠시마 원전 사고를 되돌아본다)』, 宇都宮大學國際連携シンポジウム報告書, 2012년. http://www.kokusai.utsunomiya-u.ac.jp/fis/pdf/tabunkah_1.pdf ETV 특집 「원전 사고, 국가는 어떻게 보상했던가 — 체르노빌 법 23년의 궤적」, 2014년 8월 23일 방송. 「체르노빌 법」은 사회주의 체제였던 소련 시대 말기의 우크라이나공화국에서 시행되었기 때문에, 이주자에 대해서는 국가에 의해 이주지에서의 주거와 직업이 보장되어 있었다. 이 점은 일본과는 상황이 근본적으로 달랐다. 우크라이나공화국의 재해 피해자에 대한 보상 틀은 소련 붕괴 후 우크라이나공화국의 재정난이라는 현 상황에서는 충분히 기능하지 못하고 있지만, 그 이념과 오염지역의 정의는 법률에 명기되어 있으며, 현재도 유지되고 있다. 우리는 그 이념에서 배워야만 한다.

36. 「原発事故子ども · 被災子支援法」은 다음에서 열람 가능하다. http://houseikyoku.sangiin.go.jp/bill/pdf/180-022.pdf

의 내용을 전혀 명시하고 있지 않으며, 단순한 이념법에 그치고 있다. 그 후 법률이 성립한 지 1년 이상이 지난 2013년 10월에 이르러 재해피해자 지원법의 구체적 시책을 규정한 「기본방침」,[37]이 겨우 내각회의에서 결정되었지만, 지원 대상 지역이 후쿠시마현 하마도리, 나카도리로 한정되었을 뿐만 아니라 이미 실시되고 있는 시책이 90% 이상이고 건강진단비나 의료비의 감면이 뒤로 미루어지고 있으며 자발적 피난민에 대한 지원책이 한정적이고 불충분한 것 등, 그 내용에는 문제가 많다.[38] 더 나아가 2015년 8월, 정부는 「기본방침」을 개정하고, '지원 대상 지역은 선량이 재해 발생 시와 비교하여 대폭적으로 감소하고 새롭게 피난할 상황은 아니다'[39](부흥청의 원안에는 '새롭게'라는 말은 존재하지 않으며, '지원 대상 지역은 선량이 재해 발생 시와 비교하여 대폭적으로 감소하고 피난할 상황은 아니다'였다[40])라고 하여 이후에는 지원 대상 지역을 축소, 철폐하고, 강제 피난민, 자립적 피난민의 귀환 촉진에 중점을 두는 방침을 제시했다. 이것은 강제 피난, 자립적 피난과 관계없이 피난민 전체에 대한 지원의 축소, 중단을 시사하는 것이다. 사실 이러한 방침은 2015년 6월에 개정된 「후쿠시마 부흥 가속화 지침」에서 이미 제시되어 있었다. 거기서 정부는

• •

37. 復興庁, 「「被災者生活支援等施策の推進に関する基本的な方針」に関する施策とりまとめ ('재해피해자 생활 지원 등 시책 추진에 관한 기본적인 방침'에 관한 시책 총괄)」, 2013년 10월 11일. http://www.reconstruction.go.jp/topics/main-cat8-1/20131011_betten3_matome.pdf

38. 「원전 사고 자녀·재해피해자 지원법」의 다양한 문제점에 대해서는 다음에서 상세하게 논의되고 있다. 日野行介, 『福島原発事故 被災者支援政策の欺瞞(후쿠시마 원전 사고, 재해피해자 지원정책의 기만)』, 岩波新書, 2014년.

39. 復興庁, 「「被災者生活支援等施策の推進に関する基本的な方針」の改定について('재해피해자 생활 지원 등 시책 추진에 관한 기본적인 방침'의 개정에 대하여)」, 2015년 8월 25일. http://www.reconstruction.go.jp/topics/m15/08/20150825144311.html

40. 復興庁, 「子ども被災者支援法 基本方針改正案(자녀 재해피해자 지원법. 기본방침 개정안)」, 2015년 7월. http://www.reconstruction.go.jp/topics/main-cat2/20150817_kaigisiryou.pdf

거주 제한구역, 피난 지시 해제 준비구역을 2017년 3월까지 모두 해제하고, 또한 해제 시기와 관계없이 2017년 3월에 피난 위자료의 지불을 중단할 방침을 명기하고 있다. 이것은 사고 후 6년의 시점에서 해당 지역으로부터의 강제 피난민의 귀환 방침을 명확히 제시한 것이다.[41] 정부의 이러한 결정을 받아들여 후쿠시마현은 마찬가지로 2015년 6월, 자립적 피난민과 피난 지시가 해제된 지역으로부터의 강제 피난민에 대해 2017년 3월 말에 주택의 무상 제공을 중단할 방침을 제시했다. 이것은 자립적 피난민과 해당 지역으로부터의 강제 피난민의 귀환 방침을 명시한 것이다.[42] 그러나 제염 작업이 이어지는 현재도 토양 오염은 여전히 광범위하게 남아 있으며, 사고 후 6년을 전환점으로 한 강제 및 자립적 피난민의 귀환 추진은 조급하다고 말할 수밖에 없다. 피난민이 자신의 고향으로 귀환할 것인가 아닌가는 국가가 아니라 어디까지나 피난민 자신이 스스로 결정할 문제일 것이다.

피난 지시 구역 11개 시 · 읍 · 면의 주민에 대해 부흥청과 후쿠시마현, 해당 시 · 읍 · 면이 2014년에 공동으로 시행한 설문 조사에 따르면, 귀환을 희망하는 사람은 전체의 25.5%에 지나지 않으며, 귀환하지 않기로 한 사람은 40.3%, 귀환할 것인지에 관한 판단을 유보한 사람은 28.1%에 이른다.[43] 요컨대 국가의 지시로 피난 지시가 해제되더라도 거기로 주민의 다수가 귀환할 것인지는 전적으로 불투명한 것이다. 피난과 귀환에 관한 주민의 자기 결정을 중시한다는 의미에서 후쿠시마 제1원전 사고에 의한 피난민에 대한 경제적-사회적 지원은 필요 불가결하며, 그 지원은 지금까

• •

41. 『원전 피난 백서』, 65~68쪽. 原子力對策本部, 「原子力災害からの福島復興の加速に向けて (원자력 재해로부터 후쿠시마 부흥을 가속화하기 위하여)」 개정, 2015년 6월 12일. http://www.meti.go.jp/earthquake/nuclear/kinkyu/pdf/2015/0612_02.pdf
42. 『원전 피난 백서』, 29쪽.
43. 「東日本大震災: 福島第一原発事故「避難先から歸還」に地域差(동일본 대지진재해: 후쿠시마 제1원전 사고 '피난지로부터 귀환'에 지역 차)」, 〈毎日新聞〉, 2015년 4월 5일.

지 국가정책으로서 일본 각지에 원전을 계속해서 지어온 국가의 책임이지 않을 수 없다.[44]

· ·

44. 원전 피난과 탈피폭 문제에 대해서는 결론에서 다시 상세히 논의한다.

제2장 예고된 사고의 기록

— '안전' 이데올로기 비판 Ⅰ[1]

　2011년 3월 11일의 지진재해와 쓰나미가 불러일으킨 후쿠시마 제1원전 사고를 발전소의 운전 주체인 도쿄전력은 '상정 범위 밖'의 대규모 자연재해에 의한 어쩔 수 없는 사고였다고 주장한다. 그러나 실제로 사고는 정말로 '상정 범위 밖'이었던 것일까? 원전에 대한 지진과 쓰나미라는 이중의 위험성은 지진학자인 이시바시 가쓰히코石橋克彦에 의해 이미 1997년에 주장되었으며, 또한 많은 비판적 과학자들이 원전에서의 중대사고의 가능성에 대해 이미 1970년대부터 경고를 발하고 있었다.

　이 장에서는 우선 이시바시 가쓰히코의 논문 「원전 지진재해 — 파멸을 피하기 위해」를 다루어 사고가 정말로 '상정 범위 밖'이었는지 여부를 검증하고, 1973년부터 1992년까지 다툼이 벌어지고 일본 최초의 과학소송이라고 말해지는 이카타 원전 소송 제1심과 그 소송에 관계된 비판적

••

1. 이 장의 제목 「예고된 사고의 기록」은 다음에서 읽을 수 있는 아사다 아키라의 발언에서 시사를 얻었다. 「田中康夫と淺田彰の憂國呆談2(다나카 야스오와 아사다 아키라의 우국방담 2)」 talk 39, 『ソトコト』, 2011년 6월. http://www.sotokoto.net/jp/talk/?id=41

과학자들의 주장을 검토한다. 우리가 이러한 비판적 과학자들의 견해를 검토하는 것은 원전을 둘러싼 '안전' 이데올로기의 전형적인 구조를 밝히고, 나아가 핵 대재앙을 둘러싼 '상상력의 한계'(귄터 안더스)에 대해 고찰하기 위해서다.

1. 사고는 예고되어 있었다

1-1. '원전 지진재해'는 예고되어 있었다

후쿠시마 제1원전 사고는 '상정 범위 밖의 것이기는커녕 거의 그대로의 형태로 예견되어 있었으며, 발전소의 운전 주체인 노쿄전력이나 규제 기관인 원자력안전위원회도 그 점을 알고 있었다. 그럼에도 불구하고 왜 후쿠시마 제1원전 사고와 같은 중대사고를 방지할 수 없었을까? 이 점에 대해 고찰하기 위해 우선 이시바시 가쓰히코(당시 고베대학 도시안전센터 교수)가 1997년에 잡지 『과학』에 발표한 논문 「원전 지진재해 — 파멸을 피하기 위해」[2]를 다루어보자. 이시바시 가쓰히코는 지진학자이자 1976년 이래로 도래하게 될 도카이 지진에 대비하자고 일관되게 경고를 발해왔다. 그리고 1997년의 논문 「원전 지진재해」는 대지진이 원전 사고의 방아쇠가 되어 지진재해와 원전 사고가 복합된 대재해를 불러일으킬 위험성을 지적하고, 그것을 '원전 지진재해原發震災'라고 이름 지었다. 이 논문은 주로 후쿠이현의 원전 밀집 지대와 시즈오카현의 하마오카 원전에서의 지진과 원전 사고의 복합 재해 가능성을 경고한 것이긴 했지만, 이번 후쿠시마 제1원전에서 일어난 사고와 그 영향을 거의 정확하게 예견하고 있었다. 그 내용을 상세히 살펴보자.

• •

2. 石橋克彦, 「원전 지진재해 — 파멸을 피하기 위해」, 『科學』 제57권 10호, 岩波書店, 1997년.

논문 「원전 지진재해」에서 이시바시는 규모 8등급의 대지진이 예측되는 도카이 지진의 상정 진원지 바로 위에 있는 하마오카 원전에 주의를 기울이고 있다. 우선 이시바시는 도카이 지진이 일어나면 하마오카 원전은 대규모의 지반 파괴와 쓰나미에 습격당할 수 있다고 경고한다.

지진 시에 하마오카는 1미터 정도 융기할 것으로 생각되지만, 그에 수반하여 지반이 기울어지고 변형되고 파괴되면 원전에 대해서는 치명적일 것이다. 쓰나미에 관해 중부전력은 최대의 수위 상승이 일어나더라도 부지의 지반 높이(해발 6미터 이상)는 넘어설 수 없다고 말하지만, 1605년의 도카이 · 난카이 거대 쓰나미 지진과 같은 단층 운동이 함께 발생하게 되면, 그것을 넘어서는 거대 쓰나미도 있을 수 있다.[3]

여기서 이시바시는 도카이 지진에 의한 지반 파괴가 원전에 대해 치명적이라고 지적한다. 원전이란 바로 배관의 집적체이고, 그 배관들이 지진에 의해 파괴되면, 1차 냉각재 상실 사고LOCA: Loss of coolant accident — 노심을 냉각시키기 위한 냉각수가 상실되는 사고— 와 같은 중대한 사태를 불러 일으킬 수도 있다. 요컨대 원자로가 정지하더라도 연료를 냉각시킬 수 없는 후쿠시마 제1원전 사고와 같은 사태가 생길 수 있다는 것이다. 후쿠시마 제1원전도 쓰나미 이전에 이미 지진에 의해 커다란 손상을 받았다는 견해가 있다. 예를 들어 전 원자로 제조 기술자인 다나카 미쓰히코田中三彦는 후쿠시마 제1원전 1호기가 쓰나미 이전에 이미 지진에 의해 1차 냉각재 상실 사고를 일으켰다는 견해를 제시하고 있다.[4] 이시바시는 또한 중부전력의 쓰나미 상정에 대해서도 그것이 지나치게 낮을 가능성을 지적한다.

• •

3. 같은 책, 723쪽.
4. 田中三彦, 「원전에서 무슨 일이 일어났던가」, 石橋克彦 편, 『원전을 끝낸다』, 岩波新書, 2011년.

이로부터 이시바시는 도카이 지진과 같은 대지진이 원전에 미치는 영향으로서 원전에서 많이 발생하는 고장이 동시에 일어날 가능성을 지적한다.

> 원전에 있어 대지진이 두려운 것은 강렬한 지진동에 의한 개별적인 손상도 물론이거니와, 평상시의 사고와 달리 수많은 고장의 몇 가지가 동시에 일어나는 것 때문이다. 특히 어떤 사고와 그 백업기능 사고의 동시 발생, 예를 들어 외부전원이 끊기고 디젤발전기가 작동하지 않으며 배터리도 기능하지 않는 것과 같은 사태가 일어날 수도 있다. 따라서 상정하지 않았던 대처를 해야 하지만, 운전원도 대지진으로 신체적 · 정신적 영향을 받고 있을 것이기 때문에 대처할 수 없을 것이며, 그래서 큰 사고로 발전할 수도 있다. 이 점은 최악의 지진이 아니더라도 들어맞는 일이다.[5]

대지진에 의해, 나아가서는 대지진과 대 쓰나미에 의해 원전은 수많은 고장이 한꺼번에 일어나는 것과 같은 커다란 손상을 입을 가능성이 있다. 특히 '어떤 사고와 그 백업기능 사고의 동시 발생, 예를 들어 외부전원이 끊기고 디젤발전기가 작동하지 않으며 배터리도 기능하지 않는 것과 같은 사태'(이것은 2011년 3월 11일에 후쿠시마 제1원전에서 일어난 사태 그 자체다)가 일어나면, 원전을 큰 사고로부터 지킨다고 하는 '다중방호' 기능이 모두 상실되어 버린다. 그때 원전이 일거에 중대사고 방향으로 돌진해가는 것은 우리가 2011년 3월에 경험한 것 바로 그것이다. 또한 대지진과 그 여진 하에서 원전의 운전원들이 이러한 복합적인 장해에 대처할 수 없는 채 그저 사고를 확대하는 데 내맡겨져 버린다는 것도 우리가 2011년 3월에 명백히 알게 된 점이다. 후쿠시마 제1원전 사고에서는

• •

5. 「원전 지진재해 — 파멸을 피하기 위해」, 『科學』 제57권 10호, 723쪽.

외부전원과 백업전원의 상실로 인해 비상용 냉각장치ECCS도 기능하지 않게 되어 노심이 냉각 불가능해졌을 뿐만 아니라 원자로의 압력을 내리는 배기조차 불가능한 상태에 빠졌다(배기 밸브를 열기 위해서는 전원이 필요하고, 수동으로 배기 밸브를 여는 작업은 작업원 가운데 누구도 경험한 적이 없는 것이었기 때문에 극도로 어려웠다).[6] 원전에서 이러한 복합적인 고장이 일어나는 가운데 원자로 중대사고를 경험한 적이 없는 작업원들이 적절한 대응을 취하지 못한 채 사고의 확대를 멈추지 못했던 것은 오히려 당연하다고까지 말할 수 있다.

나아가 이시바시는 냉각수 상실과 노심 용융, 나아가서는 복수의 원자로에서 연쇄적인 사고 가능성을 지적한다.

원자로가 자동 정지한다고 하지만, 제어봉을 아래로부터 밀어 넣는 BWR[비등수형 원자로]에서는 대지진 시에 삽입할 수 없을지도 모르며, 만약 증기압이 올라가 냉각수의 기포가 없어진다든지 하면 핵 폭주가 일어난다. 거기서는 벗어난다고 하더라도 냉각수가 상실될 많은 가능성이 있으며(사고 실적은 많다), 노심 용융이 생길 수도 있다. 그렇게 되면 더 나아가 수증기 폭발이나 수소 폭발이 일어나 격납용기나 원자로 건물이 파괴된다. 20년 전후가 지나 노후화한 1, 2호기가 가장 걱정이지만, 4기 모두가 동시에 사고를 일으키는 일도 있을 수 있으며, 어떤 것이든 1기의 대폭발이 다른 원자로의 큰 사고를 유발하는 일도 생각될 수 있다. 그 결과 방대한 방사능이 외부로 분출된다. 더 나아가 폭발

---

6. 예를 들어 다음을 참조. 東京電力福島原子力發電所事故調査委員会, 『國會事故調査報告書(국회 사고조사 보고서)』, 2012년, 259쪽. 다음에서 열람할 수 있다. http://naiic.tempdomainname.com/pdf/naiic_honpen.pdf 덧붙이자면, 이 사실을 최초로 밝혀낸 것은 〈뉴욕타임즈〉의 다음의 기사다. Hiroko Tabuchi, Keith Bradsher, Matthew L. Wald, "In Japan Reactor Failings, Danger Signs for the U.S.", *New York Times*, May 17, 2011.

사고가 사용 후 연료 저장조에 파급되면 지르코늄 화재 등을 통해 방출 방사능이 한층 더 막대해진다는 추측도 있다.[7]

일본의 많은 원전에서는 하나의 발전소 내에 복수의 원자로가 가동되고 있다. 이것은 반대 운동의 격화에 따라 새로운 원전 입지를 찾기가 어려워진 1970년대 이후 전력회사가 하나의 발전소 내에 여러 기의 새로운 원자로를 증설해온 결과다. 하나의 원자로에서 노심 용융이 일어나 대량의 방사능이 외부로 방출되면 부근의 방사선량이 상승하기 때문에 인접한 원자로, 인근의 원전(후쿠시마 제1원전, 제2원전의 경우뿐만 아니라 몬쥬를 포함하여 14기의 원자로가 집중된 후쿠이현 와카사만의 경우를 상기해보라)[8]에서의 사고 대책도 어려워진다. 그러한 사태가 복수의 원자로에서 연쇄적인 사고를 일으키는 것이다. 또한 이시바시는 원자로에 인접한 사용 후 연료 저장조에 다량의 연료가 보관되어 있는 것이 불러일으키는 위험성(후쿠시마 제1원전의 경우라면 4호기 핵연료 저장조가 그에 해당한다)도 정확히 지적하고 있다.

이시바시는 이러한 대지진재해와 원전 사고의 복합 재해, 즉 '원전

● ●

7. 「원전 지진재해 — 파멸을 피하기 위해」, 『科學』 제57권 10호, 723쪽.
8. 후쿠시마 제1원전 사고 후의 원전 재가동에 즈음하여 원자력규제위원회는 이러한 복합 재해를 여전히 전혀 고려하고 있지 않다. 다음을 참조. 「高浜3·4号機 意見公募 答えず「適合」(다카하마 3·4호기 의견 공모 대답 없이 '적합')」, 〈東京新聞〉, 2015년 2월 13일. '다카하마 원전이 입지한 와카사만 주변에는 간사이전력 오오이, 미하마, 일본원자력발전 쓰루가의 세 원전, 고속증식 원형로 "몬쥬"도 아울러서 총 14기가 나란히 서 있다. 동시다발적으로 사고가 일어나 사고를 수습할 요원이 부족하다든지 다른 원전으로부터 고농도의 방사성 물질이 날아와 다카하마에서의 작업이 가능하지 않게 된다든지 할 우려의 목소리도 밀려들었다. / 규제위원회는 각 원전에서 충분한 요원과 재료를 준비하고 있으며, "각각의 로에서 독립적으로 사고에 대응할 수 있다"라고 회답. 제기된 의문에는 직접 답하지 않았다. / 기자회견에서 집중 입지 문제를 질문받은 다나카 슌이치(田中俊一) 위원장은 "동시다발적으로 일어나더라도 각각의 곳에서 충분히 대책이 마련될 수 있다"라고 대답했다.'

지진재해'가 초래하는 심각한 피해 가능성을 세오 다케시(전 교토대학 원자로실험소 조교, 이른바 '구마토리 6인조'의 한 사람)의 저작[p]에 의거하여 다음과 같이 지적한다.

> 세오에 따르면 출력 110만 킬로와트의 하마오카 3호로가 사고를 일으킬 경우, 바람이 불어 가는 쪽 17킬로미터 이내에서 90% 이상의 사람이 급성 사망하고, 남서풍이라면 수도권을 중심으로 434만 명의 사람들이 만발성 장애(암)로 죽는다고 한다[주: 노심이 용융하여 격납용기의 바닥으로 낙하하고 수증기 폭발이 일어나 격납용기가 파괴된 경우. 기상 조건은 풍속 2미터, 대기안정도 D형에서 방사능 구름은 바람이 불어가는 쪽으로 향해 15도 각도로 퍼진다고 상정. 다만 이런 종류의 평가에는 커다란 폭이 놓여 있으며, 이것은 최대급의 견적일 수 있을 것이다]. 또한 체르노빌 사고 때 백러시아공화국의 피난 기준에 따르면, 이바라키현이나 효고현까지가 (바람이 불어가는 쪽의 경우) 장기간 거주 불가능해진다.[10]

세오에 의거하여 이시바시가 제시하는 사고 영향평가는 바람이 불어가는 쪽 17킬로미터 이내에서 90%의 사람이 급성 사망하고, 수도권을 중심으로 434만 명의 암으로 죽으며, 이바라키현으로부터 효고현까지가 장기 거주 불가능하게 되는 것 등, 바로 대재앙적인 것인바, 이러한 두렵지 않을 수 없는 규모의 '사고'를 우리는 좀처럼 상상할 수 없다(이것은 귄터 안더스가 말하는 '상상력의 한계' 문제와 관계된다. 이에 대해서는 뒤에서 상세히 논의한다). 놀랍지 않을 수 없는 것으로 2011년 3월 25일, 당시의 수상, 간 나오토菅直人의 요청에 의해 원자력위원회 위원장 곤도

· ·
9.   瀬尾健, 『원전 사고…… 그때, 당신은!』, 風媒社, 1995년.
10. 「원전 지진재해 — 파멸을 피하기 위해」, 『科學』 제57권 10호, 723쪽.

슌스케^{近藤駿介}가 작성한 사고의 최악 시나리오는 1호기로부터 3호기까지의 수소 폭발과 1호기로부터 4호기까지의 사용 후 연료 저장조로부터의 방사성 물질의 방출로 반경 170킬로미터 이상의 범위에서 주민의 강제 이전, 반경 250킬로미터 이상의 범위에서 희망자의 이전 용인 등, 수도권을 포함한 광대한 범위에서 주민 피난이 필요해질 가능성을 시사하고 있었다.[11] 요컨대 이와 같은 상황은 결코 허황한 일이 아니라 오히려 2011년 3월 당시 있을 수 있었던 상황이며, 앞으로도 있을 수 있는 상황이다.

이로부터 이시바시는 지진재해와 원전 사고의 복합적 재해를 '원전 지진재해'라 이름 짓고, 그 특이한 상황을 다음과 같이 예상했다.

> 도카이 지진에 의한 "통상 지진재해"는 시즈오카현을 중심으로 한신 대지진보다 한층 더 큰 거대 재해가 될 것으로 예상되지만, 원전 재해가 함께 발생하면 재해를 당한 지역의 구조·복구는 불가능해진다. 한편의 지진재해 시에는 원전의 사고 처리나 주민의 방사능으로부터의 피난도 평시와 비교해 극도로 어려울 것이다. 요컨대 대지진에 의해 통상 지진재해와 원전 재해가 복합된 "원전 지진재해"가 발생하고, 더욱이 지진동을 느끼지 못한 먼 곳까지 몇 세대에 걸쳐 심각한 피해를 미치는 것이다. 엄청나게 많은 사람이 두 번 다시 자기 집으로 돌아오지 못하고, 국토의 한쪽 구석에서 암과 유전성 장애에 무서워 떨면서 어찌어찌 살아간다는 미래 그림도 결코 과장이 아니다.[12]

지진재해에 의한 피해에 원전 사고가 겹치면 재해 피해 지역은 원전으로

• •

11. 近藤駿介, 「福島第一原子力發電所の不測事態シナリオの素描(후쿠시마 제1원자력발전소의 예측 불능 사태 시나리오 소묘)」, 2013년 3월 25일. 내각부로부터 정보 공개가 인가된 문서가 다음에 공개되어 있다. http://www.asahi-net.or.jp/~pn8r-fjsk/saiakusinario.pdf

12. 「원전 지진재해 — 파멸을 피하기 위해」, 『科學』 제57권 10호, 723쪽.

부터 흘러나온 방사성 물질로 인해 방사선량이 높아지며, 피해자의 구조나 피해의 복구가 불가능해진다. 이것은 바로 2011년 3월의 후쿠시마에서 일어난 사태(원전 사고에 의한 방사선량 상승으로 인해 쓰나미와 지진에 의한 피해자를 수색, 구조할 수 없었다)이며, 현재도 계속되고 있는 사태다. 또한 원전 사고에 의해 방출된 방사성 물질 때문에 암과 같은 만발성 장애가 많이 발생할 가능성이 있을 뿐만 아니라 방사선량이 높은 지역은 장기간에 걸쳐 사람이 살 수 없게 된다는 점도 동일하다. 이처럼 이시바시가 '원전 지진재해'라고 이름 짓고 예고한 상황은 다름 아닌 2011년 3월 이후 바로 우리가 놓인 상황이다. '원전 지진재해'의 가능성을 적절하게 예측한 이시바시는 '재해방지 대책으로 원전 지진재해를 없앨 수 없는 것은 분명하므로 근본적으로는 원자력에서 벗어나기 위해 노력해야 한다'[13]고 말하며 이 논문을 매듭짓고 있다. 이와 같은 결론은 앞에서 제시된 '원전 지진재해'의 가혹함을 생각하면 완전히 타당한 것으로 보인다.

그러면 '원전 지진재해' 가능성을 적절하게 예측한 이시바시의 논문에 대한 원자력 관계자의 반응은 어떠한 것이었을까? 아래에서 이시바시 논문에 대한 원자력 관계자의 코멘트를 살펴보자(이시바시 논문과 관련하여 도카이 지진에 수반되는 '원전 지진재해' 가능성을 검토한 시즈오카현 의회 자료에 따른다).[14]

우선 마다라메 하루키班目春樹(전 도쿄대학 대학원 공학계연구과 교수,

• •

13. 같은 곳.
14. 다음 발표 자료의 요약에 의거한다. 石橋克彦, 「「福島原発震災」の彼方に('후쿠시마 원전 지진재해'의 저편에)」, 긴급 원내 집회 「후쿠시마 원전 지진재해' 후의 일본 원자력 정책을 생각한다」, 참의원 의원회관, 2011년 4월 26일. http://historical.seismology.jp/ishibashi/opinion/110426kinkyu_innai.pdf 전문은 다음에 게재되어 있다. 「[시즈오카현 의회 자료에서] 이시바시 논문과 관련하여 시즈오카현으로부터 과학기술청/통상산업성으로의 조회에 대한 회답 및 시즈오카현 원자력 대책 고문의 견해」, 『科學』 제81권 7호, 岩波書店, 2011년. 글 전체에서도 마찬가지로 국가와 네 사람의 고문에 의한 이시바시 논문에 대한 부인이 길게 이어지고 있다.

전공은 원자력공학, 사고 당시 원자력안전위원장)의 견해는 다음과 같은 것이다.

(1) ['외부전원이 끊기고 디젤발전기가 작동하지 않으며 배터리도 기능하지 않게 되는' 가능성에 대해]
   원자력발전소는 이중 삼중의 안전대책이 이루어져 있으며, 안전한 동시에 문제없이 정지될 수 있도록 설계되어 있다.
(2) ['폭발 사고가 사용 후 연료 저장조에 파급되면 지르코늄 화재 등을 통해 방출 방사능이 한층 더 막대해진다'는 가능성에 대해]
   ① 왜 이와 같은 일이 일어날 수 있는 것인지 그 논거가 분명하지 않다.
   ② 지적하고 있는 것과 같은 사태는 원자력 공학적으로는 일어날 수 없다고 생각한다.
(3) 쓰나미는 썰물 쓰나미가 문제라고 생각하지만, 충분한 대책을 세우고 있다고 생각한다.
(4) 이시바시 씨는 도카이 지진에 대해서는 저명한 분이겠지만, 원자력학회, 특히 원자력공학 분야에서는 들은 바가 없는 사람이다.

첫 번째 점부터 살펴보자. 이시바시 논문이 지적하는 '외부전원이 끊기고 디젤발전기가 작동하지 않으며 배터리도 기능하지 않게 되는' 가능성은 대지진(쓰나미를 포함한다)에 의해 수많은 고장이 동시다발적으로 연쇄하고, 그로 인해 '다중방호'라는 원전의 설계 사상 그 자체가 무효가 되는 위험을 지적한 것이지만, 마다라메는 '다중방호'라는 '안전' 이데올로기를 반복하고, 이와 같은 가능성을 부인하고 있다.

두 번째 점의 이시바시 논문이 지적하는 '폭발 사고가 사용 후 연료 저장조에 파급되면 지르코늄 화재 등을 통해 방출 방사능이 한층 더 막대해진다'라는 가능성과 관련하여 이야기하자면, 그것은 바로 후쿠시마 제1원전 사고 직후에 4호기 연료 저장조에 대해서도 가장 걱정한 가능성(그 걱정에 기초하여 미국 정부는 2011년 3월 16일자로 일본 주재 자국민에 대해 발전소로부터 반경 80킬로미터 뒤로 물러나 위험을 피할 것을 권고했다)이지만, 여기서도 마다라메는 '논거가 분명하지 않다', '원자력 공학적으로는 일어날 수 없다'라고 (그 자신이야말로) 논거를 제시하지 않는 부인을 반복할 뿐이다.

세 번째 점의 쓰나미 대책과 관련해서는, 바로 후쿠시마 제1원전이 충분히 그 대책을 마련하지 못했고 그리하여 발전소에 치명상을 주었던 요인인바, 후쿠시마 제1원전 사고 후에 다른 많은 원전에서도 마찬가지로 불충분한 대책밖에 취해지고 있지 못했다는 것이 밝혀진 점이지만, 여기서도 마다라메는 그저 그 사실을 부인할 뿐이다.

네 번째 점은 이시바시를 '원자력학회, 특히 원자력공학 분야에서는 들은 바가 없는 사람'이라고 형용하여 '전문가'(즉, 원자력 추진 측의 학자) 입장에서 이시바시에게 '비전문가'라는 딱지를 붙이고, 이시바시 논문의 가치를 깎아내리고자 한다.

다음으로 고사코 도시소우小佐古敏莊(도쿄대학 대학원 공학계연구과 교수, 전공은 원자력공학, 사고 직후부터 내각 참여)의 반응을 살펴보고자 하지만, 이것도 '전문가' 입장에서 이시바시 논문의 가치를 부인한다는 점에서 마찬가지 반응을 보여준다.

  (1) [핵 폭주와 노심 용융이라는 원자로 중대사고가 발생하면, 노심
    에서 대규모의 수증기 폭발이나 수소 폭발 또는 핵적 폭발을
    낳고, 방호를 파괴하여 대량의 방사능을 외계로 흩뿌릴 위험성이
    현저하게 높아지는 것에 대해]
   ① 스리마일섬과 체르노빌 원자력발전소의 사고는 거의 같은
    규모의 사고로 생각되지만, 체르노빌 원자력발전소는 원자로
    격납용기를 설치하는 등의 방호대책이 이루어져 있지 않았기

때문에 다량의 방사능이 방출되었다.

② 일본 국내의 원자력발전소는 방호대책(격납용기 등)이 마련되어 있으므로 체르노빌 원자력발전소의 사고와 같이 다량의 방사능이 외부로 방출되는 일은 전혀 일어날 수 없다고 생각한다.

(2) 이시바시 논문은 그것이 쓰고 있는 것이 해당 본질을 꿰뚫는 것이라면 관련 학회에서 다루어졌겠지만, 보건물리학회, 방사선 영향학회, 원자력학회에서 다루어진 적이 없다.

(3) 학회지의 논문 게재는 통상 세 명 정도의 심사원에게 검증된 다음에 이루어지고 논문의 논거를 명확히 하면서 이루어지는 것이지만, 이와나미출판사의 『과학』은 자유롭게 의견을 말할 수 있는 이른바 잡지이며, 이와 같은 형태를 취하는 학회지는 없다.

(4) 논문 게재에 있어 학자는 전문적이지 않은 항목에 대해서는 신중해지는 것이 보통이다. 이시바시 논문은 분명히 자신의 전문 이외의 사항에 대해서도 근거 없이 언급하고 있다.

첫 번째 점부터 살펴보자. 우선 고사코는 스리마일섬 원전 사고와 체르노빌 원전 사고를 같은 규모의 사고라고 하고 있지만, 전자는 국제 원자력 사태 평가 척도로 레벨 5, 후자는 레벨 7로 규모가 전혀 다르다는 점과 또한 전자가 노심의 45% 용융, 후자가 노심 용융에 수반되는 원자로의 폭발로 사고의 진행 상황이 전혀 다르다는 점을 무시하고서 체르노빌 원전 사고의 규모를 과소평가하고 있다. 고사코는 스리마일섬 사고와 체르노빌 사고의 차이를 후자에서는 '원자로 격납용기가 설치되어 있지 않았다'라는 점으로만 축소하고, 일본의 원전에는 격납용기가 설치되어 있으므로 방호대책이 이루어져 있다고 강변하여 이시바시 논문이 제창한 '원전 지진재해' 가능성을 부인하고 있다. 그러나 실제로 후쿠시마 제1원전 사고에서는 격납용기에 의한 방사성 물질 밀폐 기능은 파탄되고, 대량의 방사성 물질이 외부로 방출되었다.[15]

두 번째 점, 세 번째 점, 네 번째 점은 모두 다 마다라메의 네 번째 점의 반응과 동일한 유형의 논리로서 '전문가' 입장에서 이시바시에게 '비전문가'라는 딱지를 붙이고, 이시바시 논문은 '전문 이외의 사항에 대해 근거 없이 언급하는' 논문이라고 하여 그 가치를 깎아내리고자 하는 것이다.

동일본 대지진재해와 후쿠시마 제1원전 사고라는 복합 재해, 즉 '원전 지진재해'가 실제로 일어났다는 사실에 비추어보면, 이시바시 논문은 후쿠시마에서 일어나는 일을 1997년의 시점에서 상당히 정확하게 예측했다. 그에 반해 마다라메, 고사코와 같은 '전문가'의 이시바시 논문에 대한 반응은 '안전' 이데올로기(이른바 '안전 신화') 내부로부터 '원전 지진재해'와 같은 복합 재해의 가능성을 완전히 부인하는 것이었다.

구조주의적 마르크스주의 철학자, 루이 알튀세르는 논문 「이데올로기와 이데올로기적 국가장치」에서 이데올로기의 구조를 정신분석적인 의미에서의 '재인/부인'이라는 관점에서 정의했다. 알튀세르에 따르면, 이데올로기란 국가와 자본의 논리 내부에 놓여 있는 것만을 재인하고, 그 논리에 반하는 다른 논리 모두를 부인하는 구조를 지닌다.[16] 알튀세르의 이데올로기 이론에 따르자면, 이시바시 논문에 대한 '전문가'들의 반응은 그들이 국가와 자본에 다가붙는 방식으로 지지하는 '안전' 이데올로기를 재인하고, 그것에 반하는 '원전 지진재해'의 가능성을 (단지 '안전' 이데올로기를 반복함으로써) 부인한다는

• •

15. 특히 후쿠시마 제1원전 2호기에서는 배기 이전에 격납용기의 압력이 0으로 되었다는 것이 보고되었으며, 격납용기는 분명히 파손되었다. 다음을 참조. 『국회 사고조사 보고서』, 174~178쪽.

16. Louis Althusser, "Idéologie et appareils idéologiques d'État", in *Sur la reproduction*, deuxième édition augmentée, PUF, 2011. 일역, 「이데올로기와 국가의 이데올로기 장치들」, 『재생산에 대하여』 하권, 西川長夫 외 옮김, 平凡社ライブラリー, 2010년.

의미에서 바로 이데올로기적인 것이다. 그들 '전문가', 즉 원자력 추진파 학자들에게 있어 이시바시 논문이 제창하는 것과 같은 '원전 지진재해' 가능성을 긍정하는 것은 절대로 불가능했다. 왜냐하면 이시바시 논문은 대지진에 대한 기존 원전의 취약성과 '원전 지진재해'의 가능성을 지적할 뿐만 아니라 지진의 나라 일본에서는 '재해방지 대책으로 원전 지진재해를 없앨 수 없는 것은 분명하기에 근본적으로는 원자력에서 벗어나기 위해 노력해야 한다'라고 지적하고 있는 까닭에, 그들 '전문가'들의 '원자력 추진'이라는 기본 입장에 정반대로 대립하기 때문이다. 따라서 그들은 '안전' 이데올로기를 반복하는 행위를 통해 이시바시 논문의 가치를 부인할 수밖에 없었다. 그렇게 하지 않으면 원전을 계속해서 추진하는 것은 불가능해져 버리기 때문이다.

1-2. 쓰나미에 의한 피해는 '상정 범위 밖'의 것이 아니다

그렇다면 다음의 논점으로서 발전소의 운전 주체인 도쿄전력은 이러한 '원전 지진재해' 가능성을 알지 못했던 것일까, 그것은 정말로 '상정 범위 밖'의 것이었을까 하는 점을 검토해보자. 왜냐하면 이 점은 도쿄전력과 같은 사기업이 원자로 중대사고 대책에 관해 어떠한 '재인/부인'의 논리에 기초하여 행위하고 있는가의 문제와 관계되기 때문이다.

마찬가지로 지진학이 전공인 시마자키 구니히코(전 도쿄대학 지진연구소 교수)의 논문 「예측되었음에도 불구하고 피해 상정을 벗어난 거대 쓰나미」,[17]를 참조해보자. 시마자키는 정부의 지진조사위원회 위원으로서 2002년 7월에 공표된 「산리쿠오키로부터 보소오키에 걸친 지진 활동의 장기 평가에 대하여」,[18]의 작성에 관여했다. 이 장기 평가는 산리쿠오키로부

· · ·

17. 島崎邦彦, 「予測されたにもかかわらず, 被害想定から外された巨大津波」, 『科學』 제81권 10호, 岩波書店, 2011년.

18. 地震調査委員會, 「三陸沖から房總沖にかけての地震活動の長期評價について」, 2002년. 다음에서 열람할 수 있다. http://www.jishin.go.jp/main/chousa/kaikou_pdf/sanriku_

터 보소오키 지역에서 30년 사이에 20%의 확률로 쓰나미 규모 8.2 전후의 지진 쓰나미가 온다고 예측하는 것이었다.

2006년 9월에 원자로 시설의 내진 설계 심사 지침이 개정되고 쓰나미에 대한 안전성 확보가 명기된 것을 이어받아 도쿄전력은 2008년 3월, 이 장기 평가에 기초한 시험 계산을 했다. 그 계산에 따르면, 후쿠시마 제1원전에 밀어닥치는 쓰나미의 높이는 15.7미터였다. 이것은 2011년 3월 11일에 후쿠시마 제1원전을 실제로 습격한 쓰나미와 거의 같은 높이다. 2008년 6월에는 도쿄전력 경영진도 이 계산 결과를 파악하고 있었다.[19] 그때까지 상정되고 있던 쓰나미의 높이는 5.7미터다. 덧붙이자면, 도쿄전력은 이미 2006년에 10미터가 넘는 높이의 쓰나미가 오면 비상용 디젤 발전, 외부전원 모두가 사용될 수 없게 되고, 노심 냉각 기능이 상실된다는 것을 시뮬레이션을 통해 예측했다.[20]

그러나 도쿄전력은 이 계산 결과를 '무리한 가정에 의한 시험 계산'이며, '새로운 대책이 필요할 정도로 시험 계산의 신뢰성은 없다'라고 하여 시험 계산된 높이의 쓰나미에 대해 아무런 대책도 마련하지 않았다[21](덧붙이자면, 그와 같은 판단을 한 책임자 가운데 한 사람이 당시 쓰나미 상정을 담당하고 있던 요시다 마사오吉田昌郞 원자력 관리부장이다. 후쿠시마 제1원전 사고의 주요인이 되는 쓰나미에 대한 무대책을 방치한 요시다는 얄궂게도 그 후 후쿠시마 제1원전에 소장으로서 부임하며, 사고 때의 현장 책임자가 된다).[22] 시마자키는 이것을 '각각의 해역에서 과거에 발생한 가장

••

boso.pdf
19. 添田孝史,『原發と大津波 — 警告を葬った人々(원전과 대 쓰나미 — 경고를 묻어버린 사람들)』, 岩波新書, 2014년, 100쪽.
20. 같은 책, 95쪽.
21. 「10メートル超え大津波 08年に試算(10미터 넘는 대 쓰나미. 08년에 시험 계산)」,『東京新聞』, 2011년 8월 25일.
22.『원전과 대 쓰나미 — 경고를 묻어버린 사람들』, 100쪽.

커다란 쓰나미를 상정한다'라는 종래의 방침 탓이라고 생각한다. 예를 들어 토목학회가 2002년에 공표한 원전 설계를 위한 쓰나미 평가는[23] 그와 같은 방침을 채택했다. 그 방침에 따르면 산리쿠오키로부터 보소오키에 걸쳐 존재하는 일본 해구에 대해서는 해구의 북부에서 발생한 1611년(게이초 산리쿠 지진)과 1896년(메이지 산리쿠 지진)의 쓰나미 지진, 해구의 남부에서 발생한 1677년(엔포 보소오키 지진)의 쓰나미 지진을 고려해야 하지만, 쓰나미 지진 발생이 알려지지 않은 후쿠시마현 앞바다, 이바라키현 앞바다에서는 쓰나미 발생을 고려하지 않아도 좋다는 것이 된다.

그러나 2002년의 정부의 장기 평가는 일본 해구에서 발생하는 쓰나미 지진은 태평양판의 하강으로 발생하기 때문에, 일본 해구의 어디에서도 발생할 수 있다고 생각하고 있었다. 시마자키는 도쿄전력이 이러한 장기 평가에 따라 쓰나미 대책을 취했더라면, 사고는 방지될 수 있었을 것이라고 말한다.

도쿄전력은 2008년의 시점에서 후쿠시마 제1원전을 습격하는 쓰나미의 높이가 15.7미터라고 예측했지만, 단지 그 대책 공사에 들어가는 비용을 시험 계산했을 뿐, 실제로 쓰나미 대책을 마련하지 않았다(쓰나미 내습 시에 원자로의 냉각 기능을 유지하기 위한 건물의 침수 방지 공사에는 원자로 1기에 대해 20억 엔, 방조제의 건설은 80억 엔이 들어간다고 계산되어 있었다).[24] 요컨대 전력회사는 사고 대책 비용을 삭감하여 단기적 이익을 증대시킨다는 경제적 이유에서 실제로는 그와 같은 높은 쓰나미는 오지 않을

- -

23. 原子力土木委員會津波評價部會, 『原子力發展所の津波評價技術(원자력발전소의 쓰나미 평가 기술)』, 2002년. 다음에서 열람 가능하다. http://committees.jsce.or.jp/ceofnp/system/files/TA-MENU-J-00.pdf http://committees.jsce.or.jp/ceofnp/system/files/TA-MENU-J-01.pdf http://committees.jsce.or.jp/ceofnp/system/files/TA-MENU-J-02.pdf

24. 「東電, 06年にも大津波想定 福島第一對策の機会逃す(도쿄전력, 06년에도 대 쓰나미 상정. 후쿠시마 제1원전 대책 마련 기회를 놓치다)」, 〈朝日新聞〉, 2012년 6월 13일.

것이라는 예측만을 재인하고, 스스로의 이익에 대해 불리한 15.7미터의 쓰나미 예측을 부인한 것이다. 이처럼 안전성에 비해 경제성을 우선시하는 사기업의 논리는 바로 우리가 앞에서 이야기했던 것과 같은 이데올로기적 재인/부인 메커니즘에 의해 강화되었다.

2. 이카타 원전 소송과 '상상력의 한계'

다음으로 우리는 이카타 원전 소송 제1심에서의 원고 주민 측과 피고 국가 측의 공방을 통해 이러한 이데올로기적 부인과 '상상력의 한계' 문제에 대해 다루고자 한다.

이카타 원전은 시코쿠 최서단의 사타곶 반도의 좁은 해협 내해에 면한 위치에 있다. 현재 3기의 원자로가 설치되어 있으며, 그 가운데 1호기는 1973년에 착공, 1977년에 운전을 개시했다. 이카타 원전 소송 제1심이란 이 발전소 건설의 설계 허가 취소를 청구한 행정소송으로, 1973년 8월에 제소되어 1977년 11월의 결심까지 4년 남짓에 걸쳐 다투어졌다. 원고 측은 원전에 비판적인 과학자들로 이루어진 '원자력기술연구회'와 협력하여 12명의 과학자를 증인으로서 출정시켜 이카타 원전 또는 원전 그 자체의 기술적 위험성을 증명하고자 했다. 원고 측 과학자들의 증언 내용은 원전의 위험성에 대해 거의 망라하는 전망을 제시하고 있으며, 그 논점은 증언 순으로 하여 다음과 같다.

(1) 후지모토 요이치藤本陽一(와세다대학 이공학부). 원자력발전소의 위험성과 발생하는 큰 사고
(2) 시바타 도시노부柴田俊忍(교토대학 공학부). 원자로 압력용기의 결함
(3) 에비사와 도오루海老澤徹(교토대학 원자로실험소). 긴급 노심냉각

장치(ECCS)는 유효하게 작동하지 않는다

(4) 가와노 다신지川野眞治(교토대학 원자로실험소). 증기발생기 세관
　　사고의 중대성

(5) 사토 스스무佐藤進(교토대학 공학부). 증기발생기 세관의 본질적
　　결함

(6) 이치가와 사다오市川定夫(사이타마대학 이학부). 평상시 피폭의
　　위험성, 특히 만발성 장애, 미량 방사선과의 관계

(7) 오기오 고야荻野晃也(교토대학 공학부). 지진과 지반에서 본 입지
　　선정의 잘못

(8) 쓰치다 다카시槌田劭(교토대학 공학부). 연료봉의 본질적 결함

(9) 구메 산시로久米三四郎(오사카대학 이학부). 원자력발전소의 본질
　　적 위험성

(10) 호시노 요시로星野芳郎(기술 평론가). 기술론적 · 경제적 관점에
　　　서 본 원자력발전의 문제점

(11) 오노 아쓰시大野淳(도쿄수산대학). 온배수에 의한 환경 파괴

(12) 오고세 스나오生越忠(와코대학). 지질, 지반의 열악성[25]

원자력기술연구회 회원의 다수는 원고 측 증인의 구성원과 일치한다.
증인 이외의 회원은 다음과 같다. 덧붙이자면, 원자력기술연구회의 회원에
는 교토대학 원자로실험소의 비판적 과학자 집단, 이른바 '구마토리 6인조'
가운데 아직 실험소에 입소해 있지 않았던 이마나카 데쓰지今中哲二 이외의
다섯 사람이 모여 있다.

이치가와 가쓰키市川克樹(교토대학 공학부), 기시 요스케岸洋介(에히메

• •

25. 細見周, 『熊取六人組 ― 反原發を貫く研究者たち(구마토리 6인조 ― 반원전을 관철하는
　　연구자들)』, 2013년, 岩波書店, 62쪽.

대학 공학부), 고이데 히로아키小出裕章(교토대학 원자로실험소), 고바야시 게이지小林圭二(교토대학 원자로실험소), 세오 다케시瀬尾健(교토대학 원자로실험소), 요시다 고지吉田紘二(교토대학 공학부)[26]

원고 측 증인은 당시 최신의 과학적 지식을 토대로 한 증언 내용에 의해 국가 측 증인(원자력 추진 측의 과학자, 기술자)의 증언 근거를 무너뜨리고 재판을 처음부터 끝까지 우위에서 전개했다. 그러나 기묘하게도 증인들의 증언이 거의 끝나가는 1977년 4월에 갑자기 재판장이 교체되고, 1978년 4월에 나온 판결에서는 원고가 패소했다. 판결 내용은 놀라울 정도로 국가 측의 원전 설치를 위한 논리를 그대로 모방한 것이었다. 이카타 원전 행정소송 변호인단과 원자력기술연구회가 편찬하고 판결 직후에 출판된『원자력과 안전성 논쟁 ― 이카타 원전 소송의 판결 비판』에 따르면, 판결은 '국가 측의 안전 철학' 그 자체를 그대로 베낀 것으로서 다음과 같이 요약할 수 있다.

(1) 이카타 원전은 전력 공급을 위해 불가결하며, 이를 위해서는 소소한 피해는 참고 견뎌야 한다. 구체적으로는 방사선 장애에 대해 '허용치'의 존재 여부는 불명확하지만, 급성 장애가 입증되어 있지 않은 선량의 몇십 분의 일 정도의 허용량[국가 측이 주장한 25렘, 즉 250밀리시버트 정도]는 위법이 아니다. 또한 원전의 안전 보호시설 모두에 대해 위험이 전혀 존재하지 않는다고 보이기에 이른 단계에서 비로소 원자로 건설을 인정하는 것은 바람직하지만, 법률적인 절차를 거친 행정 판단이 안전하다

26. 伊方原発行政訴訟辯護団・原子力技術研究会 編,『原子力と安全性論爭 ― 伊方原発訴訟の判決批判(원자력과 안전성 논쟁 ― 이카타 원전 소송의 판결 비판)』, 技術と人間, 1979년, 22쪽.

고 인정하면, 그 필요는 없다.

(2) 원전이 안전한지 아닌지를 판단하기 위해 법률적으로 명확한 기준은 필요하지 않으며, 행정이 조직한 다수의 고차적인 전문가들의 판단에 맡기면 된다.

(3) 안전 심사와 허가 절차에 관해 법령에 명문화되어 있지 않을 때는 자료를 공개한다든지 주민의 의문에 답한다든지 할 필요가 없다.[27]

요컨대 원전이 '전력 공급을 위해 불가결'한 이상, 원전이 사고 시뿐만 아니라 평상시의 피폭도 포함하여 주민에게 다양한 위험을 초래할 가능성이 있다 하더라도 행정과 그 '전문가'가 '안전'하다고 인정하는 한에서는 원전을 설치할 수 있으며, 안전 심사나 허가 절차도 공개적으로 행해질 필요가 없다는 것이다. 이 판결은 1970년대에 많은 공해 소송이 제기되고, 그 하나인 욧카이치 콤비나트의 대기오염에 대한 즈 지방재판소 욧카이치 지부의 1972년의 판결(일본 최초의 본격적인 대기오염 소송이며, 원고 주민 측이 전면 승소하여 그 후의 일본 환경정책 확충에 큰 영향을 주었다)이 다음과 같이 말하고 있는 것과 비교하면, 다른 모양의 판결이자 사법에서도 원자력 무라의 논리가 관철되고 있다는 것을 잘 알 수 있다. '적어도 인간의 생명, 신체에 위험이 있다는 것을 알 수 있는 오염 물질의 배출에 대해서는 기업은 경제성을 도외시하고 세계 최고의 기술, 지식을 동원하여 방지 설비를 구축해야 하며, 그와 같은 조치를 게을리하면 과실을 피할 수 없다.'[28]

●●

27 같은 책, 17쪽.

28. 같은 책, 181쪽. 덧붙이자면, 미나마타병에 관한 1973년의 구마모토 지방재판소에 의한 판결도 마찬가지 방향성을 제시하고 있다. '화학 공장이 배수를 공장 밖으로 방류하는 데서는 언제나 최고의 기술을 사용하여 배수 중에 위험 물질 혼입의 유무 및 동식물과 인체에 대한 영향 여하에 관해 조사연구를 다하고 그 안전성을 확인함과 동시에, 만에 하나 유해하다는 것이 밝혀지거나 또한 그 안전성에 의문이 생길

이것과는 반대로 원전에서는 안전성을 둘러싼 많은 사항이 '경제성'이나 '전력 공급의 필요'로 인해 잘라 내 처지고 있으며, 나아가서는 주위의 환경에 방사능 오염을 불러일으키더라도 원인 기업은 한 번도 사법적으로 처벌받은 일이 없다.

여기서 이카타 원전 소송에서 비판적 과학자들이 다룬 다수의 논점으로부터 두 가지 논점을 추출하여 논의해보자. 첫 번째 논점은 지진 상정의 과소평가 문제이며, 두 번째 논점은 사고 상정의 과소평가 문제다.

2-1. 지진 상정의 과소평가

첫 번째 점으로서 지진 상정의 과소평가 문제에 대해 생각해보자. 이카타 원전의 바로 근처를 중앙구조선이라는 세계 최대급의 활성단층이 통과하고 있다. 중앙구조선은 간토로부터 규슈로 서일본을 종단하는 단층계인데, 긴키 남부로부터 시코쿠에 이르는 부분은 활성단층으로 여겨지고 있으며, 주의가 필요하다고 여겨진다. 그럼에도 불구하고 이카타 원전 소송에서 밝혀진 것은 국가는 이 중앙구조선의 위험성을 안전 심사 시에 전혀 고려하지 않았다는 점이다. 『원자력과 안전성 논쟁』은 다음과 같이 말하고 있다.

> 놀랍게도 이 중앙구조선에 대해서는 안전 심사 보고서에서 한 마디도 언급되고 있지 않으며, 심사 자료에서도 이에 대해 심사한 것을 보여주는 기록은 존재하지 않았다. 소송이 진행되는 가운데서도 국가 측은

때는 곧바로 조업을 중지하는 등으로 하여 필요한 최대한의 방지조치를 강구하고, 특히 지역 주민의 생명·건강에 대한 위해를 미리 방지할 고도의 주의 의무를 지닌다고 말하지 않을 수 없다. …… 무릇 어떠한 공장이라 하더라도 그 생산 활동을 통해 환경을 오염·파괴해서는 안 되며, 더군다나 지역 주민의 생명과 건강을 침해하고 이것을 희생으로 바치는 것은 허락되지 않기 때문이다.'(다음의 인용에 따른다. 原田正純, 『水俣病は終わっていない(미나마타병은 끝나지 않았다)』, 岩波新書, 1985년, 19쪽)

중앙구조선이 활성단층이라고는 인정하면서도 시코쿠의 서부, 특히 이카타 발전소 부근의 해저에서는 활성단층이 아니라고 다양한 이유로 계속해서 이야기했다. …… [중앙구조선이 활성단층이라는 것을] 인정하는 것은 중앙구조선에 의한 거대한 지진을 상정해야만 하고, 따라서 안전 심사의 근거가 무너진다는 것을 두려워했다고밖에 생각할 수 없다.

부지 근처(주민 측의 주장에서는 1킬로미터, 국가 측의 주장에서도 5~8킬로미터)에서 규모 8.0을 넘는 거대한 지진이 발생하는 것이다. 이러한 장소에 원자력발전소의 설치를 인정한 국가 측의 생각은 '안전 중시보다 건설 우선' 이외의 아무것도 아니다.[29]

일본 최대의 활성단층 바로 부근의, 더욱이 규모 8.0을 넘는 거대 지진이 일어날 가능성이 있는 장소에 원전을 짓는다고 하는 광기에 물든 사태가 왜 안전 심사에서 전혀 문제가 되지 않은 채 그대로 용인되어 버린 것일까? 그것은 당시 일본의 주요한 지진학자들이 활성단층설을 부정하고 활성단층에 의한 지진 가능성을 과소평가하고 있었기 때문이다. 이카타 원전 소송에서 '지진과 지반에서 본 입지 선정의 잘못'에 대해 증언한 오기오 고야는 나중의 2008년에 교토대학 원자로실험소의 원자력 안전 문제 세미나에서 「이카타 원전 소송과 지진 문제」라는 발표를 하고, 소송에서 원고 측 주장의 노림수를 다음과 같이 정리하고 있다.

(1) 지진의 원인은 활성단층이다.

당시 일본의 지진학회는 '활성단층설'을 부정하고 있었다. 일부 젊은 연구자들은 '활성단층설'을 지지했지만, 거물 연구자들은 그렇게 하지 않고 국가와 전력회사에 유리하고 잘못된 방향으로 심사를 유도하고,

29. 『원자력과 안전성 논쟁 ─ 이카타 원전 소송의 판결 비판』, 27~28쪽.

국가와 일체가 되어 '지진력을 과소평가하는 것'에 협력하고 있었다. 구미에서는 '활성단층설'이 확립되고 있는 시기였지만, 지진의 나라 일본의 연구자들 다수는 '활성단층설'을 수용하려고 하지 않았다

(2) 이카타 원전 가까이에 있는 중앙구조선은 거대한 활성단층이다.

원고가 중시한 것은 세계 최대급의 활성단층인 '중앙구조선'의 존재였다. 안전 심사에서는 일본의 활성단층 연구의 제1인자인 마쓰다 도키히코松田時彦(당시 도쿄대학 조교수)가 '이 중앙구조선은 걱정할 필요가 없다'라고 보증해 주었다. 이와 같은 연구자는 권력에 영합한 연구자로밖에 생각할 수 없다.

(3) 지진은 과거에 기록이 없는 장소에서 일어난다.

활성단층설에 서게 되면, 오랜 지진 기록이 없는 지대는 '지진 공백 지역'에 해당하고 지진 에너지가 축적해 있는 위험한 장소다. 과거에 발생한 지진이 동일한 장소에서 동일한 규모로 다시 일어난다고 생각하면, 지진 공백 지대에 원전을 건설하는 쪽이 지진의 힘을 적게 평가할 수 있고, 그 정도만큼 건설비도 적게 들일 수 있다. 이러한 방법으로 지진력을 상정하는 안전 심사에서는 지진의 영향을 과소평가하는 것이 분명하다. '일본과 같은 지진 다발 지대에서는 지진 공백 지역이야말로 지금부터 지진이 일어날 가능성이 큰 지역이다'라고 원고는 주장했다. 그러나 일본에서는 그와 같은 '지진 공백 지역'에 원전이 나란히 세워지고 말았다.

(4) 활성단층은 200만 년간을 고려해야 하며, 지진 기록은 지나치게 짧다.

국가 측 주장은 '일본은 1,300년간이라는 세계에서도 드물 정도로 오랜 지진 기록이 있으며, 그 기록을 이용함으로써 과거의 지진력을 상정할 수 있다'라는 것이었다. 그에 대해 원고 측은 '이카타 주변의 기록은 적고, 겨우 몇백 년분밖에 없다', '활성단층은 제4기의 지질 구조를 의미하는 것이기 때문에, 200만 년간의 활동을 문제로 해야

한다'라고 주장했지만 받아들여지지 않았다. 그와 같이 주장한 것은 활동성이 없다고 생각되고 있던 단층이 활성단층이라는 사실이 많이 발견되었기 때문이다.

(5) 이카타 원전은 상정 최대 지진력 200갤로 설계되었지만, 그것은 지나치게 낮다.

이카타 원전 설계에서 국가와 시코쿠전력은 규모 7, 진원 깊이를 30킬로미터로 상정하여 지진의 최대 가속도를 165갤로 추정하고 200갤을 상정 최대 지진력으로 삼았다. 이것은 이카타 주변에서 발생하고 있는 규모 6 이상 지진의 진원 깊이를 모두 30킬로미터보다 깊다고 평가했기 때문이다. 그러나 이러한 평가는 진원이 30킬로미터 이내인 활성단층에 의한 내륙 지진을 상정하지 않고 있다. 지진의 진원 깊이를 깊게 함으로써 지진력을 적게 평가하고자 하는 것이 국가 측의 노림수였다. 그에 반해 원고는 내륙형 지진으로 진원 깊이가 10킬로미터 이내의 지진도 잦다는 것, 활성단층인 중앙구조선을 원인으로 하는 규모 8.2의 지진이 발생하면, 진앙 거리 5킬로미터에서 4,000갤을 넘을 가능성이 있다고 주장했다.[30]

이리하여 국가와 전력회사는 당시의 학회에서 활성단층설이 주류가 아니었던 까닭에 바로 가까이에 활성단층이 존재하는 것과 같은, 본래라면 원전을 건설할 수 없는 장소에도 원전을 건설하고, 나아가서는 과거의 지진 이력만을 참고로 하여 지진력을 과소평가하고, 건설비를 싸게 억눌러 왔다. 그 결과 지진에 대해 취약하고 위험한 원전이 일본 각지에 건설되어온 것이다. 덧붙이자면, 이렇듯 지진력을 과소평가하는 경향은 후쿠시마

• •
30. 荻野晃也, 「伊方原発訴訟と地震問題(이카타 원전 소송과 지진 문제)」, 原子力安全問題ゼミ, 京都大學原子爐實驗所, 2008년 7월 22일(우리의 요약). http://www.rri.kyoto-u.ac.jp/NSRG/seminar/No105/ogino.pdf

제1원전 사고 이후 원전 재가동을 위한 원자력규제위원회에 의한 심사에서도 전혀 변함이 없다. 원자력규제위원회는 이카타 원전의 지진 상정을 최대 650갤까지 끌어올렸지만,[31] 이것은 동일본 대지진재해 급의 거대 지진은 물론, 가시와자키카리와 원전에 화재를 일으킨 니가타현 주에쓰오키 지진(발전소의 지진계로 최대 2,058갤을 기록했다[32])에도 대응하지 않는 것이다.

이처럼 지진력이 과소평가되어 온 배경으로서 마찬가지로 지진학자인 스즈키 야스히로鈴木康弘는 다른 관점에서 흥미로운 지적을 하고 있다. 스즈키에 따르면, 원전 건설을 위한 활성단층 조사는 원전의 입지 장소를 결정하기 위한 입지 심사 단계에서는 행해지지 않으며, 입지 장소가 결정된 후에 시설의 상세한 배치와 강도를 결정하는 내진 심사 단계에서 비로소 행해진다. 이 시점에서는 입지 장소가 이미 결정되었기 때문에(많은 경우 입지 장소는 정치적 이유에서 결정된다) 활성단층 조사를 하더라도 입지 장소 선정에 조사 결과를 살릴 수 없을 뿐만 아니라, 활성단층이 있더라도 그것을 가능한 한 과소평가하여 활성단층이 아니라고 평가하려고 하는 것과 같은 메커니즘이 작용한다는 것이다. 나아가 조사는 전력회사가 하기 때문에 제삼자에 의한 검증이 행해지지 않으며, 또한 심사에서도 전력회사가 작성한 보고서를 원자력보안원이나 원자력안전위원회와 같은 심사기관이 점검할 뿐, 심사위원이 데이터를 검토하는 형태가 아니었다고 한다(따라서 보고서가 지진력을 과소평가하고 있다 하더라도 심사기관은 그것을 점검할 수 없다).[33] 이러한 점들로부터 우리는 왜 최근에 이르러 많은 원전의

• •

31. 「伊方の地震想定を了承 数値引き上げ, 主要項目クリア 規制委員会(이카타의 지진 상정을 승인, 수치 상향 조정, 주요 항목 클리어. 규제위원회)」, 〈朝日新聞〉, 2014년 12월 13일.
32. 「原発で最大搖れ2058ガル 柏崎刈羽3号機(원전에서 최대 흔들림 2058갤. 가시와자키카리와 3호기)」, 〈朝日新聞〉, 2007년 7월 31일.
33. 鈴木康弘, 『原発と活断層 ―「想定外」は許されない(원전과 활성단층 ― '상정 범위 밖'

바로 밑에 활성단층이 존재한다는 것이 지적되고, 더욱이 그것이 원전의 건설 후 긴 기간이 경과한 시점에서 문제가 되는 것인지 이해할 수 있다.[34] 이리하여 지진의 나라인 일본의 원전 건설에서 원전에 있어 치명상이 될 수도 있는 지진 상정이 지나치게 적게 평가되고, 지진에 수반되는 원전 사고 가능성은 정치적인 동시에 경제적인 이유에서 부인되어온 것이다.

2-2. 사고 상정의 과소평가

이카타 원전 소송에서는 국가와 전력회사가 지진력뿐만 아니라 일어날 수 있는 사고의 상정과 관련해서도 특이한 방법으로 대폭적인 과소평가를 했다는 것이 밝혀졌다. 『원자력과 안전성 논쟁 — 이카타 원전 소송의 판결 비판』은 그 점을 다음과 같이 분명히 하고 있다.

이카타 원전 속에 축적된 방사성 요오드의 양은 대체로 2,000만 퀴리라는 방대한 것이다. 미국 원자력위원회가 발표한 사고 분석 논문인 「라스무센 보고」에 따르면, LOCA[1차 냉각재 상실 사고]로 노심이 용융한 경우, 외부로 방출되는 요오드의 양은 전체의 수십%에 이르는 일도 있다고 한다. 그렇다면 이카타 원전의 경우에는 적어도 1,100만 퀴리를 넘는 요소가 환경으로 방출되게 된다.

그러나 일본 원자력위원회의 이카타 원전 안전 심사에서는 100만 퀴리 수준의 요오드가 환경 중으로 배출되는 재해를 전혀 예정하고 있지 않을 뿐만 아니라 더 나아가서는 100분의 1도 예정하고 있지 않다. 일본 원자력위원회가 LOCA에서 최악의 경우로 상정하고 있는

● ●

은 허용되지 않는다)』, 岩波書店, 2013년, 29~31쪽.

34. 원자력규제위원회는 후쿠시마 제1원전 사고 후의 조사에 의해 쓰루가 원전, 히가시도 리 원전, 시가 원전 부지 내에 활성단층이 존재한다고 평가했다. 그 이외에도 많은 원전의 바로 밑이나 주변에 활성단층이 존재할 가능성이 지적되고 있다. 예를 들어 다음을 참조. 같은 책, 제3장 「활성단층 과소평가의 실례」.

요오드의 외부 방출량은 거우 994퀴리에 지나지 않는다. 이것은 이카타 원전이 내장하고 있는 요오드의 실로 수만분의 1에 불과하며, 야기될 사태에 대한 놀라울 정도의 과소평가다. ……

과소평가의 원인은 일본 원자력위원회에서는 만약의 경우 최악의 사고로서 LOCA를 상정하면서도 노심이 녹는 일은 없는 것으로 하고 있기 때문이다. 따라서 노심이 녹지 않기 때문에 압력용기는 파손되지 않으며, 격납용기도 파손되지 않는 까닭에 LOCA 시의 최악의 상황에도 994퀴리의 요오드밖에 외부로 흘러나오지 않는다는 논법이다.[35]

1차 냉각재 상실 사고가 일어나면, 일반적으로는 노심이 용융하여 압력용기와 격납용기가 파괴되고, 원전에 축적된 방사성 물질의 상당량이 외부로 방출된다고 생각된다. 그럼에도 불구하고 이카타 원전의 안전 심사에서는 원전에 축적된 요오드의 1만분의 1 이하밖에 외부로 방출되지 않는다고 상정되고 있다. 이것은 예를 들어 체르노빌 원전 사고에서 노심 내 요오드의 50~60%가, 후쿠시마 제1원전 사고에서도 노심 내 요오드의 2.6% 정도가 방출되었다고 시험 계산되고 있는 것을 고려하면, 극단적인 과소평가라고 말하지 않을 수 없다. 그러면 왜 이와 같은 과소평가가 가능해진 것일까? 그것은 안전 심사에서 1차 냉각재 상실 사고와 같은 원자로 중대사고가 일어나더라도 노심은 용융되지 않으며, 따라서 압력용기와 격납용기 둘 다 건전성을 유지한다는 불가능한 가정이 이루어져 있기 때문이다.

안전 심사에서 사고 상정은 두 개의 기묘한 개념에 의거하여 이루어지고 있다. 즉, '중대사고'와 '가상사고'라는 두 가지 사고 개념이다. '중대사고'란 '기술적 견지에서 보아 최악의 상황에 일어날지도 모른다고 생각되는 중대한 사고'로 정의되며, 노심을 냉각하기 위한 1차 냉각계의 파이프 가운데 대구경의 파이프가 순간적으로 절단되어 1차 냉각재 상실 사고가

● ●
35. 『원자력과 안전성 논쟁』, 104~105쪽.

일어난다고 상정되고 있다. 그러나 긴급 노심 냉각 장치ECCS에 의해 노심이 효과적으로 냉각되기 때문에 노심에 있는 연료봉의 건전성은 크게 손상되지 않으며, 이 경우 환경에 방출되는 요오드는 약 20퀴리에 그친다고 한다.[36]

그에 반해 '가상사고'란 '기술적 견지에서는 일어날 것으로 생각되지 않는 사고'라고 정의된다. 우선 원자로 중대사고를 '기술적 견지에서는 일어날 것으로 생각되지 않는다'라고 정의하는 것이 이미 사고 가능성의 부인에 해당하는 것이지만, 거기서 '가상'된 사고의 내용 그 자체가 한층 더한 부인의 논리(또는 논리라고는 말할 수 없는 '논리')에 기초하고 있다. 이카타 원전 안전 심사 보고서에 따르면, '가상사고'란 '중대사고와 동일하다고 생각되는 경우에 해당하는 핵분열 생성물[방사성 물질]의 방출이 있다고 가상되는' 경우를 말한다. 그러나 왜 '안전 주입 설비의 노심 냉각 효과를 무시하고 노심 내의 연료 전체가 용융했다고 생각되는 경우에 해당하는 핵분열 생성물의 방출이 있다'라는 등으로 에둘러 표현하고 있는 것일까? 사실은 이 경우에 '중대사고'와 거의 마찬가지로 ECCS가 어느 정도 작동하기 때문에(실제로는 지금까지의 원자로 중대사고는 모두 ECCS가 적절히 작동하지 않았기 때문에 일어났다),[37] 노심은 용융하는 일 없이 격납용기, 압력용기 모두 건전성을 유지하지만, 그럼에도 불구하고 노심이 용융하는 경우에 해당하는 핵분열 생성물의 방출이 있다고 하는 기묘한 '가상'이 행해지고 있는 것이다. 이 경우 노심은 용융하지 않는다고 여겨지기 때문에, 환경에

• •

36. 같은 책, 105쪽.
37. 이 점에 대해서는 이카타 원전 소송에서 에비사와 도오루가 ECCS의 유효성은 시뮬레이션에 의해서밖에 확인되지 않았으며, 실제로는 국가 측에서 말하듯이 적절하게 기능하지 않고, 사고 시에 노심 냉각의 효과를 확보할 수 없다는 증언을 하고 있다. 다음을 참조. 같은 책, 109~115쪽. 海老沢徹·小出裕章, 「緊急爐心冷却裝置(ECCS)の缺陷(긴급 노심 냉각 장치(ECCS)의 결함)」, 原子力技術研究会 편, 『原発の安全上缺陷(원전의 안전상 결함)』, 第三書館, 1979년.

방출되는 요오드는 994퀴리에 머문다고 한다.[38]

이 점과 관련해 이카타 원전 소송에서 원고 주민 측에 의한, 이카타 원전의 안전 전문 심사회장인 우치다 히데오內田秀雄(당시 도쿄대학 공학부 교수, 원자력 안전위원)에 대한 반대 심문이 매우 흥미롭기 때문에 아래에서 인용하고자 한다. 우치다는 '가상사고'에서도 ECCS의 기능을 무시함에도 불구하고 어디까지나 노심 용융은 상정하지 않고 있다고 집요하게 반복했다.

주민 측: 가상사고의 경우에는 ECCS의 기능이 발휘될 수 없다는 것을 전제로 하고 있는 것이죠.

우치다 증인: …… 가상사고의 판단 시에는 냉각재 상실 사고가 일어났을 때에 ECCS는 작동한다는 것입니다. 다만 그 성능을 무시하고 위험 측의 평가를 하고 있다는 것입니다.

주민 측: 그 점을 잘 알 수 없다 하더라도, 굳이 성능을 무시한다는 것은 성능은 어느 정도 나온다는 것일 텐데요. 전혀 성능이 없다는 것입니까?

우치다 증인: 중대사고의 경우에는 보통 생각되는 ECCS의 성능을 검토 평가하고 있는 것입니다. 그로부터 한 걸음 더 나감으로써 가상사고가 되는 것입니다. …… 중대사고로부터 가상사고로 발걸음을 내디딜 때 하나의 사고방식으로서 안전상 중요한 성능을 무시하는 것이 하나의 방법입니다. 그런 까닭에 ECCS의 성능을 전혀 무시하고서 방출된다고 가정하는 방출량을 결정하는 것입니다. 그것이 가상사고의 토대입니다. 그래서 가상사고의 경우에도 ECCS는 실제로 작동한다고 평가하고 있는 것입니다.

주민 측: 그렇다면 기능으로서는 전적으로 무시한다고 말씀하고 계신

---

38. 『원자력과 안전성 논쟁』, 105~108쪽.

거죠.

우치다 증인: 저는 기능과 성능을 나누어서, 요컨대 메커니즘으로서는 작용하는 것이기 때문에, 약간의 성능은 물론 있습니다. 다만 그것을 평가할 때 성능을 전혀 무시하고서 방사선 방출량의 기준을 결정하고 있는 것입니다.

주민 측: 그렇다면 성능을 전적으로 무시했다고 생각하는 것이기 때문에, 움직이지 않는다고 생각해도 좋은 것이겠죠.

우치다 증인: 다소 다르다 하더라도 결과로서는 똑같이 생각해도 좋다고 생각됩니다.

주민 측: 따라서 1차 냉각재가 상실될 때 물이 들어간다고 생각해도 좋은 것입니까?

우치다 증인: 그렇게 생각하는 것은 아닙니다. 그렇지만 요컨대 입지 평가 경우의 사고 상정의 토대로서 방사능이 격납용기에서 어느 정도 나오는지의 가정을 해야만 하는 것입니다. 그 가정에 있어 대단히 엄격한 사고방식으로서 ECCS의 성능을 무시한다고 말함으로써 노심이 용융될 때에 해당하는 방사성 물질의 방출을 가정하는 것입니다.

주민 측: 노심이 용융되는 것입니까?

우치다 증인: 용융되었다고 생각했을 때의 방사능 방출을 입지 평가의 토대로 하는 것입니다.

주민 측: 노심이 전부 용융된다는 것입니까?

우치다 증인: 용융된다는 것은 아닙니다. 용융은 되지 않습니다. 상정 사고라면 용융은 되지 않는다고 하더라도, 어느 정도 용융되는가 하는 것이 성능을 무시할 때 어느 정도 용융되는가라는 0인가 100퍼센트인가라고 함으로써 말할 수 있는 것은 아니기 때문에, 방출량 평가의 토대로서 100퍼센트의 용융에 해당하는 방출량을 결정하는 것입니다.

주민 측: 따라서 노심이 전부 용융된다는 가정을 하는 것입니까?

우치다 증인: 아니, 그렇지 않습니다. 방사능 방출량 계획의 토대로 그것을 가정하는 것입니다.[39]

불가해한 공방이다. 일반적으로 생각하면, ECCS의 성능을 무시한다는 것은 ECCS가 기능하지 않는다는 것이고, ECCS가 기능하지 않으면 노심을 냉각할 수 없으므로 필연적으로 노심은 용융되고 압력용기와 격납용기가 손상되어 대량의 방사성 물질이 외부로 방출된다는 것이게 된다. 그러나 여기서 우치다는 ECCS의 성능을 무시한다는 것은 ECCS가 작동하지 않는다는 의미가 아니라 ECCS가 어느 정도는 작동하기 때문에 노심이 용융되지 않으며, 여기서는 다만 '노심이 용융되는 것에 해당하는 방사성 물질의 방출을 가정'했을 뿐이라고 말하여 '가상사고'에서도 노심 용융은 일어나지 않는다고 강변하고 있다. 원자력안전위원회는 왜 이처럼 의미가 불분명한 가정을 행하는 것일까? 답은 간단하다. 노심이 용융되는 것과 같은 원자로 중대사고에서는 압력용기와 격납용기가 함께 파괴되고 대량의 방사성 물질이 환경 속으로 방출된다. 만약 그와 같은 원자로 중대사고가 상정된다면, 그것은 '원자로 입지 심사 지침'에 반하게 되어 이카타에 원전을 설치하는 것이 불가능해지고, 심지어 일본의 어디에서도 원전을 설치하는 것이 불가능해지기 때문인 것이다.[40] '원자로 입지 심사 지침'의 기본적 목표는 다음과 같다.

• •

39. 같은 책, 106~107쪽.
40. 같은 책, 108쪽. 덧붙이자면, 호소미 슈(細見周)에 따르면 이러한 불가능한 가정은 1964년까지 연료가 용융되었다고 하더라도 압력용기와 격납용기의 건전성이 유지된다고 생각되었던 것의 여운이다. 그러나 그 후 발전용 원자로가 급속하게 대형화되고, 1970년대에는 미국에서의 실험 결과 등으로부터 연료가 용융되면 압력용기와 격납용기도 파괴된다는 것이 이미 분명해진 까닭에, 원자력위원회는 이와 같은 불가해한 가정을 취할 수밖에 없게 되었다고 한다. 다음을 참조 『구마토리 6인조 — 반원전을 관철하는 연구자들』, 71쪽.

a. 부지 주변의 사정, 원자로의 특성, 안전 방호 시설 등을 고려하고, 기술적 견지에서 보아 최악의 상황에 일어날지도 모르는 것으로 생각되는 중대한 사고(이하 '중대사고'라 한다)의 발생을 가정하더라도 주변의 공중에게 방사선 장애를 주지 않을 것.

b. 중대사고를 넘어서는 것과 같은 기술적 견지에서는 일어날 것으로 생각되지 않는 사고(이하 '가상사고'라 한다. 예를 들어 중대사고를 상정할 때는 효과를 기대한 안전 방호 시설 가운데 몇 가지가 작동하지 않는다고 가상하고, 그에 해당하는 방사성 물질의 확산을 가상하는 것)의 발생을 가상하더라도 주변의 공중에게 두드러진 방사선 재해를 주지 않을 것.[41]

'원자로 입지 심사 지침'에서는 '중대사고'와 '가상사고'가 정의되고, '가상사고'에서는 '중대사고를 상정할 때는 효과를 기대한 안전 방호 시설 가운데 몇 가지가 작동하지 않는다고 가상'하도록 지시하고 있다. 그런 다음 '기술적 견지에서는 일어날 것으로 생각되지 않는' 가상사고가 발생한다고 하더라도 '주변의 공중에게 두드러진 방사선 재해를 주지 않을 것'이 요구된다. 따라서 안전 심사에서는 가상사고가 일어났을 때는 ECCS가 마치 작동하지 않는 것처럼 기술한 다음('안전 주입 설비의 노심 냉각 효과를 무시하고'), 실제로는 ECCS가 어느 정도 작동하고, 노심은 용융하지 않으며, 압력용기와 격납용기 둘 다 건전성을 유지한다고 가정하여 방사성 물질의 방출량을 '중대사고' 경우의 50배 정도로 늘릴 뿐인 것이다.[42] 이것은 바로 중대사고 가능성을 '기술적 견지에서는 일어날 것으로 생각되

• •

41. 原子力委員会,「原子爐立地審査指針及びその適用に関する判斷の目安について(원자로 입지 심사 지침 및 그 적용에 관한 판단 기준에 대하여)」, 1964년. 다음에서 열람 가능. http://www.mext.go.jp/b_menu/hakusho/nc/t19640527001/t19640527001.html

42. 『원자력과 안전성 논쟁』, 108쪽. 『원전 사고…… 그때, 당신은!』, 97쪽.

지 않는다라고 부인한 다음, 중대사고의 귀결로서의 노심 용융 및 압력용기와 격납용기의 파괴 가능성까지 부인하는 이중의 부인 메커니즘이다.

이러한 부인 메커니즘을 명료하게 보여주는 표현이 있다. 이카타 원전의 안전 전문 심사회장인 우치다 히데오는 노심이 용융하여 압력용기와 격납용기가 파괴되는 중대사고를 재판에서 '상정 부적당 사고'라고 부르고 있다.[43] 물론 그와 같은 중대사고는 당시부터 원전 사고의 시뮬레이션에서 상정되어왔다. 더욱이 중대사고는 상정될 뿐만 아니라 현재까지 여러 차례에 걸쳐 실제로 일어났다. 그러나 국가 측은 중대사고 가능성을 '상정 부적당 사고'라는 명칭을 사용함으로써 있을 수 없을 뿐만 아니라 본래 상정하는 것이 부적당하다고 하여 부인하는 것이다. 원전의 안전 심사는 이렇게 중대사고 가능성의 근본적인 부인 메커니즘에 입각하여 행해져 온 것이다.

2-3. 원전 사고의 피해 예측과 '상상력의 한계'

마지막으로 우리는 이카타 원전 소송의 원고 측이 제시한 이카타 원전 사고 피해 예측을 소개하고, 그로부터 귄터 안더스가 '상상력의 한계'라고 이름 지은 사태에 대해 고찰해보고자 한다. 『원자력과 안전성 논쟁』은 미국 원자력위원회가 1975년에 공표한 「라스무센 보고」의 방법을 사용하여 노심이 용융하고 격납용기와 압력용기가 파괴되어 대량의 방사성 물질이 방출되는 경우의 피해 크기를 다음과 같이 예측했다.

원고 측의 지원 과학자 그룹은 앞에서 이야기한 라스무센 보고의 계산 방법을 사용하여 이카타 원전이 큰 사고를 일으켰을 때 주변 주민이 입는 재해에 대해 그 범위, 장애의 내용 등을 구체적으로 계산했다. 그 자료로부터 급성 방사선 장애 발생 상황을 예로 취하면, 이카타

---

43. 『원자력과 안전성 논쟁』, 108쪽.

원전의 큰 사고[의 경우]에서는 이카타 원전에서 바람이 불어 가는 쪽 방향 10킬로미터 이내 범위에 있는 자는 모두 사망한다. 사고 시의 풍향은 예상할 수 없기 때문에, 반경 10킬로미터 이내에 사는 주민은 그 위험에 노출되어 있다. 이 10킬로미터 범위 안에는 약 20만 명의 주민이 거주하고 있다.

다음으로 반경 10킬로미터에서 15킬로미터 범위에 거주하는 5만 명의 사람들은 절반의 사람이 사망하는 피해와 전원에게서 급성 방사성 상해가 나타날 것을 각오해야만 한다.

반경 15킬로미터에서 20킬로미터 범위의 주민과 관련해서는 죽음의 재 구름이 통과하면 절반의 사람에게서 급성 방사선 장애가 발현한다.

이카타 원전의 반경 20킬로미터에서 25킬로미터 범위에 사는 사람들은 바람이 불어 가는 쪽에 해당하면, 모두가 그곳을 떠나야만 한다. 떠나지 않으면 급성 방사선 장애를 입는 지역이다. 이 범위에는 시코쿠, 규슈, 츄고쿠 지방의 대부분이 들어가며, 피해를 보는 사람들은 엄청난 숫자에 이른다. 또한 이들 범위에는 마쓰야마, 고치, 다카마쓰, 도쿠시마, 히로시마, 오카야마, 마쓰에, 야마구치, 후쿠오카, 사가, 나가사키, 구마모토, 미야자키, 오이타 등의 도시도 포함된다. 이러한 급성 장애들에 암 등의 만발성 장애, 유전적 장애가 더해지기 때문에, 재해는 바로 카타스트로피(파멸적)라는 한 마디로 끝난다.[44]

이러한 사고 피해 예상은 급성 방사성 장애에 의한 엄청난 사망자와 시코쿠, 츄고쿠, 규슈 지방의 대다수 지역으로부터의 퇴거를 예측하며, 그야말로 '파멸적'이다. 이러한 피해 예측은 세오 다케시가 라스무센 보고에서의 피해 예측 모델의 평가 방법을 이카타 원전에 적용하여 작성한 것이다.[45] 후에 세오는 과소평가로 여겨지는 라스무센 보고[46]의 방법에

● ●

44. 같은 책, 116~117쪽.

독자적인 수정을 가하면서 이카타 원전 3호기가 중대사고를 일으키는 경우의 피해를 평가하고 있다. 그에 따르면, 급성 방사선 장애에 의한 사망자는 바람이 부는 방향에 따라 1만 명에서 4만7천 명, 만발성 장애(암)에 의한 사망자는 최대 224만 명(긴키 지방의 사망자 수 10만 명을 포함)으로 생각된다.[47] 이러한 방대한 사고 피해는 이미 종래의 '사고' 개념을 큰 폭으로 넘어서며, 이와 같은 대재앙과 비교 가능한 것은 오로지 '전쟁'뿐이다.

권터 안더스는 『시대에 뒤떨어진 인간』에서 핵무기에 의한 대량파괴의 비윤리성에 대해 고찰하고 있다. 그에 의하면, 칸트가 이성의 한계에 관해 이야기한 것과 동일한 의미에서 인간의 상상력에는 본성적인 한계가 있으며, 그런 까닭에 인간은 핵전쟁의 귀결로서 인류가 멸망하는 것과 같은 파멸적 사태를 올바르게 상상할 수 없다.[48] 동일한 의미에서 원전 사고에 의한 피해는 종래의 '사고' 개념을 큰 폭으로 넘어서며, 그 피해는 핵전쟁이 초래하는 피해와 동일한 정도로 방대할 수 있는 까닭에, 우리의 '상상력의 한계'를 넘어선다. 따라서 우리는 그 귀결을 제대로 상상할

• •

45. 海老沢徹・瀬尾健, 「爐心溶融時の災害評價(노심 융융 시의 재해평가)」, 『원전의 안전상 결함』.

46. 라스무센 보고의 사고 예측이 과소평가라는 비판으로서 특히 다음의 것을 참조. Henry B. Hubbard, study director, Richard B. Hubbard, Gregory C. Minor, eds., *The Risks of Nuclear Power Reactors: A Review of the NRC Reactor Safety Study WASH*–1400(*NUREG*-75/014), Union of Concerned Scientists, 1977. 일역 『原発の安全性への疑問 — ラスムッセン報告批判(원전의 안전성에 대한 의문 — 라스무센 보고 비판)』, 憂慮する科學者同盟 편, 日本科學者会議原子力問題研究委員会 옮김, 水曜社, 1979년. 小出裕章, 「欺瞞にみちた安全宣傳の根據 — ラスムッセン報告をめぐって(기만으로 가득 찬 안전 선전의 근거 — 라스무센 보고를 둘러싸고)」, 『원자력과 안전성 논쟁』. 덧붙이자면, 이 점에 대해서는 제2부 제3장에서 논의한다.

47. 『원전 사고…… 그때, 당신은!』, 26~27쪽.

48. Günther Anders, *Die Antiquiertheit des Menschen, Bd. I: Über die Seele im Zeitalter der zweiten industriellen Revolution*, C. H. Beck, 1956, S. 267~271. 일역, 『시대에 뒤떨어진 인간(상권) — 제2차 산업혁명 시대에서 인간의 영혼』, 青木隆嘉 옮김, 法政大學出版局, 1994년, 280~284쪽.

수 없으며, '그러한 거대한 사고는 일어나지 않을 것이다'라고 사고 가능성을 정신분석적인 의미에서 부인하는 것이다.

그러한 의미에서 안더스가 말하는 '상상력의 한계'란 정신분석적인 의미에서의 부인 메커니즘과 깊이 결부되어 있다. '사고'(반복하지만, 그것은 종래의 '사고' 개념을 큰 폭으로 넘어서며, 그것과 비교 가능한 것은 오로지 '전쟁'뿐이다)의 규모가 너무나 대규모이고 대재앙적인 까닭에, 우리는 그 가능성을 '있을 수 없는 것'으로서 부인하고 그로부터 눈을 돌린다. 그러나 스리마일섬 원전 사고, 체르노빌 원전 사고, 후쿠시마 제1원전 사고라는 세 개의 핵 재앙을 거쳐 온 인류의 역사를 생각하면, 그것이 충분히 '있을 수 있는 것'이라는 점은 이해될 수 있을 것이다.

우리는 원전 사고의 대재앙적인 귀결을 제대로 상상할 수 없는 까닭에 사고 가능성을 '없었던 것으로 하는' 심적 메커니즘을 정신분석적인 부인 메커니즘으로서 정식화했다. 그리고 그 메커니즘은 원전 추진 측이 스스로의 이데올로기에 따라 사고 가능성을 '없었던 것으로 하는' 이데올로기적 부인 메커니즘과 본질적으로 동일하다. 원전을 추진하는 국가와 추진파 과학자는 원전이 산출하는 거대 에너지를 계속해서 사용하기 위해, 그리고 전력회사는 사고 대책 비용을 가능한 한 끌어내리기 위해 '안전' 이데올로기에 따라 거대 사고 가능성을 부인하고, 스스로의 '안전' 이데올로기에 들어맞는 요소만을 재인한다. 그들이 사고 위험성에 관한 다양한 지적을 이데올로기적으로 재인/부인하는 것은 그와 같은 위험성을 부인하지 않으면 내부에 거대한 에너지와 방대한 방사성 물질을 내포한다는 점에서 극도로 위험한 원전이라는 시스템을 운용하기가 불가능해지기 때문이다. 그리고 이러한 이데올로기적 재인/부인 메커니즘은 우리의 '원전 사고는 있어서는 안 된다'라는 부인 메커니즘과 공명하여 상호적으로 강화한다. 따라서 이데올로기적 재인/부인의 악순환으로부터 빠져나오기 위해서는 중대사고 가능성을 직시하고 원전을 폐지하는 결단을 내리는 것 말고 다른 방법은 없는 것이다.

제3장 정상 사고로서의 원전 사고
— '안전' 이데올로기 비판 II

　우리는 앞장에서 지진과 쓰나미라는 후쿠시마 제1원전 사고의 원인이 이미 '예고되어 있었다'라고 생각하고, 지진과 쓰나미에 관한 원전의 안전 대책이 갖추어지지 않은 것과 그것을 은폐하는 이데올로기적 구조에 대해 분석했다. 그러나 지진과 쓰나미에 대해 무언가 대책을 세웠다 하더라도(물론 그것이 반드시 충분한 것이라는 보증은 없다), 역시 사고는 일어날 것이다. 왜냐하면 사고란 원리적으로 예측 불가능한 방식으로 시스템의 균열을 만들어내는 형태로 일어나는 것이기 때문이다. 그런 의미에서 사고는 '예고된' 것임과 동시에 언제나 '예측 불가능한 것'(그것을 '상정 범위 밖의 것'이라고 바꿔 말할 수도 있을 것이다)일 수밖에 없다.[1]

　다카기 진자부로는 『거대 사고의 시대』에서 원전 사고와 같은 거대

---

1. 이 장은 도나키 요테쓰(渡名喜庸哲)에 의한 구두 발표 「リスク社會からカタストロフィ社會 へ ― フランス現代思想と原子力工学にあいだ(위험 사회로부터 대재앙 사회로 ― 프랑 스 현대 사상과 원자력공학 사이에서)」(워크숍 「カタストロフィと哲学(대재앙과 철학)」, 香港中文大學, 2013년 12월 21일)와 그 후의 우리와의 토론에서 커다란 시사를 받았다. 특별히 적어 감사드린다.

사고의 그러한 역설적인 성격을 명확히 하고 있다. 거기서 그는 현대의 거대 사고의 특징을 다음과 같은 10가지 점으로 요약한다.

(1) 사고는 틀림없이 현대적인 사고다.

(2) 사고는 동시에 두드러지게 고전적이다.

(3) 사고에는 복합적인 인자, 특히 기계와 사람 양 측면의 실수가 관여한다.

(4) 사고는 예고되어 있었다.

(5) 사고는 다 해명될 수 없다.

(6) 운전자는 사고에 충분히 대비하지 못하고 있다.

(7) 주민은 사고에 전혀 대비기 없다.

(8) 사고의 거대함은 군사기술에 뿌리를 지닌다.

(9) 피해가 눈에 보이지 않는다.

(10) 사고의 완전한 뒤처리는 가능하지 않다.[2]

이러한 특징들은 모두 스리마일섬, 체르노빌, 후쿠시마와 같은 거대한 원전 사고에 꼭 들어맞는다. 이 특징들을 세 개의 원전 사고에 근거하여 상세히 논의할 수도 있지만, 여기서는 한 가지 점에만 주목하고자 한다. 그것은 (1)과 (2), (3)과 (4)의 특징이 각각 정반대의 특징을 지닌다는 점이다.

순서에 따라 살펴보자. 우선 (1) 사고는 틀림없이 현대적인 사고다, 라는 명제가 말하듯이, 사고를 거대 사고이게 하는 것은 그 기술의 현대적 성격, 즉 그 거대함과 극한성이다. 원전에서의 중대사고는 핵이라는 현대 기술이 지니는 거대한 에너지와 방사성 물질의 극한적인 독성 때문에 광범위한 지역에 장기적이고 심각한 오염을 불러일으킨다. 그것은 핵 기술이라는 현대적 기술의 극한적이기까지 한 거대한 에너지를 원인으로

• •
2. 高木仁三郎, 『거대 사고의 시대』, 弘文堂, 1989년, 48~49쪽.

한다. 그러나 또한 (2) 사고는 동시에 두드러지게 고전적이다, 라는 명제가 보여주듯이, 사고 그 자체의 원인은 지극히 고전적이다. 단순한 조작 실수, 밸브가 열리지 않고 안전장치가 작동하지 않는 것, 온도의 과도한 상승, 계기를 잘못 읽는 것 등, 거대 사고가 더듬어가는 경과는 지극히 고전적이다. 실제로 스리마일섬 원전 사고, 후쿠시마 제1원전 사고를 생각하면, 그 사고 경과는 어느 것이든 냉각수 부족에 의한 온도 상승, 압력 상승, 외부로의 방사성 물질 방출과 같은 '고등학교 물리'와 같은 전형적인 인과 연쇄를 밟고 있다. 이로부터 그는 다음과 같은 귀결을 도출한다. '분명한 것은 사고의 규모라든가 관계되는 물질의 양과 질, 따라서 그 영향에서는 대단히 강대하고 첨단 기술적인 큰 사고도 그 경과의 본질, 따라서 사고 원인은 어딘지 대단히 흔하고 고전적이라거나 교과서적이라고까지 말할 수 있는 듯하다. 요컨대 그 근본은 예부터 인간이 크고 작은 사고에서 경험해온 극히 당연한 물리 현상·과학 현상이다.'[3] 그러한 의미에서 거대 사고란 현대적인 사고임과 동시에 지극히 고전적인 사고일 수밖에 없다.

(3)과 (4)에 대해서도 마찬가지다. (3) 사고에는 복합적인 인자, 특히 기계와 사람 양 측면의 실수가 관여한다는 명제는 원전과 같은 거대 시스템이 사고를 막기 위해 아무리 '다중방호'라는 설계 사상을 취하고 있다(요컨대 하나의 단순한 실수나 고장이 큰 사고로 발전하지 않도록 여유가 있거나 여러 시스템 안전장치를 설계 속에 받아들인다) 하더라도, 사고는 기계의 여러 고장이나 인간의 여러 실수라는 예측 불가능한 복합 작용으로 인해 일어난다는 것을 의미한다. 예를 들어 후쿠시마 제1원전 사고는 지진과 쓰나미에 의해 모든 외부전원과 비상용 전원이 상실되고(복수의 전원이 모두 상실되고), 전원이 상실되었기 때문에 배기를 원활하게 행할 수 없었으며, 비상용 노심 냉각 장치ECCS와 같은 안전장치가 고의로

3. 같은 책, 49~54쪽.

멈춰지거나 제대로 작용하지 않거나 하는 등의 기계 고장과 사람이 범하는 실수의 복합 작용으로 인해 일어났다. 또한 스리마일섬 원전 사고, 체르노빌 원전 사고에서도 사고는 사람의 실수와 기계 고장의 예측 불가능한 복합 작용으로 인해 일어났다.[4] 그러나 동시에 (4) 사고는 예고되어 있었다. 예를 들어 후쿠시마 제1원전 사고에서는 지진과 쓰나미가 원전에 주는 손상이, 제2부 제2장에서 상세히 이야기했듯이, 다양한 형태로 경고되고 있었다. 또한 스리마일섬 원전 사고와 관련해서는 거의 동일한 사고가 2년 전인 1977년에 미국 데이비스 베세 원전 1호기에서 일어났으며, 그 사고가 보여준 동형 원전의 문제점이 원전 기술자 칼 마이켈슨이 쓴 보고서에 정확하게 지적되어 있었다.[5]

이처럼 원전 사고와 같은 거대 사고는 현대적인 사고임과 동시에 고전적인 사고이며, 예고되어 있음에도 불구하고 예측 불가능한 복합 작용으로 인해 일어난다고 하는 모순된 성격을 지닌다. 이로부터 다카기는 현대의 거대 사고가 지니는 이러한 모순된 성격이야말로 사고의 원인이 현대의 거대 시스템에 '정상'인 것으로서 언제나 내포되어 있다는 점에 기인한다고 생각하고, 다음과 같이 말한다.

> [사고의] 단순한 인과가 두드러지게 현대적인 거대함과 강력함을 지니고서 출현할 수밖에 없다 — 그것이 현대의 거대 시스템이다. 그렇다면 거대 사고를 완전하게 방지하는 것은 거의 불가능에 가깝다. 미국의 사회학자 찰스 페로Charles Perrow는 현대의 거대 사고를 분석하여 그것은 현대의 거대 시스템 속에 일상적인 것으로서 잠재해 있다고 결론짓고, 이 상황을 '정상 사고[normal accidents]'라고 불렀다. 사고란

• •

4. 스리마일섬 원전 사고, 체르노빌 원전 사고의 상세한 것에 대해서는 예를 들어 다음을 참조. 같은 책, 23~36, 90~125쪽.
5. 같은 책, 56~59쪽.

본래 '이상'한 것이지만, 그것이 '정상(통상)인 시스템' 안에 짜 넣어져 있다는 의미다.[6]

여기서 다카기가 참조하는 것은 사회학자 찰스 페로가 스리마일섬 원전 사고에 촉발되어 저술한 대저 『정상 사고』(1984년)이다. 페로는 같은 책에서 '정상 사고'라는 말의 의미를 다음과 같이 정의한다.

> 만약 복잡한 상호작용과 긴밀한 결합 — 시스템의 특징 — 이 불가피하게 사고를 산출한다면, 내 생각에는 그것을 '정상 사고' 또는 '시스템 사고'라고 부르는 것이 정당화된다. '정상 사고'라는 기묘한 말은 시스템의 특징을 생각하면 다양하고 예상하지 못한 고장의 상호작용이 불가결하다는 것을 보여주기 위한 것이다. 이것은 시스템의 전체적인 특징을 표현한 것이지 사고의 빈도에 대해 말한 것이 아니다. 우리가 죽는 것은 보통이지만, 우리는 한 번밖에 죽지 않는다. 시스템 사고는 드문 것이고 좀처럼 일어나지 않는다고까지 말할 수 있다. 그러나 만약 그것이 대재앙을 불러일으킬 수 있다면, 이것은 그렇게 안심할 수 있는 것이 아니다.[7]

따라서 '정상 사고'라는 용어는 현대의 거대 시스템이 지니는 '복잡한 상호작용과 긴밀한 결합'이라는 시스템의 성격이 불가피하게 대재앙적인 사고를 불러일으킨다는 가설을 함의한다. 우리가 이 장에서 논의하는 것은 원전과 같은 현대의 거대 시스템이 지니는 이러한 본질적인 위험성에 대해서이다.

• •

6. 같은 책, 55쪽.
7. Charles Perrow, *Normal Accidents: Living with High-Risk Technologies*, Basic Books, 1984; Princeton University Press, 1999, p. 5.

1. '확률론적 안전 평가' 비판

미국 원자력규제위원회가 1975년에 공표한 「라스무센 보고」(「원자로 안전성 연구」)는 대량 사망을 초래하는 원자력-핵사고가 일어날 가능성을 10만~100만 년에 한 번의 확률로 평가하고 있었다. 이 확률은 '뉴욕의 양키 스타디움에 운석이 떨어지는 것과 같은 것'이라는 표현으로 일반에 전해져 그 후 오랜 세월에 걸쳐 원전의 안전성을 '증명'하기 위한 논거로써 이용되게 된다. 그리고 후쿠시마 제1원전 사고 후인 현재에도 확률론적 평가라는 방법은 변함없이 강력한 영향력을 지닌다.

그러나 실제로 라스무센 보고는 그 공표 후에 많은 비판에 부딪히며, 그것이 공표된 4년 후인 1979년 1월, 미국 원자력규제위원회는 라스무센 보고가 제시한 확률론적 평가를 신뢰해야 하는 것은 아니라는 성명을 내놓지 않을 수 없게 되었다. 그리고 그보다 두 달 후인 1979년 3월에 스리마일섬 원전 사고가, 나아가 1986년에는 체르노빌 원전 사고가 일어난 것을 생각하면, 이와 같은 '안전 평가'(우리는 '위험평가'라는 말이 적절하다고 생각하지만, 원자력 분야에서는 '안전'을 강조하기 위해 '안전 평가'라는 말로 바꿔 말해진다. 따라서 우리는 이 '안전 평가'라는 용어를 일관되게 따옴표를 덧붙여 사용한다) 방법이 신뢰할 만한 가치가 없는 것임은 명백하다. 이 절에서는 라스무센 보고를 비판하면서 왜 이와 같은 확률론적 평가라는 방법이 신뢰할 만한 가치가 없는 것인지 논의하고자 한다.

일본의 원전 안전 심사는 '중대사고', '가상사고'라는 형태로 일어나는 사고 패턴을 미리 결정해두고, 그것이 어느 정도의 영향을 환경에 가져오는지 평가하는 방법을 취해왔다.[8] 이러한 방법은 '결정론적 안전 평가DSA: Deterministic Safety Assessment'라고 불린다. '결정론적 안전 평가'는 '중대사고'와 '가상사고'의 어느 경우에도 절대로 격납용기가 파괴되지 않는다는 가정을

• •

8. 이 점에 대해서는 제2부 제2장에서 논의했다.

취하며, 따라서 그러한 사고들이 환경에 미치는 영향은 대단히 적은 것이라고 평가하고 있었다. 그러나 실제로는 격납용기가 파괴되는 큰 사고의 가능성을 부정할 수 없다. 그로부터 격납용기가 파괴되는 것과 같은 큰 사고의 가능성을 확률론적으로 구한다는 '확률론적 안전 평가PSA: Probabilistic Safety Assessment'가 요청되게 되었다. 라스무센 보고는 이 방법을 최초로 사용한 '안전 평가'이다.[9]

그러나 라스무센 보고는 공표되자마자 많은 비판에 부딪히게 된다. 그 비판의 대표적인 것으로서 우려하는 과학자 동맹이 편찬한 『원전의 안전성에 대한 의문 — 라스무센 보고 비판』(1977년)을 참조해보자. 이 책은 라스무센 보고에 대한 비판점으로서 다음의 여섯 가지를 들고 있다.

> [『원자로 안전성 연구』가 사용한] 방법론은 예상되는 위험의 상대적인 비교 연구에는 유효하지만, 사고 확률의 절댓값을 부여하는 것은 아니다. 원자력발전소의 경우 이러한 사고 확률을 구할 때의 장애는 다음과 같은 점들이다.

• •

9. 小出裕章,「原子力發電所の災害評價(원자력발전소의 재해평가)」, 原子力問題安全ゼミ, 京都大學原子爐實驗所, 2004년 6월 9일. http://www.rri.kyoto-u.ac.jp/NSRG/seminar/No97/koide_ppt.pdf http://www.rri.kyoto-u.ac.jp/NSRG/seminar/No97/koide_doc.pdf 小出裕章,「スリーマイル島の事故は2億年に1回の確率だった(스리마일섬의 사고는 2억 년에 한 번의 확률이었다)」, 2013년 6월 27일. http://www.kaze-to-hikari.com/2013/06/2.html. 덧붙이자면, 고이데는 일본의 원자력규제위원회가 이후의 원전 안전성 심사에서 기존 원전이 '절대로 안전하다'고 단정할 수는 없게 되었지만, 예를 들어 비상용 전원은 높은 건물에 두었기 때문에 고장 날 확률이 낮아졌다고 하는 방식으로 변함없이 이 '확률론적 안전 평가'에 계속해서 의거할 것이라고 말했다. 실제로 원전 재가동에 즈음한 원자력규제위원회의 심사 기준은 '후쿠시마의 100만 분의 1의 방사성 물질이 방출되는 사고가 일어나는 빈도를 1기 당 100만 년에 한 번 이하로 억누르는 것'(〈朝日新聞〉, 2014년 7월 17일)이다. 다음의 것을 참조. 小出裕章,「日本は地震大國, 地震を切り落として議論できない(일본은 지진 대국, 지진을 잘라내고서 논의할 수 없다)」, 2013년 6월 27일. http://www.kaze-to-hikari.com/2013/06/post-38.html

(1) 모든 중요한 사고 발생 경로가 정말로 확정되어 있다는 보증이
없다는 점

(2) 각 구성요소의 신뢰성에 관한 데이터의 근거가 불완전하고 불확실
하다는 점

(3) 설계상의 잘못이 초래하는 결과를 모두 확정하여 적절하게 평가할
수 없다는 점

(4) 공통 원인 고장[common-cause failure] 모드를 완전히 만족스러운
방식으로 다루는 것이 어렵다는 점

(5) 인간적 실수의 불확실한 역할은 위험 분석에서 다루기 어렵게
변덕스러운 요소라는 점

(6) 사보타주[의도적인 사고 유발 행위]의 위험평가를 수행하지 않는
다는 점[10]

이러한 여섯 개의 비판은 라스무센 보고가 '결함수 분석Fault Tree Analysis:
FTA'[11]이라는 방법론을 사용한다는 점에 그 근거를 지닌다. 우리 생각에
이러한 여섯 가지 문제점은 더 나아가 다음의 두 가지 점으로 요약될
수 있다.

● ●

10. Henry B. Hubbard, dir., Richard B. Hubbard, Gregory C. Minor, eds., *The Risks
of Nuclear Power Reactors: A Review of the NRC Reactor Safety Study WASH*-1400
(*NUREG*-75/014), Union of Concerned Scientists, 1977, p. 9. 일역 『原発の安全性への疑
問―ラスムッセン報告批判(원전의 안전성에 대한 의문―라스무센 보고 비판)』, 憂慮
する科學者同盟 편, 日本科學者会議原子力問題研究委員会 옮김, 水曜社, 1979년, 71~72
쪽.
11. '결함수 분석'이 사고를 정점에 두고 그것이 일어나는 조건과 요인을 나무 모양으로
배치하여 그 확률을 분석하는 것인데 반해, 근간의 원자력 분야에서 자주 사용되는
'사건수 분석(Event Tree Analysis: ETA)'이란 사고 발생을 기점으로 하여 그 진전
과정을 나무 모양으로 배치하여 그 확률을 분석하는 것이다. 양자는 '시나리오 분석법'
이라는 전적으로 동일한 방법에 의거한다.

⑴ 결함수 분석은 시스템의 안전성을 정량적으로 보여줄 수 없다(앞의 인용의 ⑴, ⑵, ⑶에 따른다).

⑵ 결함수 분석은 공통 원인 고장을 고려할 수 없다(앞의 인용의 ⑷, ⑸, ⑹에 따른다).

이러한 두 가지 문제점에 대해 순서대로 검토해보자.

1-1. 결함수 분석의 결함

우선 첫 번째 점부터 살펴보자. 결함수 분석이란 미국의 항공우주 및 탄도미사일 계획에서 그 사고 가능성을 평가하기 위해 개발된 평가법이다. 결함수 분석은 위험한 사고 발생 경로를 모두 망라해서 확정하여 나무 위에 배치하고, 그 발생 확률을 각각 구체적인 수치로서 구하며, 서로 다른 사고 발생 경로에 의한 사고 발생 확률을 비교하는 방법이다. 이러한 분석을 하기 위해서는 '분석 대상이 되는 설비와 시스템, 가능한 고장 모드[failure modes], 고장 발생 경로 중의 각각의 사건[event]이 발생할 확률 등을 상세히 알고 있을 필요가 있다'[12] 요컨대 결함수 분석이 유효하게 기능하기 위해서는 모든 고장 가능성과 그 확률을 망라적인 동시에 상세하게 확정할 필요가 있는 것이다. 그러나 그러한 것이 과연 가능한 것일까? 이 점에 대해 『원전의 안전성에 대한 의문』은 다음과 같이 말하고 있다.

여기에 분명히 두 가지 문제가 존재한다. 첫째는 가능한 고장을 모두 확정해야만 한다는 점이다. 이 작업의 어려움은 분석해야 할 시스템의 복잡함에 직접 관계된다. 대단히 복잡한 시스템에서는 가능한 고장을 헤아리면 방대한 숫자가 될 것이다. 분석자는 언제나 자신이 '상정 가능'하다고 판단한 사건을 확정함으로써 만족해야만 했다. ……

12. Ibid., p. 10. 일역, 같은 책, 72~73쪽.

그와 같은 판정은 극도로 추론적인 성격의 것으로서 대단히 커다란 잘못으로 이끌 수 있다. 두 번째 분석상의 문제는 한정된 시간 내에 현재의 원자로와 같은 복잡한 시스템에서 일어날 수 있는 사고의 발생 경로와 시스템의 상호작용, 나아가서는 고장 모드의 경로에 대해 그 모두를 기술하는 수학적 모델을 개발하는 것이 도저히 불가능하다는 사실이다. 단적으로 말하자면, 분석자는 자신이 분석해야 할 실제 시스템을 자기 나름의 편향적인 방법으로 기술하고 그 분석 결과를 채색할 수 있는 것이다. 그것은 중대한 결과를 초래하는 약점이다.[13]

요컨대 결함수 분석은 '가능한 고장을 모두 확정하고', '사고의 발생 경로와 시스템의 상호작용, 나아가서는 고장 모드의 경로에 내해 그 모두를 기술하는' 것을 지향하지만, 실제로는 원전과 같은 거대 시스템의 복잡함 때문에 그와 같은 시도는 필연적으로 좌절하지 않을 수 없는 것이다. 따라서 결함수 분석은 분석자에게 있어 '상정 가능'한 범위, 즉 주관적인 범위에서밖에 사고 가능성을 평가할 수 없다. 그러나 앞에서도 말했듯이 사고란 원리적으로 '예측 불가능한' 또는 '상정 범위 밖의' 방식으로 시스템의 균열을 만들어내는 것이다. 따라서 결함수 분석이라는 방법은 원전과 같은 거대 시스템의 안전성을 평가하기에는 언제나 이미 불충분한 것일 수밖에 없다.

『원전의 안전성에 대한 의문』에 따르면, 결함수 분석의 개발자들이 의도한 것은 다음과 같은 분석을 사고에 대해 사후에서가 아니라 사전에 할 수 있는 방법을 만드는 것이었다.

(1) 시스템에 어떠한 변화가 있는 경우에도 그 안전성에 대한 영향을 평가할 수 있는 방법

● ●

13. Ibid., p. 11. 일역, 같은 책, 74쪽.

(2) 사고의 징후와 그 결과를 분석함으로써 특정한 고장과 사건의 위치를 분명히 하고 확인하기 위한 진단에 도움이 되는 평가 방법

(3) 시스템의 안전성을 정량적으로 계산하는 방법

(4) 완전한 안전성 분석이 이루어졌다고 입증하는 것[14]

그러나 항공우주 및 탄도미사일 계획에서의 현실적인 경험에서 결함수 분석은 (1), (2)의 역할에 대해서는 유효하다는 것을 보여주었지만, (3), (4)의 역할을 수행할 수는 없었다. 특히 그 과정에서 결함수 분석은 시스템의 안전성에 대해 신뢰할 만한 정량적인 예상을 할 수 없었을 뿐만 아니라 그 분석 결과가 완전한 것이라는 것을 입증할 수 없다는 것이 분명해졌다. 이로 인해 항공우주산업은 이러한 두 가지 역할에 대해 결함수 분석을 사용하기를 단념했다. 그럼에도 불구하고 라스무센 보고는 이러한 두 가지 역할에 대해서도 결함수 분석을 사용하고 있다.[15] 이것은 라스무센 보고에서 원전의 '안전 평가'가 신뢰성을 지니지 못한다는 사실을 보여준다.

이상에서 이야기한 결함수 분석의 문제점을 요약하면, 다음과 같다. 결함수 분석은 가능한 고장 모두를 망라하여 확정할 수 없다. 또한 결함수 분석은 사고의 모든 발생 경로를 기술할 수 없다. 따라서 결함수 분석 결과는 분석자의 주관적인 가정에 의존한다. 이 점은 '위험' 그 자체가 객관적인 것이 아니라 분석자의 상정에 의거한 주관적인 것이라는 것을 시사한다.

그러나 더욱더 중대한 문제가 남아 있다. 그것은 결함수 분석이 '공통 원인 고장'을 고려할 수 없다는 문제다.

----

14. Ibid., p. 10. 일역, 같은 책, 73쪽.
15. Ibid., p. 11. 일역, 같은 책, 73~74쪽.

1-2. 공통 원인 고장

결함수 분석은 사고에 즈음하여 사건 A, B, C, D ……(A의 펌프가 고장 나고, 그 상황에서 작동해야 할 B의 밸브가 작동하지 않으며, 나아가 C에 고장이 있고, 나아가 D의 안전장치가 작동하지 않는다……)가 각각 독립적으로, 즉 다른 것에 무관계하게 일어난다고 생각한다. 그렇다면 원전을 보호하는 다중방호가 무화되어 큰 사고에 도달하는 확률은 이러한 사건들이 발생할 확률의 곱셈으로 결정되게 된다. 따라서 확률 P는 다음과 같이 구해진다.

$$P = P_A \times P_B \times P_C \times P_D \times \cdots\cdots$$

$P_{A'}$, $P_{B'}$, $P_{C'}$, P_D ……가 각각 10분의 1보다 작으면, 그것들을 곱하여 도출되는 확률은 곧바로 수만분의 1, 수십만분의 1, 수백만분의 1이 된다. 그로부터 라스무센 보고와 같은 '원자력발전소가 대규모 사고를 일으키는 결과, 몇천, 몇만이라는 사람들이 죽음에 이를 정도의 사태는 1원자로당 연간 10억분의 1'이라는 극도로 낮은 사고 확률이 도출되는 것이다.[16] 그러나 여기서 더욱더 문제인 것은 다음의 점이다. 결함수 분석은 사고에 이르는 과정의 각각의 사태를 독립된 것으로서 다루기 때문에, 지진이나 화재 등의 요인에 의해 복수의 장치가 동시에 고장 나는 것과 같은 사태를 상정할 수 없는 것이다. 이러한 사태는 '공통 원인 고장'이라고 불린다. 공통 원인 고장은 다음과 같은 것들로 인해 일어날 수 있다고 생각된다.

(1) 환경에 의한 영향(화재, 습도, 압력, 오염 등)
(2) 부품 또는 재질의 노후화
(3) 중요한 매개변수의 어긋남

• •

16. 『거대 사고의 시대』, 86, 166쪽.

(4) (단발적인 또는 일련의) 사람의 실수

(5) (지진과 같은) 물리적 파괴

(6) 사보타주[고의적인 사고 유발 행위] 또는 테러리즘[17]

(1)부터 (4)는 '공통 모드 고장[common-mode failure]'(공통의 원인에 의해 이중 기기가 동일한 모드=양태로 동시에 고장을 일으키는 것)과 (5), (6)은 '공통 사건 고장[common-event failure]'(공통 사건의 결과로서 일어나는 고장)이라고 불린다.[18] 『원전의 안전성에 대한 의문』에 따르면, 공통 원인 고장의 정의는 다음과 같다.

> 하나의 사건 또는 주위 조건의 변화가 몇 개의 기기가 고장을 일으키는 공통 원인이 될 때, 그 결과로서 일어나는 사고를 공통 원인 고장이라 정의한다(주: 공통 원인 고장은 중복 기기의 다양한 부분에 마찬가지 모드의 고장을 일으킨다. …… 또는 지진과 같은 한 사건의 결과로서 많은 중복 시스템 또는 다양 시스템이 공통 사건 고장을 불러일으킨다).[19]

원전에서 원자로를 보호하는 안전 기능은 장치를 다중으로 배치하고 시스템을 다양화함으로써 확보된다고 생각된다(이른바 '다중방호'). 장치의 '중복성[redundancy]' 또는 '다중성[multiplicity]'이란 한 단위가 고장 난 경우에 다른 단위가 그것을 대신하도록 어떤 기능을 수행하는 장치를 복수로 준비해두는 것이다. 예를 들어 외부전원 상실에 대비하여 복수의 비상용 발전기를 준비해두는 것과 같은 대책이 그에 해당한다. 또한 시스템의 '다양성[diversity]'이란 하나의 기능을 수행하기 위해 서로 다른 시스템을

17. *The Risks of Nuclear Power Reactors*, p. 28. 일역 『원전의 안전성에 대한 의문 — 라스 무센 보고 비판』, 97쪽.
18. Ibid., p. 28. 일역, 같은 책, 97쪽.
19. Ibid., p. 27. 일역, 같은 책, 95쪽.

복수로 준비해두는 것이다. 예를 들어 원자로가 긴급 정지했을 때 원자로를 냉각하기 위한 비상용 노심 냉각장치ECCS를 각각 독립된 복수의 시스템으로 구성해두는 대책이 그에 해당한다. 그러나 지진이나 화재에 의해 공통 원인 고장이 일어나 이러한 다중화, 다양화된 안전장치가 동시에 작동 불가능해지면, 원전은 곧바로 위기 상황에 빠진다.[20]

후쿠시마 제1원전 사고에서는 지진과 쓰나미에 의해 외부전원과 다중화된 비상용 발전기가 일거에 상실되어 전원 전체의 상실이라는 사태에 빠지고, 전원에 의해 기능하는 다양화된 안전장치(ECCS의 복수 계통)가 모두 가동 불가능해졌다. 이것은 공통 원인 고장의 전형적인 동시에 최악의 실례이다. 또한 1975년의 미국 브라운즈페리 원전의 화재 사고에서는 케이블 주위의 공기가 새는 것을 조사하기 위해 사용된 작은 양초의 불에서 발단된 화재로 인해 1,600개의 케이블이 불타고 1호기의 비상용 노심 냉각계가 작동할 수 없게 되어 노심 용융 직전 상태에까지 도달했다. 라스무센 보고는 이 사고를 사후적으로 사고 국면의 일부분만을 추출하여 분석하고, 그 위험성을 과소평가하고 있다.[21]

이러한 사고들로부터 이해할 수 있듯이 공통 원인 고장은 원전의 다중화, 다양화된 시스템을 지진이나 화재와 같은 공통의 원인에 의해 무화하고 거대 사고를 불러일으킨다. 그러나 사고에 이르는 각각의 사태를 각자 독립된 것으로서 파악하는 결함수 분석은 다중화, 다양화된 시스템 모두를 동시에 무화시키는 것과 같은 공통 원인 고장 가능성을 적절히 평가할 수 없다. 특히 지진 다발국인 일본의 원전 위험평가에 있어 대지진과 같은 외부 요인이 불러일으킬 수 있는 공통 원인 고장 가능성을 적절히 평가할 수 없는 결함수 분석은 치명적인 결함을 지닌다고 말할 수 있다.

이처럼 원전과 같은 거대 시스템의 완전한 '안전 평가', 즉 위험평가는

• •
20. Ibid., p. 28. 일역, 같은 책, 97쪽.
21. Ibid., p. 33~34, 188~191. 일역, 같은 책, 103~105쪽, 256~261쪽.

결정론적인 방식에 의해서도 확률론적인 방식에 의해서도 불가능하다. 다시 말하자면 원전과 같은 거대 시스템은 그 내부에 언제나 예측 불가능한 시스템의 균열을 내포하는 것이다.

2. 정상 사고로서의 원전 사고

이 장의 서두에서 다룬 '정상 사고' 문제로 되돌아가자. 어떠한 시스템이 정상 사고 또는 시스템 사고에 빠지기 쉬운 것일까? 그리고 그것은 원전이라는 거대 시스템이 지니는 어떠한 성격과 관계되는 것일까? 페로에 따르면, 현대적인 거대 시스템은 (1) 복잡한 상호작용, (2) 우발적 사태로부터의 신속한 회복을 방해하는 긴밀한 결합이라는 두 가지 성질을 지니는 경향이 있으며, 따라서 정상 사고의 위험을 언제나 내포한다.

이제부터는 페로의 『정상 사고』와 페로를 독해하면서 원전에서의 '정상 사고' 문제를 고찰한 다카기 진자부로의 『거대 사고의 시대』를 참조하는 가운데 이러한 두 가지 특징에 대해 순서대로 살펴보고자 한다.

2-1. 복잡한 상호작용

페로는 『정상 사고』에서 시스템의 구성요소 간의 상호작용을 '선형적인 상호작용'과 '복잡한 상호작용'으로 나눈다. 우선 전자부터 살펴보자. 그는 선형적인 상호작용을 다음과 같이 정의하고 있다.

> 선형적인 상호작용이란 예상된 이미 알고 있는 생산 또는 보수 시퀀스에서의 상호작용이며, 계획 밖의 시퀀스에서도 지극히 가시적인 상호작용을 가리킨다.[22]

● ●

22. *Normal Accidents*, p. 78.

다카기 진자부로는 선형적인 상호작용의 예로서 자전거 운전을 들고
있다. '자전거 조종(운전)이란 다리와 타이어의 상호작용(이것으로 스피드
가 결정된다), 손과 지면의 상호작용(이것으로 방향이 결정된다)을 잘
제어하여 적당한 스피드로 안전한 방향으로 핸들을 잡는 가운데 그 균형에
서 운전을 유지하는 일이다. 자전거에도 상호작용은 있지만, 그 상호작용은
대체로 페로가 말하는 "직선적인linear" 것이다. "직선적"이라는 것은 관계가
단순하고 1 대 1의 대응이 이루어지며 손쉽게 파악될 수 있다는 것이다.'[23]
요컨대 선형적인 상호작용이란 자전거 운전처럼 관계가 단순하고 1 대
1로 대응하고 있는 것이자 그 메커니즘이 외부에서 보더라도 지극히
알기 쉬운 상호자용을 말한다.

그에 반해 복잡한 상호작용은 다음과 같이 정의된다.

> 복잡한 상호작용이란 미지의 복수 시퀀스의 상호작용 또는 계획도
> 예상도 되어 있지 않은 복수 시퀀스의 상호작용이며, 가시적이 아니거나
> 즉각적으로 이해할 수 없는 상호작용을 가리킨다.[24]

다카기는 이러한 복잡한 상호작용을 설명하기 위해 자전거 운전 중에
여느 때의 경험과는 다른 상호작용으로 인해 사고가 일어나는 예를 든다.
'자전거에서도 때때로 운전을 잘못해 넘어진다든지 한다. 그것은 예를
들어 길에 생각지도 못한 구멍이 있다든지 얼음이 펼쳐져 있다든지 하여
여느 때의 경험과 다른 상호작용을 타이어와 핸들이 할 때이다. 그러한
복잡한, 좀처럼 단순하게 상정할 수 없는 상호작용을 "복잡한complex" 상호
작용이라고 페로는 부른다.'[25] 요컨대 복잡한 상호작용이란 보통의 운전

• •

23. 『거대 사고의 시대』, 179쪽.
24. *Normal Accidents*, p. 78.

경험과는 다른 까닭에 즉각적으로 이해할 수 없는 상호작용이 복수의 시퀀스 사이에서 일어나는 일이다. 그러한 복잡한 상호작용은 다카기가 내놓고 있는 예와는 다르지만, 시스템이 복잡한 까닭에 밖으로부터는 직접적으로 관찰할 수 없는 경우가 많다(예를 들어 원자로 내부는 방사선량이 높고 쉽게 접근할 수 없는 까닭에, 그 움직임은 계기에 의해서밖에 관찰할 수 없다).

복잡한 상호작용을 불러일으킬 수 있는 '복잡한 시스템'의 특징은 페로에 따르면 다음과 같이 요약된다.

> (1) 생산 시퀀스에는 없는 분야들이나 단위들이 근접해 있다.
> (2) 생산 시퀀스에는 없는 복수의 구성요소들(부분들, 단위들, 서브시스템들) 사이에 많은 공통 모드 접속이 존재한다.
> (3) 미지의 것이거나 의도하지 않은 피드백 루프[피드백을 반복함으로써 결과가 증폭되어가는 것]가 존재한다.
> (4) 많은 제어 매개변수가 잠재적으로 상호작용할 수 있다.
> (5) 정보원이 간접적이거나 추정적이다.
> (6) 몇 가지 과정에 대한 이해가 한정되어 있다.[26]

페로는 복잡한 상호작용에 대해 이 중에서 두 개의 중요한 특징을 들고 있다. 첫 번째 특징은 '다중 기능(공통 모드 기능)'(요약의 (2))이다. 다중 기능이란 '어떤 구성요소가 다른 복수의 구성요소를 보조하고 있고, 그것이 고장 나면 복수의 "모드"가 고장 나는' 그러한 기능이다.[27] 하나의 다중 기능의 상실은 그것이 복수의 기능을 지니는 까닭에, 시스템 전체에

25. 『거대 사고의 시대』, 179쪽.
26. *Normal Accidents*, pp. 85~86.
27. Ibid., pp. 72~73.

파급되는 커다란 파탄을 불러일으키는 경우가 있다. 이러한 다중 기능에 관해 설명하기 위해 다카기는 원전에서의 물을 예로 든다.

비등수형 원전에서 냉각수는 겹겹으로 된 중요한 역할을 지닌다. 물론 첫째로는 냉각수로서의 책임인바, 노심을 냉각하여 가열을 피하는 책임이다. 그와 동시에 물은 열에 의해 증기가 되어 발전을 하는 이를테면 에너지의 매체 역할을 한다. 나아가 물은 감속재라고 불리며 중성자의 에너지를 떨어뜨림으로써 핵분열 반응을 일어나기 쉽게 한다. 요컨대 원자로의 제어에 있어 기본적으로 중요한 기능—반응의 제어와 열의 제어 양쪽에 물은 깊이 관계하는 것이다.

그리하여 수량이 변화하는 일이 있으면 다양한 영향이 나온다. 일반적으로 물의 유량이 감소하면 과열 상태로 되어 온도가 올라가고 증기는 늘어나지만, 그 상태에서는 감속 효과가 떨어져 반응이 내려가고 온도도 내려간다. 역으로 물의 유량이 늘어나면 냉각 효과는 올라가지만, 반응은 일반적으로 늘어난다. 이것은 전체적으로 본 경우이지만, 원자로 내의 각 부분에서는 좀 더 국소적인 반응 변화가 일어나고, 그 영향이 나오는 방식은 복잡하다.

이처럼 물 하나에서도 상호작용은 복잡하며, 예를 들어 물이 상실된다는 하나의 원인으로 인해 몇 개의 기능이 마비되는 일종의 공멸(공통 원인 고장)이 된다.[28]

원전에서 물이 수행하는 역할이 얼마나 중요한지를 우리는 후쿠시마 제1원전 사고에 의해 지겨울 정도로 깨닫게 되었다. 원자로를 냉각하는 물이 무언가의 이유로 상실되면(LOCA: 1차 냉각재 상실 사고), 원자로

• •

28. 『거대 사고의 시대』, 108쪽. 덧붙이자면, 다카기의 원문 속의 '공통 요인 고장'은 이 장의 다른 부분과의 통일을 위해 '공통 원인 고장'으로 변경했다.

반응 제어와 열 제어가 가능해지지 않게 되고, 원자로는 곧바로 위기 상황에 빠진다. 더 나아가 원자로를 무사히 정지시킬 수 있다 하더라도, 물이 없으면 연료봉이 지니는 여열을 냉각할 수 없게 되어 노심 용융의 위기에 직면하게 된다.

복잡한 상호작용의 두 번째 중요한 특징은 '인접성'이다(요약의 (1)). 페로에 따르면, 인접성이란 '우연하게도 대단히 인접해 있는 복수의 독립적이고 무관계한 서브시스템 사이의 예상하지 못한 접속으로 인해 계획도 예상도 되지 않고 선형적이지도 않은 상호작용이 일어난다'라는 것이다.[29] 요컨대 인접성이란 근접하여 배치된 복수의 독립된 구성요소가 예상하지 못한 상호작용을 일으킨다는 것이다. 인접성의 예로서 다카기는 화재나 방사능 누출에 의한, 인접한 구성요소 사이의 상호작용을 들고 있다.

현대의 거대 플랜트에서는 기능성과 공간의 효과적인 이용을 생각하여 기능들을 공간적으로 대단히 근접해서 촘촘하게 되도록 배치한다. 그러나 그러한 시스템의 한 곳에서 폭발이 있으면 곧바로 다른 부분도 손상된다. 화재도 마찬가지여서 라 아그 재처리공장의 화재 경우가 바로 그러했다. 이 "근접성"도 본래 설계자가 예상하지 못한 상호작용의 원인이 되며, 공멸이나 도미노 현상과도 연결되는 것은 쉽게 이해될 수 있을 것이다.

우리가 좀 더 덧붙인다면, 원전 사고에서는 방사능이, 화학 공장의 사고에서는 화학 독물이 사고 초기에 누출되기 시작하면, 이것이 제어실을 습격하는 경우가 있다(실제로 스리마일섬 사고에서도 체르노빌 사고에서도 제어실은 위기에 처했다). 이것도 하나의 "복잡한 상호작용"으로, 그렇게 되면 혼란은 증폭된다.[30]

● ●

29. *Normal Accidents*, p. 74.
30. 『거대 사고의 시대』, 181~182쪽.

실제로 후쿠시마 제1원전 사고 시에는 전원 전체의 상실(지진과 쓰나미로 인한 공통 원인 고장)로 인해 어두워진 중앙 제어실에서는 방사선량도 상승했다. 또한 배기를 시도하려고 해도 전원이 없는 상황에서는 수동으로 밸브를 열 수밖에 없었고, 더욱이 극도로 높은 방사선량 속에서 수동으로 밸브를 여는 작업은 극도로 어려웠다. 전원 전체의 상실(공통 원인 고장)과 방사선량의 상승(인접한 구성요소 간의 상호작용)이라는 위기 상황 속에서 원자로를 제어하는 것은 절망적으로 어려운 작업이었다고 할 수 있을 것이다.

2-2. 긴밀한 결합

다음으로 '긴밀한 결합'에 대해 살펴보자. 페로에 따르면, '긴밀한 결합'이란 두 개의 것 사이에 여유와 완충, 유연함이 존재하지 않는 것을 의미하는 기술 용어다. 한편에서 일어나는 것이 직접 다른 편에서 일어나는 것에 영향을 미친다.[31] 그는 긴밀한 결합의 구체적인 특징을 다음과 같이 요약하고 있다.

(1) 진행의 지체는 불가능하다.
(2) 시퀀스는 불변이다.
(3) 목표에 도달하기 위해서는 유일한 방법밖에 없다.
(4) 물자 공급, 장치, 직원에게 여유는 거의 허용되지 않는다.
(5) 완충이나 중복성은 의도적으로 내부에 설계되어 있다.
(6) 물자 공급, 장치, 직원의 대리는 한정되며, 내부에 설계되어 있다.[32]

● ●

31. *Normal Accidents*, pp. 89~90.
32. Ibid., p. 96.

요컨대 긴밀한 결합을 지니는 시스템은 구성요소 간의 관계가 극도로 밀접하게 구축되어 있고, 아주 자그마한 순서의 실수가 시스템 전체를 파탄시킬 정도로 커다란 장애를 초래하는 경우가 있는 것이다. 긴밀한 결합의 이러한 특징들을 다카기는 다음과 같이 구체적으로 설명한다.

현대의 첨단 시스템은 어느 것이든 대단히 긴밀tight하게 만들어져 여유가 없다. 어떤 압력이라든가 온도로 정해진 범위에 지극히 가까이에서 운전되고, 그것을 조금 벗어나자마자 사고가 되도록 만들어져 있다. ......

물론 어느 정도의 여유라는 것은 안전상 현대의 시스템에서도 필요하지만, 그 폭은 대단히 작다. 예를 들어 원전에서 제어봉을 잘못 뽑아내어도 좋은 개수는 기껏해야 한 개다.

화학 플랜트 등의 압력이나 온도도 정확히 정해진 값으로 제어되고 있고, 예를 들어 압력이 어느 정해진 얼마 안 되는 값만이라도 넘게 되면 감압 밸브 등이 자동으로 작동하여 압력을 낮춘다. 그러한 경우 일반적으로 시스템은 정교하게 만들어져 있다고 여겨지지만, 여유가 없는 그만큼 취약하다. 감압 밸브의 설정치가 조금 어긋나는 것만으로도 사고가 될 수 있다. 또한 이런 종류의 시스템은 시간적으로도 대단히 응답이 빠르다. 그런 만큼 시간적으로도 여유가 없고, 조작이 늦는다거나 하면 돌이킬 수 없게 된다.[33]

앞에서도 말했듯이 원전에서는 긴급 사태가 일어나는 경우, 원자로의 정지에 성공했다 하더라도 내부에 남겨진 연료봉은 열 붕괴를 계속한다. 따라서 원자로의 정지 후에도 연료봉을 계속해서 냉각하지 않으면, 몇 시간 만에 노심 용융을 일으킨다. 그러한 의미에서 원전이라는 시스템에는

●　●
33. 『거대 사고의 시대』, 182~183쪽.

여유가 없다. 이것은 연료의 연소를 그치면 안전성이 확보되는 화력발전과는 전혀 다르다. 이러한 여유, 완충 문제에 대해 페로는 다음과 같이 말한다. '긴밀하게 결합한 시스템에서 완충, 중복성, 대리는 내부에 설계되어 있어야만 하며, 미리 고려되어 있어야만 한다. 유연하게 결합한 시스템에서는 설령 미리 계획되어 있지 않더라도 응급적이고 순간적인 완충, 중복성, 대리가 발견될 기회가 좀 더 크다.'[34]

　실제로 완충, 중복성, 대리는 원전에서는 예를 들어 복수 계통의 긴급 노심 냉각 장치ECCS와 같은 형태로 설계되어 있다. 그러나 실제로는 사고 시에 긴급 노심 냉각 장치가 적절하게 기능한다고는 할 수 없다(또한 그때까지 한 번도 작동한 적이 없는 안전장치의 조작법을 조작원이 숙지하고 있다고는 할 수 없다). 오히려 큰 사고가 발생하는 것은 의도적으로 설계된 완충, 중복성, 대리가 모두 무화될 때인 것이다. 이처럼 긴밀하게 결합한 시스템에서는 미리 내부에 설계된 정도밖에 여유, 중복성, 대리가 없으며, 그것들이 무화되면 시스템은 완전히 파탄되어버린다. 그것은 선형적인 시스템에서 의도적으로 설계되어 있지 않더라도 완충, 중복성, 대리가 발견될 가능성이 있는 것과는 정반대다. 그러한 의미에서 원전과 같은 현대적인 거대 시스템은 그 내부에 극도로 심각한 '정상 사고'의 위험을 내포하고 있다.

2-3. 어떤 기술을 폐기할 것인가?

　지금까지 우리는 페로와 다카기를 따라서 정상 사고를 불러일으킬 수 있는 두 개의 요인, 즉 (1) 복잡한 상호작용, (2) 긴밀한 결합에 대해 상세히 분석해왔다. 그로부터 얻어진 결과를 이어받아 페로는 (1) 상호작용을 횡축에, (2) 결합의 긴밀함을 종축으로 하여 사분면의 매트릭스를 작성한다([그림 1]). 이 매트릭스의 제2분면에 위치하는 것이 상호작용이

• •

34. *Normal Accidents*, pp. 94~95.

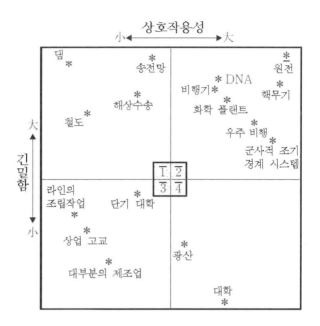

[그림 1] 시스템들의 성격 분석(*Normal Accidents*, p. 97. 『거대 사고의 시대』, 185쪽)

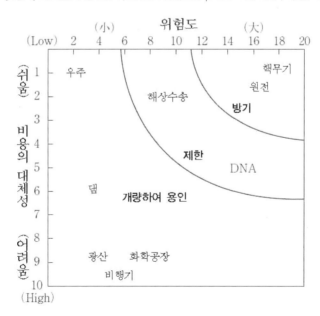

[그림 2] 기술 선택의 지표(*Normal Accidents*, p. 349. 『거대 사고의 시대』, 212쪽)

복잡하고 결합이 긴밀한 시스템이지만, 특히 핵무기와 원전이 제2분면의 오른쪽 위에 자리 잡고 있다는 점에 주의해야만 한다. 요컨대 이 시스템들은 가장 현대적인 거대 시스템임과 동시에 가장 '정상 사고' 가능성을 내포한 위험도가 높은 시스템이다.

이로부터 페로는 좀 더 분석을 진전시켜 사회적으로 어떠한 시스템을 수용하고 어떠한 시스템을 폐기해야 하는지 제안한다. 우선 그는 시스템이 대재앙적인 사고를 낳을 잠재적 가능성을 대재앙 잠재력으로 정의한다. 대재앙 잠재력은 하나의 사고가 많은 희생자를 내고 환경에 커다란 영향을 줄수록 높아진다. 그리고 각 시스템의 '정상 사고', 즉 시스템 사고의 잠재적 가능성과 대재앙적인 사고의 잠재적 가능성을 더하여 각 시스템의 위험도를 평가한다. 다른 한편으로 그는 그 시스템을 다른 기술로 치환할 때 어느 정도의 비용이 들어가는지를 평가한다. 그로부터 종축에 비용의 대체성, 횡축에 시스템의 위험도를 놓은 도표를 제시하는 것이다([그림 2]). 페로는 이 도표에 기초하여 위험도가 지극히 높고 대체 비용이 대단히 적은 시스템, 즉 핵무기와 원전을 내버릴 것을 제안한다.

우리는 이 페로의 제안에 완전히 찬성한다. 그 이유로서 다음의 두 가지 점을 제시해둔다. 첫째로, 우리가 이 장에서 살펴보았듯이 시스템의 위험평가는 언뜻 보아 객관적인 것으로 보이면서도 실제로는 평가자의 상정에 의거한 주관적인 것일 뿐이고, 완전히 객관적인 위험평가를 하는 것은 불가능하다. 그런 의미에서 몇 가지 위험평가의 결과(즉, 사고 확률)가 낮더라도 대재앙적인 사고가 일어나지 않는 것은 아니다. 둘째로, 객관적인 위험평가가 사실상 불가능하고 현대의 거대 시스템이 그 내부에 언제나 '정상 사고'의 잠재적 가능성을 내포하는 이상, 우리는 그것이 초래할 수 있는 대재앙의 잠재적 가능성에 따라 그 기술을 평가해야 한다.

여기서 우리는 장-피에르 뒤퓌에 의한 대재앙의 철학[35]과 자크 데리다

• •

35. Jean-Pierre Dupuy, *Pour un catastrophisme éclairé: Quand l'impossible est certain,*

에 의한 탈구축의 철학[36]을 염두에 두는 가운데, 위험을 계산 가능한 것의 영역에서, 그리고 대재앙을 계산 불가능한 것의 영역에서 파악할 것을 제안한다. 위험은 언제나 위험 분석을 거쳐 '계산 가능한 것'으로서 우리에게 제시된다. 그렇게 해서 도출된 위험은 결코 객관적인 것이 아니라 분석자의 상정에 의거하는 주관적인 것일 뿐이다. 다른 한편 핵무기와 원전 사고가 초래하는 대재앙은 인간과 환경에 대해 계산 가능성의 한도를 넘어선 엄청나게 커다란 영향을 줄 수 있으며, 우리는 그것을 '계산 불가능한 것'의 영역에서 파악해야만 한다. 따라서 대재앙을 위험 분석과 비용-편익 계산과 같은 계량적 접근에 의해 파악해야 하는 것은 아니다.[37]

여기서 원전 사고와 전쟁의 등가성, 원전과 핵무기의 등가성이라는 우리의 테제를 상기해야 할 것이다.[38] 원전은 일단 그것이 중대사고를 일으키면, 인간과 환경에 대해 전쟁에 필적하는 엄청나게 커다란 영향을 미치게 된다. 또한 원전이 사고를 일으킬 때 인간과 환경에 대해 엄청나게 커다란 영향을 주는 것은 원자력발전 메커니즘이 핵무기 메커니즘 그 자체인 핵분열 연쇄반응에 의거하기 때문이다. 핵무기나 원전 사고가 초래할 수 있는 대재앙이 인간과 환경에 '계산 불가능한' 정도의 방대한 영향을 주는 것인 한에서, 우리는 대재앙 가능성을 그 근본부터 잘라낼

• •

　Seuil, 2002. 일역, 『ありえないことが現實になるとき ─ 賢明な破局論に向けて(있을 수 없는 것이 현실로 될 때 ─ 현명한 파국론을 향하여)』, 桑田光平 · 本田貴久 옮김, 筑摩書房, 2012년.

36. Jacques Derrida, *Force de loi*, Galilée, 1994. 일역『法の力(법의 힘)』, 堅田研一 옮김, 法政大學出版局, 1999년. 덧붙이자면, 데리다는 『법의 힘』에서 법을 '계산 가능한 것'의 영역에서, 그리고 정의를 '계산 불가능한 것'의 영역에서 정의하고 있지만, 위험과 대재앙에 대해서는 논의하지 않는다. 우리는 여기서 데리다에게서의 '계산 가능한 것'과 '계산 불가능한 것'이라는 대립 개념을 참조하고 있다.

37. 원전 사고 피해에 대해 비용-편익 계산을 적용하는 것에 대해서는 제2부 제1장에서 상세히 논의했다.

38. 전자에 대해서는 제1부 제1장, 후자에 대해서는 제1부 제2장에서 상세히 논의했다.

필요가 있다. 그리고 그 방법은 핵무기와 원전을 완전히 폐기하는 것 이외에는 존재하지 않는 것이다.

제3부
구조적 차별 시스템으로서의 원전

제1장 전원3법과 지방의 종속화

 원전은 지금까지 다양한 억압 및 차별과 분리되기 어려운 형태로 설치되고 운전되어왔다. 예를 들어 원전은 거대 사고의 위험을 언제나 안고 있는 까닭에 도회지에 설치할 수 없으며, 주민이 아주 드물고 경제적으로 빈곤한 지방에 설치되는 경향이 있다. 또한 원전에서 일하는 노동자는 전력회사의 사원과 하청회사의 노동자 두 종류로 크게 구별할 수 있지만, 많은 논자에 의해 하청회사 노동자의 피폭량이 전력회사 사원의 피폭량보다 훨씬 많다는 사실이 지적된다.[1] 이러한 사실들은 원전이 모종의 권력관계에 의거하여 설치되고 운전된다는 점을 이야기한다. 그러면 왜 그러한 사태가 생겨나는 것일까? 그것은 원자력발전이 사용하는 핵에너지가 평상시와 사고 시에 상관없이 인간에게 대단히 위험한 성질을 지니며, 그러한 위험한 기술이 초래하는 위험은 자주 차별에 의거하여 불평등한

• •

1. 예를 들어 다음의 것을 참조. 堀江邦夫, 『原発ジプシー 増補改訂版 ― 被曝下請け労働者の記録(원전 집시. 증보 개정판 ― 피폭 하청노동자의 기록)』, 現代書館, 2011년(초판, 1979년), 340~341쪽. 이 점에 대해서는 제3부 제2장에서 상세히 논의한다.

형태로 분배되기 때문이다. 우리는 이러한 역전 불가능한 권력관계에 의거한 차별을 개개인의 주관적인 차별과 구별하기 위해 구조적 차별 시스템이라 이름 짓고자 한다. 제3부에서 우리는 원전을 구조적 차별 시스템으로서 자리매김한다.

이 장에서는 전원3법 교부금 시스템의 차별적 본질에 대해 고찰하고, 그 시스템을 이용하여 주민이 드물고 빈곤한 지방에 원전을 설치하는 것, 그리고 그것이 초래하는 위험의 편재와 같은 구조를 밝힌다. 우리는 이러한 구조를 국가의 핵에너지 정책에 대한 지방의 종속화라는 관점에서 분석하고, 결론으로서 그 구조에 대한 탈종속화 가능성을 모색한다.

1. 전원3법이란 무엇인가?

전원3법이란 1974년 6월에 성립한 「전원개발 촉진세법」, 「발전용 시설 주변 지역 정비법」, 「전원개발 촉진 대책 특별회계법」의 3법을 총칭한 것이다. 이 법률들은 그 전해의 제1차 오일쇼크를 이어받아 에너지 공급을 원자력–핵에너지로 전환하기 위해 제3차 다나카 가쿠에이 내각이 입안한 것이다. 이 절에서는 주로 재정학을 전문으로 하는 경제학자 시미즈 슈지의 『원전에 여전히 지역의 미래를 맡길 것인가?』에 의거하여 전원3법이라는 제도의 차별적 본질에 대해 고찰한다.

전원3법 시스템은 다음과 같은 것이다. 우선 「전원개발 촉진세법」에 의해 '전원개발 촉진세'라는 세금을 전력 소비량에 비례하는 형태로 전력 회사에 과세한다. 전력회사는 그것을 전기요금에 전가하기 때문에 실제로 세금을 부담하는 것은 전력을 소비하는 세대나 기업이 된다.

전원개발 촉진세는 「전원개발 촉진 대책 특별회계법」에 의해 만들어진 특별회계로 이행되고, 「발전용 시설 주변 지역 정비법」에 기초하여 발전소 가 입지해 있는 현이나 시·정·촌에 교부금으로서 지급된다. 이 법률은

수력발전, 화력발전, 원자력발전을 대상으로 하고 있지만, 원자력발전에서 가장 지급액이 많아진다.[2]

이 시스템은 도대체 무엇을 목적으로 하는 것일까? 성립 당시 통산장관인 나카소네 야스히로는 전원3법의 목적을 1974년 5월 15일의 국회 답변에서 다음과 같이 설명하고 있다.

> 전원개발을 촉진하여 국민이 요구하는 전력 수요에 부합하도록 공급체계를 만들어두는 것은 통산성의 책임입니다만, 지금의 정세를 보면, 전원을 만들 때 댐을 만들거나 아니면 원자력발전소를 만들거나 하는 곳의 주민 모두는 사실은 상당한 미혹에 사로잡히게 됩니다. 집을 이전해야 한다거나 공해의 위험성이 나온다거나 하는 것과 같은 다양한 비난이 있습니다. 그러나 그리해서 미혹을 받아들여 발전소가 만들어지더라도 전기요금이 특별히 싼 것은 아닙니다. 그러한 면에서 주민 모두에게 대단히 많이 미혹을 불러일으키는 곳이기 때문에, 그래서 주민 모두에게 어느 정도 복지를 돌려주지 않으면 균형이 잡히지 않습니다. 또한 전원의 개발도 촉진되지 않습니다. 그러한 균형의 의미도 있어서 이번의 주변 정비법[=발전용 시설 주변 지역 정비법]을 상정하게 된 것입니다.[3]

요컨대 원전을 건설하면, 입지 자치단체에 '공해의 위험성'과 같은 '미혹'을 불러일으키게 되기 때문에, 전원3법에 의해 주민에게 '복지를 돌려주지 않으면 균형이 잡히지 않으며', '또한 전원의 개발도 촉진되지 않는다'라는 것이다(덧붙이자면, 여기서 정부가 이미 원전이 초래하는 '공해의 위험성'

- -

2. 清水修二, 『原發になお地域の未來を託せるか(원전에 여전히 지역의 미래를 맡길 것인가?)』, 自治体研究社, 2011년, 74~75쪽.
3 「중의원 상공위원회 회의록」, 1974년 5월 15일. 아래의 인용에 따른다. 『원전에 여전히 지역의 미래를 맡길 것인가?』, 75~76쪽.

을 명확히 인지하고 있다는 점에 대해서는 주의가 필요하다). 이로부터 시미즈 슈지는 전원3법이란 '공해의 위험성'을 지니는 원자력발전소의 설치에 대해 지역 주민에게 지불하는 '미혹료'라고 지적한다.[4] 그러나 우리의 관점에서는 전원3법을 지역 주민에 대한 단순한 '미혹료'로 간주할 수 없다. 우리는 오히려 전원3법을 국가가 그 핵에너지 정책에 원전 입지 지역을 종속화하고, 그 종속화를 재생산하기 위한 유력한 수단이라고 정의한다.

전원3법의 특징을 상세히 살펴보자. 시미즈 슈지는 『원전에 여전히 지역의 미래를 맡길 것인가?』에서 경제산업성 자원에너지청이 발행한 『전원 입지 제도의 개요』[5]라는 책자를 참조한다. 그 서두에 놓인 출력 135만 킬로와트의 대형 원전을 1기 유치한 경우의 교부금 지급 모델([그림 1])을 참고해보자. 그 모델에 따르면, 입지 자치단체와 인접 자치단체에 원전 운전을 개시하기 전후의 45년에 걸쳐 총액 1,215억 엔의 교부금이 지급되게 된다. 시미즈에 따르면, 여기서 주의해야 할 점은 다음의 네 가지 점이다.[6]

첫째, 전원3법 교부금은 어디까지나 '교부금'이며, 원전 운전을 개시하면 전원3법 '교부금'과는 별도로 방대한 고정 자산세가 지방세로서 원전 입지 자치단체에 들어온다. 다만 이에 대해서는 다음과 같은 주의해야 할 점을 지적해둘 필요가 있다. 원전은 거대한 기계인 까닭에, 그 가치는 감가상각에 따라 해마다 감소하며, 따라서 고정 자산세도 해마다 감소해간다. 예를 들어 출력 100만 킬로와트의 원전 1기를 유치한 경우의 고정 자산세 수입 모델([그림 2])을 참조하면, 운전 첫해에는 36억 엔에 이르는 고정 자산세가 운전 20년째에는 1.5억 엔 정도로까지 축소된다는 것을 알 수 있다.

• •

4. 같은 책, 75~76쪽.
5. 經濟産業省資源エネルギー庁, 『電源立地制度の概要』, 2010년. 다음에서 열람 가능. https://www2.dengen.or.jp/html/leaf/seido/seido.html
6. 『원전에 여전히 지역의 미래를 맡길 것인가?』, 89~92쪽(우리의 관점을 덧붙인 요약).

둘째, 교부금은 원전의 운전 개시 이전 단계에서 오히려 많이 지급된다. [그림 1]에서는 10년째가 운전 개시 연도로 되어 있지만, 전원3법 교부금은 '환경영향평가 다음 해'부터, 즉 건설이 아직 정식으로 결정되지 않은 단계로부터 공포되기 시작하며, 공사가 착공되는 해부터 그 금액은 갑자기 크게 뛰어오른다. 왜냐하면 본래 전원3법 교부금이란 원전이 가동을 시작하여 고정 자산세가 들어오기까지 사이에 입지 자치단체에 선제적으로 막대한 수입을 보증하는, 이를테면 원전 입지의 '인센티브(유인)'를 주는 역할을 하는 것이었기 때문이다. 따라서 고정 자산세를 앞당겨 쓰는 것으로서 착공 시점부터 교부금이 지급된다.

셋째, 원전의 운전 개시까지는 교부금 액수가 산 모양으로 불룩해져 있지만, 운전 개시 후에는 그것보다는 훨씬 낮은 평탄한 수준에서 안정된다. 전원3법은 제정 시에는 '전원 입지 촉진 대책 교부금'을 지급하는 제도이며, 고정 자산세가 들어오게 되면 교부금은 불필요해진다는 사고방식에 따라 이 교부금의 교부 기한은 원전의 운전 개시까지로 제한되어 있었다(현재는 운전 개시로부터 5년 후까지로). 그러나 기한이 되면 중단되는 이 교부금에 대해 입지 자치단체로부터 불만의 목소리가 커지게 되었기 때문에, 정부는 원전의 운전이 이어지는 한에서는 계속해서 교부금을 지급하기로 했다.

넷째, 원전이 노후화하면, 교부금은 증가하는 짜임새로 되어 있다. 이것은 신규 원전 건설이 어려워지는 가운데 원전의 수명을 연장하고, 지역에 대해 그에 동의하는 인센티브를 제공하고자 하는 목적에 따라 이루어졌다고 생각된다. 원전은 노후화하면 할수록 사고 위험이 늘어나게 되지만, 정부는 전원3법 교부금에 의해 노후화된 원전을 계속해서 운전하도록 입지 자치단체에 동기를 부여하고 있다.

이러한 네 가지 점으로부터 우리는 전원3법의 본질을 다음과 같이 명확히 할 수 있다. 전원3법 교부금과 고정 자산세를 결합한 원전 입지 자치단체에 대한 거액의 이익 유도 시스템은 경제적으로 빈곤한 지방

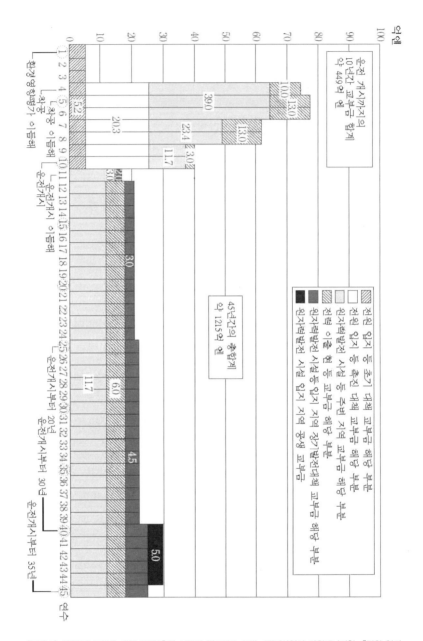

[그림 1] 전원3법 교부금 지급 모델(출력 135만 킬로와트 1기) (경제산업성 자원에너지청, 『전원 입지 제도의 개요』로부터 작성, 『원전에 여전히 지역의 미래를 맡길 것인가?』, 90쪽)

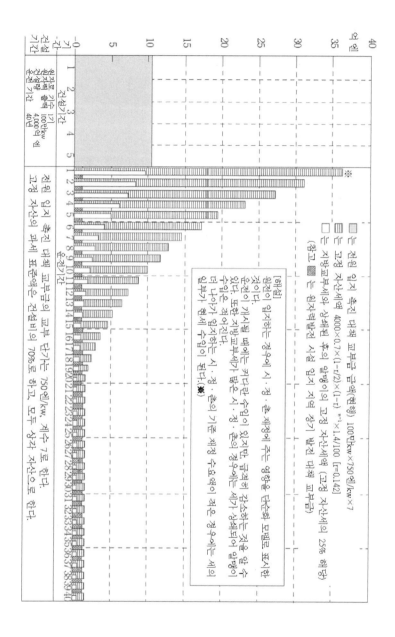

[그림 2] 고정 자산세 수입, 전원 입지 촉진 대책 교부금 지급 모델(출력 100만 킬로와트 1기) (전국 원자력발전소 소재 시·정·촌 협의회, 1998년. http://www.zengenkyo.org/ayumi/koufukin.html)

자치단체에 대해 방대한 수입을 보증하여 원전 입지의 인센티브를 줌으로써 경제적 권력에 의해 지방을 종속화하고, 나아가 그 종속화를 장기적으로 재생산하기 위한 시스템이다. 일단 이 시스템에 짜 넣어지면 원전 입지 자치단체는 원전 입지에 의해 주어지는 방대한 수입에 의거하여 재정 규모를 확대하고 수많은 공공사업을 벌일 수 있게 되지만, 원전의 운전 개시 후 일정 기간이 지나면 그 수입은 감소하고 재정적으로 곤궁한 까닭에, 새로운 수입원으로서 또 다른 새로운 원전을 유치할 수밖에 없다. 이러한 이익 유도 시스템은 이를테면 경제적 권력에 의해 지방을 마약 중독 환자처럼 원전에 의존하게 만들고 그 의존으로부터 빠져나오지 못하도록 계속해서 종속시키는 것이다. 실제로 경제산업성은 2016년도부터 원전을 재가동하는 자치단체에 전원3법 교부금을 중점 배분하고, 원전이 정지해 있는 자치단체에는 교부금을 삭감한다는 방침을 내놓고 있다. 이것은 전원3법 교부금에 의해 원전 입지 자치단체에 원전 재가동 인센티브를 준다고 하는 조치일 뿐이다.[7]

또한 주민이 적은 지방의 소규모 경제에 대해 지나치게 거대한 경제 규모를 지니는 원자력발전소를 건설하는 것은 지방 경제를 급속히 팽창시킴과 동시에 그 경제를 원전에만 의존하는 것으로 급격하게 단작 경제화하고, 지역 경제를 원전에 대한 의존에서 벗어날 수 없게 한다.[8]

이처럼 전원3법 교부금과 고정 자산세를 결합한 이익 유도 시스템은 국가가 경제적으로 빈곤한 지방을 경제적 권력에 의해 종속시키는 경제적 종속화 시스템이다. 그리고 이와 같은 국가와 지방의 관계에는 역전 불가능한 경제적 권력관계가 개재되어 있다. 우리는 국가와 지방 사이의 이러한 경제적 권력관계를 그것이 역전 불가능한 구조적 비대칭성이라는 의미에서 구조적 차별 시스템이라고 부른다.

●●

7. 「原発再稼働の自治体に重點配分 電源交付金, 停止は削減方針(원전 재가동 자치단체에 중점 배분. 전원 교부금, 정지는 삭감 방침)」, 共同通信, 2014년 12월 23일.
8. 『원전에 여전히 지역의 미래를 맡길 것인가?』. 제4장 「원자력발전과 지역의 장래」.

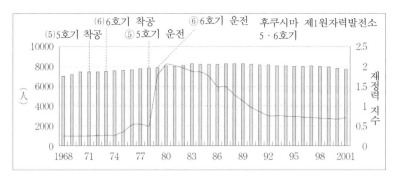

[그림 3] 후타바마치의 인구 및 재정력 지수의 추이(全國原子力發展所在市町村協議会, 1998년. http://www.zengenkyo.org/ayumi/suii02.html

　그 구체적인 예로서 후쿠시마현 후타바마치를 들어보자. 후타바마치에는 후쿠시마 제1원전의 5호기, 6호기가 입지해 있으며, 그 때문에 원전 사고 후인 현재는 그 모든 구역이 피난지시 구역으로 지정되고, 주민은 일본 각지로 집단 이주를 강요받고 있다. 후타바마치 전 주민이 사이타마현 기사이 고등학교로 피난하게 된 것을 다룬 다큐멘터리 영화『후타바에서 멀리 떠나』의 감독 후나하시 아쓰시船橋淳는 원전 설치와 후타바마치 경제 상황의 관계 추이를 다음과 같이 기술하고 있다. 후타바마치는 원전 입지 이전에는 '후쿠시마현의 티베트'라고 불리는 가난한 농촌 지대였다. 이곳에는 커다란 산업도 없었고, 도시로 가서 돈벌이하는 것이 그곳 주민들의 생활을 지탱하고 있었다. 그러나 1970년대에 후타바마치는 원전 입지로 얻어진 재정 수입으로 급속히 풍요로워지며, 공공사업(도서관, 체육관, 커뮤니티 센터, 후타바마치 청사, 바다의 집, 종합 운동 공원 등의 공공시설과 도로나 하수도 설비 등의 건설)을 증대시키고 재정 규모를 확대했다. 그러나 그와 같은 풍요는 오래 이어지지 않았다. 원전이 운전을 개시한 후 재정 수입은 서서히 감소해갔음에도 불구하고 후타바마치는 재정 규모를 계속해서 유지했기 때문이다. 그리고 공공시설의 유지비와 벌여놓은 공공사업비가 무거운 부담이 되고, '1980년대 후반부터 재정은 악화 일로를 걸으며, 지출의 30% 이상을 빚을 갚는 데 충당할 수밖에 없는 재정 파탄 직전으로 화한다.'[9] 실제로 후타바마치의 재정력 지수[10] 추이를 보면([그림 3]), 후쿠시마 제1원전 5호기의 운전 개시 다음 해인 1979년부터 급격히 상승하여 1980년에 2를 넘어서서 정점에 도달하지만, 그 후 서서히 하강하여 1990년에는 1보다 떨어진다는 것을 알 수 있다.

이리하여 후타바마치는 1990년에는 원전 관계 수입의 감소로 인해 지방교부세 비교부 단체에서 교부 단체로 다시 돌아간다. 이러한 사태에 호응하여 후타바마치 의회는 1991년에 「원전 증설 유치 결의」에 의해 후쿠시마 제1원전 7호기, 8호기의 유치를 결의하게 된다. 이 결의는 다음과 같이 말하고 있었다.

후타바마치는 …… 국가적 사명 가운데 전국 유수의 전력 공급 기지의 일익을 담당하여 전력의 안정 공급과 지역 경제의 진전에 크게 공헌하고 있는 곳입니다. …… 이러한 원자력발전소 건설을 커다란 계기로 하여 생활 기반들의 정비도 진전되고, 또한 10여 년에 걸쳐 주민 소득도 현 내 최상위로 약진하고, 경제뿐만 아니라 교육 · 문화 · 의료 · 교통 · 산업 등 모든 면에서 크게 비약적인 발전을 이루었습니다. 그러나 원자력발전소의 건설도 종료되고, 쇼와 49년도에 제정된 전원3법 교부금 제도의 적용도 후타바마치에서는 쇼와 62년도에 종지부를 찍고,

• •

9. 船橋淳, 『フタバから遠く離れて ― 避難所からみた原発と日本社會(후타바에서 멀리 떠나 ― 피난소에서 본 원전과 일본 사회)』, 岩波書店, 2012년, 49~51쪽. 山川充夫, 「福島原発地帶の經濟現況について(후쿠시마 원전 지대의 경제 현황)」, 『東北經濟』 제82호, 福島大學東北經濟硏究所, 1987년.

10. 재정력 지수란 기준 재정 수요액(지방 공공단체를 운영하는 데 필요한 표준적인 지방세 수입)에 대해 기준 재정 수입액(지방 공공단체의 자주 재원)이 어느 정도 있는지를 보여주는 지표이며, 후자를 전자로 나누어 얻어진 수치의 3년간의 평균치를 말한다. 재정력 지수가 1을 넘으면 자주 재원이 풍부한 자치단체로 간주하고, 국가로부터 지방교부세 교부금이 교부되지 않는다. 지방교부세 교부금이란 지방 공공단체 재정력의 불균형을 조정하기 위해 국가로부터 지급되는 교부금이다.

또한 대규모 상각 자산세 수입도 쇼와 58년도를 정점으로 하여 해마다 감소의 길을 걸어 엄혹한 재정 운영 상태가 되었습니다. …… 따라서 후타바마치 의회는 이후 또다시 도쿄전력주식회사 후쿠시마 제1원자력 발전소의 후타바마치 부지 내 여유지를 활용하여 원자력발전소의 건설을 바라는 바입니다.[11]

이 「원전 증설 유치 결의」는 전원3법 교부금과 고정 자산세를 결합한 이익 유도 시스템이 국가의 핵에너지 정책에의 종속화 시스템이라는 것, 그리고 일단 그 시스템에 짜 넣어지면, 원전 입지 자치단체는 종속화의 재생산 과정으로부터 결코 벗어날 수 없다는 것을 명료하게 그려내고 있다. 실제로 후타바마치는 이 결의 후에 7호기와 8호기의 증설을 받아들여 거대화한 재정 규모를 계속해서 유지했다. 2002년, 도쿄전력의 후쿠시마 제1, 후쿠시마 제2, 가시와자키카리와 원전의 정기 점검에서 고장 은폐가 발각됨에 따라 후타바마치는 일단 7호기와 8호기의 증설 유치를 동결한다. 그러나 2005년에 촌장에 취임한 이도가와 가쓰타카井戸川克隆는 지출 삭제와 수입 증가를 목적으로 한 재정 개혁을 단행하고, 그에 따라 7호기와 8호기의 증설 동결을 해제한다. 그리고 후쿠시마 제1원전 사고가 발생한 것은 7호기와 8호기의 증설 공사가 착공되기 한 달 전의 일이었다.

2. 구조적 차별 시스템과 위험의 편중

다음으로 우리는 전원3법 교부금 시스템을 경제학적 관점에서 어떻게 파악할 수 있는가 하는 점에 대해 고찰해보고자 한다. 시장주의적인 견지에

● ●

11. 다음의 인용에 따른다. 清水修二, 「電源立地促進財政の地域的展開(전원 입지 촉진 재정의 지역적 전개)」, 『福島大學地域研究』, 제3권 4호, 1992년, 611쪽.

서 생각하면, 전원3법 교부금 시스템이란 원전 사고가 초래하는 환경 파괴 위험이라는 '위험의 분배'와 전원3법 교부금이 가져다주는 원전 입지 자치단체에 대한 방대한 수입이라는 '이익의 분배'의 상반관계를 시장 거래의 원리에 의해 조정하고자 하는 것이다. 그 메커니즘을 시미즈 슈지는 다음과 같이 설명한다.

전력 소비가 늘어나 원자력발전의 필요성이 높아지면, 좀 더 많은 원전을 좀 더 원격지에 건설할 수밖에 없게 되며, 그 사회적 입지 비용은 상승한다. 세계의 어딘가에서 원전 사고가 발생하거나 국내에서 도 이런저런 사고나 고장이 일어나거나 하는 경우 주민의 저항이 늘어나 입지는 어려워진다. 원전 입지의 '시세'는 올라가는 것이다. 그리하여 '미혹료'인 전원개발 촉진세의 지출이 많아진다. 역으로 경제성장이 둔화하여 전력 수요가 줄어들거나 아니면 지역 경제의 침체로 농촌의 피폐에 박차가 가해지거나 하면, 원전은 '매주賣主 시장'으로 전환하여 만들기 쉬워진다. 따라서 전원개발 촉진세의 지출은 줄어들 수 있다. 가령 발전소에 대한 수급의 핍박과 완화 상황에 따라 전원개발 촉진세 의 세율을 자유롭게 변동시킬 수 있다면, 바로 위험의 지역적 배분을 둘러싼 마찰은 시장 원리의 토양 위에서 해결될 수 있게 된다. 농촌이 제공하는 '환경'을 도시의 납세자가 세금으로 구입하는 것이다. …… 실제로는 …… 목적세인 전원개발 촉진세는 좀처럼 감세로 되지는 않기 때문에 가격 메커니즘이 완전하게 작동하지 않지만, 이 제도의 본질을 경제 이론적으로 자리매김한다면, 다름 아닌 재정을 통한 위험 배분의 시장주의적인 조정을 노린 시스템이다.[12]

● ●
12. 清水修二, 『原発とは結局何だったのか(원전이란 결국 무엇이었던가?)』, 東京新聞出版局, 2012년, 116쪽, 덧붙이자면, 원문의 '전촉세'는 '전원개발 촉진세'로 변경했다.

간단히 말하자면, 이 입장은 원전이 초래하는 사고 위험과 전원3법이 원전 입지 자치단체에 가져다주는 이익의 상반관계 조정을 수요와 공급의 관계로부터 설명하는 것이다. 전력 수요가 증대하면, 원전 입지 필요성이 높아져서 지방의 원전 입지 자치단체에 지급되는 전원개발 촉진세의 지출은 증대한다. 전력 수요가 감소하면, 원전 입지 필요성이 낮아져서 전원개발 촉진세의 지출은 감소한다. 또한 원전에서의 고장이나 사고의 발생은 주민에게 사고 위험을 의식하게 만들기 때문에, 원전 입지에 대한 지방 주민의 저항이 증대하고 전원개발 촉진세의 지출은 증대한다. 지역 경제 침체로 인해 지방의 경제적 곤궁 정도가 높아지면, 전원 입지에 대한 주민의 저항이 감소하고 전원개발 촉진세의 지출은 감소한다. 이와 같은 생각에 기초하게 되면, 전원3법 교부금 시스템은 위험 분배와 이익 분배의 관계를 시장 거래로 해결할 수 있다는 것이 된다.

그러나 당연한 일이지만 실제로는 그 정도로 단순하게 진행되지 않는다. 그것은 우리가 앞 절을 통해 확인해온 대로이다. 우선 시미즈에 의한 판단에서부터 살펴보자. 그는 전원3법 교부금의 경제학적 해석을 다음의 세 가지 점에서 비판한다.

(1) '환경'은 노동 생산물이 아니며 본래 매매할 수 있는 것이 아니다. 또한 원전이 초래할 수 있는 환경 손실은 장래에 일어날지도 모르는 손실, 즉 확률론적 위험이며 그것을 수량적으로 나타내는 것은 불가능하다. 앞 세대가 매매한 '환경'에서 다음 세대가 원전 사고에 의해 고생하는 일이 있을 수 있다면, 그것은 '환경'이라는 본래 매매할 수 없는 것을 매매하고자 했기 때문이다.

(2) 이러한 거래 시장의 당사자, 즉 국가와 원전 입지 자치단체는 서로 대등한 관계에 있지 않다. '마약 거래'처럼 빈곤한 지방이 국가에 의존하는 관계가 생겨나는 구조로 되어 있다. 그런 의미에서 지역 격차의 존재는 원자력 시설의 사회적 필요조건이다.

(3) 농촌의 '환경'을 구매하는 돈을 실제로 부담하는 것은 전력 소비자임에도 불구하고 전력회사가 그것을 명시하지 않고 있는 까닭에, 소비자에게는 전기요금을 냄으로써 전원3법 교부금의 자원을 제공하고 있다는 자각이 전혀 없다. 거래의 본래 당사자가 거래하고 있다는 자각을 지니지 않는 것이라면, 시장 원리가 제대로 기능할 리가 없다.[13]

우리는 이러한 세 가지 점에 대한 지적에 완전히 동의한다. 그리고 특히 두 번째 점은 우리의 논점과 완전히 겹쳐진다. 전원3법 교부금 시스템은 결코 위험 분배와 이익 분배의 조정을 목적으로 한 시장 거래 시스템이 아니라 풍요로운 도시와 빈곤한 지방 사이의 경제 격차, 즉 역전 불가능한 경제적 권력관계에 의거하여 빈곤한 지방에 원전을 입지하게 만드는 구조적 차별 시스템이자 경제적 권력에 의한 지방의 종속화, 국가의 핵에너지 정책에 대한 지방의 종속화 시스템이다. 그렇다면 이와 같은 윤리적 문제를 초래하는 전원3법 교부금 시스템은 곧바로 폐지해야 하며, 그 재원인 전원개발 촉진세는 탈원전을 실현하기 위해 후쿠시마 제1원전 사고의 사고 처리와 원전 전체의 폐로 작업에 사용되는 '탈원전세'로 바꿔 짜여야 할 것이다.[14]

• •

13. 같은 책, 117~119쪽. 清水修二, 『NIMBYシンドローム考 — 迷惑施設の政治と經濟(님비 신드롬 고찰 — 미혹 시설의 정치와 경제)』, 東京新聞出版局, 1999년, 173~175쪽(우리에 의한 요약).

14. 이 점에 대해서는 결론에서 다시 논의한다. 덧붙이자면, 시미즈 슈지는 『원전이란 결국 무엇이었던가?』, 제4장 「전원3법은 폐지해야 한다」에서 전원3법 교부금의 폐지를 제안하고, 재정학적 견지에서 목적세인 전원개발 촉진세를 보통세인 '환경세'로 다시 짜자고 주장한다. 그러나 우리는 오히려 전원개발 촉진세를 후쿠시마 제1원전 사고의 사고 처리와 원전 전체의 폐로 작업이라는 목적에 한정된 '탈원전세'로 전환해야 한다고 생각한다. 예를 들어 독일에서 '환경세'는 에너지 소비를 억제하기 위해 부과되는 일반세이지만, 그 세수의 대부분은 사회보장 재원으로서 기업의 사회보장 부담을 경감하기 위해 사용된다. 그러나 후쿠시마 제1원전 사고라는 대재앙적인 사고를 일으킨 일본에서는 사고 처리와 탈원전을 위한 비용을 국민 전체가 부담할 필요가 있으며, 그렇게 하기 위해서는 구조적 차별의 수단이었던 전원개발 촉진세를

이러한 구조적 차별 시스템에 대해 좀 더 깊이 고찰하기 위해 환경경제학자 데라니시 준이치寺西俊一의 『지구 환경 문제와 정치경제학』을 참조하고자 한다. 이 구조적 차별 시스템은 선진국과 발전도상국 사이에 존재하는 구조적 차별 시스템과 전적으로 동일한 형태다. 조금 더 거슬러 올라가면 그것은 종주국과 식민지 사이에 존재하는 구조적 차별 시스템을 반복한 것이다.

그 책에서 데라니시는 '공해 수출'을 '위험물·유해물을 포함하는 환경 오염원 또는 직접적인 환경 파괴 행위의 대외 이전'[15]으로 정의한다. 요컨대 '공해 수출'이란 환경 부하(환경에 악영향을 주는 물질이나 공정)를 풍요로운 지역으로부터 가난한 지역으로 이전시켜 그 위험을 가난한 지역에 부담시키는 것이다.

데라니시는 '공해 수출'을 좀 더 상세하게 다음의 세 가지 요소로부터 기술하고 있다.

(1) 위험물·유해물의 대외 수출
(2) 위험 공정·유해 공정의 대외 이전
(3) 공과 사를 포함한 대외 활동들에서 안전·위생·환경상 배려의 차별적 경시[16]

이 경우 (1), (2)와 같은 현상이 (3) 아래에서 발생한다는 점에 주의할

'탈원전세'로 전환하여 탈원전을 위해 사용하는 것이 가장 합리적인 방법일 것이다. 독일처럼 '환경세'를 사회보장 재원으로서 사용하는 것과 같은 여유는 후쿠시마 제1원전 사고 후의 일본에는 없는 것이다. 물론 후쿠시마 제1원전을 포함하는 원전 전체의 폐로 작업이 종료되어 목적세로서의 '탈원전세'가 불필요해질 때에는 그것을 '환경세'로 다시 짤 수 있을 것이다.

15. 寺西俊一, 『地球環境問題の政治經濟學(지구 환경 문제와 정치경제학)』, 東洋經濟新報社, 1992년, 92쪽.
16. 같은 책, 92쪽.

필요가 있다고 데라니시는 주를 달고 있다. (3)에서 데라니시는 공해 수출이 발전도상국에 대한 '차별적 경시'에 기초한다고 지적하고 있지만, 우리는 그 '차별'이 데라니시가 시사하는 것과 같은 주관적인 것이 아니라 선진국과 발전도상국 사이의 역전 불가능한 경제적 권력관계에 의해 규정된 구조적인 것이라고 생각한다(물론 구조적 차별로부터는 주관적 차별이 파생될 수 있다). 그렇게 생각하게 되면, (1)과 (2)의 현상은 바로 발전도상국에 대한 구조적 차별로 인해 야기되고 있다.

그렇다면 (3)의 구조를 토대로 하여 (1)과 (2)가 왜, 어떻게 해서 발생하는 것일까? 데라니시는 그 점을 다음과 같이 분석한다.

> 우선 거기에는 기본직으로 두 개의 요인이 얽혀 있다. 하나는 이미 이야기한 이중 기준, 즉 선진국과 도상국 사이에서의 현실적인 '규제 격차'의 존재다. 그러나 이것은 '공해 수출'이 발생할 수 있는 '가능적 조건'인 데 지나지 않는다. …… 사실은 거기에 또 하나의 요인이 얽혀 있다는 점이 중요하다. 그것은 이 '가능적 조건'으로서의 '규제 격차'를 "이용"함으로써 '공해 수출'을 행하는 주체가 존재한다는 것이다. 이 '규제 격차'의 "이용", 그리고 그에 의한, 앞에서 말한 (1)과 (2)의 실행, 이것이 이른바 '공해 수출'을 발생하게 만드는 구체적인 메커니즘이다.[17]

요컨대 공해에 대한 규제가 선진국에서 발전도상국보다 엄격하다는 사태가 공해 수출, 즉 위험한 물질이나 위험한 공정의 대외 이전을 야기하는 것이다. 그러면 여기서 직접적 관여자로서의 경제 주체(기업, 개인)가 선진국·도상국 사이의 '규제 격차'를 '이용'하는 것은 무슨 까닭인가라는 점을 생각해볼 필요가 있다. 그 점에 대해 데라니시는 다음과 같이 말한다.

● ●

17. 같은 책, 92~93쪽.

그것은 다름이 아니라 분명히 그 "이용"에 의해 무언가의 이익이 얻어지기 때문이다. 그 이익 가운데 가장 큰 것이 경제적 이익이다. 더욱이 그 경제적 이익이 생기는 원천은 선진국·도상국 사이의 '규제 격차'를 기초로 하는 '비용 격차'(그에 의한 '비용 절약')에 있다.[18]

요컨대 공해 수출은 선진국과 발전도상국 사이의 '규제 격차'에 기초하여 위험 물질을 처리하는 '비용 격차'에 의해 야기된다. 우리의 맥락으로 치환해보자. 여기서 '비용계산'을 '위험계산'으로 바꿔 읽으면, 이것은 원전의 사고 위험을 도시로부터 빈곤한 지방으로 이전하는 구조와 동일한 것이라는 점이 이해될 수 있다. 이것은 앞에서 말한 '(2) 위험 공정·유해 공정의 대외 이전'에 해당한다.

본래 원전은 왜 도시가 아니라 인구가 적은 지방에 지어지는 것일까? 그것은 도시와 비교해 지방 쪽이 인구가 적고, 사고가 일어나는 경우의 주민 피폭의 집단 적산 선량을 좀 더 적게 할 수 있기 때문이다. 집단 적산 선량이란 원자로에 기인하는 집단적 위험을 파악하기 위한 지표인바, 평가 대상이 되는 집단에서 한 사람당 개인 선량을 모두 가산한 것이자 인·시버트라는 단위로 표기된다. 원전 사고 위험과 그것이 지역 주민에게 미칠 수 있는 피해의 총량(집단 적산 선량)을 고려하여 원전은 도시가 아니라 인구가 적은 지방에 설치해야만 한다고 규정되고 있는 것이다. 구체적으로 이것을 정하고 있는 것은 원자력위원회가 1964년에 작성한 「원자로 입지 심사 지침」이다. 우리의 고찰에 관계되는 부분을 아래에서 인용하고자 한다.

2. 입지 심사 지침

입지 조건의 적합 여부를 판단할 때는 위에서 이야기한 기본 목표를

• •
18. 같은 책, 93쪽.

달성하기 위해 적어도 다음과 같은 세 가지 조건이 충족되어 있다는 것을 확인해야만 한다.

2.1. 원자로 주변은 원자로로부터 일정한 거리의 범위 안이 비거주 구역일 것.

여기서 말하는 '일정한 거리의 범위'로서는 중대사고의 경우에 만약 그 거리만큼 떨어진 지점에 사람이 계속해서 머물게 되면 그 사람에게 방사선 장애를 줄지도 모른다고 판단되는 거리까지의 범위를 취하는 것으로 하고, '비거주 구역'이란 공중이 원칙적으로 거주하지 않는 구역을 말하는 것으로 한다.

2.2. 원자로로부터 일정한 거리의 범위 안이고 비거주 구역 바깥쪽의 지대는 저인구 지대일 것.

여기서 말하는 '일정한 거리의 범위'로서는 가상사고의 경우에 무언가의 조치를 마련하지 않으면 범위 안에 있는 공중에게 현저한 방사선 재해를 줄지도 모른다고 판단되는 범위를 취하는 것으로 하고, '저인구 지대'란 현저한 방사선 재해를 주지 않기 위해 적절한 조치를 마련할 수 있는 환경에 있는 지대(예를 들어, 인구밀도가 낮은 지대)를 말하는 것으로 한다.

2.3. 원자로 부지는 인구 밀집 지대로부터 일정한 거리만큼 떨어져 있을 것.

여기서 말하는 '일정한 거리'로서는 가상사고의 경우에 전신 선량의 적산치가 집단 선량의 견지에서 충분히 받아들일 수 있는 정도로 적은 값이 되는 거리를 취하는 것으로 한다.[19]

---

19. 原子力委員會, 「原子爐立地審査指針及びその適用に関する判斷の目安について(원자로 입지 심사 지침 및 그 적용에 관한 판단 기준에 대하여)」, 1964년. 다음에서 열람 가능. http://www.mext.go.jp/b_menu/hakusho/nc/t19640527001/t19640527001.html

이로부터 읽어낼 수 있는 것은 다음의 두 가지 점이다.

첫째, 원자로는 '중대사고'와 '가상사고'('가상사고'는 '중대사고'를 넘어서는 규모의 큰 사고[20])의 경우를 고려하여 '저인구 지대'에 설치해야만 하며, 나아가 '인구 밀집 지대로부터 일정한 거리만큼 떨어져 있는' 장소에 설치해야만 한다.

둘째, 여기서 말하는 '일정한 거리'란 '가상사고'의 경우에 집단 적산 선량의 견지에서 충분히 적어지는 거리를 의미한다. 나아가 그 집단 적산 선량은 이 지침의 말미에서 2만인·시버트 이하로 규정되어 있다(유엔과학위원회는 체르노빌 원전 사고에 의한 주변 지역 및 유럽 각국의 집단 적산 선량을 32만인·시버트로 계산하고 있으며,[21] 「원자로 입지 심사 지침」의 상정은 그 16분의 1에 지나지 않는다).

이로부터 우리는 다음과 같은 결론을 끌어낼 수 있다. 원전 설치가 도시가 아니라 인구가 적은 지방에 한정된 것은 원전이 대재앙적인 사고 위험을 언제나 가지고 있는 까닭에, 그러한 사고에 수반되는 지역 주민의 집단으로서의 피폭 위험을 가능한 한 감소시키기 위해서다. 따라서 원전 입지 지역의 인구가 가능한 한 적은 것이 원전 설치의 필요조건이 된다. 이것은 바로 구조적 차별 시스템에 따라 원전 사고의 위험을 도시와 비교하여 인구가 적은 지방이 필연적인 동시에 언제나 받아들이지 않을 수 없다는 냉혹한 사실을 의미한다. 다시 말하면 인구가 적고 경제적으로도 빈곤한 지방은 도시의 높은 생활 수준을 유지하기 위해 언제나 전기를 생산하는 동시에 도시를 대신하여 언제나 원전 사고 위험을 받아들여야만 한다는 것이다. 실제로 후쿠시마 제1원전은 도쿄전력의 전력 공급 지역 바깥에 설치되고 간토 지방을 위해 전기를 생산하고 있었다. 기묘한 일이지만, 도쿄전력의

---

20. '중대사고'와 '가상사고'의 정의에 대해서는 제2부 제2장을 참조.
21. United Nations Scientific Committee on the Effects of Atomic Radiation, *UNSCEAR 2008 Report to the General Assembly with Scientific Annexes*, Vol. II, United Nations, 2001, p. 38.

원전은 후쿠시마현, 니가타현, 아오모리현, 즉 그 모두가 자기의 전력 공급 지역인 간토 지방 바깥에 지어져 있다. 이것은 도쿄에서 가까운 간토 지방에는 원전을 만들 수 없다는 정부와 전력회사 사이의 암묵적인 합의를 시사한다.[22] 그렇다면 이러한 구조적 차별은 원전에 의해 생산된 전기를 사용함으로써 높은 생활 수준을 유지한다는 점에서, 즉 도시에 대한 '이익'의 편재와 지방에 대한 원전 사고 위험의 편재(즉 강요)라는 점에서 두드러지게 비윤리적이다.

마지막으로 또 하나의 구체적인 예를 제시해두고자 한다. 후쿠시마 제1원전 사고 직후인 2011년 5월, 미국과 일본이 공동으로 사용 후 핵연료의 최종 처분지를 몽골에 건설하는 계획을 극비리에 추진하고 있었다는 것이 보도되었다.[23] 이것은 극히 독성이 높은 핵폐기물(죽음의 재)을 발선 도상국인 몽골로 수출하여 최종 처분한다(즉, 굴을 파 지하 수백 미터에 폐기한다)는 계획이며, 앞의 '(1) 위험물·유해물의 대외 수출'에 해당한다. 만약 자신들이 사용한 핵연료가 내놓는 핵폐기물을 자신들이 처분하지 않고 경제적 권력관계에 기초하여 그것을 발전도상국에 억지로 떠맡긴다면, 그것은 원전에 의한 발전이 초래하는 높은 생활 수준이라는 '이익'만을 자신들이 향유하고, 독성이 강한 핵폐기물의 환경에 대한 '위험'을 다른 나라에 억지로 떠넘기는 것이게 된다. 이러한 행위는 선진국과 발전도상국 사이에 존재하는 역전 불가능한 경제적 권력관계, 즉 구조적 차별 시스템에 의거하여 '죽음의 재'를 발전도상국에 떠맡긴다는 점에서 윤리적으로

• •

22. 예외는 일본원자력발전이 설치한 이바라키현 도카이무라의 도카이 원전(폐로 작업 중), 도카이 제2원전이지만, 이에 대해서는 도카이무라가 도쿄로부터 100킬로 이상 떨어져 있다는 점, 도카이 원전이 1966년에 운전을 개시한 일본에서 최초의 상업용 원자로이고 아직 출력도 적었다는 점, 그리고 도카이 제2원전은 이미 운전 중이었던 도카이 원전에 인접한 형태로 설치되었다는 점을 고려해야 할 것이다.

23. 「核處分場: モンゴルに計畫 日米, 昨秋から交涉(핵 처분장: 몽골에 계획. 일본과 미국, 지난가을부터 교섭)」, 〈每日新聞〉, 2011년 5월 9일.

결코 허용될 수 없는 행위이다.

3. 핵에너지 정책에 대한 탈종속화

마지막으로 이 장의 결론으로서 국가의 핵에너지 정책으로부터의 탈종속화 문제에 대해 논의하고자 한다. 이 장에서 논의해왔듯이 국가의 핵에너지 정책은 도시와 지방의 경제 격차 또는 역전 불가능한 경제적 권력관계에 의거하여 전개되고 있다. 우리는 이와 같은 불가역적인 권력관계에 의거하여 위험을 빈곤한 지방 또는 발전도상국에 떠맡긴 시스템을 구조적 차별 시스템이라 이름 지었다. 원전은 도시를 위해 커다란 에너지를 생산하지만, 그것이 언제나 안고 있는 사고 위험 때문에 도시에 입지할 수 없다. 그로 인해 원전은 주민이 적고 빈곤 문제를 안고 있는 지방에 집중적으로 입지해왔다. 국가는 전원3법 교부금과 고정 자산세에 의한 이익 유도 시스템에 의해 원전 입지 자치단체에 방대한 돈을 떨어뜨려 빈곤한 지방을 종속화하고, 그 종속화를 계속해서 재생산해왔다. 그에 의해 원전 입지 자치단체는 원전 관련 수입에 의존하게 되고, 동시에 지역에 있어 지나치게 큰 발전소의 경제 규모에 의해 지역 경제는 원전에만 의존하는 경제로 단작화된다. 또한 발전소에 걸려 있는 고정 자산세는 감가상각에 의해 해가 지남에 따라 감소하기 때문에, 세수를 확보하기 위해 원전 입지 자치단체는 또다시 새로운 원전을 받아들일 수밖에 없다(이러한 악순환은 자주 마약 중독에 비유된다). 이것은 바로 국가에 의한 빈곤한 지방의 종속화 구조다. 또한 이러한 도시와 지방의 경제 격차에 기초하는 지방의 종속화를 국가에 의한 지방의 내적 식민지화라고 부를 수도 있다.

가이누마 히로시開沼博는 그의 『'후쿠시마'론』에서 국가의 핵에너지 정책에 대한 지방의 종속화라는 구조를 국가에 대한 '자동적, 자발적인 종속'이라고 이름 짓고, 그와 같은 종속 구조는 후쿠시마 제1원전 사고 후에도 전혀 변함이 없다고 지적한다. 그는 후쿠시마 제1원전 사고 후에 쓰인 보론 「후쿠시마로부터 후쿠시마로」에서 2011년 4월 10일에 도쿄 도내 여러 곳에서 행해진 반원전 데모가 15,000명의 참가자를 모은 한편, 같은 날에 실시된 지방 선거에서는 원전 입지 자치단체의 수장과 의원이 '일제히 원전 추진 · 유지를 내걸면서 재선'되었다는 점을 지적하고, 다음 과 같이 말하고 있다.

> 사회는 눈앞에서 일상적이지 않은 것이 일어날 때마다 '이것은 전대미 문, 유사 이래 최초의 일이다', '이로써 사회는 크게 변한다'라고 변화를 파악하고 싶어 한다. 그것은 실제로 그러할지도 모른다. 45년에 일어난 일도, 95년에 일어난 일도 확실히 역사상 특이한 것이자 사회는 크게 변한 것으로 보인다. 그러나 우리는 그 근저에 가라앉아 망각의 저편에 서 잠자고 있는 바로 '변하지 않는 것'을 발견하기 위해 노력해야만 한다. 왜냐하면 '이로써 ○○는 끝났다, 이로써 사회는 전혀 다른 것이 되었다'라고 하는 것이 우리에게 잠깐 안심을 주는 기능을 지니는 한편, 실제로는 그 본질은 전혀 변하지 않았다는 것을 우리는 이미 몇 번이나 경험했기 때문이다.[24]

확실히 원전 입지 자치단체는 후쿠시마 제1원전 사고 후에도 그 경제를 거의 완전히 원전에 의존하고 있으며, 그것을 포기하는 것은 스스로의 존재 그 자체를 포기하는 것과 같은 의미다. 이 인용에서 가이누마가 말하듯이, 그 점은 후쿠시마 제1원전 사고 이전에도 이후에도 조금도 변하지 않았다. 주디스 버틀러가 푸코를 참조하면서 말하듯이[25] 주체는

24. 開沼博, 『「フクシマ」論 — 原子力ムラはなぜ生まれたのか('후쿠시마' 론 — 원자력 무라 는 왜 태어났을까?)』, 青土社, 2011년, 379쪽.
25. Judith Butler, *The Psychic Life of Power: Theories in Subjection*, Stanford University Press, 1997. 일역, 『權力の心的な生(권력의 심적인 삶)』, 佐藤嘉幸 · 清水知子 옮김,

권력에 대한 종속화에 의해서만 형성되며(종속화=주체화[assujettissement]), 주체는 스스로의 존재를 유지하기 위해 권력에 대한 종속화에 집착하지 않을 수 없다. 왜냐하면 종속화된 주체가 권력에 대한 종속화를 포기하면, 스스로의 존재 그 자체를 포기하게 되기 때문이다. 따라서 주체는 이를테면 자기보존을 위해 권력에 대한 종속화를 욕망하지 않을 수 없다.

그러나 그 욕망은 후쿠시마 제1원전 사고 후에는 '원전이 위험한 것은 알았지만, 그럼에도 불구하고 종속화의 욕망을 포기하면 스스로의 존재 그 자체를 포기하게 된다'라는 딜레마 양상을 드러내고 있는 것으로 보인다.[26] 이 점에 대해 가이누마와 같은 사회학자는 원전 입지 자치단체가 지닌 욕망의 모습을 기술하고, 후쿠시마 제1원전 사고 후에도 그것은 '전혀 변하지 않았다'라고 하는 냉소적 결론을 도출하는 것으로 좋을지도 모르지만, 철학은 오히려 그러한 종속화 욕망을 탈종속화하는 그러한 전망을 제시해야만 한다고 우리는 생각한다. 권력에 대한 종속화란 반복적인 과정이며, 종속화 욕망은 권력에 대한 동일화 과정에 의해 스스로를 반복적으로 계속해서 재생산한다. 그러나 그러한 종속화 욕망은 모종의 '생기사건' — 요컨대 종속화의 반복적 재생산을 교란하는 우연성 — 의 침입으로 인해 탈종속화 욕망과 저항의 행위 능력으로 변용될 수 있다. 다시 말하면 '생기사건'은 권력에 대한 저항의 행위 능력을 생산할 수 있는 것이다.[27] 그리고 후쿠시마 제1원전 사고란 바로 이 '생기사건'에 해당한다. 실제로

• •

月曜社, 2012년.

26. 예를 들어 오오이 원전 지역인 후쿠이현 오오이마치에서의 NHK 여론조사(2012년 5월)를 참조. 오오이 원전의 운전 재개에 대해서는 64%가 긍정적 의견('찬성', '어느 정도 찬성')이지만, 한편으로 사고에 대한 불안을 지니는 사람(위험성이 '큰 까닭에 불안하다', '없다고는 할 수 없는 까닭에 불안하다')도 같은 숫자인 64%에 이른다. 다음을 참조. 「原発運轉再開贊成 地元は增加も(원전 운전 재개 찬성. 지역은 증가하기도)」, NHK 「かぶん」 블로그, 2012년 5월 31일. http://www9.nhk.or.jp/kabun-blog/2001/122215.html

27. 이 점에 대해서는 다음에서 상세하게 논의했다. 佐藤嘉幸, 『権力と抵抗 — フーコー ·

후쿠시마현은 『후쿠시마현 부흥 비전』(2011년 8월)에서 '탈원전'을 내걸고 있다. 또한 국민 차원에서는 탈원전에 찬성하는 사람들이 2014년 3월의 시점에서 77%에 이른다(언제까지 탈원전을 실현할 것인가에 대해서는 즉시부터 30년 정도의 장기적 기간까지 폭넓게 걸쳐 있다).[28] 그런 의미에서 우리는 가이누마의 주장에 대해 일정한 의의는 인정하지만, 그와 동시에 그 주장은 결과적으로 탈원전 가능성을 부인하는 것이라고 생각한다.

국가의 핵에너지 정책에 대한 탈종속화를 실현하기 위해서는 지방이 중앙에 수탈되는 것을 '욕망하는' 사회=경제 구조를 변혁하는 것이 불가결하다. 이를 위해서는 2012년 7월에 도입된 재생가능에너지(자연에너지)의 고정 가격 매수 제도[FIT: Feed-in Tariff]를 이용하여 지방이 적극적으로 재생가능에너지를 도입하고, 집중적 에너지 생산 시스템을 분산적 에너지 생산 시스템으로 변혁해가는 것이 필요 불가결하다. 또한 이를 위해 전력회사는 재생가능에너지를 좀 더 많이 받아들일 수 있도록 송전선의 증강이나 스마트 그리드 등의 기반 시설 정비를 적극적으로 추진해야 한다.[29]

환경과 우리 자신의 존재에 심각한 영향을 초래한 후쿠시마 제1원전 사고라는 '생기사건'의 생기사건성을 우리는 진지하게 받아들여야 한다. 본래 대량파괴무기를 위해 만들어진 핵에너지 기술을 시민사회에서 일상적으로 사용하는 것은 우리의 삶의 조건과 민주주의에 대해 다양한 모순을 들이밀 수밖에 없다. 이러한 관점에 설 때 핵무기와 원자력발전의 전체 폐기와 재생가능에너지를 중심으로 한 에너지 정책으로의 근본적인 전환은 필요 불가결한 것이 될 것이다.

• •

ドゥルーズ・デリダ・アルチュセール(권력과 저항 — 푸코·들뢰즈·데리다·알튀세르)』, 人文書院, 2008년.

28. 다음을 참조. 「原發再稼動「反對」59%(원전 재가동 '반대' 59%)」, 〈朝日新聞〉, 2014년 3월 18일.

29. 이 점들에 대해서는 결론에서 다시 상세히 논의한다.

제2장 <원전 스크랩북>이 그리는 구조적 차별

　　앞 장에서는 원전이라는 시스템이 자기 안쪽에 차별적인 구조를 내포하고 있다는 것을 분명히 했다. 이 장에서는 앞 장과 마찬가지로 원전에서의 구조적 차별 문제에 대해 조금 다른 각도에서 검증해보고자 한다. 구체적으로는 노동 현장으로서의 원전, 전 지구적 세계의 주변 지역에서의 방사능 오염이라는 관점에서 구조적 차별의 양태들을 고찰해가기로 한다. 이 작업을 수행하면서 우리가 주목하는 것은 쓰치모토 노리아키土本典昭 감독의 다큐멘터리 영화 〈원전 스크랩북〉이다. 이 영화는 작품으로서의 완성도, 거기에 수집된 자료의 귀중함, 그 기회에 제시되는 문제의식의 날카로움 등, 모든 점에서 특출하기 때문이다. 덧붙이자면, 이 영화 작품을 검토하는 데서는 원전 노동 문제를 일찌감치 사회 문제로서 가시화한 히구치 겐지樋口健二 등의 르포를 적절히 참조한다. 또한 후쿠시마 제1원전 사고 후의 일본 상황을 돌이켜봄으로써 이 작품이 폭로한 문제점이 사고 후인 현재도 본질적으로 변함없이 계속해서 존재한다는 것을 확인하고자 한다.

1. <원전 스크랩북>이라는 영화

일본 영화사에는 원전에서의 구조적 차별을 고찰하기 위한 알맞은 소재가 존재한다. 쓰치모토 노리아키 감독(1928~2008년)이 기획한 다큐멘터리 영화 <원전 스크랩북>(1982년)이다. 이 작품은 미나마타병의 기록 영화로 높은 평가를 얻고 있던 쓰치모토 노리아키가 제작에 야마가미 데쓰지로山上徹二郎(현 시구로 대표)를 맞아들여 새로운 경지를 열어젖힌 걸작이다.

<원전 스크랩북>은 신문 기사를 오려낸 영상을 나열하면서 거기에 배우 오자와 쇼이치小澤昭一의 경쾌하고도 미묘한 이야기를 중첩해가는 참신한 수법으로 촬영되어 있다. 이 영화는 내레이션의 표현을 빌리자면 '어중이떠중이'에 지나지 않는 개개의 오려낸 기사들을 독특한 이야기 수법을 통해 첨예한 비평의 언설로 다시 엮어가는 것이다. 시험 삼아 이 영화가 다루고 있는 주된 사건들을 시계열 순서대로 목록화하자면 다음과 같이 될 것이다. 히로시마·나가사키에 대한 미국의 원폭 투하(1945년 8월 6일, 9일). 유카와 히데키湯川秀樹의 노벨 물리학상 수상(1949년 11월 3일). 비키니 수폭 실험과 제5후쿠류마루 피폭 사건(1954년 3월 1일). 이바라키현 도카이무라의 일본 원자력연구소 제1호 실험로에서 국내 최초의 임계 실험이 성공(1957년 8월 27일). 미국 아이다호주의 국립 원자로 실험장에서 폭발 사고(1961년 1월 5일). 쓰루가 원전으로부터 오사카 만국박람회장에 송전을 실시(1970년 3월~9월). 원자력선 '무쓰'에서 방사능 누출 사고(1974년 9월 1일). 도카이무라 재처리공장의 가동과 사고의 다발(1974년 10월). 스리마일섬 원전 사고(1979년 3월 28일). 야마구치현 호호쿠 정장 선거에서 반원전파의 후지이 스미오藤井澄男가 압승(1978년 5월 14일). 오사카 지방법원이 '이와사 소송'에서 피폭을 인정하지 않은 것(1981년 3월 30일). 쓰루가 원전 1호기에서 방사능 누출 사고(1981년 4월 18일). 미국에서 20만 명 규모의 반원전 데모(1981년 9월 17일). 캐나다에서 원전 노동자

피폭을 세계에서 최초로 인정(1982년 3월 5일). — 쓰치모토 노리아키의 〈원전 스크랩북〉은 이러한 시계열을 일단 따로따로 해체한 다음, 독자적인 문제의식에 기초하여 개개의 생기사건을 재구성해간다.

〈원전 스크랩북〉에서 쓰치모토 노리아키의 문제의식은 대단히 명쾌하다. 원전이라는 불합리한 시스템이 연명해온 것은 왜인가? 이 시스템은 어떠한 구조를 지니는가? 원자력 관련 사고가 은폐되는 경향이 있는 것은 어떠한 배경에서 나온 것인가? 또한 사고가 노출되면 날림의 대책이나 설명밖에 하지 못하는 것은 왜인가? 그리고 무엇보다도 시스템으로서의 원전이 가장 큰 희생을 강요해온 것은 어디의 누구인가? — 이와 같은 물음들이 영화의 전편에 걸쳐 되풀이해서 계속 제기된다. 그런데 이 과정에서 그려지는 '원자력'의 초상은 크게 나누어 두 개의 요점으로 분류될 수 있을 것이다. 그 요점을 명제로 표현하면 다음과 같이 된다.

명제 1. 원자력은 언제나 이미 '군사 이용'에 대한 욕망을 내포한다.
명제 2. 원자력은 언제나 이미 거대한 구조적 차별을 내포한다. 여기서
　　　　말하는 '구조적 차별'이란 (적어도 이 영화에서는) 일본 국내에
　　　　서의 '벽지'에 대한 구조적 차별, 전 지구적인 규모에서의 '주변'
　　　　에 대한 구조적 차별, 원전 노동자에 대한 구조적 차별이다.

이 책을 여기까지 읽어온 독자에게는 분명하겠지만, 명제 1은 이미 우리가 제1부에서 논의한 것이기 때문에, 여기서 새롭게 상세히 논의하지 않는다. 오히려 이 장에서 주목하고자 하는 것은 명제 2다. 다음 절 이후 이 명제 2, 특히 전 지구적인 규모에서의 '주변'에 대한 구조적 차별, 원전 노동 현장에서의 피폭 노동자에 대한 구조적 차별에 대해 약간의 고찰을 하려고 하는 것이다. 그 절차를 통해 쓰치모토 노리아키의 〈원전 스크랩북〉이 원자력 문제를 생각하는 데서 영상의 고전이라는 것, 요컨대 거기서 전개되고 있는 근본적인 통찰은 지금까지도 낡지 않았다는 것이

자연스럽게 밝혀질 것이다.

2. 〈원전 스크랩북〉에서 '주변'에 대한 눈길
— 야마가미 데쓰지로의 증언

앞 절에서 시사했듯이 〈원전 스크랩북〉은 다양한 차원의 '주변'에 대한 구조적 차별을 적확하게 그려낸 작품이라고 할 수 있다. 이 점은 〈원전 스크랩북〉의 제작에 참여한 야마가미 데쓰지로의 증언에 의해 뒷받침될 수 있다. 현재도 계속해서 독립 영화 제작사인 시구로의 대표로서 활약하고 있는 야마가미 데쓰지로는 이 영화 촬영 당시를 뒤돌아보면서 다음과 같이 말한다.

무슨 일이 있어도 꼭 나 자신이 이 영화를 제작하고 싶다고 생각한 이유가 두 가지 있습니다. 하나는 남태평양에서 핵실험이 반복되고 섬이 오염되어 자신의 고향인 섬으로 돌아갈 수 없는 사람들이 있다는 기사를 읽었을 때 대단한 충격을 받았습니다. 이것이 이 영화를 만들자고 생각한 나 자신의 원점이었습니다.

그리고 또 하나 역시 원전 노동자의 존재입니다. 원전에서 일하는 사람들이 방사선 피해를 계속해서 입고 있는 현실. 이 두 가지 문제는 쓰치모토 감독에게 어떻게 해서든 받아들여졌으면 했습니다.[1]

• •

1. 「この人に聞きたい 山上徹二郎さんに聞いた(その2) — どんなに困難でも, 心が通じる世界が持てたら, 僕たちは生きていける(이 사람에게 듣고 싶다. 야마가미 데쓰지로 씨에게 듣다(그 두 번째) — 아무리 어려워도 마음이 통하는 세계가 있다면 우리는 살아갈 수 있다)」(대담자=다구치 다쿠미), 〈マガジン9〉, 2013년 5월 8일. http://www.magazine9.jp/interv/yamagami/index2.php

'남태평양의 섬'과 '원전 노동자'가 〈원전 스크랩북〉을 만드는 데서의 '원점'이다 — 야마가미 데쓰지로는 그렇게 분명히 말하고 있다. 이 두 가지 '원점'은 어느 것이든 '주변'에 대한 눈길로 뒷받침되고 있다는 점에서 공통적이다. 남태평양의 섬은 전 지구적 세계로부터 보아 주변적인 지역에 해당하며, 원전 노동자는 주변적인 작업 현장에서 노동하는 당사자이기 때문이다.

이러한 '주변'에 대한 눈길은 영화 전체의 방향성에 크게 기여하고 있다. 예를 들어 〈원전 스크랩북〉의 내레이터는 일본 국내에서의 원전 건설지가 반드시 '벽지', 요컨대 '인구가 적은 해안'에 집중해 있다는 점에 특별한 주의를 기울일 것을 촉구한다. 중대사고가 원전에서 발생한다고 하더라도 인구 밀집지인 대도시에 오염이 미치지 않도록 하기 위한 궁리가 응축해 있는 것이 아닌가 하는 것이 내레이터가 제시하는 견해이다.

원자력선 '무츠'나 야마구치현 호호쿠 정장 선거에 관한 기사 소개를 뒷받침하고 있는 것도 다름 아닌 앞에서 말한 것과 같은 '벽지'에 대한 관심이다. 예를 들어 원자력선 '무츠'의 방사능 누출 사고는 시모키타 반도 근해에서 일어난 사건이다. 영화의 내레이터는 이러한 큰 사고에도 불구하고 '결함투성이의 배'를 유지하려고 하는 일본 정부의 태도에서 대도시로부터 떨어진 '벽지'를 '원자력이 쌓이는 곳'으로 하고자 하는 행정의 의지를 알아챈다.[2] 또한 야마구치현 호호쿠 정장町長 선거에 관련된 기사 스크랩은 전력회사가 원전 건설 후보지로 선택한 '벽지'의 희비극을 단적으로 이야기하고 있다. 이러한 경우들에 한정하여 말하자면, '원전 저지'를 호소한 후지이 스미오의 '정장 선거 압승'이라는 결과로 귀착되기는 하지만, 그야 어쨌든 일련의 장면은 원전 입지 표적이 되는 것은 언제나

• •

2. 시모키타 반도에 원전과 사용 후 핵연료 재처리공장이 집중되는 현실에 관해서는 다음과 같은 르포가 간행되어 있다. 鎌田慧・齊藤光政,『ルポ 下北核半島 — 原発と基地と人々(르포, 시모키타 핵반도 — 원전과 기지와 사람들)』, 岩波書店, 2011년.

일본 국내의 '주변'이라는 현실을 그야말로 어떠한 여지도 없이 우리에게 들이대는 것이다.

그렇지만 일본 국내에서의 '벽지'에 대한 구조적 차별에 대해 우리는 이미 제3부 제1장에서 상세히 논의했기 때문에 이 이상으로 깊이 들어가는 것은 삼가기로 하자. 여기서는 일단 절을 바꾸어 프로듀서인 야마가미 데쓰지로가 〈원전 스크랩북〉의 '원점'으로 자리매김하여 보인 두 가지 주제에 접근해가고자 한다. 그 경우 주의해야 할 것은 이 영화가 제작된 1982년 시점에서의 관점이 후쿠시마 제1원전 사고 이후의 일본을 둘러싼 상황에도 놀라울 정도로 충분히 적용 가능하다는 점이다.

3. 전 지구적인 규모에서 주변 지역에 대한 구조적 차별

쓰치모토 노리아키의 〈원전 스크랩북〉에서 '남태평양'의 섬들은 다음과 같은 생기사건과 함께 등장한다. 즉, 비키니 수폭 실험, 일본의 방사성 폐기물 계획에 대한 사이판·괌 주민들의 항의, 미국의 핵 배치에 대한 콰잘레인 환초 주민들의 항의, 팔라우에서 비핵 헌법의 채택이다. 이러한 생기사건들에 관한 소개를 통해 전 지구적인 세계의 '주변'에 대한 구조적 차별이 어떠한 것인지, 특히 원자력 시스템 속에서 그 차별은 어떤 형태를 취하여 나타나는 것인지가 그려진다. 이러한 일련의 과정에서 '핵우산'에 의한 안전보장 전략을 추진하는 미국과 또한 그 '우산' 안쪽에서 교묘하게 이익을 챙기려고 하는 일본은 어느 쪽이든지 간에 똑같이 전 지구적인 차별적 구조에서 가해자 위치에 서 있다는 사실이 폭로되어간다. 이러한 사실은 이 섬들이 근대의 서양 국가들에 의해 식민지화되었던 것, 또한 특히 제1차 세계대전부터 제2차 세계대전 종전까지의 일본이나 그 후의 미국에 의해 '신탁통치령'(사실상의 식민지)으로 된 것 등, 오랜 세월에 걸친 그 역사적 배경을 토대로 할 때 무시할 수 없는 무게를 지닌다.[3]

구체적으로 살펴보자. 우선 〈원전 스크랩북〉의 내레이션에 따르면 비키니 수폭 실험에서 분명해진 것은 가해자인 미국 정부의 '뒤죽박죽'한 대응과 설명이었다고 한다. 사실 실험 직후의 미국 정부는 '남북 300킬로, 동서 600킬로'의 장방형 범위를 '위험 수역'으로 지정했음에도 불구하고, 한 달도 지나지 않았을 때 이 수역을 '반경 450마일^{720킬로}'의 부채 형태 범위까지 확대했다. 미국 정부는 또한 '위험 수역'으로부터 강제 피난하게 된 마셜 제도의 주민들에 대해 '일부에게 화상이 있어도 전원 무사히 회귀'라고 발표한다든지, 완전히 변하여 '실험지에는 영구히 돌아올 수 없다'라고 보고한다든지 하는 등, 일관성이 없는 설명으로 시종했다. 그런데 그 후에 이어지는 장면을 통해 영화가 이야기하는 것은 결국 마셜 제도의 방사능 오염은 그 이후에도 계속해서 남아 있었으며, 또한 실험 당시에 '죽음의 재'를 뒤집어쓴 섬사람들은 장기간에 걸친 건강 피해로 인해 계속해서 시달렸다는 사실이다. 당연히 가해자인 미국 정부가 마셜 제도의 주민에게 제대로 된 보상도 하지 않은 채 현재에 이르고 있다는 사실도 밝혀진다.[4]

• •

3. 예를 들어 엔도 미쓰루(遠藤央)는 미크로네시아 최서단 팔라우의 역사에 대해 '서구 세계와의 접촉 이전' 시대, '발견과 접촉' 시대, 스페인 통치 시대, 독일 통치 시대, 일본 통치 시대, 유엔 신탁통치령(미국 통치) 시대, 독립 후(1994년) 시대로 구분한 다음, 21세기 초에 이르기까지 팔라우의 '정치 공간'을 신중하게 분석하고 있다. 다음을 참조. 遠藤央,『政治空間としてのパラウ — 島嶼近代への社會人類學的アプローチ(정치 공간으로서의 팔라우 — 도서 근대에 대한 사회 인류학적 접근)』, 世界思想社, 2002년.
4. 이 장면에서 등장하는 기사의 전문은 다음과 같다. '유산·사산 등 증가. 비키니 방사선의 영향. 미 국립연구원 지적 〈시카고(미 일리노이주) 10일 발-AP〉 1954년의 비키니 수폭 실험에서 방사선을 쏘인 사람들에 대해 행해진, 방사선이 인체에 미치는 영향을 연구한 결과가 이번 미국 의학협회지의 최근호에서 밝혀졌다. / 이것은 브룩헤븐 국립연구소(뉴욕주)의 코너드 박사 등이 방사능 재를 뒤집어쓴 마셜 제도 주민 가운데 82명에 대해 행해진 것으로 방사선의 영향으로서 ① 갑상선 비대, ② 유산, 사산, ③ 뼈의 발육 불량 등이 장기적으로 증가한다는 것을 지적했다. / 이때의 수폭 실험에서는 일본인 어선원 23명, 마셜 제도 주민 267명이 방사능 재를 뒤집어쓰였다.'

쓰치모토 노리아키가 혹독한 비판의 눈길을 보내는 것은 미국 정부에 대해서만이 아니다. 〈원전 스크랩북〉은 우선 1982년 단계에서 일본 각지의 원전에 합계 30만 개의 드럼통에 채워진 방사성 폐기물이 '산처럼 쌓여' 있다는 사실에 주목한다. 이전에는 그러한 폐기물들이 사가미만이나 쓰루가만에 버려졌다는 것을 폭로한 다음, 영화는 다음과 같이 다그친다. '그런데 버릴 곳이 곤란해 눈을 돌린 것이 태평양이었습니다. 위험하고 성가신 짐은 약한 입장의 사람들에게 밀어붙이자는 원전 대국 일본의 방자함에 태평양 사람들의 항의와 비난이 집중되었습니다.'[5] 이 내레이션이 삽입되는 사이, 영화에는 「격렬하게 항의, 질문. 핵폐기물 해양 투기. 현지 국가들에 설명」이라는 기사의 표제어가 클로즈업되고, 일본 정부의 '저준위 방사성 폐기물 해양 투기' 계획에 대해 괌에서 개최된 '남대평양 지역 수뇌 회의'로부터의 격렬한 반발 모습이 소개된다.[6]

태평양 주민들에 의한 비판의 창끝이 미국의 핵전략으로 향해 있는 경우에도 〈원전 스크랩북〉이 거기서 감지하는 것은 다름 아니라 전 지구적인 구조적 차별에 자각 없이 가담하는 우리 일본인의 입장이다. 이러한 쓰치모토 노리아키다운 자세가 두드러지게 나타나 있는 것은 콰잘레인 환초 주민들에 의한 농성 장면(1982년 7월 19일)과 팔라우에서의 비핵 헌법 채택(1980년 7월 11일) 장면이다.[7] 특히 후자의 사건에 관해 영화는

• •

5. 강조 인용자.
6. 이 장면에 등장하는 기사의 전문. '격렬하게 항의, 질문. 핵폐기물 해양 투기. 현지 국가들에 설명 ― 14일부터 괌에서 시작된 남태평양 지역 수뇌 회의는 같은 날 하루에 걸쳐 일본 정부의 저준위 방사성 폐기물 해양 투기 계획에 대해 토의했지만, 예상대로 일부 참가 수뇌로부터 해양 투기에 대한 항의와 질문의 목소리가 나와 사태 해결까지 상당한 시간이 필요하다는 것을 엿볼 수 있게 했다. …… 이 지사는 "태평양 나라들의 반대에도 불구하고 일본은 해양 투기를 할 계획인가? 예스인가 노인가로 답해 주기 바랍니다"라고 격렬한 어조로 압박하고, 고토 국 차장이 대답에 어려워하는 장면도 보였다. / 결국 질의응답을 매듭짓는 발언에서도 칼보 지사는 "일본의 수은 중독(미나마타병)의 예로부터 보더라도 먹이 사슬에 의해 커다란 영향이 나온다고 생각합니다. 일본 정부와 국민은 계획을 그만두길 바랍니다"라고 투기 계획의 중지를 요구했다.'

다음과 같이 인상적인 기사와 내레이션을 동시에 제시한다.

【기사】 '비핵 헌법' 팔라우에서 성립. 주민 투표 80% 찬성. 핵 군비 배치 노no. 미의 기지 계획 '기다렸다' ─ 성립한 헌법은 15조 110항으로 이루어진다. 비핵 조항(제13조 6항)은 '전쟁 목적으로 사용되는 핵, 화학, 생물 무기, 나아가 원자력발전소, 그로부터 생기는 폐기물 등의 유독 물질은 팔라우 영토에서 사용, 실험, 저장, 배치를 금지…….

【내레이션】 인구 약 15,000명의 팔라우에서는 주민 투표에 의해 비핵 헌법을 만들어냈습니다. 그 핵심은 '원폭 노no, 원전 노, 핵 쓰레기 노'. 피해를 받기를 어언 40년. 제2차 세계대전 후의 세계사 속에서 가장 가혹한 인생을 강요받아온 팔라우 사람들이 세계 속에서 가장 진보된 미래를 알리는 헌법을 내건 것입니다. 그것은 이전에 원폭 투하의 깊은 상흔으로부터 평화헌법을 내걸고 일어선 일본인의 전후에 대해 날카로운 비판이 되어 마음을 찌르는 것으로 생각됩니다. 우리는 어느덧 잊고 말았던가, 무엇과 바꾸어 잃어버린 것인가 하고 말입니다.

여기서는 '일본'과 '태평양' 사이에 가로놓인 강렬한 대비가 파악될 수 있다. 히로시마·나가사키의 원폭 투하를 경험한 일본은 패전 후, 미국의 '핵우산'에 참여하고, 원전을 보유, 증설하여 '세계 3위의 원자력 대국'으로서의 길을 계속해서 걸어왔다. 또한 그 원자력 산업으로부터

• •

7. 콰잘레인 환초에서의 농성에 관해서는 다음과 같은 표제어와 본문의 기사가 빛을 비추고 있다. '반핵 농성 한 달. 미군 미사일 시험장인 콰잘레인 환초. 기지 사용에 반대. 강제 이주 섬 주민 천 명. 미 전략에 중대 영향 …… 현지로부터의 연락과 신문 보도, 하와이의 지원 그룹 등으로부터 원·수폭 금지 일본 국민회의에 들어온 정보에 따르면, 미군 관계자 이외에 출입이 금지되어 있는 콰잘레인섬에 대한 농성은 6월 19일부터 시작되었다. 미군의 기지 사용에 따라 약 1.6킬로 떨어진 이바이섬으로 강제로 이주당하고 있었다. ……'

필연적으로 생겨난 방사성 폐기물의 '처리장'에 어려움을 겪은 일본 정부는 태평양에 '핵 쓰레기'를 투기하려고까지 시도해왔다('위험하고 성가신 짐은 약한 입장의 사람들에게 밀어붙이자는 원전 대국 일본의 방자함에 태평양 사람들의 항의와 비난이 집중되었습니다'). 다른 한편 팔라우 주민들은 냉전 시기의 거듭되는 핵실험의 피해 당사자로서 원폭, 원전, 핵폐기물 모두에 대해 민주주의적인 방법인 '주민 투표'에 의해 분명하게 거부를 표명해보였다. 이러한 명확한 대비를 통해 분명해지는 것은 원래는 '핵'의 피해자였던 일본인이 미국 주도의 핵전략 체제 속에서 가해자 입장으로 방향 전환해갔다는 역사적 경위이자, 더 나아가 그 핵전략 체제 안쪽에 머무는 한에서 일본인의 가해자성은 언제나 이미 계속해서 발휘된다고 하는 미래 예측이다. 요컨대 쓰치모토 노리아키가 〈원전 스크랩북〉에서 밝혀준 것은 원자력 대국 일본에서 이 영화를 감상하는 우리가 거기서 그려지는 '주변', 즉 구식민지 당사자들에 대해 어쩔 수 없이 가해자 쪽에 설 수밖에 없다는 포스트 식민지주의적인 구조 그 자체였다.

'주변'으로서의 '남태평양'이라는 관점에서 본 〈원전 스크랩북〉에 관한 작품 분석은 이상과 같다. 그런데 지금까지 이야기해온 구조적인 가해자로서의 일본의 입장은 이른바 남태평양에 대한 관계에만 한정된 것이 아니다.

사실 사진기자인 히구치 겐지樋口健二가 『아시아의 원전과 피폭 노동자』(1991년)에서 보고하고 있듯이, 일본 국내의 '공해'에 대한 눈길이 엄격해진 1970년대 이후, 일본의 대기업 제조업체나 은행은 해외에서 비즈니스 기회를 찾아 아시아 각지의 주민이 적은 마을이나 섬에 원전 건설이나 원자력 공해 수출을 추진해왔다. 예를 들어 필리핀의 바탄반도에서 마르코스 대통령 시대에 건설이 시작된 바탄 원전이나 또한 말레이시아의 부키메라 마을에서 현지의 이포 고등재판소에 의한 '가처분 명령'에도 불구하고 조업을 계속하고 방사성 폐기물을 계속해서 투기해온 일본계 기업 ARE사의 시험 공장 등 — 히구치 겐지의 증언에 따르면, 이러한 사례들에는 미쓰이, 미쓰비시, 스미토모 등의 일본의 이름난 대기업(제조업체, 은행,

상사)이 관여하고 있었다.[8]

후쿠시마 제1원전 사고 이후에도 이와 같은 구조에 이렇다 할 변화는 보이지 않는다. 몽골에서의 핵폐기물 처리 공장 건설 계획의 제안(2011년 7월. 다만 몽골 정부는 일본 정부에 거부를 분명히 전달).[9] 베트남에서의 원전 개발 착수(2012년 1월, 일본·베트남 원자력협정이 발효).[10] 터키 및 UAE와의 두 나라 사이의 원자력협정의 조인(2013년 5월). 핵확산방지조약에 가입하지 않은 핵무기 보유국, 인도와의 원자력협정 체결에 원칙적인 합의(2015년 12월). 세계 역사상 유례없는 규모의 원자력 사고를 경험하고 지금도 그 수습 작업에 쫓기고 있는 일본이 그 사고에 관한 총괄과 반성도 하지 않은 채, 해외로 원전 기술을 수출하고, 일본 국외에서 방사성 폐기물의 처리를 시도하려고 하는 이러한 '부인'의 자세는 쓰치모토 노리아키가 〈원전 스크랩북〉에서 고발한 구도를 그야말로 아무런 변화 없이 반복, 보완하고 있다. 이러한 파렴치하기 짝이 없는 일본의 행태는 다음의 원자력 사고 위험을 내외에 확산시키는 폭거라고 하지 않을 수 없다.

● ●

8. 특히 다음을 참조. 樋口健二, 『アジアの原発と被曝勞働者(아시아의 원전과 피폭 노동자)』, 八月書館, 제2장 「마르코스의 유산·바탄 원전」, 제3장 「말레이시아·부키메라 마을의 비극」. 부키메라 마을에 공해 수출을 한 미쓰비시화성과 현지 기업의 합판 회사인 ARE에 대해서는 다음의 연구가 상세한 경위를 기술하고 있다. 宮本憲一, 『戰後日本公害史論(전후 일본 공해사론)』, 岩波書店, 2014년, 579~581쪽.

9. 「モンゴル, 核廢棄物受け入れを拒否 「處分場」構想は頓挫か(몽골, 핵폐기물 수입을 거부. '처분장' 구상은 좌절되는가?)」, J-CAST 뉴스, 2011년 7월 28일. http://www.j-cast.com/2011/07/28102734.html

10. 「原発推進に動くベトナムを支える日本の原発輸出 原発事故の年に國會承認された「日本·ベトナム原子力協定」(원전 추진으로 움직이는 베트남을 뒷받침하는 일본의 원전 수출. 원전 사고의 해에 국회 승인된 '일본·베트남 원자력협정')」, JBpress, 2014년 12월 11일. http://jbpress.ismedia.jp/articles/-/42374. 덧붙이자면, 베트남으로의 원전 수출에 관해서는 Foe Japan이 「베트남에의 원전 수출에 반대하는 세 가지 이유」를 (http://www.foejapan.org/energy/news/pdf/111031_1.pdf), 메콩 워치가 「베트남의 원전 개발 계획과 일본의 원전 수출」을(http://www.mekongwatch.org/report/vietnam/npp.html), 각각 현상 분석을 교환하는 형태로 발표하고 우려를 표명했다.

4. 원전 노동자에 대한 구조적 차별

〈원전 스크랩북〉이 '원전 노동자'에게 빛을 비추는 것은 크게 나누어 두 개의 장면, 요컨대 '이와사 소송' 장면과 쓰루가 원전 방사능 누출 사고 장면에서다(다만 양자가 실제로 등장하는 순서는 반대다).

첫 번째 장면의 도입부에서는 캐나다 법원에서 원전 노동자의 피폭을 세계 최초로 인정한 것이 소개된다(1982년 3월). 그것과는 대조적으로 거의 같은 무렵에 일본의 오사카 지방법원이 원전 노동자인 이와사 가즈유키岩佐嘉壽幸에게 판결한 것은 '[일련의 병 증상은] 원전 노동이 원인이라고 단정하기 어렵다'라고 하는 것이었다(1981년 3월).

덧붙이자면, 영화에서는 특별히 언급하지 않았지만, 이 '이와사 소송'에 관해서는 앞에서 언급한 히구치 겐지가 이른 시기부터 정력적으로 취재하여 소송과 실태의 괴리를 폭로하고 있었다.[11] 또한 당시, 즉 1970년대 말부터 80년대 초에 걸친 시기는 모리에 신, 『원자로 피폭 일기』(1979년)와 호리에 구니오, 『원폭 집시』(1979년) 등,[12] 원전 노동의 최전선에 관한 르포가 잇달아 출간되어 '피폭자가 없는 것이 아니라 없는 것으로 하는 체제'(히구치 겐지[13])에 적지만 사회적인 관심이 쏠리고 있던 시기이기도 했다.

'피폭자가 없는 것이 아니라 없는 것으로 하는 체제' — 이 체제의 무대

• •

11. 상세한 것은 樋口健二, 『增補新版 闇に消される原発被曝者(증보 신판. 어둠 속으로 사라진 원전 피폭자)』, 八月書館, 2011년(초판, 1981년), 특히 제1장 「원전 피폭 재판」을 참조. 이 장의 말미에는 '이와사 소송'의 경위에 대해 '권력의 너무도 두꺼운 벽에 의해 재판에서는 유리하게 진행되면서도 부분 피폭마저도 인정되지 않는 전면 패소였다'라고 평가한 이와사 가즈유키 본인의 말이 인용되어 있다(52쪽).

12. 森江信, 『原子炉被曝日記(원자로 피폭 일기)』, 技術と人間, 1979년. 堀江邦夫, 『원전 집시. 증보 개정판 — 피폭 하청노동자의 기록』, 現代書館, 2011년(초판, 1979년).

13. 樋口健二, 『증보 신판. 어둠 속으로 사라진 원전 피폭자』, 251쪽. 강조는 인용자.

뒤로 정면으로부터 깊이 파고들어 간 것이 두 번째 장면, 즉 쓰루가 원전 방사능 누출 사고에 관한 장면이다. 내레이션에 따르면, 이 불상사를 일으킨 일본원자력발전회사의 담당자는 '8, 9년 전부터 부근 바다의 모자반은 통상적인 수준의 10배 오염치를 보였다'라는 것 등, 계속해서 일시 모면하는 변명으로 시종일관하고 있었다. 다른 한편, 방사능 오염수가 누출된 현장에서는 '상을 맨손으로 닦고', '오염 폐액을 양동이로 길어내며', '오염수를 걸레와 대걸레로 닦아내는' 등의 '응급조치'가 취해지고 있었다. 이로 인해 가장 위험한 장소에서 일하고 있던 '하청 작업원 45명'이 대량 피폭되고, 적어도 그 피폭치는 정사원들의 몇 배로 올라갔던 것이 판명되는 것이다. 덧붙이자면, 일련의 소동에는 차갑게 식어버린 6개월 후 원자력안전위원회에 의해 '쓰루가 원전 재가동'이 승인되었다고 하는 결말이 붙어 있다.

그런데 이상의 장면들 — 특히 후자의 장면 — 을 통해 분명히 떠오르는 것은 원전의 노동 현장에서의 전력회사 사원과 하청 작업원 사이에 존재하는 구조적 차별일 것이다. '원전이 컴퓨터로 움직인다는 신화는 지금도 무너지지 않았다. 컴퓨터실에 앉아 텔레비전 화면을 보고서 조작하는 엘리트 사원의 모습이 하청 노동자가 방사능 오염에 괴로워하면서 일하는 모습을 사라지게 한다'라는 히구치 겐지의 지적을 그대로 모방이라도 하듯이[14] 쓰치모토 노리아키의 〈원전 스크랩북〉이 관심을 기울이는 것은 '하이테크' 이미지 배후에 숨겨진 '가장 위험한 장소에서의 하청 노동' 현장이다. 거기는 합리적인 기술의 제어가 미치지 않는 장소이며, 비공식적인 '맨손' 작업으로밖에 대처할 수 없는 공간이다. 이와 같은 차별적 체제 안쪽에서 노동하는 당사자들은 원전에 의한 발전 시스템이 존속하는 한에서 사라지지 않을 것이다. 또한 무엇보다도 주의해야 하는 것은 이 체제를 바로 구조적으로 지탱하고 있는 것이 다름 아닌 전력의 은혜를 누리는 한 사람 한 사람의 소비자라는 현실이다. 이런 의미에서 '전기의

● ●

14. 같은 책, 80쪽.

소비자라는 입장에 안주하기에는 너무도 마음 아픈 현실입니다'라는 〈원전 스크랩북〉의 내레이션은 영화의 감상자인 동시에 더욱이 그 소비자이기도 한 우리 자신에게 제기된 비판이라고 말할 수 있을 것이다.

원전 노동 현장에서 전력회사 정사원과 하청 작업원의 격차, 다름 아닌 그 격차에 의거한 발전 체제를 보완, 강화하는 전력 소비자라는 우리의 입장— 이 시스템을 사회 문제로서 사람들에게 각인시킨 최대의 공적은 〈원전 스크랩북〉을 비롯하여 히구치 겐지, 모리에 신, 호리에 구니오 등의 선구적인 르포에 돌리지 않으면 안 된다. 그러나 다른 한편으로 원전이 내포하는 구조적 차별에 대해 학문적인 검증과 분석을 하는 시도는 거의 없다는 것이 속일 수 없는 현 상황이다. 이 절의 후반에서는 그것의 얼마 되지 않는 예외로서 노동법을 전문으로 하는 오쿠누키 히푸미의 논고 「원전 노동을 둘러싼 노동법적 고찰」[15]에 주목하고자 한다. 이 논고는 위에서 이야기한 원전 노동 현장에서의 구조적 차별이 후쿠시마 제1원전 사고 이후에도 변함없이 지속되고 있다는 것을 실증적으로 추적하려고 하고 있기 때문이다.

오쿠누키는 피폭 노동 현장에서 일하는 하청 작업원에 대해 '원자력발전소 내지 원자력발전소 이외의 관련 시설(핵연료 가공 시설·폐기물 매설·관리 시설 등)에서 전력회사로부터 발주된 작업을 원청으로부터 복수의 단계를 거쳐 도급 맡는 가운데 피폭 노동에 종사하는 하청 노동자'[16]라는 정의를 부여한 다음, 원전이라는 시스템에는 현장의 가장 말단-최전선에서 일하는 하청 작업원에 대한 차별을 극대화하는 '중층적 하청 구조'가 존재한다고 지적한다. 그런데 그때 오쿠누키가 제시하는 자료 「2011년 3월~9월까지 후쿠시마 제1원전에서 긴급 작업에 종사한 작업자의 피폭

● ●

15. 奧貫妃文, 「原発勞働をめぐる勞働法的考察(원전 노동을 둘러싼 노동법적 고찰)」, 『實踐女子大學人文社會学部紀要』, 제8집, 2012년.
16. 같은 글, 82쪽.

선량(외부 피폭과 내부 피폭 선량의 합산치)」([표 1])는 실로 징후적이다. 이 자료는 후쿠시마 제1원전 사고 후의 도쿄전력 사원과 하청 작업원 사이에 어떠한 피폭 격차가 있었는지를 분명히 보여주고 있기 때문이다. 이 자료를 오쿠누키 자신이 반드시 정밀하게 분석하는 것은 아니기 때문에, 여기서 우리의 독자적인 검증을 시도해두고자 한다.

(1) 후쿠시마 제1원전 사고 직후, 즉 2011년 3월의 단계에서 현장 작업에 종사하고 있던 것은 도쿄전력 사원 1,658명, 하청 노동자 2,087명으로 되어 있다. 이 시점에서 후자의 사람 숫자는 전자의 약 1.2배에 해당한다. 즉, 이 시기의 현장에서 양자 사이의 작업자 숫자 격차는 상당히 억제되고 있다는 것을 알 수 있다. 요컨대 다수의 도쿄전력 사원이 현장에 머무르고 있었다는 것이다.

(2) 도쿄전력 사원과 하청 노동자의 작업자 숫자는 사고로부터 시간이 지남에 따라 서서히 명료한 격차를 보여주게 된다. 예를 들어 반년이 지난 2011년 9월을 보면, 현장에서 작업에 임하는 도쿄전력 사원은 90명, 하청 노동자는 1,043명으로 되어 후자의 사람 숫자가 전자의 11.5배로 올랐다는 것을 알 수 있다. 이 시기에는 이미 후쿠시마 제1원전 부지 내에서의 노동은 90% 이상이 하청 노동자에 의해 수행되고 있다.

(3) 피폭 선량에 관해서도 도쿄전력 사원과 하청 노동자 사이에는 확연한 격차가 놓여 있다. 이것은 '피폭 평균치^{mSv}' 란에서 양자의 추이에 주목함으로써 명료하게 파악할 수 있을 것이다. 사고 직후, 즉 2011년 3월의 단계에서 도쿄전력 사원의 피폭 평균치는 39.63밀리시버트, 하청 노동자의 피폭 평균치는 24.38밀리시버트로 되어 있지만, 다음 달 이후에는 이 관계가 급격하게 역전되며, 더욱이 서서히 그 격차는 확대일로를 걸어간다. 2011년 9월의 단계에서 보면, 도쿄전력 사원의 피폭 평균치는 0.19밀리시버트, 하청 노동자의 피폭 평균치는 1.84밀리시버트로 되어 후자의 피폭 선량이 전자의 약 9.7배로 올라가는 것을 알 수 있다. 오쿠누키도 추측하고 있듯이 이러한 격차는 고농도 오염 공간에서 실시되는 '인해전술

구분 (mSv)	3월			4월			5월			6월			7월			8월			9월			합계
	도쿄전력사원	하청	계	도쿄전력사원	하청	계	도쿄전력사원	하청	계	도쿄전력사원	하청	계	도쿄전력사원	하청	계	도쿄전력사원	하청	계	도쿄전력사원	하청	계	
250초과	6	0	6	0	0	0	0	0	0	0	0	0	0	0	0	0	0	0	0	0	0	6
200초과~250이하	1	2	3	0	0	0	0	0	0	0	0	0	0	0	0	0	0	0	0	0	0	3
150초과~200이하	18	2	20	0	0	0	0	0	0	0	0	0	0	0	0	0	0	0	0	0	0	20
100초과~150이하	110	23	133	0	0	0	0	0	0	0	0	0	0	0	0	0	0	0	0	0	0	133
50초과~100이하	289	253	542	6	36	42	2	2	4	0	0	0	0	0	0	0	0	0	0	0	0	588
20초과~50이하	579	628	1207	44	488	532	13	222	235	4	105	109	0	87	87	0	16	16	0	7	7	2193
10초과~20이하	395	473	868	60	574	634	17	518	535	5	251	256	2	229	231	0	81	81	0	28	28	2633
10이하	260	706	966	513	1899	2412	251	2006	2256	177	1596	1773	218	1594	1812	122	901	1023	90	1008	1098	11340
계	1658	2087	3745	623	2997	3620	282	2748	3030	186	1952	2138	220	1910	2130	122	998	1120	90	1043	1133	16916
최대 (mSv)	678.08	238.42	678.08	96.53	86.96	96.53	53.91	53.45	53.91	29.98	44.19	44.19	15.49	39.38	39.38	5.49	37.17	37.17	1.57	30.81	30.81	678.08
평균 (mSv)	39.63	24.38	31.13	5.9	10.34	9.57	4.5	7.3	7.04	1.92	5.41	5.11	0.96	4.99	4.58	0.35	3.31	2.99	0.19	1.84	1.71	11.74

- 달마다 신규로 긴급 작업에 종사한 작업자의 9월 말까지의 내부 피폭에 외부 피폭 선량을 가산한 누적 선량(3월: 3/11~9/30, 4월: 4/1~9/30, 5월: 5/1~9/30, 6월: 6/1~9/30, 7월: 7/1~9/30, 8월: 8/1~9/30, 9월: 9/1~9/30)
- 10/21까지 WBC 측정을 한 작업자에 한한다. 후쿠시마 제1원전 구내에서의 작업자에 한정된다.

[표 1] 2011년 3월~9월까지 후쿠시마 제1원전에서 긴급 작업에 종사한 작업자의 피폭 선량(외부 피폭과 내부 피폭 선량의 합산치) (원자력정보자료실에 의한 「원전 노동을 둘러싼 노동법적 고찰」, 85쪽)

에 의해 하청 작업원들이 대량 피폭한 것에서 생겨난 것이 아닐까 생각된다.[17]

후쿠시마 제1원전의 노동은 90% 이상이 하청 작업원에게 맡겨져 있다. 그리고 그들 하청 작업원의 피폭 평균치는 도쿄전력 사원 피폭 평균치의 10배 가까이에 해당한다. 이 두 가지 사실은 후쿠시마 제1원전의 노동 현장에서 정사원과 하청 작업원 사이에 엄연한 구조적 차별이 존재한다는 것을 보여준다. 이러한 객관적 데이터에 의해 일반적으로는 은폐된 현실의 모습이 놀라울 정도로 단적으로 드러난다.

이 장 전체의 결론을 말해두고자 한다. 쓰치모토 노리아키가 〈원전 스크랩북〉에서 그려낸 두 종류의 구조적 차별은 후쿠시마 제1원전 사고 후인 오늘날에도 여전히 뿌리 깊게 계속해서 지속되고 있다. 〈원전 스크랩북〉의 감상자인 우리는 영화가 공표된 1982년에도 그리고 후쿠시마 제1원전 사고 후에도 일관되게 이 구조를 보완, 강화하는 가해자의 입장에 서 있다. 우리 일본인은 전 지구화된 세계 차원에서 보면, 아시아와 태평양 등의 주변 지역에 방사능 오염을 밀어붙이려고 하는 가해자다. 우리는 또한 국내 전력의 소비자라는 차원에서 보면, 원전 노동자들을 피폭 노동으로 몰아세우는 '중층적 하청 구조'를 보완, 강화하는 위치에도 서 있다. 이러한 구조적 차별을 해소하든가 적어도 완화하기 위해서는 일본으로부터 원전 기술과 방사성 폐기물을 외국으로 수출하는 것은 단념해야만 하며, 원전 하청 작업원의 노동 환경과 대우를 개선하기 위한 방책을 고안해가지 않으면 안 된다. 이 점에 대해 오쿠누키는 원전 하청 작업원의 노동 환경을 개선하기 위해 원청회사의 안전 배려 의무를 명확히 할 것, 또한 후쿠시마 제1원전 노동자에 관련된 특별 입법을 성립시켜 원전 하청 노동자의 안전과 건강 확보 및 노동 조건의 평등화를 도모할 것을 제안하고 있다.[18]

●●

17. 같은 글, 84~85쪽.

후쿠시마 제1원전의 폐로 작업은 방사선량이 높은 가운데 행해지는 위험한 작업임에도 불구하고, 도쿄전력은 폐로 공사에 대해 경쟁 입찰 범위를 확대하고 비용 삭감을 밀어붙이고 있다. 그로 인해 그 폐로 작업의 대부분을 짊어지는 하청 노동자의 임금은 크게 절하되고 있으며, 현재 그들의 임금은 나라의 직할 사업인 제염 노동 임금과 동등하거나 그것보다 낮다고 한다(그 때문에 후쿠시마 제1원전의 하청 작업원이 제염 등 다른 분야로 유출되고, 폐로를 위한 충분한 인재를 확보할 수 없다는 문제조차 제기되고 있다).[19] 요컨대 피폭량에서의 구조적 차별에 더하여 임금에서의 구조적 차별(다중 하청 구조에 의한 경제적 착취) 문제도 심각한 것이다. 후쿠시마 제1원전의 폐로 작업에서 이러한 심각한 구조적 차별의 현상황에 대해 우리는 하청 노동자들의 노동 환경과 노동 조건, 즉 피폭량에서의 구조적 차별과 임금에서의 구조적 차별을 근본적으로 개선하기 위해 후쿠시마 제1원전을 국유화하고 하청을 금지하여 나라가 직할로 노동자를 고용하는 제도를 제안한다.[20]

• •

18. 같은 글, 89쪽. 덧붙이자면, 하청 노동자 노동 환경의 가혹함을 보여주는 실례를 하나 제시하자면, 2015년 10월에는 후쿠시마 제1원전 사고 수습 업무로 인해 백혈병 증상을 보인 작업원이 사고 후 최초의 산재 인정을 받았다. 다음을 참조. 「原発事故後の被曝, 初の勞災認定 白血病の元作業員男性(원전 사고 후의 피폭, 최초의 산재 인정. 백혈병에 걸린 전 작업원 남성)」, 〈朝日新聞〉, 2015년 20월 20일.

19. 예를 들어 다음을 참조. ハッピー, 『福島第一原発收束作業日記―3・11からの700日間(후쿠시마 제1원전 수습 작업 일기―3・11로부터 700일간)』, 河出書房新社, 2013년, 229, 237쪽. 다음의 다큐멘터리는 이러한 상황에 대해 도쿄전력이 2013년 11월에 내세운 일당 1만 엔 증액이라는 대책이 다중 하청 끝의 노동자 손에 건너갈 때에는 천 엔 정도의 증액밖에 가져오지 못한다는 경제적 착취의 엄혹한 현실을 그려내고 있다. ETV 특집 『르포. 원전 작업원 2―사고로부터 3년・각자의 선택』, 2014년 8월 2일 방송.

20. 탈원전을 실현하는 과정에서는 폐로 노동자의 보호라는 관점에 더하여 탈원전을 경제적 측면에서 확실히 실현하기 위해서도 우리는 후쿠시마 제1원전을 포함한 모든 원전을 각 전력회사로부터 분리하여 국유화하고, 폐로 작업을 진행해야 한다고 제안한다. 이 점에 대해서는 결론에서 다시 논의한다.

제3장 구조적 차별의 역사적 '기원'

— 전력, 2대 국책, 장거리 발송전 체제

우리는 제3부를 통해 시스템으로서의 원전이 내포하는 차별을 여러 가지 관점에서 밝혀왔다. 이 장에서는 이러한 원전 특유의 구조적 차별이 왜, 어떠한 조건에 의해 가능해진 것인지를 일본 근대의 전력사업 역사를 거슬러 올라감으로써 고찰해보고자 한다. 히로시마, 나가사키의 트라우마를 극복하는 프로퍼갠더의 일환으로서 요미우리신문에 의한 '원자력 평화 이용' 캠페인이 전개된 일은 지금은 잘 알려져 있다. 또한 이 캠페인이 하나의 계기가 되어 원폭의 피해를 받은 일본이 원자력발전을 긍정하기에 이르는 패전 후의 역사적 과정에 관해서도 많은 연구 성과가 나오고 있다. 그러나 이러한 성과들에는 본래 근대 일본의 전력 생산 체제의 탄생이 무엇을 의미하고, 그 후의 일본의 전력 생산 체제에 어떠한 토대를 가져왔는가 하는 물음이 빠져 있다. 이 장은 이 물음에 대답하기 위해 이른바 통사적인 역사 서술이 아니라 '계보학적'인 거슬러 올라감(니체)을 시도한다. 곧바로 보게 되듯이 통사로서의 전력사업의 역사에 관해 말하자면, 현 단계에서 지나치게 충분할 정도의 선행 연구가 간행되어 있으며, 거기에 새로운 지식을 덧붙일 여지는 없다. 우리는 오히려 그러한 선행 연구를 토대로 하여 거기서 무엇이 말해지고 있지 않은지, 무엇이 간과되고 있는지에 빛을 비추고, 현대 사회의 전력 생산 체제가 성립하기 위한 역사적 조건을 떠올려 보이고자 한다. 그로부터 우리가 지향하는 것은 시스템으로서의 원전에 내재하는 구조적 차별의 역사적 '기원'을 파악하는 것이다.

1. '전전'의 일본 전력사업 역사의 조감도
— 깃카와 다케오의 시대 구분

'전전'의 전력사업 역사는 도쿄전등주식회사가 창립된 1883년부터 이야기를 시작하는 것이 통례다. 일본 최초의 이 전등 회사의 등장 이후, 일본 각지의 도시에서 전등 회사가 일어나 서서히 전력사업을 담당해간다. 1936년에 발행된 도쿄전등의 기업사 『도쿄전등주식회사 개업 50년사』(이후, 『도쿄전등 50년사』로 약기)를 읽으면, 이러한 전략 사업체들을 대표하는 이 회사가 당시의 광공업을 비롯한 '국가 산업'의 '기조'로서 자부심을 지니고 있었다는 사실이 명료하게 보인다.[2] 우리가 분석 대상으로서 다루고자 하는 것은 주로 이러한 '전전'의 전력 공급 시스템 — 특히 간토 지방의 시스템 — 이지만, 그 작업에 들어가기 전에 당시 일본 전국의 전력사업이 어떠한 변천을 밟았는지 개략적으로 확인해둘 필요가 있을 것이다. 경제사학자인 깃카와 다케오橋川武郎는 이 점에 대해 명쾌한 시대

• •

1. 우리는 '기원'이라는 말을 일회적인 '기원'이라는 의미가 아니라 그것에 주목할 때 역사적인 '제도'와 '절단'을 징후적으로 폭로할 수 있는 그러한 생기사건이라는 의미에서 사용한다. 그런 의미에서 이 책이 사용하는 '기원'이란 니체적인 계보학에 입각한 괄호 친 '기원'을 가리킨다. 덧붙이자면, 이러한 계보학적 '기원' 개념을 제시한 책으로 우리가 염두에 두고 있는 것은 가라타니 고진, 『일본근대문학의 기원』(講談社, 1980년)이다.

2. 『東京電燈株式會社開業五十年史(도쿄전등주식회사 개업 50년사)』, 東京電燈株式會社, 1936년, 3쪽.

구분을 제시한다. 깃카와는 후쿠시마 제1원전 사고 후에 출간된 『전력 개혁』에서 1883년~1939년의 전력사업 역사를 다음과 같은 '세 개의 시대'로 정리하고 있다.

　　(1) 주로 소규모의 화력발전에 의거하는 전등 회사가 도시마다 사업을 전개하고, 경쟁이 거의 발생하지 않았던 시기(1883~1906년)
　　(2) 주로 수력발전과 중장거리 송전에 의거하는 지역적인 전력회사가 격렬한 시장 경쟁을 전개한 시기(1907~1931년)
　　(3) 카르텔 조직인 전력 연맹의 성립과 공급 구역 독점 원칙을 내건 개정 전기사업법의 시행에 따라 '전력전'이 거의 종언한 시기(1932~ 1939년)[3]

　이 구절의 내용을 부연하면, 다음과 같이 정식화할 수 있을 것이다. 도쿄전등이 전력 공급을 개시할 무렵, 각 사업사는 서로 경쟁도 없이 각각의 전력 공급 구역에서 제멋대로 조업하고 있었다. 그러나 '수력발전과 중장거리 송전' 기술 개발이 진전되면, 이 최신의 발송전 체제에 기초하여 각 사업자는 시장 경쟁을 격화시켜갔다. 그 후 카르텔의 성립과 전기사업법의 개정으로 지역으로 분할된 전력 공급의 독점 체제가 확립되게 되었다. 그와 같은 체제에서 간토 지방의 공급 체제를 독점한 것이 도쿄전등이었다.[4]

• •

3. 橘川武郎, 『電力改革 ─ エネルギー政策の歷史的大轉換(전력 개혁 ─ 에너지 정책의 역사적 대전환)』, 講談社現代新書, 2012년, 41쪽. 다만 이러한 시대 구분에 관한 착상은 이미 아래의 논문에서 찾아볼 수 있다. 橘川武郎, 「電力自由化とエネルギー・セキュリティ ─ 歷史的經緯を踏まえた日本電力業の將來像の展望(전력자유화와 에너지 안보 ─ 역사적 경위를 근거로 한 일본 전력업의 장래 모습에 대한 전망)」, 『社會科學硏究』 제58권 2호, 2007년.
4. 이러한 시대 구분에 대해서는 다른 견해도 존재한다. 예를 들어 제2차 대전 전의 전력 독점 체제를 연구하는 와타리 데쓰로(渡哲郎)는 나고야전등, 일본전력, 도호전력,

실로 깃카와 다케오의 역사관은 '전전'과 '전후'의 총체에 미치고 있으며, 위에서 개괄적으로 이야기한 사항은 그 일부를 이루는 데 지나지 않는다. 예를 들어 그는 앞에서 제시한 세 개의 시대를 '민유민영의 다수의 전력회사'가 '병존'한 시대로서 하나로 묶고 있다. 그는 또한 그 후의 역사에 관해서는 '전력 국가 관리' 시대(1939~1951년), '민유민영 · 발송전 일관 경영 · 지역 독점'의 '9전력 체제' 시대(1951년~)라는 식으로 구분해 보이는 것이다. 이러한 구분에서 깃카와가 문제로 하고 있었던 것은 전력사업체의 소유자와 경영자는 누구였던가, 각 사업자의 시장 경쟁은 어떻게 활성화했던가, 전력 공급의 독점 체제는 어떻게 형성되고 어떻게 국가의 관리 통제 아래 놓였던가 하는 논점이다. 그리고 일련의 문제의식에 의해 지향되고 있던 것은 '왜 지금과 같은 지역으로 분할된 지역 독점의 영업 형태로 되었던가'[5]라는 물음에 대한 해명이었다.

2. 2대 국책과 장거리 발송전 체제를 둘러싸고

앞 절에서 소개한 전력사업 역사의 시대 구분 그 자체에 대해 우리에게 다른 견해가 있는 것은 아니다. 예를 들어 다음 절에서 소개하는 『간토의 전기사업과 도쿄전력 — 전기사업의 창시로부터 도쿄전력 50년으로의 궤적』(2002년)(이후 『간토의 전기사업』으로 약기)은 '간토 지방의 포괄적

• •

중부배전 등의 사업 체제에 주목하고, 카르텔 성립보다 앞의 단계, 요컨대 1920년대 중반 무렵에는 사실상의 '전력 독점체'가 만들어져 있었다고 주장한다. 다음을 참조. 渡哲郎, 『戰前期のわが國電力獨占體(전전 시기의 우리나라 전력 독점체)』, 晃洋書房, 1996년, 서장 제3절. 다만 우리에게는 전력 독점 체제의 완성 시기를 확정하는 것에 큰 의의가 있다고는 생각되지 않는다. 그 근거는 이 장의 논의를 통해 밝혀질 것이다.

5. 다케우치 게이지(竹內敬二)의 표현을 끌어왔다. 竹內敬二, 『電力の社會史 — 何が東京電力を生んだのか(전력의 사회사 — 무엇이 도쿄전력을 낳았던가)』, 朝日新聞出版, 2013년, 36쪽.

인 전력사업 역사'로서 높은 평가를 받고 있지만,[6] 이 큰 책이 전개하는 장대한 서술도 다소의 같음과 다름이 여기저기서 보이긴 하지만 대체로 앞 절의 시대 구분과 공통된 역사관에 서 있다는 것이 엿보인다.

우리가 이 절에서 주목하고자 하는 것은 오히려 이러한 시대 구분에서 표출되고 있는 객관적인 눈길이 무엇을 보지 못하며, 그 경영사적인 이야기가 무엇을 말하지 못하는가 하는 것이다. 이 관점에 서면, 깃카와 다케오의 역사관에 대해서는 적어도 두 개의 의문을 품지 않을 수 없다.

첫째로 지적해두고자 하는 것은 '수력발전과 중장거리 송전'이라는 가치중립적인 표현에 대한 의문이다. 이 표현은 『간토의 전기사업』에서도 자주 나오는 만큼, 여기서 그 의문의 내용을 기술해두는 것은 더욱더 중요하다고 말할 수 있을 것이다.

우선 일반적으로 수력발전은 그 성질상 산간 지역에 발전소를 건설할 필요가 있다. 다른 한편, 거기서 발전된 전력을 소비하는 자들의 생활 권역은 대체로 산간 지역으로부터 멀리 떨어진 평야 지역에 집중될 수밖에 없다. 요컨대 수력 에너지를 공급하는 측은 산간 지역이라는 인구가 적은 장소에 자리하는 데 반해, 그 에너지를 받아들이는 측은 평야 지역이라는 인구 밀집 지역에 자리 잡게 된다. 예를 들어 간토평야 안쪽에서 살아가는 많은 주민은 불가피하게 전력의 소비자가 되고, 그 주변으로서의 산지에서 살아가는 소수의 주민은 불가피하게 공급하는 측이 되는 것이다. 이것은 지리적 조건이 요청하는 일종의 필연적 귀결이지만, 그 귀결은 동시에 산간 지역과 평야 지역 주민들 사이에 비대칭적인 관계를 도입하지 않을 수 없다.

왜 특히 이와 같은 점에 주의할 필요가 있을까? 이 책의 논의를 추적해온

6. 渡哲郎, 「書評 東京電力株式會社編『關東の電氣事業と東京電力 ― 電氣事業の創始から東京 電力50年への軌跡』(서평. 도쿄전력주식회사 편, 『간토의 전기사업과 도쿄전력 ― 전기 사업의 창시로부터 도쿄전력 50년으로의 궤적』)」, 『阪南論集 社會科學編』 제38권 2호, 2003년, 30~35쪽.

독자에게는 이미 명백할 것이다. 앞 장에서도 보았듯이 시스템으로서의 원자력발전은 언제나 '주변'에 발전소를 세우고 그로부터 '도시'의 소비자를 향해 송전하는 구조를 내포하고 있었다. 사실 수력발전과 원자력발전을 동등하다고 파악하는 것은 성급하겠지만, 적어도 이 발송전 구조에서의 공통성은 실로 징후적이라고 하지 않을 수 없다. 다음 절 이후에서 분석하듯이, 이러한 비대칭적인 전력 공급 시스템은 러일전쟁 후의 호경기 중에 싹트고, 제1차 세계대전의 군수 경기 중에 확대되며, 간토 대지진 직전에는 거의 완성되어 있었다. 요컨대 깃카와 다케오에 의한 '중장거리 송전'이라는 중립적 표현은 이러한 전력 공급 측과 소비 측 관계의 비대칭성을 완전히 은폐해버리는 것이다.

둘째로 지적해야만 하는 것은 '전력 국가 관리' 시대를 일본의 전력사업 역사에서 '예외'로 자리매김하려고 하는 역사관에 대한 의문이다.[7]

깃카와 다케오에 따르면, 전력사업이란 본성적으로 민유민영의 공익사업이고, 그렇지 않으면 안 된다. 전력사업은 이러한 본성을 확보함으로써 사업자들의 건전한 시장 경쟁을 활성화하고, 언제나 성장과 발전을 지향할 수 있다. 그 점에 대해 그는 다음과 같이 말한다.

> 경쟁이 본격화하는 것은 전력의 수요자에게만 유익한 것이 아니다. 긴 안목으로 보면 전력회사에도 경쟁은 플러스로 작용한다. 지역을 넘어선 경쟁에 직면하게 된 각각의 전력회사가 개성을 발휘하여 절차탁마하면, 민간 활력은 다시 향상된다.[8]

이러한 경제학적 합리성의 관점(경쟁 원리=시장주의에 의거한 자유로운 경제활동이야말로 경제성장을 가져온다는 견해)에 서는 한, '시장 메커

---

7. 『전력 개혁 — 에너지 정책의 역사적 대전환』, 42쪽.
8. 같은 책, 60쪽.

니즘과는 다른 차원의 정치적·군사적 사항[9]은 이를테면 자유로운 경제 성장을 저해하는 불순물로만 비칠 것이다. 전력사업을 관리 통제한 군국주의 정부는 이러한 불순물의 전형적인 예이며, 따라서 이 시대는 '예외'로 간주해야 한다는 것이다.

그런데 당시 일본의 국가 방침에 비추어보면, 이러한 종류의 논리가 반드시 자명하지는 않은 현실이 보이게 된다. 환경사회학자 이지마 노부코 飯島伸子는 공해 연구의 관점에서 이러한 현실을 명쾌하게 드러내 보인다. 이지마에 따르면, 메이지 유신으로부터 제2차 대전 패전에 이르기까지 일본은 본성적으로 전쟁을 욕망했을 뿐만 아니라 전쟁을 위해 산업을 확대하고 전쟁을 계기로 하여 경제를 발전시켜왔다. 사실 일본은 이 시기에 청일전쟁, 러일전쟁, 중일전쟁, 태평양전쟁이라는 네 번의 전쟁을 경험했으며, 직접적인 전화를 입지 않고서 끝난 제1차 대전 중에는 미증유의 군수 경기 덕분에 전력회사를 포함한 기간산업이 비약적인 성장을 거두었다. 이지마는 이러한 역사의 배경으로서 메이지 유신 정부가 세운 두 가지 국책이 가로놓여 있었다고 진단한다.

> 농업입국과 창과 칼의 군사력으로 살아온 아시아의 작은 나라 일본에는 공업화의 산물인 근대적인 군사력을 과시하며 개국을 압박한 선진 자본주의 나라들을 앞에 두고서 개국 이외의 선택지는 남아 있지 않았을 것이다. 이러한 경위가 있었기 때문에, 개국 후 최초의 정부가 된 메이지 정부는 선진제국에 의한 일본의 식민지화를 회피하는 것을 제1의 우선적인 과제로 하고, 이를 위해 채택한 것이 공업입국과 군사입국(일반적으로는 '식산흥업', '부국강병'으로 표현된다)이었다. 이러한 2대 국책을 통해 가능한 한 신속하게 선진제국이 근대 국가로서 인정하는 나라로 일본을 성장시키는 것이 메이지 정부의 이를테면 비원이었다.[10]

• •
9. 같은 책, 57쪽.

이 구절이 더듬어 확인하고 있는 것은 다름 아닌 '부국강병'(군사입국)과 '식산흥업'(공업입국)이라는 일본의 국가 방침이 말하자면 수레의 '두 바퀴'로서 기능하고 있었다는 근대사의 현실이다. 뒤에서 보듯이 이와 같은 인식은 앞에서 제시한 『도쿄전력 50년사』에서도 곳곳에서 강조되고 있다.

이러한 '2대 국책'에 의한 근대의 방향 부여를 염두에 두면 다음과 같이 추론하는 것이 가능해질 것이다. 확실히 이길 가망이 없는 전쟁으로 치달아나간 군국주의 정부에 의한 '전력 국가 관리'에 시장 메커니즘에 어긋나는 불합리한 경향이 있었던 것은 부정할 수 없을 것이다. 그러나 근대 국가로서의 출발점에 위에서 언급한 2대 국책이 설정된 이상, 기간산업으로서의 전력을 국가가 관리하는 것은 근대사 과정에서 필연적인 선택이었다. 본래 1930년대 당시의 국제 사회에서 '전력 국가 관리'를 지향하는 것은 '예외'이기는커녕 하나의 주류를 이루고 있었다.[11] 일본 근대가 보여준 비약적인 경제성장을 '정치적·군사적 사항'과 분리하고, 군국주의적인 '전력 국가 관리'를 '예외'로서 정리하고자 하는 견해는 시장 메커니즘이 언제나 국가의 밑받침으로 성립한다는 것을 보지 못한다는 점에서 결정적으로 순진하다.

3. 증례로서의 도쿄전등

앞 절의 예비적 고찰에 기초하여 이 절에서 순서대로 검토해야 할 두 개의 명제를 제시하는 것에서 시작하고자 한다.

● ●

10. 飯島伸子, 『環境問題の社會史(환경 문제의 사회사)』, 有斐閣アルマ, 2000년, 53쪽.

11. 『關東の電氣事業と東京電力 ─ 電氣事業の創始から東京電力50年への軌跡(간토의 전기 사업과 도쿄전력 ─ 전기사업의 창시로부터 도쿄전력 50년으로의 궤적)』, 東京電力株式會社, 2002년, 516쪽.

명제 1. 일본 근대의 전력사업은 메이지 유신 이래의 '부국강병'과 '식산흥업'이라는 2대 국책에 의해 두드러진 성장과 비약을 거두었다.

명제 2. 수력발전을 주체로 하는 '장거리 송전 체제'는 애초에는 지리적인 조건들에 기초하여 탄생했다. 다만 그것은 결과적으로 제2차 대전 후의 발송전 체제에서 구조적 차별의 '기원'이 되었다.

이 절에서는 이 두 개의 명제를 검증하는 데서 간토 지방에서 전개된 도쿄전등의 사업에 초점을 맞추기로 한다. 이 화제를 조사할 때 자주 마주치는 책으로서 앞에서 제시한 『도쿄전등 50년사』와 『간토의 전기사업』 외에 『도쿄전력 30년사』(1983년)를 들 수 있다. 그러나 이 세 권의 책을 서로 비교해 보면, '전전'과 관련하여 『도쿄전력 30년사』의 서술 가치는 그리 높지 않다고 판단하지 않을 수 없다. 왜냐하면 '역사적 사실 발굴'이라는 점에서는 『간토의 전기사업』 쪽이 압도적으로 뛰어나며,[12] 제2차 대전 전의 분위기를 전한다는 점에서는 『도쿄전등 50년사』 쪽이 훨씬 생생하기 때문이다. 특히 『도쿄전등 50년사』에 가득 실려 있는 증언의 다수는 생생한 만큼이나 대단히 징후적이며, 그런 까닭에 우리는 가장 오래된 이 자료에 중점을 두는 가운데 보완적으로 다른 두 책의 사업 역사를 참조하는 방법을 취하고자 한다.

3-1. 토대로서의 '부국강병'과 '식산흥업'

『간토의 전기사업』을 주의 깊게 읽어나가면, '전전'에 관한 방대하고

- -

12. 「서평. 도쿄전력주식회사 편, 『간토의 전기사업과 도쿄전력 ― 전기사업의 창시로부터 도쿄전력 50년으로의 궤적』」, 『阪南論集 社會科學編』 제38권 2호, 35쪽.

상세한 기술의 핵심에 사실은 두 개의 굵은 기둥이 놓여 있다는 것을 알 수 있다. 이것은 '전전'을 다룬 제1장부터 제6장까지의 '목차'에 주목함으로써 명료하게 이해할 수 있다. 『간토의 전기사업』은 제1장에서 도쿄전등의 설립과 성장에 대해 서술하는데, 여기서 주의해야 하는 것은 그 후의 각 장이 각각 어떻게 도입되고 있는가 하는 점이다. '목차'의 해당 항목은 다음과 같다.

제2장 제1절 「러일전쟁 후의 전기사업 붐」
제3장 제1절 「제1차 대전과 전기사업의 발전」
제4장 제1절 「전력 주도의 경제발전」
제5장 제1절 「쇼와 공황 후의 경기회복과 협조체제」
제6장 제1절 「전시경제와 전기사업」

이 리스트를 보면 분명하듯이 『간토의 전기사업』이 말하고자 하는 것은 근대 일본의 경제와 산업이 전쟁을 계기로 하여 어떻게 발전했는가, 거기에 전력이 어떻게 이바지했는가 하는 점이다. 제5장 제1절에서 다루어지는 '쇼와 공황'은 좁은 의미로는 금융에 관계되는 사건이지만, 이 장의 분석 대상은 본래 1932~1938년의 시기, 즉 1931년(쇼와 6년)의 만주사변 이후, 일본이 중국에 대한 침략전쟁에 돌입해가는 시기에 해당한다. 이런 의미에서 이 책의 시대 구분은 명확히 전쟁과 산업이라는 두 개의 기둥에서 성립한다고 말할 수 있다.

이상에서 말한 사항은 『도쿄전등 50년사』의 기술을 통해 좀 더 구체적인 이해가 가능해진다. 『도쿄전등 50년사』에는 사실의 증언에서 정확하지 않은 측면이 있는 까닭에, 이 책의 서술 모두를 액면 그대로 받아들일 수는 없다. 이에 더하여 이 책의 문체는 시대에 뒤떨어져 있다. 그러나 바로 그 점으로 인해 당시의 사회 분위기가 이 책의 증언 맞은편으로부터 전경으로 나서게 된다.

아래에서 인용하는 것은 『도쿄전등 50년사』 '서문'의 한 구절이다. 집필자는 당시의 이사회 회장, 고우 세이노스케鄕誠之助 남작이며, 도쿄전등에 관한 연구에서 자주 언급되는 인물이다.

> 그 후 청일, 러일의 두 전쟁을 계기로 하여 국운이 왕성하게 진전함에
> 따라 당사 역시 순조로운 발걸음을 계속해서 걸어 나가며, 특히 제1차 세계대전
> 이 발발하자 사운의 융성이 깨어나고, 회사의 기초 바로 여기에 반석의 무게를
> 더했습니다. 그러나 생각지도 못하게 간토 대지진에 부딪혀 그 상처도
> 아직 전혀 치유하지 못할 때, 세계 경제공황의 여러 재앙을 입고, 수요의
> 감퇴, 동업 타사의 침입, 외채 부담의 중압 등 어려움이 잇따라 나타나
> 쇼와 연대의 초기에 당사는 희유의 난국에 직면하게 되었습니다.[13]

이 구절은 '국운'과 '사운'이 전쟁 때마다 크게 전개되어갔다는 것을 단적으로 뒷받침한다. 여기서 직접적으로 언급되는 것은 1894~1895년(메이지 27~28년)의 '청일전쟁', 1904~1905년(메이지 37~38년)의 '러일전쟁', 1914~18년(다이쇼 3~7년)의 '제1차 세계대전'이지만, 앞에서 말한 대로 이 책이 간행된 것은 1936년(쇼와 11년)으로 중일전쟁이 한창일 때였다. 이 가운데 러일전쟁 직후와 제1차 세계대전 중에는 일본 경제가 호경기에 들어서며, 특히 일본에 전화가 미치지 않았던 후자의 기간에는 '제반 제조 공업은 갑자기 융성으로 향하고, …… 전력은 실로 약 420%의 격증을 보였다'[14]라는 보고가 명기되고 있다. '쇼와 연대 초기'(1926~1930년경)의 '난국'에 관한 언급도 포함하여 이 구절은 앞 절에서 언급한 '부국강병'과 '식산흥업'의 한 쌍, 즉 군사입국과 공업입국의 '2대 국책'을 현저하게

• •

13. 『도쿄전등주식회사 개업 50년사』, 東京電燈株式會社, 1936년, 1~2쪽. 덧붙이자면, 인용에서는 현대의 독자를 배려하여 한자의 표기에 한해 옛 한자를 새로운 한자로 고친다. 강조는 인용자의 것이다. 이하도 마찬가지다.
14. 같은 책, 121~122쪽.

반영한 것이라고 할 수 있을 것이다.

이상의 분석으로부터 우리가 명제 1로서 정식화한 사항은 『도쿄전등 50년사』라는 회사의 역사 전체를 통해 분명히 표출된다고 결론 내릴 수 있다.

3-2. 장거리 발송전 체제에 의한 구조적 차별

그러면 일본 근대의 2대 국책에 기초하여 발전한 도쿄전등의 전력 시스템은 구체적으로는 어떠한 구조를 지니고 있었을까? 이것이야말로 명제 2에 관계되는 사항이다. 『도쿄전등 50년사』의 '서문'은 다음과 같이 계속되고 있다.

> 이리하여 창업 당시 겨우 20만 엔에 지나지 않던 당사 자본금은 이제 실로 4억 엔을 넘어서며, 그 공급 구역도 해마다 확대되어 도쿄와 요코하마 지방을 중심으로 하여 그 날개는 멀리 북후쿠시마부터 남시즈오카에 펼쳐지고, 규모의 장대함도 대략 내외에서 그에 비교할 수 있는 것을 볼 수 없는 성대한 모습입니다. 나아가 시운이 향하는 곳, 당사의 앞길도 바로 제국과 함께 융성하여 창대해질 것입니다. 정말로 국가로 인해 흔쾌히 감읍하지 않을 수 없는 바입니다.[15]

이 구절에서는 사업의 기하급수적인 거대화에 따라 전력 공급 구역도 확대일로를 걸었다는 것이 증언되고 있다. 주의할 필요가 있는 것은 도쿄와 요코하마 지방이 해당 공급 구역의 '중심'으로서, 그리고 북후쿠시마와 남시즈오카가 그 '날개'로서 자리매김하고 있다는 점이다. 『도쿄전등 50년사』는 간토 대지진재해 직전에 만들어진 이 '공급 구역'의 개요를 '발전소', '변전소', '송전선' 등을 기록한 다음과 같은 지도([그림 1])로 정리하고

• •

15. 같은 책, 2쪽.

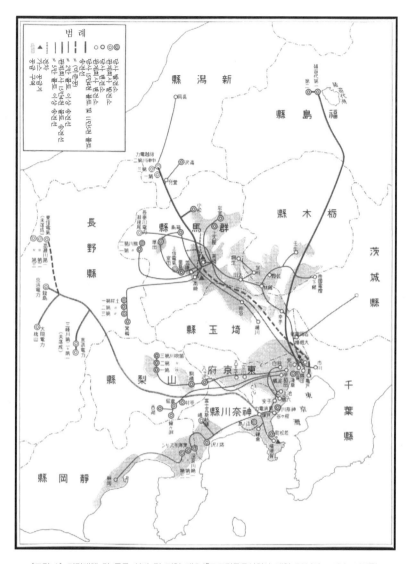

[그림 1] 지진재해 전 공급 설비 및 지역 개요(『도쿄전등주식회사 개업 50년사』, 136~137쪽).

있다. '범례'를 보면 알 수 있듯이 지도에 기재된 모든 항목이 도쿄전등에
소속된 것은 아니지만, 그야 어쨌든 1920년대 간토 지방의 전력 공급
체제의 전모가 이 지도에 기재되어 있다.

이 지도에 그려져 있는 사태를 목록화해보자. 우선 분명히 주변으로부터 중심으로 향한 발송전 체제가 성립해 있다. 다음으로 주변의 가장 말단에 위치하는 수력발전소는 후쿠시마현, 니가타현, 나가노현, 시즈오카현에 소속되어 있다. 그리고 그러한 발전소들 가운데 후쿠시마현, 니가타현, 나가노현에 소속한 발전소 주변 지역에는 전력이 공급되지 않는다. 다른 한편, 네 개의 가장 말단의 수력발전소로부터 펼쳐진 모든 송전선이 집중된 끝은 도쿄부이다.

이리하여 이 지도가 그려내는 전력 공급 시스템은 후쿠시마현과 니가타현의 원자력발전소에서 만들어낸 전기를 후쿠시마현과 니가타현의 주민 자신을 위해서가 아니라 간토 지방의 주민을 위해 계속해서 송전해온 현대 일본의 전력 공급 시스템과 완전한 연속성을 지닌다. 하마오카 원전이 시즈오카현에 존재하는 현 상황을 생각하면, 오늘날 원자력발전에 기초하는 간토 지방 발송전 체제의 원형은 사실상 간토 대지진재해 전에 탄생했다고 결론지을 수 있는 것이다.[16]

그러나 중요한 것은 그 점만이 아니다. 이러한 전력 공급 체제의 구상 그 자체는 이미 러일전쟁 직후에 도쿄전등 경영자들의 의식에 명확히 떠오르고 있었다고 추정되기 때문이다. 그러면 왜 그와 같이 추정할 수 있는 것일까? 다음의 구절은 그 근거를 제공해준다.

그러니까 일부 부유한 계급뿐만 아니라 널리 일반 대중 사이에 전등전

• •

16. 건축사가인 하시즈메 신야(橋爪紳也)는 간토 대지진재해의 부흥을 뒷받침한 것은 도쿄전등에 의한 신속한 송전 체제였다고 말한다. 이러한 '미담'을 말함으로써 하시즈메는 근본적인 역사적 전도를 드러내고 있다. 그는 당시의 장거리 발송전 시스템이 도시와 지방의 비대칭적인 관계 위에 성립해 있다는 것을 간과한다. 발송전 체제가 지진재해 한가운데서 살아남았던 것은 본래 발전소와 송전선이 '간토'의 권역 바깥에 있었기 때문이다. 橋爪紳也, 「國土の電化と大震災 ― 關東大震災前後の狀況から(국토의 전기화와 대지진재해 ― 간토 대지진재해 전후의 상황으로부터)」, 『atプラス』 제15호, 2013년.

력을 보급하고자 하는 당사의 오랜 원망은 가쓰라가와계 수력의 개발을 기회로 하여 여기에 점차 도달하기에 이르렀다. 실로 메이지 40년대는 당사의 기술상, 영업상으로 하나의 새로운 시기를 이루었을 뿐 아니라 전등전력의 민중화에 대한 일대 전환기로서 막대한 의의를 지니는 시대이기도 했다.[17]

여기서 '가쓰라가와계 수력'이란 후지산록의 산중호수를 수원으로 하는 가쓰라가와를 이용한 수력발전을 가리킨다. 앞의 지도에서 말하자면, 야마나시현 기타쓰루군 히로사토무라에 있는 고마하시 발전소가 그 수력발전에 해당한다. 다른 한편, '메이지 40년대'란 1907~1912년의 일이며, 마침 러일전쟁 후의 일시적인 호경기가 일본 사회에 도래하여 지나가고 있던 시기에 해당한다. 요컨대 도쿄전등의 경영자들은 러일전쟁 이후 주변으로부터 중심으로 향한 전력 공급 시스템의 구축을 향해 그 첫걸음을 내디디고 있었다. 사실 그렇지 않았다면 『도쿄전등 50년사』가 당시의 '수용 격증'을 돌아보면서 다음과 같이 증언하는 것 따위는 있을 수 없었을 것이다. '이처럼 수요 증가가 두드러지고, 게다가 시내[=도쿄 시내]의 인구는 점차 조밀의 정도를 더해가 시내에 화력발전소를 존치하는 것이 허용되지 않는 정세로 되었기 때문에, 당사는 일대 결심을 품고서 도심을 떠났다……'[18] 이 증언은 인구가 조밀한 도시로부터 먼 장소에 발전소를 입지시킬 수밖에 없었던 당시의 상황을 단적으로 이야기하고 있다. 그렇다면 발전소나 원전이 인구 밀집 지역이 아닌 곳=인구가 드문 지역에 입지하는 것은 어떤 의미에서 이미 당시부터 운명지어져 있었다.

더 나아가 한 걸음 앞으로 우리의 고찰을 밀고 나아가보자. 실로 '가쓰라가와계 수력'에 대해 언급한 앞의 구절에는 또 하나 중요한 논점이 제시되

----

17. 『도쿄전등주식회사 개업 50년사』, 99쪽.
18. 같은 책, 83~84쪽.

어 있기 때문이다. 그것은 도쿄전등이 '부유한 계급'뿐만 아니라 '일반 대중'의 수요에 '평등'하게 대응할 것을 지향하고 있었다는 사실이다. 물론 이 '평등'에는 하나의 조건이 붙어 있었다. 왜냐하면 여기서 말하는 '일반 대중'이란 어디까지나 '도쿄 시내'의 주민을 말하며, 발전소 주변 지역의 주민이 거기에 들어올 여지는 없었기 때문이다. 『도쿄전등 50년사』의 말을 사용하자면, '러일전쟁에 의한 호경기와 수력발전 사업의 발흥 및 장거리 송전 기술의 진보 등'[19]은 도시 주민들 사이의 에너지 소비의 '계급 격차'를 해소하는 대신, 도시와 지방 사이에 수요와 공급의 비대칭적인 관계를 가지고 들어왔다. 역으로 말하자면, 전력 소비라는 관점에 설 때, 일본 근대의 '일반 대중' 개념은 러일전쟁 후의 주변 차별 내지 산간 지역 차별로 인해 '탄생'했다고 말할 수 있을 것이다.

우리는 지금 명확한 결론에 도달해 있다. 『도쿄전등 50년사』의 생생한 증언은 가치중립적인 입장으로부터 전력사업의 역사를 조감해 보이는 오늘날의 경제사학자들이 다름 아닌 그 중립성에 의해 무엇을 보지 못하고 무엇을 말하지 못하는지를 폭로한다. 그러한 증언들이 폭로하는 사항은 크게 나누어 두 가지다.

첫째, 일본 근대 전력사업의 역사는 '부국강병'과 '식산흥업'의 관계, 군사입국과 공업입국의 관계, 요컨대 국가와 자본 관계의 불가분성에 의해 조건 지어져 있었다.

둘째, 일본 근대의 전력 공급 시스템은 군수 경기로 인해 커다란 성장을 이루며, 도시와 지방을 차별화하는 구조를 형성하고, 그 후의 전력 소비 방식의 방향을 결정하게 되었다. 경제학적인 전력사업 역사는 이러한 차별적인 구조를 '장거리 발송전 체제'라고 명명하지만, 언뜻 보아 중성적

19. 같은 책, 114쪽. 같은 쪽에는 메이지 말기부터 다이쇼 초기에 걸쳐 '잇따라' 창설된 전기사업의 일람표가 제시되어 있다. 거기에는 기누강과 이나와시로호를 수원으로 하는 전기사업자도 기재되어 있다.

인 이러한 명명 행위는 멋들어질 정도로 사물의 짙음과 옅음, 어둠과 밝음을 탈색시키고 투명하게 만드는 것에 공헌한다. 이리하여 에드거 앨런 포의 「도둑맞은 편지」처럼, 눈앞에 내밀어진 것이 바로 그에 의해 보이지 않는 것이 되었다. 객관적인 역사 서술 방법은 사회의 구조적 차별과 그 역사적 '기원'에 일정한 이름을 부여하지만, 그렇게 함으로써 그러한 것들을 우리의 시야로부터 추방해버린다.

이 장을 매듭지음에 있어 원전에 의한 에너지 생산 체제가 이미 확립된 1982년에 도쿄전력이 작성한 「주요 전력 계통도」([그림 2], 『도쿄전력 30년사』 수록)를 제시해두고자 한다. 송전선이 예전보다 훨씬 복잡하고 네트워크화되어 있긴 하지만, 지방이 전력을 생산하고 중앙이 그 전력을 소비하는 그 체제가 러일전쟁 후에 구상되고 간토 대지진 전에는 구현되어 있었던 전력 공급 지도를 성실하게 계승하고 있다는 것이 명백하게 보일 것이다.

1942년, 도쿄전등은 군국주의 정부의 명령으로 해산하지 않을 수 없게 되었다. 그 후 도쿄전등에 의해 개척된 발송전망은 국가 관리 하에 일본발송전(1939년 설립)과 간토배전(1942년 설립)으로 계승되었다. 일본이 패전하자 이 발송전망은 당분간 GHQ(연합군 총사령부)의 통제 아래 놓였지만, 1951년에 창립된 도쿄전력으로 인계되었다.[20]

현대 일본의 전력 생산, 소비에서의 차별적 구조는 러일전쟁 후에 배태되어 1920년대에는 이미 명확한 형태를 이루고 있었다. 그 구조에 토대를 제공한 것은 메이지 유신 이래의 2대 국책, 즉 '부국강병'과 '식산흥업'이라는 불가분의 두 개의 기둥이었다. 다름 아닌 그 구조는 군국주의 정부의 관리하에서뿐만 아니라 GHQ의 통제하에서도 마치 하나의 망령처럼 일본 사회에서 떠나지 않았다. '전후'인 1951년, 그 시스템은 마침내 저 도쿄전력의 손에 건네지고, 그로부터 60년 후 지방과 중앙 사이의

• •

20. 『東京電力三十年社(도쿄전력 30년사)』, 東京電力株式會社, 1983년, 302쪽.

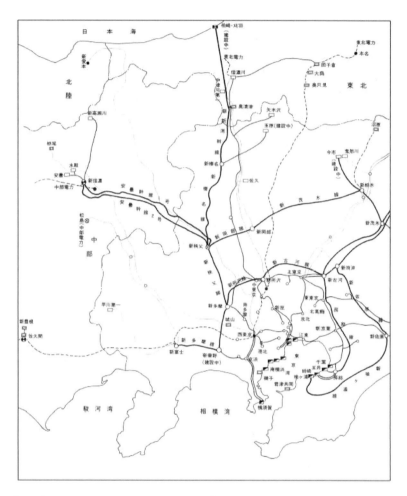

[그림 2] 주요 전력 계통도. 1982년 9월 30일 현재(『도쿄전력 30년사』, 1,040~1,041쪽(우측 그림)).

구조적 차별을 변함없이 온존시킨 채 대재앙적인 원전 사고가 후쿠시마를 습격했다.

범 례

☐ 수력발전소
◣ 화력발전소
⧓ 원자력발전소
▱ 발전소(다른 회사)
○ 변전소
● 변전소(다른 회사)
⊗ 개폐소
⊕ 변환소(FC)
━━━ 500kV 송전선
─── 275kV 송전선
─── 154kV 송전선(주요한 것)
⋯⋯ 송전선(다른 회사)

도쿄도 부근 지도

太平洋

東京湾

━━━ 275kV 地中線
─── 154kV 地中線

제4부
공해 문제로부터 후쿠시마 제1원전
사고를 생각한다

제1장 아시오 광독 사건과 구조적 차별

　3·11 원전 지진재해로부터 5년이 지난 오늘날에도 여전히 광대한 지역이 고농도의 오염에 노출되어 있으며, 십여만 규모의 피난민들이 정들어 살아온 땅으로 돌아가지 못하는 상태가 계속되고 있다. 이런 의미에서 후쿠시마 제1원전 사고는 이미 역사상 최악의 산업공해 양상을 드러낸다. 실제로 근대 일본의 산업공해가 사전, 사후에 걸어간 과정은, 구조적 차별과 공해 영향에 대한 부인이라는 관점에서 보면, 후쿠시마 제1원전 사고가 사전, 사후에 걸어간 과정과 많은 점에서 유사하다는 것을 알 수 있다. 제4부에서는 이러한 엄연한 사실을 토대로 하여 근대 일본의 공해 문제로부터 후쿠시마 제1원전 사고의 모습들을 비추어보고자 한다.

　우선 공해란 무엇인지를 생각하는 데서는 미나마타병 연구로 이름 높은 하라다 마사즈미原田正純 의사가 생전에 반복해서 강조했던 테제가 커다란 길잡이가 된다. 그 테제란 다음과 같다 — 공해가 있는 곳에서 차별이 생겨나는 것이 아니라 차별이 있는 곳에서 공해가 일어난다. 이 테제는 좀 더 엄밀히 생각하면 다음과 같은 세 개의 명제로 다시 정리할 수 있다.

명제 1. 공해가 발생하는 것은 차별을 받는 장소에서다.

　　명제 2. 공해가 발생함으로써 그 장소에 대한 차별은 강화, 복잡화된
　　　　　다.

　　명제 3. 그에 의해 그 장소에 있던 차별의 구조가 보이기 어려워진다.

　이것들 가운데 명제 3은 다른 말로 하자면 '그에 의해 마치 공해 발생 후에 비로소 차별이 생겨난 것처럼 보이게 된다'라고 표현할 수 있다. 우리는 이 장에서 이러한 세 개의 명제를 구체적인 사례에 입각해서 검토함과 동시에, 이 명제들이 초점을 맞추고 있는 사태의 **사전**과 **사후**의 지평에도 들어가 분석해 보이고자 한다. 여기서 말하는 **사전**의 지평이란 공해의 요인이 되는 차별은 어떠한 조건에서 성립하느냐는 물음에, 그리고 **사후**의 지평이란 공해와 차별이라는 상호 보완물은 방치하면 어떠한 결과로 귀착하는가 하는 물음에 관계된다. 요컨대 공해의 조건, 구조, 귀결이 이 장에서 주목하는 주제이다.

　그런데 한 입으로 '공해'라 하더라도 그 현상 형태는 천차만별이다. 각각의 공해 사건이 보여주는 세부 사항에 눈을 돌려 그 현상들의 공통점과 상이점을 해부해가는 것은 학문적으로 중요한 작업이지만, 이 장은 그와 같은 방법을 채택하지 않는다. 앞 장에서 주목한 전력사업의 역사와 마찬가지로 공해의 역사에 관해서도 많은 뛰어난 선행 연구들이 축적되어 있으므로, 새로운 사회과학적 지식을 거기에 더하는 것은 불가능에 가깝기 때문이다. 우리가 목표로 하는 것은 오히려 앞에서 제시한 세 개의 명제와 두 개의 물음을 해명하기 위해 통사적인 서술이 아니라 '계보학적'인 거슬러 올라감을 실천하는 것이다. 그 거슬러 올라감의 대상은 일본 근대의 가장 초기에, 가장 극단적인 형태로 공해의 본질을 가시화한 아시오 광독 사건이다. 이 생기사건이 체현하는 극단적 성격을 기술하고, 그것을 후쿠시마 제1원전 사고와 비교함으로써 저절로 공해(또는 원전 사고)에서의 차별의 조건, 그

구조, 그 필연적인 귀결이 떠오르게 될 것이다.

1. 회귀하는 광독과 그에 대한 부인

아시오 광독 사건의 눈에 띄는 특징으로서 가장 먼저 지적해두지 않으면 안 되는 것은 그것의 귀결이 보여주는 방식이다. 그것은 구체적으로는 다음과 같이 정식화할 수 있다. 아시오의 광독 피해는 실질적으로는 무엇 하나 해결되지 않았으며, 그럼에도 불구하고 마치 피해는 끝난 것처럼 여겨지고 있다고 말이다. 실로 3·11 바로 그날의 아시오에서는 이 정식의 실효성을 여실히 뒷받침하는 사건이 일어났는데, 그 사건에 민감하게 반응한 비평가는 우리가 아는 한 가라타니 고진 단 한 사람이었다.[1] 2011년 3월 13일자의 〈아사히신문〉(도치기판)은 '납, 기준의 2배 검출. 아시오 구리광산, 토사 유출'이라는 표제를 내걸면서 이때의 사건 모습을 비교적 상세하게 보도하고 있다. 문제의 본질을 이해하는 데서 알맞은 실마리가 되기 때문에 전문을 인용해보자.

> 11일의 지진으로 옛 후루카와광업(현 후루카와기계금속)의 아시오 구리광산에서 사용된 닛코시 아시오마치 하라무카이의 겐고로사와 퇴적장에서 와타라세강으로 토사가 유출, 강물에서 환경 기준의 약

· ·

1. 柄谷行人,「秋幸または幸德秋水(슈고토 또는 고토쿠 슈스이)」,『文學界』제66권 10호, 2012년. 가라타니는 이 논문에서 3·11 바로 그날, 아시오의 오염 물질 퇴적장이 무너진 사건에 주목하면서 후쿠시마 제1원전 사고와 아시오 광독 사건의 친연성, 근대에서 사건의 반복강박성을 지적하고 있다. 그런 다음, 다나카 쇼조(田中正造)가 아시오의 광독 피해를 메이지 천황에게 직소한 사건을 상기하고, 그 직소장을 집필한 고토쿠 슈스이(幸德秋水)의 사상과 '幸德秋水'를 흉내낸 '(다케하라[竹原]) 슈고토(秋幸)'를 주인공으로 하는 나카가미 겐지(中上健次)의 소설에 분석의 칼날을 들이댄다.

2배가 되는 납이 검출된 것이 12일 알려졌다. 약 40킬로미터 하류에서는 군마현 기류시와 오타시, 미도리시의 세 개 시가 수도용으로 취수하고 있다. 이 회사는 '취수 지점까지 댐과 못으로부터의 유입으로 충분히 희석될 수 있다'(이케베 기요히코池部清彦·아시오 사업소장)고 하고 있지만, 토사 제거를 서두름과 동시에 하루에 두 번 수질 검사를 계속한 다고 한다.

현장은 와타라세 계곡 철도의 하라무카이역에서 하류로 약 400미터 지점. 토사가 수목과 함께 산사태 모양으로 약 100미터에 걸쳐 붕괴, 이 철도의 선로를 막으며 와타라세강으로 유출되었다.

퇴적장은 구리 선광에서 생기는 침전물(슬라임) 등을 폐기하는 장소로, 토사는 구리 외에 납, 아연과 카드뮴 등의 유해 불질을 포함한다. 아시오 사업소가 12일, 하류 2킬로미터의 농업용수 취수구에서 수질 검사를 하여 기준치(0.01ppm)를 상회하는 0.019ppm의 납을 검출했다. 다른 물질은 환경 기준을 밑돌았다고 한다. 현장은 유출된 토사의 물가가 청백색으로 탁해졌으며, 동 사업소도 '퇴적장의 물질이 스며나 온다'라고 인정하고 있다.

겐고로사와에 폐기하는 것은 1943년에 시작되었지만, 58년에 무너져 하류에 광독 피해를 내고 그다음 해부터 사용을 정지했다.

이 기사가 가리켜 보이는 것은 무엇보다도 다름 아닌 후루카와광업의 아시오 구리광산이 초래한 환경오염이 여전히 근본적인 해결을 보지 못했다는 단적인 사실이다. '퇴적장'이란 요컨대 대량의 유해 물질이 산더미처럼 폐기되어온 장소를 가리키며, 그러한 폐기물들의 산은 아무런 유효한 차폐 시설도 갖추지 않고서 들판에 노출된 상태로 방치되어왔다. 물론 그에 의한 광독 피해가 항상 현재화해 온 것은 아니다. 그와는 전혀 반대로 피해 실태와 퇴적장의 실재 모두가 주변 지역의 주민들을 제외하면 일반적으로는 잊히고 있었다는 것이 숨길 수 없는 실정이다. 그리고 이러한 장기적인 망각 기간을 빠져나와 광독 피해는 반복해서 '회귀'해왔으며, 이후에도 원인이 근본적으로 다스려지지 않는 한 언제까지라도 계속해서 '회귀'할 것이다. 이것은 퇴적된 오염 물질이 거기에 있는 이상, 충분히 상정 가능한 귀결에 지나지 않는다. 그런데 주의 깊은 독자라면, 후쿠시마 제1원전 사고 후에 나온 대량의 제염 폐기물에 대해서도 마찬가지 지적이 가능하다는 점을 깨달을 것이다. 실제로 2015년 9월 9일부터 11일에 기타간토·도호쿠 지방에서 발생한 기록적인 집중호우의 영향으로 후쿠시마현 이타테무라에서는 314자루, 도치기현 닛코시에서는 341자루의 제염 폐기물이 유출되었다.[2] 이 하나의 일을 두고 보더라도 원전 사고의 오염 문제가 '제염'에 의해 해결되는 것처럼 주장하는 언설이 근본적인 기만을 포함하고 있다는 것은 명백하다.

앞에서 제시한 기사에서 간과할 수 없는 두 번째 요점은 가해자인 후루카와기계금속이 광독 오염을 부인하고 있다는 점이다. 그 후루카와기계금속의 심성은 유해 물질이 '충분히 희석될 수 있다'라는 설명방식에서 파악된다. 이 설명에 대해 특별한 주의가 필요한 것은 그것이 미나마타병에서뿐만 아니라 후쿠시마에서도 반복해서 제시되는 가해자 측의 상투어이기 때문이다 (후쿠시마 제1원전에서의 방사능 오염수 유출에 대해 도쿄전력과 정부는 '바닷물 안에서 희석되기 때문에 문제가 아니다'라고 반복해서 말하고 있지만, 실제로 오염수는 그 정도로 희석되지 않고 바다 곳곳에 핫스폿을 만든다).[3] 후루카와기계금속은 이러한 설명으로 유해 물질의 실재 그 자체를 전면 부정하는 것이 아니다. 일단 드러난 사실을 끝까지 은폐할 수는 없기 때문이

••

2. 「除染廢棄物314袋が流出, うち3袋破れる 福島·飯舘(제염 폐기물 314자루 유출, 그 가운데 3자루가 파열. 후쿠시마·이타테)」, 〈朝日新聞〉, 2015년 9월 14일. 「關東·東北豪雨: 除染廢棄物341袋が流出. 栃木·日光(간토·도호쿠 호우: 제염 폐기물 341자루 유출. 도치기·닛코)」, 〈每日新聞〉, 2015년 9월 18일.
3. 다음의 다큐멘터리를 참조. ETV 특집 「네트워크에서 만드는 방사능 오염 지도 4. 바다의 핫스폿을 추적하다」, 2011년 11월 27일 방송.

다('현장은 유출된 토사의 물가가 청백색으로 탁해졌으며, 동 사업소도 "퇴적장의 물질이 스며나온다"라고 인정하고 있다.'). 오히려 '희석' 언설의 특징은 일단은 유해 물질의 유출을 사실로 인정한 다음, 그에 더하여 동시에 그 유해성을 부정한다는 바로 그 점에서 표출된다고 할 수 있다.

광독의 유해성을 부인하는 것, 요컨대 광독의 실재를 인정한 다음, 그에 더하여 동시에 그 해로운 효과를 과소평가하는 것 ─ 이것과 동일한 심성이 아시오 광독 사건을 둘러싼 가해자 측의 주장 곳곳에서 발견된다. 그 하나의 예로서 후루카와광업에 의한 '예방공사' 언설을 들어두고자 한다.

예를 들어 앞에서 언급한 기사의 후일담을 추적한 2014년 11월 24일자의 〈시모츠케신문〉은 「아시오 구리광산 추적 르포」라는 제목의 기사에서 군마현 오타시의 시민단체 '와타라세강 광독근절 오타기성동맹회'의 강력한 요청에 따라 후루카와기계금속이 '겐고로사와 퇴적장'의 '예방공사'에 착수한다고 보도했다. 잘 생각해보면 알 수 있는 것이지만, 본래 광독 피해가 생겨난 **사후**'에 실행하는 공사를 '예방'이라고 이름 붙이는 것은 단순한 어의 모순일 뿐이다. 이러한 명명 행위에서 표출되고 있는 문제의 바꿔치기는 결코 사소한 사항으로 간주해서는 안 된다. 왜냐하면 1976년에 발행된 후루카와광업 주식회사의 기업사(『창업 100년사』)에는 1890년대, 즉 메이지 20년대 중반 이후 세 차례에 걸친 와타라세강의 홍수에 의해 아시오 구리광산의 광독 피해가 하류 지역에 확산된 것, 게다가 그때마다 '예방공사'가 시행되었다는 것이 극명하게 서술되어 있기 때문이다.[4] 흥미로운 것으로 이 기업사는 그러한 '광독 피해 예방공사'들이 얼마만큼이나 '방대한 액수에 달했는지'를 강조한 다음, 다음과 같이 서술을 매듭짓고 있다.

• •

4. 日本經營史硏究所 編, 『創業100年史(창업 100년사)』, 古河鑛業株式會社, 1976년, 제1편 제3장 제5절 「광독 피해 예방공사 추진」.

이러한 [메이지 정부의 농상무성에 의한] 명령 공사들에 접하여 아시오 구리광산은 열심히 공사의 진척에 힘써 메이지 34년 5월 31자를 기해 물안개 관련 규정, 물안개 처리 규정을 정하고, 제5회 공사에 임해서도 36년 9월부터 다음 해 2월까지 이것을 준공했다. 그리고 메이지 43년 착공되어 다이쇼 14년에 완성된 와타라세강 치수 공사에 의해 메이지 후기에 커다란 사회 문제가 된 아시오 구리광산의 광독 문제도 일단 해결을 보았다.[5]

이것은 가해자에 의한 부인 메커니즘을 멋들어질 정도로 드러낸 구절이다. 후루카와광업의 기업사는 일단은 '광독 문제'의 실재를 인정하는 기색을 보여준다. 그에 더하여 동시에 그것은 회사 측의 커다란 노력으로 '아시오 구리광산의 광독 문제도 일단 해결을 보았다'라고 소리 높여 선언한다. 물론 그 '선언'이 단순한 기만일 뿐이라는 것은 3·11 바로 그날의 아시오에서 일어난 사건 — 겐고로사와 퇴적장의 둑이 터진 것과 광독의 유출 — 이 명백히 뒷받침하고 있다. 반복하게 되지만, 후쿠시마 제1원전 사고 후에 나온 대량의 제염 폐기물 문제도 이와 같은 아시오 광독 문제와 본질적으로 다른 바가 없다. '제염'이란 특정한 장소를 오염 물질의 '퇴적장'으로 만드는 것에 지나지 않으며, 오염 그 자체가 제염으로 사라지는 것은 아니다. 그럼에도 불구하고 마치 '제염'의 진전이 원전 사고로부터의 '부흥'을 의미하는 것처럼 연출하는 행정의 자세는 바로 부인 메커니즘을 곧이곧대로 반복하고 있다고 할 수 있을 것이다. 이미 말했듯이 이러한 행정에 의한 부인이 무효라는 것은 2015년 9월에 발생한 제염 폐기물의 대량 유출이라는 사태가 입증한다.

이 절의 마무리로 지도와 일람표를 하나씩 제시해두고자 한다. 전자는

5. 같은 책, 179쪽. 강조는 인용자.

安蘇沢
松木堆積場
久蔵沢
松木沢
仁田元沢
三川合流ダム
製錬所
深沢
深沢堆積場
高原木堆積場
京子内堆積場
出川
水硫ソーダー処理施設
本山坑口
簀子橋堆積場
間藤浄水場
神子内川
至日光
矢狗沢堆積場
有越沢堆積場
洪川
有越沢
選鉱所
渡良瀬川
内ノ籠川
庚申川
小滝堆積場
畑尾堆積場
宇都野堆積場
通洞坑口
中才浄水場
砂畑堆積場
原堆積場
沈でん池
檜平堆積場
薙の沢
第一, 第二源五郎沢堆積場
オットセイ岩
餅ヶ瀬川
至桐生

[그림 1] 아시오 구리광산의 퇴적장과 배수처리 계통도(布川了, 『다나카 쇼조와 아시오 광독 사건을 걷다』, 隨想舍, 1994년, 57쪽).

퇴적장	퇴적 개시 연월	퇴적 중지 연월	퇴적장 면적(m²)	1972년 4월말 퇴적량(m²)
1 교코우치 퇴적장	1897. 5	1935. 3	9,900	180,000
2 우츠노 〃	1897. 5	1959. 12	7,700	6,765
3 다카하라기 〃	1901. 1	1960. 4	66,871	1,300,000
4 아리코시자와 〃	1912. 1	1953. 1	123,000	1,822,214
5 마츠기 〃	1912. 10	1960. 10	208,000	1,939,150
6 후카사와 〃	1914. 12	1925. 5	27,000	101,444
7 하라 〃	1917. 6	1960. 1	281,543	1,583,528
8 덴구사와 〃	1937. 10	1959. 12	112,550	848,136
9 겐고로사와 〃	1943. 10	1959. 12	7,263	161,995
10 히히라 〃	1943. 12	1959. 12	3,330	30,506
11 스나바타 〃	1953. 5	1959. 12	11,817	59,670
12 하타오 〃	1858. 11	1959. 12	9,430	13,726
13 고타키 〃	1959. 3	1959. 12	11,790	10,889
소 계			880,194	8,057,023
14 사이코로바시 〃	1960. 2	사용 중	218,000	3,242,000

주: 조정 시에 후루카와광업 측이 제출한 자료.
출전: 『환경파괴(環境破壊)』 5권 9호, 1974년 10월, 36쪽.
[표 1] 아시오 사업소 퇴적장 일람표(東海林吉郎·菅井益郎, 『통사·아시오 광독 사건 1877~1984』, 신판, 世織書房, 2014년, 231쪽). (1972년 5월 18일 현재)

'아시오 구리광산의 배수처리 계통도'([그림 1])이며, 후자는 '아시오 사업소 퇴적장 일람표'([표 1])이다.

이 지도와 일람표로부터 알 수 있듯이 아시오 구리광산에는 14군데에 달하는 광독 퇴적장이 있으며, 그 대부분은 거의 예외 없이 주변 주민에게 생활용수를 제공하는 강 유역 가까이에 있다. 이들 가운데 3·11 그날에 붕괴된 겐고로사와 퇴적장은 이 절의 서두에서 제시한 〈아사히신문〉의 기사가 언급하고 있듯이 지금부터 60년 전, 즉 1958년 5월 30일에도 이미

한 번 커다란 붕괴 사고를 겪었다. 〈아사히신문〉은 단지 사실을 지적하고 있을 뿐이기 때문에, 당시의 사고 상황을 생생하게 묘사한 『쥬리스트』의 기사를 살펴보는 것이 좋을 것이다.

> [1958년 5월 30일의] 겐고로 퇴적장의 붕괴는 국철 아시오선을 노반과 함께 와타라세강으로 떨어뜨렸고 수천 세제곱미터의 광독 진흙을 밀어냈다. 끔찍한 오탁수가 하류 일대의 옥토를 덮쳐 모내기 전의 농가 2만 수천 호에 커다란 피해를 줬다.[6]

이 묘사를 염두에 두고서 다시 한번 [표 1]을 확인하면, 해당 지역 주변에 사는 것, 더 나아가서는 와타라세강 유역에 사는 것의 위험이 크다는 것을 쉽게 이해할 수 있을 것이다. 지금 이 일대에는 겐고로사와의 20배에 가까운 폐기물을 포함하고 있는 퇴적장이 한 군데, 10배 가까운 분량을 포함한 퇴적장이 네 군데나 존재하기 때문이다.

후루카와광업은 1973년에 아시오 구리광산을 폐광하고 광업 부문의 조업을 중지했다. 또한 회사명을 '후루카와기계금속'으로 개칭한 1989년에는 제련 부문의 조업으로부터도 완전히 철수했다. 이러한 배경도 있는 까닭에 오늘날 아시오마치를 관광하는 사람들은 상당한 관찰 안목을 갖고 있지 않은 한, 완만하게 인구가 감소하는 적적한 산간 지역 마을과 같은 정도의 인상밖에 지니지 못할 것이다. 그러나 그와 같은 겉모습의 밑바탕에는 언제나 광독 유출 위험이 잠재해 있다고 말할 수 있다. 후루카와기계금속이 어떻게 강변하려고 하더라도 유해 물질은 눈앞의 것으로서 거기에 실재하고 있으며, 다음의 '붕괴' 때를 계속해서 기다리고 있다. 후루카와광업의 창시자인 후루카와 이치베古河市兵衛가 아시오 구리광산을

• •

6. 恩田正一, 「足尾銅山鉱毒被害をめぐって ― その今日の實態(아시오 구리광산 광독 피해를 둘러싸고 ― 오늘날의 그 실태)」, 『ジュリスト』 제492호, 1971년, 76쪽.

매수한 것은 메이지 10년, 즉 1877년의 일이었다. 그 해부터 약 1세기 반이 지난 현재도 여전히 천문학적인 분량의 오염 폐기물이 와타라세강 유역 주민들의 생활을 명백히 위협하고 있다.

이상의 분석으로부터 우리는 다음과 같이 결론 내리지 않으면 안 된다. 아시오 광독 피해는 실질적으로는 무엇 하나 해결되지 못했으며, 그것은 그저 마치 끝난 것처럼 여겨질 뿐이라고 말이다. 진짜 문제는 예전이나 지금이나 미뤄둔 채로이다. 그리고 이후에도 그로부터 눈을 돌리는 한, 우리가 잊을 즈음해서 새로운 붕괴가 반복해서 '회귀'하게 될 것이다. 이러한 관점에 설 때, 후쿠시마 제1원전 사고가 초래한 대량의 제염 퇴적물이 조만간에 어떠한 결과로 귀착할지는 충분히 상정될 수 있다. 실제로 그 일부는 2015년 9월의 집중호우에 의해 후쿠시마현과 도치기현 북부에서 유출되었다. 공해라는 관점에서 본 일본 근대의 우리는 오늘날에도 여전히 반복강박을 드러내고, 그에 더하여 동시에 자기 자신의 거울상을 부인하고 있다. 이와 같은 상태를 '정신질환'이라고 부르지 않는다면 도대체 어떻게 형용할 수 있을 것인가?

2. 아시오 광독 사건에서 차별의 구조

우리는 이 절 이후에 계속해서 아시오 광독 사건 사례를 기초로 하는 가운데 공해에 내재하는 차별적 구조와 그 역사적 조건들에 대해 해명해가고자 한다. 그 작업을 통해 후쿠시마 제1원전 사고라는 산업공해=대재앙의 특징을 되비춰 볼 수 있을 것이다.

2-1. 역사적 · 지형적 조건에 의한 주변성

아시오 구리광산이 발견된 시기에 대해서는 여러 설이 있지만, 광산으로서의 개발이 진전되고 착실히 구리를 생산하게 된 것은 게이안 원년(1648

년) 이후라는 것이 알려져 있다.[7] 에도 막부의 직할지로 편입된 아시오 광산은 특히 간분부터 조쿄에 걸쳐, 즉 1660년대부터 1680년대의 약 20년 사이에 수많은 구리광산 중에서도 최고의 구리 생산량을 자랑하게 되었다. 다만 그 황금시대도 길게 이어지지는 않았던 듯하다. 조쿄 연간이 지나자 아시오의 구리 생산량은 격감하며, 18세기부터 19세기 후반에 이르기까지 조업은 실질적인 정지 상태로 되었기 때문이다. 아시오 구리광산이 부활하게 되는 것은 메이지 시대가 되어 후루카와광업의 창시자인 후루카와 이치베가 아시오 일대를 매수하고 서양으로부터 받아들인 근대 기술에 기초하여 재개발에 착수하고 나서의 일이다.

이상에서 이야기한 역사의 개략은 아시오 광독 사건을 생각하는 데서 결정적인 두 가지 사실을 언급하고 있다. 첫째, 가해자인 후루카와광업은 에도 시대의 유산을 다시 이용했다는 사실, 둘째, 이미 그 단계에서 아시오의 광독 피해에서 보이는 차별 구조가 일정한 조건을 부여받고 있었다는 사실이다. 이 두 번째 요점에 관해서는 약간의 설명을 보충해둘 필요가 있을 것이다. 일반적으로 광산 개발이라는 것은 그 본성상 산간 지역이라는 인구가 적은 지역에서 행해지는 것을 운명으로 부여받고 있다. 이러한 지역은 당연히 인구가 밀집한 평야 지역에 대해 '주변'의 입장에 서지 않을 수 없다. 요컨대 전력사업의 역사에서 발견되는 중심과 주변의 구조[8]가 광산 개발의 역사에서도 마찬가지로 발견되는 것이다. 후루카와광업은 근대 이전부터 '주변'의 입장에 자리매김해 있던 아시오 광산을 계승하여 그것을 재개발하는 데 뛰어들었다. 이것은 말하자면 역사적·지형적인 조건에 따라 선택된 거의 필연적인 결과였다. 이 점은 '공해가 발생하는 것은 차별을 받는 장소에서다'라는 명제 1의 테제를 적어도 부분적으로

• •

7. 에도 막부는 게이쵸 15년(1610년)에 아시오 구리광산을 직할지로 편입시켰지만, 그 후에는 '보호림'으로 하고 있었다. 아시오 구리광산이 다시 직할지로서 개발되는 것은 게이안 원년이다(『창업 100년사』, 45쪽).

8. 이 점에 대해서는 제3부 제3장에서 상세히 논의했다.

뒷받침하고 있다.

2-2. 차별의 심각화와 그 배경

하지만 지형적 조건에 기초한 선택의 필연성을 지적한 것만으로는 모든 의미에서 불충분하다. 에도 시대에 싹튼 아시오(와 그 주변 지역)의 '주변성'은 후루카와 경영 시대에 이르러 정치적, 경제적, 사회적인 차원들에서 철저해졌기 때문이다. 이 장의 서두에서 시사한 것이지만, 근대의 아시오 광독 사건이 가르쳐주는 것은 공해란 차별이 있는 장소에서 생겨나며, 나아가 그렇게 됨으로써 그 장소에 대한 차별이 강화, 복잡화된다(명제 2)는 사실 이외에 다른 것이 아니다. 이 테제를 뒷받침하는 방증으로서 이 절에서는 우선 후루카와 경영 시대의 아시오 구리광산에 의한 광독 피해가 후루카와 경영 이전과는 비교할 수 없는 수준이었다고 하는 사실을 지적해 두고자 한다.[9]

'아시오 구리광산의 구리 생산량 추이'([표 2])는 광독 피해의 규모를 상상하는 데서 불가결한 자료라고 말할 수 있을 것이다. 오노자키 사토시小野崎敏에 따르면, 에도 시대부터 400년 가까운 기간에 아시오 광산에서 산출된 구리의 총량은 82만 톤이다.[10] 다른 한편, [표 2]에 따르면, 그 아시오에서 메이지로부터 쇼와의 폐광(1973년)에 이르기까지 산출된 구리의 총량은 족히 67만 톤을 넘어선다. 요컨대 후루카와 경영 시대의 아시오 광산은 4백 년에 달하는 아시오 구리 총생산량의 80% 이상을 생산했다는 계산이 되는 것이다.[11] 이것은 근대 기술에 기초하는 후루카와 시대의

● ●

9. 飯島伸子, 『환경문제의 사회사』, 有斐閣アルマ, 2000년, 30~31쪽.

10. 小野崎敏 편저, 『小野崎一徳写真帖 足尾銅山(오노자키 가즈노리 사진첩. 아시오 구리광산)』, 新樹社, 2006년, 14쪽.

11. 이런 의미에서 '후루카와 경영 이전과 근대적 기계에 의한 후루카와 경영 이후에는 구리 생산량에서 천양지차가 있다'는 모리나가 에이자부로의 지적은 정곡을 찌르고 있다(森長英三郎, 『足尾鉱毒事件(아시오 광독 사건)』 상권, 日本評論社, 1982년, 10쪽).

메이지 10년	47톤	43년	8,953톤	18년	7,530톤
11년	48	44년	9,460	19년	5,811
12년	91	다이쇼 1년	11,277	20년	1,556
13년	92	2년	10,431	21년	1,242
14년	174	3년	10,811	22년	2,178
15년	293	4년	12,182	23년	2,120
16년	653	5년	15,142	24년	1,915
17년	2,807	6년	15,735	25년	3,225
18년	4,127	7년	14,464	26년	3,009
19년	3,629	8년	15,460	27년	3,331
20년	3,024	9년	13,200	28년	3,603
21년	3,821	10년	12,920	29년	3,676
22년	4,889	11년	12,970	30년	3,186
23년	5,846	12년	13,419	31년	3,234
24년	7,613	13년	13,991	32년	3,773
25년	6,533	14년	12,507	33년	3,501
26년	5,671	쇼와 1년	12,919	34년	4,505
27년	6,453	2년	12,488	35년	4,115
28년	5,498	3년	12,938	36년	5,317
29년	6,578	4년	13,063	37년	4,955
30년	5,971	5년	13,815	38년	6,113
31년	6,604	6년	14,704	39년	5,367
32년	6,791	7년	14,779	40년	5,733
33년	6,653	8년	12,884	41년	5,868
34년	6,706	9년	10,783	42년	5,510
35년	6,899	10년	10,933	43년	4,328
36년	6,938	11년	12,750	44년	5,084
37년	6.569	12년	12,121	45년	5,141
38년	6,648	13년	10,420	46년	4,594
39년	6,787	14년	9,693	47년	2,974
40년	6,402	15년	8,444	48년	105
41년	7,294	16년	8,169	합계	651,657
42년	7,486	17년	7,036		

[표 2] 아시오 광산의 구리 생산량(『오노자키 가즈노리 사진첩. 아시오 구리광산』, 16쪽).
(『도치기현사 사료 편 · 근현대 9(栃木県史史料編 · 近現代9)』에 따른다)

아시오 광산이 얼마만큼이나 파격적인 생산 체제를 구축했는지를 보여주는 자료다. 덧붙이자면, 아시오 광산이 산출하는 구리는 1890년 전후에는

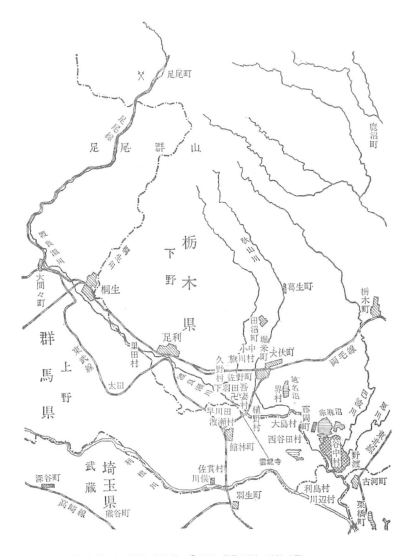

[그림 2] 와타라세강 유역 약도(『아시오 광독 사건』 상권, 9쪽)

　(주) (2) 도부선이 다테바야시, 아시카가까지 연장 개통된 것은 메이지 40년이다.

　　　 (3) 아시카가선이 개통된 것은 다이쇼 원년이다.

　　　 (4) 야나카무라가 저수지로 된 것은 메이지 30년대 끝 무렵부터다

일본 전국의 구리 생산량의 32%를 차지하고, 많은 액수의 외화를 획득하기

위한 주요 수출 품목에 올라 있었을 뿐만 아니라[12] 제2위의 벳시 구리광산

(아이치현), 제3위의 히타치 구리광산(이바라키현)을 밀어내고 문자 그대로 일본 제1의 규모에 도달해 있기도 했다.[13] 이 점으로부터도 후루카와광업이 메이지 정부에 의한 '식산흥업' 정책의 중요한 담지자로서 급성장을 이루고 있었다는 것을 충분히 엿볼 수 있다.

다만 후루카와 시대의 아시오 광산이 비약적으로 생산성을 향상해가는 과정은 역으로 생각하면 주변 지역의 환경이 파괴되고 주민들의 광독 피해가 격화되어가는 과정이기도 했다. 예를 들어 아시오 광산이 배출하는 구리, 카드뮴, 비소 등의 중금속은 와타라세강의 수질을 뚜렷이 유독하게 만들어갔다. '와타라세강 유역 약도'([그림 2])를 보면 분명하듯이 그것은 다시 말하면 연안 일대의 네 개 현, 즉 도지기현, 이바라키현, 군마현, 사이타마현에 걸친 지역의 환경에 유해한 영향을 미친다는 것을 의미했다. 사실 메이지 17년 이후 아시오 광산의 구리 생산량이 급격히 증가하자([표 2]를 참조) 그에 호응하기라도 하듯이 인근 지역의 수목이 고사하고 와타라세강의 은어가 대량으로 죽었으며 강물을 관개로 사용하고 있던 지역의 농작물 수확이 격감하게 되었다.[14] 고이데 히로시小出博의 『일본의 하천 연구』(1972년)에는 '메이지 14년 연안 어업자 수는 2,773명이었지만, 21년에는 788명으로 줄어들고 25년에는 전혀 없게 되는 사실은 와타라세강이 죽은 강으로 변모한 것을 말해준다'[15]라고 기록되어 있는데, 이 사실 하나만 보더라도 광독 피해의 지독함이 그려진다.

그 후에도 점점 더 심각해지는 길을 걸어간 피해 상황 전체에 관해서는

12. 東海林吉郎 · 菅井益郎, 『통사 · 아시오 광독 사건 1877~1984)』, 신판, 世織書房, 2014년 (초판, 新曜社, 1984년), 12쪽.
13. 다음을 참조. 『오노자키 가즈노리 사진첩. 아시오 구리광산』, 16쪽. 『통사 · 아시오 광독 사건』, 19쪽.
14. 다음을 참조. 『통사 · 아시오 광독 사건』, 제2장 「아시오 구리광산의 발전과 광독 피해」.
15. 小出博, 『日本の河川研究 ― 地域性と個別性(일본의 하천 연구 ― 지역성과 개별성)』, 東京大學出版会, 1972년, 76~77쪽.

여기서 상세히 이야기하지 않는다. 다만 본래 왜 광독 피해가 확산하고 심각해졌는가 하는 점을 언급하지 않고서 끝낼 수는 없을 것이다. 그 원인은 크게 나누어 두 가지를 들 수 있다. 첫째, 다나카 쇼조田中正造가 제국의회에서 세 차례에 걸쳐 피해 상황을 호소했음에도 불구하고 농상무성이 변명의 진술만으로 시종일관하고 실질적인 대책을 미루었던 것, 둘째, 후루카와광업이 재빨리 일부 주민과 '화해'(요컨대 매수)하고 영원히 고충을 말하지 않을 것을 계약하게 한 것이다.[16] 이 두 가지 사실에서는 위로부터

• •

16. 당시의 모습을 이해하기 위해 조금 길어지지만, 설명을 보충해두고자 한다. 본문에서 이야기한 첫 번째 논점에 관해서는 『통사·아시오 광독 사건』에서의 다음과 같은 설명이 참고가 된다. '같은 해[1891년] 12월, 제2회 제국의회에서 도치기현 제3구……에서 선출된 다나카 쇼조가 아시오 구리광산의 광독에 관해 처음으로 메이지 정부를 추궁했다. …… 다나카의 질문에 대해 준비된 무쓰의 답변서는 중앙의 각 신문에 게재되었는데, 그 요지는 다음과 같은 세 가지로 이루어져 있었다. / (1) 피해는 사실이지만, 그 원인에 대해서는 아직 확실한 시험에 기초한 정론이 없다. / (2) 원인에 대해서는 토양과 수질을 전문가에게 시험 조사하도록 하고 있으며, 아직 끝나지 않았다. / (3) 광업인은 가능한 한 방지에 노력하고 있으며, 나아가 미국과 독일로부터 분광 채집기 20대를 수입하여 한층 더 광물 유출을 방지하도록 준비를 진행하고 있다. / 이렇게 (1)과 (2)에서는 피해는 사실이지만 아시오 구리광산과 피해의 인과관계는 명확하지 않다고 피하고, 현재 조사 중이라고 하여 후루카와를 옹호하면서 정부와 행정당국의 책임을 회피했다. 그러나 (3)에서는 암암리에 인과관계를 인정하고 분광 채집기를 갖추어 광독 방지에 노력한다는 모순된 내용이었다.'(35~36쪽. 강조는 인용자) 강조된 설명으로부터 밝혀지듯이 무쓰 무네미쓰의 답변에는 부인 메커니즘이 작용하고 있다. 흥미로운 것으로 이러한 무쓰 무네미쓰(陸奥宗光)의 답변 내용은 후쿠시마 제1원전 사고 후의 도쿄전력과 원자력안전보안원의 설명 수법과 아주 흡사하다. 다른 한편, 두 번째 논점에 관해서는 같은 책의 다음과 같은 기술이 중요하다. '도치기현에서는 중재회와 사정회 양자의 중개로 화해가 추진되었다. 그 계약 내용은 대체로 다음과 같은 세 가지로 요약될 수 있다. / (1) 후루카와 이치베는 도덕적인 의무에 따라 화해금을 지불한다. / (2) 분광 채집기의 효과를 보는 기간을 메이지 29년 6월 30일까지로 하고, 계약 인민은 그때까지 일절 고충을 말하지 않으며, 또한 행정, 사법 처분을 청구하지 않는다. / (3) 후루카와 이치베는 수원 함양에 노력할 것. / 여기서 보듯이 화해 계약은 피해 보상이 아니라 도덕적 의무에 따라서라는 기업 책임을 모호하게 한 시혜적인 얼마 안 되는 금액으로 피해 농민의 입과 권리 행사를 봉쇄하는 것이었다. …… 이 금액은 실로 비룟값의 반에도 미치지 못하는 금액이었다.

의 근대화를 추진하는 메이지 유신 이후의 국가와 자본의 본성이 표출되고 있다. 그런데 그와 같은 국가와 자본의 본성은 당시 가해자 측의 인맥을 더듬어봄으로써 명확히 실감할 수 있을 것이다. 그 인맥의 구체적인 예는 다음과 같다.[17]

우선 농상무성의 대표로서 '광독 문제'에 대한 답변에 나선 무쓰 무네미쓰陸奧宗光는 본래 후루카와 이치베와 친하게 지내는 관계이며, 무네미쓰의 장남 준키치潤吉는 이치베의 양자로서 후루카와광업의 2대 사장을 맡는다. 무쓰 무네미쓰가 후에 제2차 이토 히로부미 내각(1892~1896년)의 외무대신을 맡는 등 정계의 실력자였다는 것은 말할 것까지도 없다. 다른 한편 후루키와 이치베의 셋째 아들로 후루카와광업의 3대 사장이 된 도라노스케虎之助는 농상무경, 해군대신, 내무대신 등을 역임한 정치가 사이고 쥬도西鄕從道의 딸(후지코)을 아내로 맞아들인다. 또한 2대 사장인 준키치와 3대 사장인 도라노스케 시대에 후루카와광업의 부사장을 맡고 퇴사 후에도 고문으로 이름을 올렸던 사람이 나중에 수상에 오른 하라 다카시原敬다. 일반에게는 '다이쇼 데모크라시'의 얼굴로서 '평민 재상'이라고도 불린 정당 출신 정치가가 이처럼 근대 최초 시기 공해 기업의 경영진이었다는 것은 특별히 언급해야 할 사실일 것이다. 더 나아가 1897년(메이지 30년) 후루카와광업이 착공한 '광독 예방공사'에 대해 거액의 자금 지원을 결정

●●

…… 제1차 화해가 분광 채집기의 설치를 조건으로 3년간의 고충을 내세우지 않고 행정, 사법 처분을 청구하지 않을 것을 피해 농민에게 약속하도록 하는 것이었지만, 제2차 화해는 좀 더 교묘한 방법을 사용하여 피해 농민이 영구히 고충을 말하지 않는다는, 요컨대 영구적으로 피해 농민의 권리를 구속해두고자 하는 것이었다.'(37~38쪽. 강조 인용자) 물론 가해자가 피해자에게 '은혜'를 베푼다는 도착적인 행동도 부인의 하나의 형태다.

17. 후루카와 이치베의 인맥에 관한 기술은『오노자키 가즈노리 사진첩. 아시오 구리광산』, 제1장「후루카와 이치베의 아시오 경영」,『통사 · 아시오 광독 사건』, 제10장「광독 문제의 잠재화」등을 토대로 정리했다. 다만 미나미 데이조(南挺三)에 관해서는 다음을 참고했다. 小西德應,「1900(明治33)年職員錄からみる足尾銅山の実情(1900(메이지 33)년 직원 목록에서 보는 아시오 구리광산의 실정)」,『政経論叢』제68권 5 · 6호, 2000년.

한 제일은행의 우두머리는 시부사와 에이이치澁澤榮一인데, 그 시부사와는 아시오 광산 경영의 최초 시기에 후루카와 이치베가 최첨단의 제련 및 동 정련 기술 도입을 결정할 때 주역이기도 했다. 마지막으로 한 마디 덧붙여두자면, 1900년 후루카와광업에 '예방공사 명령'을 발령한 도쿄 광산 감독서장인 미나미 데이조는 바로 같은 해에 후루카와광업에 입사한다. 현대식으로 말하면, '낙하산'이다.

이상의 기술로부터 알 수 있듯이 근대 초기의 아시오 광독 사건이 당시 국가와 자본의 논리에 의해 격화되었다는 것은 의심할 수 없다. 또한 마찬가지로 국가와 자본의 논리가 배경이 됨으로써 피해 지역에서의 차별 구조가 한층 더 복잡해졌다. 아시오 구리광산이 광독을 배출하고 그 명백한 피해를 국가와 자본이 방치함으로써 와타라세강 유역의 '주변성'은 중층화하며, 이 지역에 내재하는 구조적 차별은 더욱더 심각해져 갔다. 지금부터 이야기해가듯이 이러한 근대 초기의 역사적 과정은 우리의 눈에는 후쿠시마 제1원전 사고 이후 오염지역 ― 그것은 후쿠시마현 내부만이 아니다 ― 이 밟아가고 있는 과정과 겹쳐 보인다. 우리가 되풀이해서 '반복강박'과 '회귀'(프로이트)에 대해 언급하는 것은 이 때문이다. 그러면 이러한 '반복강박'을 초래하는 사회 구조란 어떠한 것이며, 그 구조가 성립하기 위한 역사적 조건들이란 어떠한 것이었던가? 다음 절에서는 우선 전자에 대해 생각해보자.

2-3. 차별의 다중구조

2-3-1. '광산도시-기업도시'의 번영

인구가 밀집한 평야 지역에 반해 광산으로서의 아시오가 언제나 '주변'으로 자리매김할 수밖에 없었다는 것은 이미 지적한 대로다. 그러나 후루카와 경영 이후의 아시오에서 특별히 언급해야 하는 것은 다름 아닌 바로 그 '주변'이 일대 산업 도시로서의 번영을 구가하기에 이른 역사적 경위다. 아시오는 후루카와광업에 의한 재개발과 근대화를 통해 최전성기에는

4만 명이라는 도치기현 내에서도 손꼽히는 인구를 거느린 기업도시로 변모해갔다. 오노자키 사토시小野崎敏는 유곽, 전당포, 요리점, 미용실 등이 한자리에 모여 있는 번화가의 광경을 묘사한 다음, 다음과 같이 말하고 있다.

> 후루카와는 노동자의 고용 안정을 위해 극장·클럽·무도장 등을 각 사업소에 만들고, 모토야마·고타키·쓰우도우에는 병원도 열었다.
> 또한 자제 교육을 위해 사립 소학교를 건설하여 학교에 다니도록 했다. 가난한 사람과 노동자를 위해서는 야학도 설치하고 교사도 자기 부담으로 고용하였으며, 학비는 회사에서 부담했다. 나아가서는 공인학교도 만들고, 능력이 있는 자제는 장학금을 지급하여 상급 학교에 다닐 수 있게 했다.
> …… 이밖에 각지에서 모인 노동자와 그 가족이 산간벽지에 거주하기 때문에 위안에도 배려했다. 광업소에서는 연극이나 볼거리들을 주최하고, 나아가서는 봄에는 산신제 축제와 가을에는 소풍 등 연중행사도 마련했다. 또한 유공자나 모범 광부를 표창하는 등, 인사 면의 배려도 게을리하지 않았다.[18]

당시 '광산도시鉱都'로 불렸던 아시오가 후루카와광업으로부터 복리후생이나 교육 등의 면에서 어떤 혜택을 받았는가 하는 점을 여실히 이야기해주는 구절이다. 전국적으로 보아도 아시오는 서양 근대 기술을 받아들인 산업도시의 선구이며, 산중에 전차와 케이블카가 달리는 등, 그 개발 과정에서 생겨난 진귀한 광경이 신문 등의 주목을 받고 쟁쟁한 문학자들이 아시오를 소재로 작품을 집필했다. 예를 들어 나쓰메 소세키의 대표작 『갱부』는 아시오 구리광산을 무대로 한 소설이었다. 또한 아쿠타가와

• •
18. 『오노자키 가즈노리 사진첩. 아시오 구리광산』, 146쪽.

류노스케는 수학여행으로 방문한 아시오의 인상을 소품으로 정리했고, 야마모토 유조는 광산 갱 안을 무대로 한 희곡 『구멍』을 집필했다.[19] 나아가 당시의 아시오를 밀착 취재한 사진가 오노자키 가즈노리는 1901년(메이지 36년) 아시오 주민이 참석한 후루카와 이치베의 장례식 모습과, 1925년(다이쇼 14년) 산신제를 방문한 후루카와 3대 사장 도라노스케를 아시오의 주민들이 국기를 손에 들고 크게 환영하는 광경을 필름에 담았다.[20] 이 사진들은 후루카와광업과 명운을 함께 한 '광산도시'의 일상을 우리에게 전해줄 뿐만 아니라 사실은 아시오와 같은 모습이 현재도 일본 각지에 남아 있는 기업도시들의 '기원'이었다는 것을 가르쳐준다. 예를 들어 다음 장에서 검토하는 미나마타병 사건은 질소주식회사의 기업도시에서 일어난 산업공해이며, 또한 제3부 제1장에서 논의했듯이 후쿠시마 제1원전 사고는 전원3법 교부금에 기초하는 원전 입지에 의해 도쿄전력의 기업도시가 된 지역에서 일어난 산업공해다. 요컨대 미나마타와 후쿠시마에서의 산업공해를 파악하기 위해서는 그 본질을 응축한 역사적 '기원'으로서의 아시오 광독 사건으로 소급해갈 필요가 있는 것이다.

그런데 아시오 광독 사건 연구자들은 이러한 '광산도시-기업도시'의 번영을 충분히 보지 못하고 와타라세강 유역의 피해 상황 증언에 비중을 두는 경향을 지녀왔다. 그들은 그렇게 함으로써 왜 저런 정도의 피해가 아시오 주민들에 의해 무시되었는지 말하지 못한다.[21] 다른 한편 '광산도시-기업도시'의 번영에 향수를 지닌 자들의 증언은 대체로 그 번영의 발밑에서

⋅ ⋅

19. 다음을 참조. 小野崎敏, 『足尾銅山物語(아시오 구리광산 이야기)』, 新樹社, 2007년, 제2장 「문인들의 아시오」.
20. 『오노자키 가즈노리 사진첩. 아시오 구리광산』, 80~81쪽, 156쪽.
21. 『古河市兵衛翁伝(후루카와 이치베 전기)』(古河合名会社内五日会, 1926년)에는 다나카 쇼조가 제국 의회에서 '광독 문제'를 호소하기 시작할 무렵, '아시오마치 유지'가 후루카와광업의 도쿄 본점을 방문해서 지시를 구하거나 다나카 쇼조에 대한 '대항 운동'을 조직하려고 시도했다는 것이 보고되어 있다(235쪽).

태어난 막대한 희생을 무시하거나 적어도 과소평가하는 경향이 있다.[22] 그들의 증언은 원하든 원하지 않든 상관없이 가해 기업인 후루카와광업의 논리에 가담하는 경향을 담고 있다. 그런 까닭에 우리는 산간의 작은 마을이 기업도시로서 빠르게 성장한 것, 게다가 동시에 돌이킬 수 없는 피해를 그 안뿐만 아니라 밖에도 초래한 것을 분명히 보이고자 한다. 그리고 이러한 이중의 인식을 철저히 하기 위해서는 후루카와 시대 이후의 아시오와 그 주변 지역에서 가해와 피해 구조가 어떻게 복잡화, 중층화되어 갔는지 확인해두어야만 한다. 왜냐하면 마찬가지 모습의 가해와 피해 구조가 후쿠시마 제1원전 사고 후의 사회 상황에서 이미 가시화되기 시작했기 때문이다.

2-3-2. 가해와 피해, 다섯 개의 단면

후루카와 시대 이후의 아시오를 에워싸고 복잡해진 차별 구조는 적어도 다섯 개의 단면에서 파악되어야만 한다. 이들 단면의 상호간섭이나 부분적 전개로 인해 한층 더 복잡한 차원이 생성되었을 가능성은 충분히 생각되지만, 이 절에서는 일단 제쳐놓는다. 여기서 말하는 다섯 개의 단면은 다음과 같이 분류할 수 있다. 즉, 도쿄와 아시오(단면 1), 아시오와 그 안과 밖의 피해 지역(단면 2), 마쓰기무라와 와타라세강 하류 지역(단면 3), 야나카무라와 그 밖의 와타라세강 하류 지역(단면 4), 야나카무라의 잔류자와 피난민(단면 5)이다. 아래에서 각 단면의 구조와 특성을 기술해나가고자 한다.

단면 1. 도쿄와 아시오

• •

22. 무라카미 야스마사가 아시오 구리광산의 역사를 둘러싸고 수집한 증언집에는 이러한 향수가 배어 나온다(村上安正, 『足尾に生きたひとびと ― 語りつぐ民衆の歷史(아시오 에서 살아간 사람들 ― 구전되는 민중의 역사)』, 随想舎, 2000년).

이 양자의 관계는 도쿄 본사와 기업도시의 관계라고 바꿔 말할 수 있다. 후루카와광업은 메이지 정부에 의한 '위로부터의 근대화'의 담지자로서 아시오라는 인구가 적은 마을에서 대도시의 미니어처를 만들어내고, 어떤 면에서는 대도시보다 더 급진적인 문화적 광경을 드러내 갔다. 산골짜기를 달리는 전차와 케이블카, 광산 노동자의 자제들이 다니는 교육 시설을 충실하게 만드는 것은 그와 같은 광경의 구체적인 예다. 창업자 후루카와 이치베의 증언을 읽으면 그가 얼마나 자각적으로 이러한 사업을 추진해갔는지 손에 잡힐 듯이 알 수 있다.

광업은 산중에서 갱부나 막일꾼을 상대하는 일로 전혀 재미없고 그 구역이 좁으며 조촐한 일인 것으로 보이겠지만, 대체로 광업을 일으키기 위해서는 마치 새로운 식민지를 개척하는 것처럼 깊은 산의 깊숙한 곳에 새로운 도회나 마을을 짓는 것이기 때문에, 위생을 위해서는 병원도 세워야만 하고 교육을 위해서는 구휼의 법도 정해야만 하며, 갱부나 직공의 신앙심을 북돋우기 위해서는 절도 세워주어야만 하고 산중의 토착 주민을 즐겁게 하기 위해서는 야단법석의 축제도 벌여야만 한다. 그 밖에 도로도 닦고 철도도 깔며, 때에 따라서는 스스로 배도 가지지 않으면 안 되고, 산중 주민 전체에게 먹을거리와 그 밖의 필요한 것들을 공급하며, 또는 나무를 베거나 대체 나무를 심는 것, 먹을 물에 대한 배려, 홍수 대비, 화재나 유행병 같은 비상 상태에 대한 준비도 모두 갖추어 두지 않으면 안 되고, 조금 더 기분 나쁜 일을 이야기하자면 똥이나 오줌의 처리까지도 모두 돌보아주지 않으면 안 된다…….[23]

이 증언에서는 아시오에 대한 후루카와 이치베의 가부장적이고 식민지주의적인 눈길이 표출되어 있다. 이치베에 따르면 아시오의 주민은 '산중

23. 『후루카와 이치베 전기』, 272~273쪽. 강조는 인용자. 이하에서도 마찬가지다.

의 토착 주민'에 지나지 않으며, '똥이나 오줌의 처리까지도 모두 돌보아주지 않으면 안 되는' 대상이다. 이치베의 눈에 비치는 '아시오 주민'은 철저히 은혜와 자애를 베풀어야 하는 자식 내지 신하와 같은 존재이며, 그에 의해 자본의 논리에 대한 '종속화'를 의무로 부여받은 주체이기도 하다. 역으로 말하면 아시오 주민은 개척자로서의 후루카와광업에 '종속'함으로써 비로소 번영을 누릴 자격을 지닌다. 이처럼 적나라하게 속마음을 내보인 후루카와 이치베의 거점이 '토착 주민'이 사는 아시오가 아니라 수도로서의 도쿄에 자리하고 있었던 것은 결코 우연이 아니다. 예를 들어 『후루카와 이치베 전기』(1926년)에는 '메이지 30년 6월, 후루카와 이치베는 후루카와광업 사무소를 설립하고, 본점을 도쿄 안으로 옮기고 종래의 세토모노마치 본점을 사택으로 삼았다'[24]고 기록되어 있다.

　도쿄와 아시오. 지배자와 피종속자. 기업 본점과 기업도시. 이 양자 사이에 존재하는 압도적인 격차는 3대째 사장인 도라노스케 시대에 현재의 도쿄도 북구 니시가하라에 만들어진 후루카와 정원을 봄으로써 좀 더 실감 나게 수긍될 수 있을 것이다. 11,000평의 옛 무쓰 무네미쓰 저택 안에 서양풍 이층 구조 450평의 본관, 흙벽 광, 부속 건물, 일자집과 주택 등을 배치한 이 거대 정원은 한때는 재벌까지 오른 후루카와광업의 영화가 바로 '산중의 토착 주민'의 노동 위에 성립했다는 것을 증명하는 기념물이다.[25] 후루카와 정원의 전모를 앞에 두게 되면 광산도시 아시오의 번영은 결코 아시오의 주민 자신을 위해서가 아니라 그 아시오의 머리 위에 도쿄로부터 군림한 후루카와광업을 위한 것이었다는 사실이 절감될 것이다. 자본으로서의 후루카와광업은 메이지 이래의 국가 정책을 배경으로

• •

24. 같은 책, 260쪽.
25. 후루카와 정원에 관해서는 다음의 문헌에 요점을 찌른 해설이 있다. 布川了, 『田中正造と足尾鉱毒事件を歩く(다나카 쇼조와 아시오 광독 사건을 걷다)』, 随想舎, 1994년, 126~127쪽. 현재 이 후루카와 정원은 도쿄도 문화재로 지정되어 도립 정원으로서 일반에게 공개되고 있다.

도쿄를 본거지로 하여 아시오라는 주변을 '식민지화'함으로써 비약적인 성장을 거둘 수 있었다. 이러한 의미에서 후루카와 자본에 있어 도쿄와 아시오의 비대칭적인 관계(단면 1)는 다른 네 개의 단면을 규정하는 대전제에 해당한다. 그리고 말할 필요도 없이 도쿄전력이 두 개의 원전(후쿠시마 제1원전, 후쿠시마 제2원전)을 도쿄전력 배전 영역 바깥인 후쿠시마에 설치하고 그 후쿠시마에서 만든 전기를 모두 간토 지방에 보내왔다는 역사를 상기하면, 도쿄와 아시오의 비대칭적인 관계가 도쿄와 후쿠시마의 비대칭적인 관계와 평행을 이루는 것이라는 점이 명확히 이해될 수 있을 것이다.

단면 2. 아시오와 그 안과 밖의 피해 지역

이 단면에 주목하는 것은 기업도시로서의 아시오의 발전이 얼마만큼이나 막대한 희생 위에 성립했는지를 이해하는 데서 불가결한 절차다. 후루카와 시대의 아시오 구리광산에 의한 피해를 본 당사자는 엄밀히 말하자면 아시오의 안쪽과 바깥쪽 양면에 걸쳐 있다. 이와 같은 가해자의 안과 밖에 피해자를 산출하는 중층 구조는 일반적으로 기업도시에 내재하는 본성을 응축한 것이라고 할 수 있다. 이 단면 2에 관해서는 아시오 광독 사건이라는 공해의 특질을 아는 데서 가장 불가결한 것인 까닭에 조금 상세히 기술해 보이고자 한다.

우선 아시오 안쪽에서 피해를 본 당사자로서는 가혹한 광산 노동에 종사하는 광원들을 들지 않으면 안 된다. 광원들이 놓인 노동 환경의 일단을 오노자키 사토시에 의한 다음과 같은 증언에서 발견할 수 있다.

회사 조직은 임원과 광원의 이중구조로 되어 있고, 학교 졸업과 등용 시험에 합격한 관리직이 '임원'이라고 불리면서 광원들을 관리·지휘하며 작업했다. 임원들은 '임원주택'이라고 불린 사택에서, 광원은 '연립주택'이라고 불린 사택에서 살았고, 급여 등에서도 격차가 있었다.

일류 대학을 나온 사람들인 임원이 전국에서 모여 이 산골짜기의 땅에 기업도시가 출현한 것이다.[26]

요컨대 아시오 구리광산의 노동 현장에서 확립되어 있던 것은 명백한 계급사회였다. 1907년(메이지 40년) 2월에 일어난 아시오 대폭동은 노동운동사에서 유명한 사건인데, 군대가 출동하여 노동자들을 진압하는 사태로까지 발전한 이 사건의 근저에 놓여 있던 것은 노동자를 차별하는 계급사회이자 그러한 차별에 기초한 노동의 가혹함이었다. 이지마 노부코는 상세한 데이터를 기초로 하여 이 시기 광산 노동에 노동 재해와 직업병이 항상 따라다니는 것이었음을 입증하고 있다.[27] 이러한 차별적인 환경 속에서 평소에 울적해 있던 광원들의 불만이 러일전쟁 후의 증세와 물가 등귀에 따른 실질임금의 저하가 계기가 되어 일거에 폭동으로 발전했다.[28] 실로 '전전'의 아시오를 바라다보면, 이러한 계급사회의 맨 밑바닥에 있었던 것은 중국이나 한반도에서 강제 연행된 노동자들이었다는 것을 알 수 있다. 아시오 구리광산의 시스템은 광원들에 대한 구조적 차별을 토대로 함으로써 거대한 자본을 축적할 수 있었다. 이러한 특징은 단면 1에서 아시오의 '종속화' 계기와 표리일체의 관계에 있다고 생각된다. 실제로 폭동 사건 후에 경영 측이 다양한 환경 개선책을 내놓음으로써 노동자 측의 운동은 진정되었다. 아시오의 노동자들은 '광산도시=기업도시'의 번영을 위해 노동하고, 그렇게 함으로써 자본의 논리에 종속되었다. 그것의 필연적 결과로서 그들은 노동 재해와 직업병을 겪고 있었다. 그런데 이상의

• •

26. 『오노자키 가즈노리 사진첩. 아시오 구리광산』, 144쪽.
27. 『환경 문제의 사회사』, 62~66쪽.
28. 『다나카 쇼조와 아시오 광독 사건을 걷다』, 20~21쪽. 아시오 대폭동 사건은 같은 해 호로나이 탄광과 벳시 구리광산에서의 폭동 사건의 계기가 되기도 했다. 메이지 40년대, 전국적으로 광산 노동자를 둘러싼 노동 환경이 열악했다는 것을 전해주는 역사의 한 막이다.

사항은 후쿠시마 제1원전 부지 내의 피폭 노동 환경을 상기시키지 않을 수 없을 것이다. 우리가 제3부 제2장에서 분석했듯이, 도쿄전력 정사원과 원전 하청 작업원 사이에는 사고 전에도 사고 후에도 피폭 선량을 둘러싼 결정적인 차별이 도입되어 있다. 도쿄전력 정사원은 일본 각지 출신의 대학 졸업자인 데 반해, 후쿠시마 제1원전 사고 수습 작업에 종사하는 하청 작업원 대부분은 원전 입지 지역인 후쿠시마현 하마도리 출신자로 구성된 것이다.[29] 이러한 명료한 대조에서 보이는 것은 다름 아닌 도쿄전력 정사원의 지휘 아래 '기업도시'로서의 원전 입지 지역 주민들이 고선량의 피폭 노동을 강요받는 계급사회의 축도다.

한편으로 지금까지 되풀이해서 강조해왔듯이 아시오 구리광산이 그 바깥쪽에 가져온 피해 규모는 아주 커다랗다. 와타라세강 유역의 광독 피해에 대해서는 이미 지적한 바 있지만, 특히 간과할 수 없는 것은 스모그 피해와 광독에 의해 두 개의 마을이 폐촌으로 내몰린 사실일 것이다. 이 두 마을, 즉 마쓰키무라와 야나카무라가 소멸해 간 과정은 아래와 같다.

마쓰키무라는 아시오 구리광산에 제련소가 건설된 1884년(메이지 17년) 무렵부터 아황산가스와 비소 등의 유독 물질에 의해 습격을 받아 마을에서 전통적으로 영위해온 양잠업을 비롯한 산림, 축산, 농작물이 파멸적인 타격을 입게 되었다. 가미오카 나미코神岡浪子는 『일본의 공해사』에서 그 피해 상황을 다음과 같이 산출하고 있다.

• •

29. 「被災地で働きたかった福島第一原発で働く作業員ルポ漫画いちえふが伝える真実(재해 피해 지역에서 일하고 싶었던 후쿠시마 제1원전에서 일하는 작업원 르포 만화 이치에후가 전하는 진실)」, The Huffington Post, 2014년 3월 10일. www.huffington post.jp/2014/03/09/311-1f-tatsuta-kazuto_n_4932299.html 이 인터뷰에서 후쿠시마 제1원전 사고의 수습 작업을 마주한 만화가 다쓰다 가즈토(竜田一人)는 다음과 같이 말하고 있다. '1층 내의 표준어는 후쿠시마 사투리, 아니 그보다는 하마도리 사투리입니다. 제대로 작업원 통계를 내본 것은 아니지만, 내가 보기에는 90퍼센트 이상의 상당한 비율을 지역 주민이 차지하는 것 같다고 느꼈습니다.'

그 피해 지역은 광산의 주위 23.4평방킬로미터가 민둥땅, 68.5평방킬로미터가 격심한 피해지, 120.3평방킬로미터가 중간 정도 피해지, 186.3평방킬로미터가 가벼운 피해지, 합계 400평방킬로미터에 달하는 산림이 피해를 보았다.[30]

이 구절은 아시오의 스모그 피해가 얼마만큼 광대한 토지를 오염시켰는지 간결하게 전해준다. 다나카 쇼조 연구의 중진인 후카와 사토루布川了에 따르면, 1892년(메이지 25년)에는 그럼에도 불구하고 40호, 267명이 이 마을에서 계속해서 살아나가려고 분투하고 있었다고 한다.[31] 그러나 스모그 피해의 격화는 그칠 줄 몰랐으며, 후루카와광업도 두세 차례에 걸쳐 '합의'를 획책했기 때문에 1902년에(메이지 35년) 1월, 마을 주민 전체가 매수에 응해 마침내 마쓰키무라는 소멸하게 되었다.[32] 그다지 지적되지 않는 일이지만, 이 해를 전후하여 인근 지역인 구조무라와 니타모토무라도 마찬가지로 아시오 구리광산 스모그 피해로 인해 폐촌으로 내몰렸다.

후루카와광업은 그 후 1960년에 이르기까지 반세기 가까운 세월에 걸쳐 아시오 구리광산에서 배출된 광재, 폐석, 쓰레기 등의 광독 폐기물을 계속 마쓰키무라에 투기했다. 요컨대 일단 폐촌으로 몰아붙인 장소를 다음에는 오염 물질의 퇴적장으로 변화시킴으로써 이중의 차별적인 인클로저를 실천했다는 것이다.[33] 이러한 마쓰키무라 경우를 염두에 두면, 후쿠시마 제1원전 사고 후에 피난 지시 구역에서 핵폐기물을 처리(해당 지역 시설은 '중간저장시설'이라 불리고 있지만, 핵폐기물의 그 후의 행선지는 결정되어 있지

30. 神岡浪子, 『日本の公害史(일본의 공해사)』, 世界書院, 1987년, 17~18쪽.
31. 『다나카 쇼조와 아시오 광독 사건을 걷다』, 11쪽.
32. 다음을 참조. 森長英三郎, 『아시오 광독 사건』 상권, 제12화 「스모그 피해」.
33. 『다나카 쇼조와 아시오 광독 사건을 걷다』, 10쪽. 저자인 후카와 사토루에 따르면, 1994년 시점에서 마쓰키무라 퇴적장의 오염 물질은 조금씩 토목 공사용으로 반출되었다고 한다.

않다)하려고 하는 일본의 현 상황은 그야말로 변함없이 '반복강박'의 징후를 나타내고 있음을 알아볼 수 있을 것이다. 우리나라는 거듭해서 강박적으로 주민을 강제로 퇴거시킨 장소를 계속해서 오염 물질 처리장으로 바꾸려고 하는 것이다.

아시오 구리광산의 바깥쪽에서 이중의 차별적인 인클로저의 대상이 된 또 하나의 경우는 야나카무라다. 야나카무라가 폐촌이 되는 복잡한 과정은 아래와 같다.

후루카와광업은 광산 개발을 위해 산림을 남벌했는데, 제련소가 방출하는 유해 물질의 침착으로 인해 아시오의 산들은 한 세기 반을 거친 현재도 초목이 자라지 못하는 민둥산으로 변모했다. 이러한 상태는 물을 모아두는 힘의 저하와 토사의 유출을 초래했을 뿐만 아니라 와타라세강의 홍수가 빈발하는 것으로도 이어졌다. 홍수가 일어나면 당연히 구리광산의 오염 물질도 밀려 흘렀기 때문에, 와타라세강 유역의 광독 피해는 격화될 수밖에 없었다. 하류 지역의 농민들은 피해 상황을 호소하기 위해 네 차례의 '진정'을 감행했지만, 약 100명의 체포자를 낸 가와마타 사건(1900년)으로 대표되듯이, 메이지 정부는 일관되게 탄압도 불사하는 혹독한 태도로 임했다.[34]

이 사이에 1896년(메이지 29년)에는 위에서 이야기한 산림 남벌이 원인이 되어 와타라세강이 대홍수를 일으켜 광독 피해가 멀리 도쿄부에까지 미쳤다. 이때 위기감을 느낀 메이지 정부에 의해 구상된 것이 와타라세강 하류에 있는 야나카무라의 '유수지화'이다. 이 '유수지'라는 명명법은 예에 따라 부인의 표현에 지나지 않았다. 사실 메이지 정부가 목표로 하고 있던 것은 만약 다음 홍수가 일어난다고 하더라도 '유수지'에 광독을

● ●

34. 이 시기에는 메이지 정부가 자유민권운동의 여파에 신경을 곤두세우고 있었던 점도 있었던 까닭에 군마 사건, 가바산 사건, 치치부 사건, 나고야 사건, 이이다 사건 등, 일본 근대사에 남아 있는 수많은 탄압 사건이 발생했다. 다음을 참조 『통사・아시오 광독 사건 1877~1984』, 147쪽.

침전시킴으로써 도쿄를 오염으로부터 지킨다는 것이었기 때문이다. 이리하여 '아시오 구리광산의 광독을 어떻게 근절할 것인가'가 아니라 '와타라세강의 광독을 어떻게 억제할 것인가'에 초점이 맞춰졌으며, 어느 사이엔가 '광독 문제'는 '치수 문제'로 바뀌어 간다. 아시오라는 주변의 '식민지'에서 배출되는 독을 도쿄라는 중심에 도달하지 못하도록 하기 위한 독의 저수지로 만든 것이 야나카무라였던 것이다. 모리나가 에이자부로는 다음과 같이 증언하고 있다.

> 야나카무라는 호수 450호, 인구 2,700명, 농지 둑 내에 970정보, 둑 밖의 땅을 더히여 1,200정보, 들판 320정보의 풍요로운 중간 정도 크기의 마을이었다. 얼마 지나지 않아 폐촌 하기로 결정되자 현[도치기현]은 제방이 무너져도 복구하려고 하지 않을 뿐만 아니라 예로부터 강고한 제방의 기초를 파괴하기까지 했다. 더욱이 마을 사람들이 자기 돈으로 제방을 쌓으려 하자 이를 방해했다.[35]

여기서 거론되는 '450호, 2,700명' 가운데 370호, 2,300명은 1905년부터 착실히 매수가 진전되어 일본 각지로 흩어지지 않을 수 없게 되었다. 또한 마지막까지 그곳에 남아 버렸던 16호의 가옥도 도치기현 제4경찰 100명과 인부 수십 명의 손으로 강제로 파괴되어 1907년 7월, 야나카무라의 이름은 지도에서 소멸했다.[36] 그 후 정부는 애초의 계획대로 '유수지화' 공사를 추진해 나가는데, 1909년과 1910년의 2년간 이어진 와타라세강 홍수로 제방 붕괴가 잇따르면서 1911년에는 오라군 주민 300여 명도 홋카이도 이주를 선택하지 않을 수 없게 되었다.[37] 요컨대 '광독 문제'의 해결은커

• •

35. 『아시오 광독 사건』 하권, 347쪽.
36. 같은 책, 362쪽.
37. 『일본의 공해사』, 28쪽. 야나카무라가 밟아간 역사적 경위에 대해서는 다음의 연표가 요점을 짚어주고 있어 유익하다. 針谷不二男, 「年表足尾鉱毒事件と谷中村の歴史(연표

녕 '치수 문제'의 해결조차 제대로 수행되지 못했던 것이다.

　이상의 기술로부터 야나카무라도 마쓰키무라와 마찬가지로 차별적인 인클로저의 대상이 되었다는 것을 알 수 있을 것이다. 마쓰키무라는 후루카와광업이라는 자본의 논리에 의해 소멸하고, 현재는 광독 퇴적장으로서 남아 있다. 야나카무라谷中村는 메이지 정부의 국가 논리에 의해 소멸하여 현재는 광독 침전지로 남아 있다. 두 경우 모두 도쿄에 거점을 둔 국가와 자본 권력의 차별적인 특성이 놀라울 정도의 일치를 보여주면서 나타나고 있다. 덧붙이자면, 이러한 도쿄 중심주의적=중앙집권적인 국가와 자본의 권력구조가 후쿠시마 제1원전 사고에서도 변함없이 계승되고 있다는 것은 새삼 확인할 필요도 없을 것이다. 원전 입지 지역이었던 후쿠시마현 하마도리의 광대한 토지가 일본 정부의 강제 퇴거 명령으로 사실상 '폐촌' 이 되고, 현재는 대량의 제염 폐기물이 방치된 상태로 되어 있는 것이다.

　마지막으로 부언해두고자 한다. 쇼지 키치로東海林吉郎와 스가이 마스로 管井益郎는 아시오 광독 사건의 경위를 독해해 나가면서 다음과 같이 결론짓고 있다.

　　공해 발생 기업은 내부에 노동 재해와 직업병을 낳으면서 외부에
　　공해를 초래하는 병리적 구조를 지닌다.[38]

　우리가 주목한 '단면 2'의 특성을 간결하게 표현한다면, 바로 이러한 테제가 될 것이다. 그런데 이 테제는 관점을 바꾸면, 내부에 지닌 노동 재해와 직업병이 크면 클수록 그 기업은 외부에 대해서도 커다란 공해를 초래한다는 것을 의미한다. 이렇게 생각해보면 구조적으로 원자로 피폭

● ●

　아시오 광독 사건과 야나카무라의 역사)」(小池喜孝, 『谷中から来た人たち(야나카에서 온 사람들)』, 新人物往来社, 1972년, 260~261쪽).
38. 『통사 · 아시오 광독 사건』, 29쪽.

노동에 의거할 수 없는 원전 시스템이 그 외부에 파괴적인 오염을 가져오는 것은 거의 필연적인 귀결이라는 것을 알 수 있다. 그런 의미에서 원전과 그 설치 기업은 근대 최초 시기에 성립한 공해 발생 기업의 본성을 강화하고 몇 배나 확대한 괴물과 같은 시스템이다.

단면 3. 마쓰키무라와 와타라세강 하류 지역

후루카와 경영 시대의 아시오에서 차별의 핵심 부분은 단면 1과 단면 2의 중층구조로 이루어져 있었다. 그것은 근대 초기의 국가와 자본에 의해 추진된 '주변'의 '식민지화' 산물이었다. 이 단계에서 간과할 수 없는 것은 아시오의 광산 노동지기 아시오 구리광산의 내부에서는 피해자 입장에 있으면서 그 외부에 대해서는 모종의 가해자 입장에 설 수밖에 없었다는 사실이다.

그런데 지금부터 검토하는 단면 3, 4, 5는 기원을 밝히자면 단면 1과 단면 2로부터 사후적으로 파생된 것이다. 그러나 골치 아프게도 이 세 개의 단면이 생겨남으로써 아시오의 공해를 둘러싼 가해와 피해의 중층구조는 한층 더 복잡한 국면에 직면하지 않을 수 없게 된다. 거기서는 아시오 구리광산의 광독에 의한 피해자들 자신이 서로 가해자와 피해자의 관계에 놓이게 되기 때문이다.

후카와 사토루는 마쓰키무라가 입은 스모그 피해에 대해 다음과 같이 이야기하고 있다.

> 하류에서 광독 피해민의 반대 운동이 격화하고 정부가 방지 명령을 내자 1897(메이지 30)년, 고타키에 있던 제련소를 폐지하고 모토야마로 합쳤기 때문에 마쓰키무라는 오히려 스모그 피해가 격화되었다.[39]

아무렇지도 않은 구절이지만 여기에는 간과할 수 없는 사항이 기술되어

● ●
39. 『다나카 쇼조와 아시오 광독 사건을 걷다』, 11쪽. 강조는 인용자.

있다. 마쓰키무라의 스모그 피해가 악화한 한 원인으로서 와타라세강 하류에서의 광독 반대 운동이 활발해진 것이 제시되고 있기 때문이다. 물론 하류 주민으로서도 결코 적극적으로 그러한 결과를 원했던 것은 아닐 것이다. 마쓰키무라 폐촌 건에서 누구보다도 가해자성을 추궁당해야 하는 것은 단지 제련소를 한곳에 집약해 놓는 것만으로 끝내려고 했던 후루카와이며, 그 후루카와에 의한 날림 대책을 방지할 수 없었던 정부다. 그럼에도 불구하고 앞의 구절이 말하는 피해자들 사이의 의도하지 않은 분열이나 차별이라는 사태는 특별한 주의를 기울여볼 만하다. 여기에 놓여 있는 것은 일부 피해자가 정당하게 자신을 지키려고 하고 커다란 목소리를 질러댐으로써 다른 피해자가 그만큼의 피해까지 떠맡게 되는 구도다. 이것은 공해가 발생하는 장소에서 자주 일어나는 결과이며, 게다가 이러한 결과로 인해 그 장소에서의 차별 구조는 풀기 어려울 정도로 다중화되는 경향을 지닌다. 예를 들어 후쿠시마 제1원전 사고 후에 이와 같은 피해자들 사이의 분열은 도쿄전력에서 받는 보상금액의 많고 적음에 따른 분열, 피난 지시 구역으로부터의 강제 피난민과 그들을 받아들이는 곳의 주민들 사이의 분열, 자발적 피난민과 잔류한 사람들 사이의 분열 등 대단히 복잡한 형태로 나타나 있다.

　　그런데 아시오 광독 사건에서는 이러한 분열 내지 차별화에 의해 같은 와타라세강 유역의 주민들 사이에서도 결정적인 균열이 생겨나기에 이르 렀다. 그 점을 보여주는 전형적인 사례가 단면 4이다.

단면 4. 야나카무라와 그 밖의 와타라세강 하류 지역
　　야나카무라를 광독 침전지로 만드는 공정에서 커다란 마디가 된 것은 1918년(다이쇼 7년)의 와타라세강 물줄기를 바꾸는 공사의 완성이다. 이 공사는 후지오카 대지를 파냄으로써 새 강을 만들고, 와타라세강의 흐름을 아카마늪으로부터 야나카무라로 흘러가게 하는 대규모의 것이었다. 도치 기현 출신의 소설가 사에 슈이치佐江衆一는 『홍수를 걷다 ― 다나카 쇼조의 현재』(1980년)에서 그해 8월 27일자 〈시모츠케신문〉의 기사를 인용하여 야나카무라 이외의 와타라세강 유역 주민들이 이 새 강의 개통에 어떠한 반응을 보였는지 주목하고 있다.[40]

　　이때 와타라세 농부들은 어떻게 반응했을까? '아카마 새 강 물길이 통하자 만세 소리 하늘과 땅에 울려 퍼지다'라는 제목으로 8월 27일의 시모츠케 신문은 보도하고 있다.
　　'내무성의 10년 계획으로 지난 메이지 43년 대홍수 후에 기공하여 오늘까지 전후 약 9년을 들여 하천부지가 준공되고, 이번 달 25일을 기해 아카마늪의 유수지로 물길이 나기에 이르렀다.
　　물길이 나뉘는 곳은 도치기현 후지오카마치 히다카도리에서 하천부지 약 15칸을 나누는 곳으로, 이제 아카마늪에 이르는 신설 하천부지의 길이 16정보 40간, 1천 간에 대한 9척의 낙차로 하여 홍수 부지 200간의 개착 공사라면, 이후 어떠한 대홍수에도 연안 마을 주민은 종전과 달리 베개를 높게 베고 잠을 자야 하는 범람의 재앙을 면할 수 있게 될 것이다…….'[41]

　　사에 슈이치에 따르면 이보다 5년 전의 2월 시점에 야나카무라의 유수지화 계획에 반대했던 다나카 쇼조가 사망함으로써 새 강 개통 공사는 새로운 국면을 맞이하고 있었다. 요컨대 와타라세강 유역 주민들 사이에서 야나카무라를 희생시키는 것을 묵인하는 경향이 생겨나고 있었다는 것이다. 사에 슈이치는 이것을 입증하기 위해 처음에는 광독 반대 운동에서 함께 투쟁하고 있던 군마현 에비세무라와 도치기현 노기무라 주민들이

• •

40. 사에 슈이치는 이 르포 작품에서 아시오 광독 사건이 와타라세강 유역의 주민에게 초래한 복잡한 차별과 분열의 실상을 당시를 기억하는 생존자들의 다양하고 복잡한 목소리를 주워 올려 세심하게 그려내고 있다.
41. 佐江衆一, 『洪水を歩む ─ 田中正造の現在(홍수를 걷다 ─ 다나카 쇼조의 현재)』, 朝日新聞社, 1980년, 21~22쪽.

점차 야나카무라를 버려가는 과정을 세심하게 추적하고 있다.[42] '만세 소리 하늘과 땅에 울려 퍼지다'라는 생생한 제목으로 시작되는 〈시모츠케 신문〉의 기사는 이러한 분석을 뒷받침하는 자료의 하나로서 제시되는 것이다. 그런데 이 기사가 전해주는 일종의 축제 분위기를 염두에 두면, 야나카무라가 인류학에서 말하는 '희생양'의 기능을 부여받았다고 추정할 수 있을 것이다. 와타라세 농민은 야나카무라라는 '산 제물'을 바침으로써 스스로의 공동체가 연명할 수 있었던 것에 '만세삼창'을 한 것이다.

'새 강 개통 공사' 때에 일어난 이 사건은 광독 피해자들의 안쪽에 둥지를 트는 차별 구조를 상징적으로 드러내고 있다. 이러한 구조는 야나카무라의 '유수지화'가 완료된 후에도 뿌리 깊게 남아 있었다고 생각된다. 고이케 기코小池喜孝는 야나카무라에 관한 청취 조사를 통해 다음과 같이 결론짓고 있다.

> 옛 야나카무라의 주민들의 고통은 생활고만이 아니었다. 소외되는 정신적 고통이 더해졌다. …… 후지오카마치에서는 '야나카 오르기'라는 말은 아무렇지도 않게 사용되는 것 같지만 연배가 있는 사람이 사용하는 이 말에는 '야나카의 밥줄이 끊어진 놈', '외지 놈'이라는 어감이 있다. '올라간 놈'에 대해 미해방 마을에 버금가는 차별을 한

●　●

42. 사에 슈이치가 와타라세강 유역에 둥지를 트는 차별 문제를 생각하게 된 계기는 다나카 쇼조와 관련된 축제에 현지 주민이 거의 참가하지 않은 것에 미심쩍음을 느꼈기 때문이라고 한다(같은 책, 서장 「와타라세강으로」). 『홍수를 걷다』에서는 작가의 조사가 진행되는 과정에서 마지막까지 야나카무라에 머무른 다나카 쇼조에 대해 와타라세강 유역 주민이 받아들이는 방식이 반드시 호의적인 것은 아니었다는 사실이 밝혀져 간다. 예를 들어 1915년(다이쇼 4년) 9월의 홍수 때에는 야나카무라 부근의 둑이 고의로 파괴되는 사건이 일어났다. 다나카 쇼조의 애제자 시마다 쇼조(島田宗三) 등의 증언에 의해 에비세무라의 마을 주민 몇 명이 그 범인이었던 것이 알려져 있다(같은 책, 「둑을 가른 사건」). 이 지역의 차별 실태를 전해주는 강렬한 일화다.

곳도 있었다고 한다. 오르지 않고 남아 있었던 16호에 대해서는 돈을 빌려주지 않고 시집을 가지 않고 며느리로 데려오지 않는 등의 경제 외적인 차별이 있었다고 마을 사람들은 말한다. 남은 자들의 '괴로움과 쓰라림'은 위로부터의 무자비한 압박과 빈곤에 의한 것 외에 인근 농민의 차별로 인해 배가되었다.[43]

다시 정리해보자. 마쓰키무라는 야나카무라를 포함한 와타라세강 하류의 피해 농민들에 의한 광독 반대 운동이 발단이 되어 소멸했다. 그 후 일본 정부의 '야나카무라 유수지화' 안이 계기가 되어 와타라세 농민들의 분열이 시작되어 야나카무라에 대한 차별이 진행되었고, 결과적으로 그 폐촌에 의해 그 밖의 와타라세강 유역의 '안전과 안심'이 일시적으로 확보되게 되었다 — 하지만 이러한 피해 농민들의 자기 방위 원망은 그 후로도 잇따르는 와타라세강의 대홍수와 광독 유출로 인해 무참할 정도로 그 한계를 드러낸다. '야나카무라 유수지화'와 야나카무라 폐촌을 둘러싼 일련의 과정은 후쿠시마 제1원전 사고가 낳은 방사성 물질의 '중간저장시설' 설치 장소를 둘러싼 지역 간, 지역 내 대립을 상기시킨다. 후쿠시마 제1원전 사고는 방대한 양의 방사성 물질을 광범위하게 흩뿌렸을 뿐만 아니라 그에 의해 광대한 고농도 오염지역을 초래했고, 지금은 고농도 오염지역에서의 '중간저장시설' 설치 계획을 통해 그 토지에 살고 있었던 주민들의 귀환을 불가능하게 만들려고 하고 있다. 이러한 일련의 과정에서는 원전 입지로서의 위험뿐만 아니라 원전 사고에 의한 오염 물질도 마찬가지로 '주변'으로 밀어붙이려고 하는 국가와 자본의 논리가 표출되고 있다. 고농도 오염지역에서 '중간저장시설'의 건설이란 국가와 자본의 논리에서 유래하는 하나의 필연적 귀결이며, 바로 그 귀결은 지역 간과 지역 내에 새로운 분열과 차별을 가져오는 것이다.

• •

43. 小池喜孝, 『야나카에서 온 사람들』, 新人物往来社, 1972년, 198쪽.

위에서 이야기한 것과 같은 역사적인 '반복강박'의 구조를 근거로 하면, 3·11 원전 지진재해 이후에 부상한 '공동체 재평가'의 언설이 그 순진함에 비례하여 위험한 측면을 감추고 있다는 점은 강조해두어야 할 것이다. 이러한 언설들은 겉보기의 차이는 있지만 대체로 '오래고 좋은 지역 공동체'에서 사람들의 '유대'의 중요성을 강조하려고 한다. 그럼에도 불구하고 이 '유대'가 근대 공해 피해자들의 관계를 갈라놓고 후쿠시마에서의 원전 사고 피해자들의 관계를 갈라놓은 '차별'의 다른 이름이기도 했다는 현실을 직시하려고는 하지 않는다. 아시오 광독 사건에 의해 드러난 것은 이른바 지역 공동체 역시 근대 이후의 국가와 자본의 논리에 대한 반동적인 형성물에 지나지 않았다는 사실이다. 그렇지 않았다면 국가와 자본의 논리로부터 귀결된 한 공동체의 '희생'을 같은 피해자의 편에 서는 여러 공동체가 빠짐없이 '만세'를 부르는 일 따위는 있을 수 없었을 것이다. 이러한 근대적 지역주의의 그로테스크한 일면을 고찰하려고 하지 않는 공동체 긍정론은 그 시점에서 불모를 약속받고 있다.

단면 5. 야나카무라에 남은 사람들과 피난민

그러나 주목해야 할 사태는 그것에만 그치지 않는다. 왜냐하면 그것은 가장 커다란 희생을 똑같이 강요당한 야나카무라의 마을 주민들 사이에도 결정적인 분열이 들어왔기 때문이다. 그 분열이란 마지막까지 다나카 쇼조와 행동을 함께한 16호의 남은 자들과 정부의 매수에 응해 각지로 흩어져 간 피난민들 사이에서 생겨났다. 2013년 7월 30일자 〈시모츠케신문〉의 '지역 면'(겐난·료모 판)에서는 그 분열이 1세기 후의 후손 세대에까지 그림자를 드리웠다는 것이 시사되고 있다.

강제 폐촌으로 각지에 흩어진 주민들. 하리가이 대표['야나카무라의 유적을 지키는 모임' 대표]는 말한다. "'야나카 오르기'라고도 불리고, 옮겨간 곳에서는 외지 놈 취급을 받았으며, 차별을 두려워하여 출신을 말하지 못한 자도 있었다.' 쇼조와 끝까지 저항한 자들과 먼저 이주한 사람들 사이의 불화도 있었다. '같은 희생자임에도 불구하고 아직도 후손들 사이에 분열되었을 때의 모종의 응어리가 남아 있는 듯한 곳도 있다.'

이 구절은 일본 근대에 주변 차별의 다중화가 어떠한 귀결을 가져왔는지를 명백히 이야기해주고 있다. 야나카무라에서 피난한 사람들은 가는 곳마다 주눅이 들지 않을 수 없었다. 그들은 또한 '쇼조와 끝까지 저항한 자들'에게도 부담을 느끼지 않을 수 없었다. 이 점은 다나카 쇼조의 애제자인 시마다 소조가 '이주민과 진류민은 보통 상종하는 정도로 그다지 친밀하지 않았습니다'라는 증언을 남긴 사실로부터도 충분히 뒷받침된다.[44] 여기에 나타나 있는 것은 카리스마적인 인물이 가장 큰 차별을 받은 '남은 자들' 편에 섬으로써 그 입장을 공유할 수 없는 '피난민'이 거의 동등한 피해를 보았음에도 불구하고 부담을 느끼거나 모종의 '배신자'로서 대우받는 역설적인 사태다. 아시오 광독 사건이 가르치는 것은 공해의 발생을 통해 차별의 복잡화, 다중화가 진행될 때 그 차별의 영향을 가장 말단에서 받는 당사자들 사이에 '모종의 응어리와 같은 것'이 조성된다는 것이다. 역으로 말하자면, 언뜻 보아 최대의 약자를 대표하는 것처럼 보이는 언설이 실제로는 당사자들 안쪽에 균열을 들여올 뿐만 아니라 그 주장에 어긋나는 목소리를 억압할 수도 있다는 현실에 우리는 민감해질 필요가 있을 것이다. 그렇게 생각하면, 후쿠시마 경우에서 피난 지시 구역으로부터의 강제 피난민,

• •

44. 『야나카에서 온 사람들』, 194쪽. 이 책은 홋카이도 살로마로 이주한 야나카무라 출신자들의 고난으로 가득 찬 역사를 파헤치고 있다는 점에서 중요하다. 거기서는 오랜 염원이 이루어져 도치기현으로 '귀향'하려고 한 자들과 살로마에서의 정주를 결심한 자들 사이에 또다시 '분열'이 일어났다는 것이 증언되고 있다(222쪽). 덧붙이자면, 야나카무라에서 살로마로 이주한 사람들을 영상에 담은 다큐멘터리 영화로서 『광독비가』(1983년)가 있다. 이 영화는 2014년에 재편집된 버전이 공개되어 있다.

자발적 피난민, 남은 자들 사이에 구별을 짓고 그 구별에 기초하여 어느 한 입장을 비판하는 듯한 언설은 엄격히 삼가지 않으면 안 된다.

이제 이 절 전체의 결론을 말하기로 하자.

첫째, 이 절에 등장한 사람들은 도쿄에 거점을 둔 후루카와광업의 경영진을 제외하면 거의 모두가 스모그 피해나 광독의 피해를 본 당사자였다.

둘째, 그들은 많든 적든 동일한 공해의 피해자였지만, 어떤 사람은 후루카와광업이라는 가해자에게 스스로 복종하고, 어떤 사람은 자기 방위를 위해 의도치 않게 동일한 피해자의 거주 공간을 소멸시켰으며, 또 어떤 사람은 적극적으로 동일한 피해자의 희생을 갈망하기까지 했다.

셋째, 이러한 움직임들의 연원에 가로놓여 있던 것은 자신이 원하는 장소에서 안심하고 살아간다는 인간의 최소한의 삶을 경시하고 때로는 노골적으로 짓밟는 국가와 자본의 논리이자 그 연장선상에서 나타나는 지역 공동체의 자기 방위 기제였다.

넷째, 이와 같은 국가와 자본의 논리가 명료하게 기능하고 있었음에도 불구하고 공해 피해자들은 그 현실에 대한 인식을 지니지 못했거나 점차 그 인식을 희박하게 만들어갔다. 그 결과 그들 자신 안쪽에 분열과 차별이 들어왔을 뿐만 아니라 그렇게 해서 복잡해진 차별 구조는 바깥에서는 보기 어렵게 되었다.

다섯째, 이상과 같은 차원들이 뒤얽히고 중층화함으로써 적어도 두 개의 공동체가 다중화된 그 구조적 차별에 희생되어 영원히 이 지상으로부터 모습을 감추게 되었다.

이 장의 결론을 이상과 같이 정식화한 다음, '후루카와광업'을 '도쿄전력'으로, '스모그 피해와 광독'을 '방사성 물질'로 바꿔 읽게 되면, 그 정식화는 후쿠시마 제1원전 사고 후에 나타난 사태에 거의 그대로 적용된다는 것을 이해할 수 있을 것이다. 요컨대 후쿠시마 제1원전 사고에 의해 가시화된 것은 도쿄에 거점을 둔 국가와 자본 권력이 '주변'에 대한 구조적 차별의 강화를 통해 주변 지역에 오염 위험을 떠넘기려고 하는 과정이자 더욱이 그와 동시에 그 차별 구조에서 유래하는 형태로 다양한 입장의 주민들 사이에 분열과 차별의 다중화를 초래하는 과정이기도 한 것이다. 우리는 일본 근대사가 그 초기에 만들어낸 차별 구조에 아직도 계속해서 사로잡혀 있다.

3. 아시오 광독 피해의 역사적 조건 — 다나카 쇼조와 러일전쟁

앞 절에서는 메이지 · 다이쇼 시대의 아시오 광독 사건에서의 차별 구조를 후쿠시마 제1원전 사고 후의 상황과 서로 겹쳐가면서 분석했다. 이 절에서는 이 구조가 성립하기 위한 역사적 조건에 대해 생각해보고자 한다. 우리가 제3부 제3장 이후 거듭해서 시사해온 것이지만, 이러한 역사적 조건으로서 무엇보다 먼저 들어야 할 것은 메이지 유신 이래의 '위로부터의 근대화', 즉 '부국강병'(군사입국)과 '식산흥업'(공업입국)이라는 2대 국책이다.

근대 국가로서의 일본은 '구미 열강'에 의한 식민지화의 위협을 뿌리치기 위해 열강 나라들에 의한 제국주의적 팽창을 모방하는 길을 선택했다. 메이지 정부에게는 그 선택으로 인해 필연적으로 도출된 해답이 바로 앞에서 거론한 2대 국책이었다. 그런데 일본 경제사 연구의 대가인 이시이 간지石井寬治가 지적했듯이 이 국가적 방침은 '청일전후경영'(청일전쟁 승리 후의 국가 경영)을 통해 하나의 어려운 문제에 직면해간다. 그것은 '중공업이 낮은 수준'인 채로 군비 확장과 공업 발전을 지향하지 않을 수 없다는 문제였다. 이 문제를 해결하기 위해서는 무기나 생산 설비, 기계제품 등의 수입 증대가 필요 불가결했는데, 이는 뒤집어 말하자면 수입할 수 있는 능력을 증강하기 위해 수출 진흥책을 기축에 두어야만 한다는 것을 의미했다.[45] 이러한 흐름 속에서 대외 지불 수단으로서 구리 생산의 중추를 이루는 아시오 구리광산은 일대 기간산업으로서 자리매김하게 되었다.[46] 이상의 배경을 근거로 하면 근대 초기의 국가와 자본이 와타라세 농민의 광독 피해를 경시한 것은 거의 필연적인 귀결이었다는 것이 이해될 수 있을 것이다. 요컨대 일본의 2대 국책은 제1차 산업으로서의 농업을 차별하고, 거기서 집중적으로 나타나는 공해의 희생을 무시함으로써 비로소 성립한 것이다. 이러한 구도는 우리가 제4부 제2장, 제3장에서 검토하듯이 미일 안보 체제에 기초하는 '평화' 속에서 중공업 중심의 고도 경제성장을 이룬 '전후 일본'에서도 연면히 이어져 오고 있다.

한편으로는 2대 국책을 지지하는 사상가들의 '계몽' 활동이 적극적으로 전개된 것도 무시할 수 없다. 일본 정치사상사 연구자 마쓰모토 산노스케松本三之介는 『메이지 정신의 구조』(1981년)에서 이러한 사상가들의 활동이 청일전쟁과 그 승리를 계기로 하여 '애국'의 높이로까지 올라가는 과정을 추적하고 있다.[47] 후쿠자와 유키치福澤諭吉, 우에무라 마사히사植村正久, 도쿠토미 소호德富蘇峰, 나아가서는 러일전쟁 비판으로 유명한 우치무라 간조內村鑑三에 이르기까지 당시의 쟁쟁한 지식인들이 근대 국가로서의 일본에 의한 최초의 대외 전쟁 승리에 '열광'했다. 후쿠자와 유키치가 청일전쟁 전후에 〈시사신보〉에 기고한 평론의 제목을 일별하는 것만으로도 이 일은 쉽사리 추체험할 수 있을 것이다. 즉, 「일청 전쟁은 문명과 야만의 전쟁이다」(1894년 7월 29일), 「대대적으로 군비를 갹출하자」(같은 해 7월 29일), 「만청 정부의 멸망이 멀지 않다」(같은 해 8월 1일), 「선전의 조칙」(같은 해 8월 4일), 「곧바로 북경을 찌를 것」(같은 해 8월 5일), 「시나 군함

• •

45. 石井寛治, 「日清戦後経営(청일전후경영)」, 『岩波講座日本歴史16近代3(이와나미 강좌 일본 역사 16 근대 3)』, 岩波書店, 1976년.
46. 다음을 참조. 『통사 · 아시오 광독 사건』, 제3장, 제4장.
47. 松本三之介, 『明治精神の構造(메이지 정신의 구조)』, 岩波現代文庫, 2012年(초판, 日本放送出版協会, 1981년), 제7장 「애국과 평화주의 ― 우치무라 간조」.

포획의 간편한 방법」(같은 해 8월 7일)과 같은 식이다.[48] 특히 처음에 내건 평론의 '문명과 야만'이라는 표현에는 일본을 '문명개화의 진보를 꾀하는 자'로 간주하고 청나라를 '그 진보를 방해하려고 하는' 야만국으로 간주함으로써 일본의 '대승리'를 정통적인 것으로 만드는 후쿠자와의 입장이 뚜렷하게 드러나 있다.[49] 이처럼 아래로부터의 '문명개화' 논리가 메이지 정부에 의한 군비 확장 정책의 강력한 후원이 되었다는 것은 간과할 수 없다(「대대적으로 군비를 갹출하자」).

그러면 이상과 같은 시대 상황 속에서 다나카 쇼조는 아시오 광독 사건에서 무엇을 발견했던 것일까? 이 점에 관해 가장 중요한 관점을 제시하는 것은 '와티리세강 연구회' 부대표인 아카가미 다케시赤上剛이다. 아카가미는 다음과 같이 지적하고 있다.

　　다나카 쇼조에게서 강조하지 않으면 안 되는 것은 청일전쟁 때에 아시오 구리광산이 전쟁에서 이름을 빌려 산림을 남벌하고 증산에 이은 증산으로 광독을 방류하여 1896년의 대홍수가 된 것을 깨달은 것입니다. 전쟁과 광독은 표리일체의 문제임을 깨닫고, 광독 문제로부터 전쟁 반대로 변해갑니다. 그래서 러일전쟁 때에는, 청일전쟁 때에 간과하고 말았기 때문에 큰일이 되었고, 지금도 아시오 구리광산은 나라의 비호 아래 산림 남벌을 하고 있으며, 따라서 이것을 간과할 수는 없다고 거듭해서 호소하고 있습니다.[50]

• •

48. 다음을 참조. 『福澤諭吉全集(후쿠자와 유키치 전집)』 제14권, 岩波書店, 1961년, 491~504쪽.
49. 같은 책, 491~492쪽. 강조는 인용자.
50. 赤上剛「다나카 쇼조와 전쟁 ― 청일전쟁 지지로부터 군비 전면 폐지론으로」, 『田中正造没後一〇〇年記念シンポジウム ― 田中正造とアジア(다나카 쇼조 사후 100주년 기념 심포지엄 ― 다나카 쇼조와 아시아)』, 宇都宮大学国際学部附属多文化公共圏センター, 2015년, 36쪽. 강조는 인용자.

일반적으로 다나카 쇼조의 반전론이라면 '육해공군 전면 폐지'라는 이상주의적인 측면만이 강조되는 경향이 있다. 그런데 아카가미 다케시가 주목하는 것은 첫눈에 고매해 보이는 그러한 이념이 실은 야나카무라라는 광독 피해 현장의 최전선에서 만들어졌다는 사실이다. 이러한 아카가미의 관점은 우리 자신의 말로 하자면 다음과 같이 바꾸어 말할 수 있을 것이다. 즉, 다나카 쇼조의 반전론이란 하나의 극한적 현상으로서의 공해를 예외적인 사례로서 치워버리지 않는 경지로부터 생겨난 것이라고 말이다. 다나카 쇼조는 공해라는 국부적인 특이 현상 속에서 국가와 자본에 의한 폭력의 축도를 발견하고자 했다. 그는 이와 같은 환유적인 직관을 통해 국가와 자본의 본성에서 귀결되는 또 하나의 극한 현상으로서의 '전쟁' ― 좀 더 말하자면 그 잠재력으로서의 '군대' ― 에 대한 비판의식을 첨예화시켜갔던 것이다. 말할 필요도 없이 다나카 쇼조가 비판적으로 파악하고 있던 현실 전체에 윤곽을 부여하고 있던 것은 메이지 정부에 의한 2대 국책이었다.

다나카 쇼조 자신의 말에 근거하여 위에서 말한 사항을 다시 살펴보자. 그의 일기를 더듬어가면 그가 민감하게 시대 동향에 반응하고 있었음을 알 수 있다. 예를 들어 메이지 정부는 청일전쟁에 '대승리'하고 시모노세키 조약을 체결했지만, 프랑스, 독일 제국, 러시아 제국에 의한 '3국 간섭'의 수락을 피할 수 없게 되어 청나라로부터 랴오둥반도를 획득하지 못하고 끝났다. 이러한 경위로 인해 당시의 일본에서는 '와신상담'이나 '대러 복수' 등의 구호가 사람들의 입에 오르내렸다. 다른 한편 다나카 쇼조의 일기에는 이미 러일전쟁이 시작되기 전 단계에서 다음과 같은 문구가 등장하고 있다. 즉, '러시아는 내 적이 아니다. …… 해군이 무슨 소용이 있을까. 확장 무용. 이 피해민을 어찌할까'(1903년 7월 5일),[51] '정부와 후루카와의 악한 족속들 발호, 둔갑술 부리는 중, 무죄를 많이 옥에 처넣고,

51. 『田中正造全集(다나카 쇼조 전집)』 제10권, 岩波書店, 1978년, 461쪽.

가두어놓고서는 집 지키는 자를 이간하여 동지를 매수하고, 혹은 이익으로 써 꼬이고, 혹은 속이고'(같은 해 12월 10일) 등등.[52] 이러한 문구에서는 '대러 복수'의 분위기가 강해지는 가운데 군비 '확장'은 소용없으며, 지금은 오히려 바로 아시오 광독 '피해민'에게로 눈을 돌릴 필요가 있다고 하는 '반시대적인'(니체) 인식이 나타나 있다. 단순 명쾌하지만, 이것은 국가와 자본의 폭력성이 노골적인 형태로 표출되는 현장을 계속해서 목격한 활동가가 아니고서는 지닐 수 없는 비판적인 관점이라고 말할 수 있을 것이다.

다나카 쇼조는 또한 러일전쟁이 진행 중이던 1904년 3월 20일자의 「국가 존망에 관한 중대하고도 긴급한 비상 청원서」에서 다음과 같이 적고 있다.

지난 메이지 27년 전후의 청일전쟁 중에 아시오 구리광산의 광업인 고 후루카와 이치베가 도치기현 가미쓰가군 아시오 구리광산 주변의 산림과 그 밖에 동서에 걸친 산들을 벌목하고, 도치기, 군마, 이바라키, 사이타마, 치바, 도쿄의 부와 현에 걸친 여러 하천을 황폐화하며, 해마다 광독으로 물든 땅을 증가시키고, 그에 더하여 여러 하천의 토목 치수 비용을 증가시켰다. 25년 광독지의 넓이는 1,600정보였지만, 앞에서 말한 29년부터 갑자기 24,600정보가 되었으며, 앞의 면적의 세금을 면제받고서도 오히려 해마다 산을 남벌하고, 홍수도 해마다 광독지를 확장했다. 그 천연의 지세가 넓어져 끝내 광독이 파급되길 1부 5현 1시 25군 200여 개 마을에 걸쳤으며, 이제 민유지와 관유지를 합쳐 그 넓이가 대략 20만 정보에 이르렀다. 놀랍게도 그 27~28년 청일전쟁에서 얻은 대만 신영토와 광독지를 비교 교환할 정도의 순서다. 이 본도에서 예부터 둘도 없는 옥토를 잃고 그 양민을 영락하여 유랑하게 하는 것은 청일전쟁

52. 『다나카 쇼조 전집』 제16권, 岩波書店, 1979년, 90쪽.

중의 이변이다. 지금 이 양자의 득실을 확고히 따져 손해를 보상하지 않을 뿐만 아니라 본도 광독 지방은 일찍부터 국법을 폐하고 토지를 사멸시켜 백성을 주리게 하고 병사를 여위게 하며 노인과 유아를 많이 죽게 하고 있다. 이에 많은 촌락을 멸망시키고 국가 사회의 공익을 해치기 한이 없다.[53]

이 구절이 호소하고 있는 사항은 크게 나누어 다음과 같은 세 가지 점으로 정리될 것이다. 첫째, 아시오 구리광산의 광독 피해는 청일전쟁 중에 심하게 증가했다는 것. 둘째, 그 원인은 후루카와광업이 전시 하에서의 구리 증산을 목표로 내걸고 난개발을 격화시켰기 때문이라는 것. 셋째, 메이지 정부는 청일전쟁을 통해 국외에 식민지(대만)를 획득하는 한편, 국내의 비옥한 농지(와타라세강 유역)의 황폐화를 방치했다는 것이 그것들이다. 다나카 쇼조의 인식의 철저함은 조금 뒤에서 '그들[후루카와광업] 은 진작부터 대러 문제의 해외 교전을 기회로 하여 산적을 시켜 대대적으로 관림의 도벌을 꾀하기도 했다'[54]라고 적고 있는 것에서도 충분히 엿볼 수 있을 것이다. 요컨대 그는 대외 전쟁의 반복을 통한 일본의 제국주의적 팽창이 국내 광독 피해의 격화와 평행하여 진행되고 있는 현실을 포착하고 있었다.

이처럼 다나카 쇼조는 러일전쟁이 시작되기 전 단계에서 전쟁과 공해가 표리일체 관계에 있음을 통찰하고 있었다. 이 인식은 그 후에도 그가 기록하는 말의 곳곳에 등장하게 된다. 예를 들어 1905년 1월 31일자 구로사와 도리조黑澤酉藏에게 보낸 서한에서는 러일전쟁 중에 야나카무라의 마을 주민들이 징병되었다는 것, 나아가 그 징병 기간에 동안 그들 자신의 '논밭과 집'을 빼앗겼다는 것이 증언되고 있다.[55] 또한 1911년 2월의 청원서

● ●

53. 같은 책, 161~162쪽. 강조는 인용자.
54. 같은 책, 163쪽.

에서는 러일전쟁 중에 '아시오 구리광산의 치외 법권과 폭력'이 극한에 이르렀다는 것, 요컨대 러시아가 아니라 메이지 정부와 후루카와광업이 '인민'의 적이 되었고 '인민'에게 공격을 퍼붓고 있다는 것이 반복해서 강조되고 있다.[56] 여기서는 아주 쉽게 '인민'의 희생을 요구, 욕망하는 국가와 자본의 논리가 노골적인 형태로 표출된다.

물론 전쟁과 공해의 표리일체성이라는 문제는 국가와 자본의 폭력이라는 차원에서만 포착되어야 하는 것이 아니다. 왜냐하면 아카가미 다케시가 지적했듯이 다나카 쇼조 그 사람조차도 청일전쟁 기간에 아시오의 광독 피해를 호소하기를 자제하고, 메이지 정부의 방침을 적극적으로 지지했기 때문이다.[57] 이 점은 전시 중에 발생한 공해 피해자의 목소리가 위로부터 억압될 뿐만 아니라 당사자 자신의 의지로 봉인되는 예도 있다는 사실을 여실히 이야기해주고 있다. 다나카 쇼조가 러일전쟁 전에 깨달은 것은 바로 이러한 이중 봉인에 의해 점차 공해의 현실이 부인되어가는 법칙적인 과정이었던 것이 아닐까? 사실 당시의 일본 국민이 러일전쟁의 전황에 눈을 빼앗긴 나머지 야나카무라의 명운에 거의 주의를 기울이지 못했다는 것은 선행 연구가 종종 지적하는 바이다.[58]

이상의 분석을 보강하기 위해 여기서 일단 아시오 광독 사건을 떠나 1933년에 오사카의 매연 공해에 대한 그 도시의 보건부장이 남긴 증언을 살펴보기로 하자. 이 증언 그 자체는 이지마 노부코飯島伸子의 저서에 인용된

• •

55. 같은 책, 371~372쪽.
56. 『다나카 쇼조 전집』 제4권, 岩波書店, 1979년, 431~449쪽. 다나카 쇼조는 1909년 8월, 아시오에서의 행정권의 활동을 '기차'에 비유한 다음, 그 기차가 '자업자득'의 논리를 내세우면서 '사람'을 치어 죽이고 있다고 비판한다(『다나카 쇼조 전집』 제11권, 286~287쪽). 여기서 말하는 '자업자득' 논리는 현대 일본에서 많이 사용되는 '자기책임' 논리와 완전히 겹친다.
57. 「다나카 쇼조와 전쟁 — 청일전쟁 지지로부터 군비 전면 폐지론으로」, 『다나카 쇼조 사후 100주년 기념 심포지엄 — 다나카 쇼조와 아시아』, 29쪽.
58. 『통사·아시오 광독 사건』, 169~170쪽.

것이다.

세이난 전쟁이 있고 그 후 재계의 호황에 따라 매연 방지 목소리가 멈추고, 불경기가 되면 또 매연 방지 목소리가 일어납니다. 또다시 청일전쟁이 있고 재계의 호황에 따라 매연 방지 목소리가 한때 잠잠해집니다. 그리고 불경기가 되면 또 이 목소리가 일어나고, 또다시 러일전쟁이 있고 재계가 호황이 됨에 따라 매연 방지 목소리가 잠잠해집니다. 그리고 불경기가 되면 또 대두하게 됩니다. 또다시 제1차 세계대전이 있고 재계가 호황으로 향하면 매연 방지는 목소리를 낮추고, 불경기가 되면 또 일어난다고 말하는 식으로 전쟁의 호경기와 매연 방지라고 하는 것은 지속해서 순환적으로 일어나거나 그만두거나 합니다. 참으로 이것은 재미있는 현상을 드러내고 있습니다.[59]

이 구절은 당시 행정부에 관련된 인물이 남긴 증언으로서 확실히 흥미로운 현상을 전해준다. 이 증언 내용을 토대로 하여 새롭게 전쟁과 공해의 관계를 생각해보면, 다음과 같이 세 개의 차원으로 정의할 수 있는 것으로 보인다. 첫째, 국가와 자본은 대외적인 전쟁을 상정하는 그 본성에 따라 국내에서 공해를 불러일으키는 경향을 지닌다. 둘째, 그럼에도 불구하고 전쟁 기간에는 그러한 공해 피해를 호소하는 당사자의 목소리는 봉인되는 경향이 있다. 셋째, 바로 그로 인해 공해 피해는 잠재화되고 차별 구조는 복잡해져 간다. 우리는 제2절에서 '공해 발생 기업은 내부에 노동 재해와 직업병을 낳으면서 외부에 공해를 초래하는 병리적 구조를 지닌다'[60]라고 하는 테제를 소개했지만, 위에서 말한 세 가지 관점에 기초하면 이 테제를 우리의 독자적인 테제로서 변주해야 할지도 모른다. 즉, 국가와 자본 결합체

• •

59. 『환경 문제의 사회사』, 78~79쪽.
60. 『통사 · 아시오 광독 사건』, 29쪽.

는 내부에 산업공해를 낳으면서 외부에 전쟁을 초래하는 병리적 구조를 지닌다고 말이다. 국가와 자본 결합체는 그것의 자본주의적인 이익 추구 지상주의로 인해 국내에 산업공해를 낳고, 군수 생산에 대한 경사로 인해 국가 밖에서 전쟁을 일으키는 것이다. 이 테제를 입증하기라도 하듯이 후쿠시마 제1원전 사고 이후 일본에서는 원전 사고에 따른 물리적 피해를 은폐하고 군수 생산으로 원전 사고의 경제적 영향을 보완하기 위해 집단적 자위권을 행사할 수 있게 하는 안보법제가 가결되고 군사력 강화가 진행되고 있다. 이처럼 국가와 자본의 긴밀한 결합체에서 내부에서의 대재앙적인 원전 사고는 외부에 대한 전쟁과 분리되기 어렵게 결부되어 있다.[61]

다나카 쇼조가 청일·러일전쟁 당시의 아시오 광독 피해에서 발견한 것은 바로 이와 같은 병리학적 구조였다. 이러한 병리는 아마도 메이지 정부처럼 위로부터 근대화를 단행하려고 하는 나라들에서는 첨예하게 나타나기 쉬운 것으로 보인다. 그렇지만 그러한 병리는 또한 국가와 자본이 요청하는 차별이 있고 그 차별 구조에 기초하여 군비가 팽창하며, 그 군비를 강화하기 위한 산업이 발전하는 곳에서는 많든 적든 뒤따라 다니는 법칙이기도 할 것이다.

아시오 광독 사건이 우리에게 가르치는 것은 전쟁과 공해란 국가와 자본의 본성에서 귀결될 수 있는 두 가지 극한적인 사건이라는 점이다. 전쟁과 공해는 서로 표리일체임에도 불구하고 한쪽이 현재화할 때 다른 한쪽은 잠재화하는 대조적인 관계에 놓여 있다. 일본 근대 최초 시기에 이러한 전쟁과 공해의 관계를 광독 피해 현장에서 통찰한 것은 다나카 쇼조였다. 그런데 다나카 쇼조가 이와 같은 통찰을 얻은 것이 러일전쟁 직전이었다는 사실은 역사적으로 보아 시사적이다. 왜냐하면 우리가 제3부 3장에서 논의했듯이 수력발전에 기초한 차별적인 장거리 발송전 체제가 싹튼 것도 바로 러일전쟁 전후의 일이었기 때문이다.

• •

61. 이 점에 대해서는 제4부 제2장에서 상세히 논의한다.

우리는 이 장에서 원전 사고라는 산업공해의 역사적 조건을 일본 근대의 최초 시기로 소급함으로써 밝혀내고자 시도했다. 구체적인 분석 대상으로서 집어 든 것은 일본 각지에서 발생한 모든 공해 사건의 원형이라고 해야 할 아시오 광독 사건이었다. 아시오 광독 사건은 차별로서의 공해의 여러 모습을 드러내고 있을 뿐만 아니라 공해에 의해 이 사회의 차별이 어떻게 복잡화, 중층화하는지를 알려주기도 한다. 아시오 광독 사건의 과정을 추적함으로써 우리는 일본 사회에 존재하는 구조적 차별과 그에 기초한 공해의 잠재적 가능성이 얼마만큼이나 뿌리 깊은 것인지를 인식할 수 있다. 산업공해로서의 후쿠시마 제1원전 사고에서 마찬가지 구조가 지금 바로 '회귀'하고 있는 현실을 근거로 하면, 문제의 뿌리 깊음이 우리에게 절박한 현실성을 지닌다는 것은 명백하다.

　우리는 또한 일본 근대의 최초 시기에 선택된 두 가지 국책 — '부국강병'과 '식산흥업' — 이 공해로서의 아시오 광독 사건을 어떻게 조건 짓고 필연적인 것으로 만들었는지 분석했다. 이러한 분석 과정에서 보여주고자 한 것은 언뜻 보아 국부적인 이상 사태로밖에 보이지 않는 공해라는 현상이 사실은 근대의 병리를 축약하여 보여주고 있다는 관점이었다. 다나카 쇼조는 이러한 관점을 가장 가혹한 광독 피해 현장에서 발견한 사상가, 활동가였다고 말할 수 있을 것이다. 전쟁과 공해로 기울어지는 경향을 지닌 일본 근대의 '무의식의 욕망'을 다나카 쇼조만큼 날카롭게 간파한 지식인은 없었다. 그는 국부적인 현상으로서의 공해를 이른바 특수한 사례로서 치부하는 것이 아니라 오히려 그 배후에서 군비와 영토의 확장을 지향하는 근대 국가의 본성을 투시하고 있었다.

　이처럼 부분에서 전체를 단번에 통찰하는 환유적인 상상력을 통해 다나카 쇼조의 관점은 대략 1세기 후 일본의 현 상황에도 하나의 중요한 시사점을 가져다준다. 사실 아시오 광독 사건으로부터 청일전쟁과 러일전쟁을 파악하는 시도는 마치 원전 사고로부터 핵전쟁과 핵무기 보유 문제를 파악하고자 하는 우리의 시도와 병행성을 지니기 때문이다. 우리가 살아가는 오늘날의 일본은 다나카 쇼조가 발견한 전쟁과 공해의 불가분성이라는 문제를 아직 해결도 극복도 하지 못하고 있다. 아니, 그렇기는커녕 아시오 광독 사건을 훨씬 뛰어넘는 규모의 대재앙적인 산업공해가 눈앞에서 진행 중임에도 불구하고 마치 아무 일도 없었다는 듯이 부인의 자세를 계속 관철하고 있는 형편이다. 후쿠시마 제1원전 사고의 여러 단면이 아시오 광독 사건의 단면들과 매우 유사하다는 것은 이 장에서 반복적으로 지적해온 대로지만, 그렇다면 더욱더 근대 최초 시기에 일본에 달라붙은 병이 이제 중증 수준에 도달했다고 생각해야 할 것이다.[62] '군사입국'과 '공업입국'에 의해 초기 설정된 일본 근대의 '반복강박'은 오늘날에는 후쿠시마 제1원전 사고라는 증상을 통해 온전히 계속해서 기능하고 있다. 이 중증 질환에서 벗어나기 위한 길은 단 하나, 스스로의 병을 직시하고 부인을 그만두는 것 외에는 있을 수 없다. 우리가 내거는 탈원전의 철학은 다름 아닌 그와 같은 자기치료 시도의 다른 이름일 뿐이다.

• •

62. 옛 야나카무라는 현재 국토교통성 소관의 '와타라세 유수지'로서 관광지가 되었고, 공해 피해에 대한 부인에 의해 '공해로부터의 재생'이라는 아름다운 이야기가 형성되어 있다. 다음을 참조. 田口卓臣, 「否認に関する断片的考察 ―『脱原発の哲学』の余白に (부인에 관한 단편적 고찰 ―『탈원전의 철학』의 여백에)」, 『宇都宮大学国際学部研究論集』 제41호, 2016년. https://uuair.lib.utsunomiya-u.ac.jp/dspace/bitstream/10241/10147/1/13420364-41-179_187.pdf 공해 피해지의 관광지화는 미나마타시의 '에코파크', 후쿠시마현의 '커뮤턴 후쿠시마'에서도 보이며, 공해 피해에 대한 부인이 계속해서 반복되고 있다.

제2장 회귀하는 공해, 회귀하는 원전 사고

이 장에서 우리는 앞 장에 이어서 산업공해라는 관점에서 후쿠시마 제1원전 사고를 다시 파악해간다. 일본에는 공해를 집요하게 부인하고, 그 결과 공해의 격화, 확대를 불러왔다는 역사적 경위가 존재한다. 이것은 다름 아닌 '전전'과 '전후'의 단절을 넘어서 존재하는 일본 근대사의 현실이다. 우리는 이러한 인식에 기초하여 4대 공해의 역사적 조건으로 거슬러 올라가 '전전'과 '전후'에 공통으로 놓여 있는 일본 근대의 2대 국책(공업입국과 군사입국이라는 원리)을 새롭게 추출해보고자 한다. 그것은 표면상으로는 평화주의, 민주주의라는 간판을 내걸고 재출발한 패전국 일본이 얼마만큼이나 깊이 공업=군사입국이라는 국가와 자본의 논리에 사로잡혀 왔는가 하는 점을 서서히 밝혀가는 작업이 될 것이다. '전후'의 일본 사회는 '전전'의 국가주의적이고 군국주의적인 체제로부터 표면적으로는 '민주주의적'이고 '평화주의적'인 체제로 재편되었지만, 그 본질적인 구조는 공업=군사입국이라는 국가와 자본의 논리에 의거한 중앙집권적 통치로 계속되어왔다. 이와 같은 '전후 일본 사회의 통치 시스템을 우리는 단순히 '민주주의'가 아니라 '관리된 민주주의'라고 부르고자 한다. 그리고 이러한 일본 근대의 병리를 가장 징후적으로 가르쳐주는 것이 공해 사건의 회귀라는 법칙적인 현상인바, 후쿠시마 제1원전 사고라는 대재앙적인 사고=산업공해는 이 법칙이 지닌 구속력의 강함을 보여주는 하나의 극한적인 사건이다. 우리의 탈원전의 철학이 공해의 회귀라는 일본 근대의 증후에 대해 자기분석을 행해야만 하는 이유는 여기에 있다.

1. '전후 일본'의 공해에 관한 하나의 시각

1-1. '전후'의 경제성장주의에서 보이는 삼중화된 부인

미나마타병 연구로 이름 높은 우이 준은 『공해 원론』에서 일본의 '고도 경제성장'(1960~1974년)은 공해의 무시에 의해 비로소 성립할 수 있었다는 인식을 제시한다.[1] 요컨대 이 시기의 일본 기업은 생산에 수반하여 생겨나는 유해 물질을 처리하지 않고 그대로 환경으로 배출하고, '공해를 제대로 처리하지 않고 흘려보냄으로써 적은 비용과 적은 설비로 같은 양만큼의 생산이 가능한' 체제를 구축했다는 것이다.[2] 정말이지 고도 경제성장 시기의 전국 각지에서 공해가 격화, 확대된 것은 의심할 여지가 없다. 이지마 노부코의 『공해·노동 재해·직업병 연표』와 가와나 히데유키川名英之의 「공해·환경 문제 연표」(『다큐멘트·일본의 공해』전 13권 수록)는 공해 관련 사건을 정리한 기초 자료인데, 이 두 개의 연표를 확인하는 것만으로도 '전후'의 공해 사건 건수가 '전전'에 비해 압도적으로 많다는 것은 일목요연하다.[3] '전후 일본'의 공해는 바로 이익 추구 지상주의라는 자본의 논리를

• •

1. 宇井純, 『公害原論 I(공해 원론 I)』, 亜紀書房, 1971년(『新装版 合本 公害原論(신장판. 합본 공해 원론)』, 亜紀書房, 2006년 수록), 25쪽.

2. 『공해 원론 I』, 26쪽.

3. 飯島伸子, 『公害·労災·職業病年表(공해·노동 재해·직업병 연표)』, 신판, すいれん舎, 2007년(초판, 공해대책기술동우회, 1977년). 川名英之, 『ドキュメント·日本の公害(다

가장 우선시하는 국책에 의해 무시되며, 필연적으로 격화했다. 뒤에서 이야기하듯이 후쿠시마 제1원전 사고라는 대재앙적인 사고=산업공해 역시 도쿄전력이 비용 삭감을 위해 쓰나미 대책을 소홀히 한 사실에서 유래한다는 점에서 이러한 이익 추구 지상주의로부터 필연적으로 생겨난 사고=산업공해라고 할 수 있을 것이다. 이 점은 현재까지의 일본 근대사 과정에서 공해가 집요하게 회귀하고, 게다가 그때마다 계속해서 부인되었다는 우리의 진단을 뒷받침하는 것이다.

하지만 우리가 제4부 제1장에서 상세히 설명한 내용에 토대하면, 앞 단락과 같은 '전후'관에는 약간의 보완적 고찰을 할 필요가 있을 것이다. 무엇보다도 잊어서는 안 되는 것은 '전후 일본'의 이익 추구 지상주의=경제 성장주의란 그 담지자들의 의도나 기대와 상관없이 근대 초기에 수립된 '식산흥업 정책'(공업입국)과 '부국강병 정책'(군사입국)의 연장선 위에 놓여 있는 현실이라 는 점이다. 이러한 현실은 고도 경제성장 시기에 전개된 개개의 기업 활동에 주목하는 것만으로는 좀처럼 보이지 않는다. 그래서 우리는 시험 삼아 이 절과 다음 절에 걸친 형태로 두 가지 관점을 제시해 보이고자 한다.

무엇보다도 주의해야 하는 것은 일본의 고도 경제성장의 토대가 한국전 쟁(1950~1953년)의 특수 경기를 통해 형성되었으며, 바로 이 시기에 패전 국가 일본의 재군비가 시작되어 현재의 자위대의 원형이 갖추어졌다는 점이다. 예를 들어 전자에 관해서는 미나마타병이라는 일본 최대급의 공해 사건을 초래한 칫소 회사사인 『풍설의 백년』(2011년)의 증언이 주목 할 만하다. 거기서는 한국전쟁의 특수야말로 패전 후 일본 경제의 폭발적인 성장을 가능하게 했다는 관점이 명시되어 있기 때문이다. 칫소 회사사의

큐멘트 · 일본의 공해)』, 전 13권, 綠風出版, 1987~1996년. 예를 들어 후자의 제1권, 제2권, 제3권, 제6권, 제7권, 제9권, 제10권에는 일본 근대 초기 이후의 「공해 · 환경 문제 연표」가 덧붙여져 있는데, 제1권의 「연표」에 목록화된 공해 사건의 약 20퍼센트를 제외하면, 나머지는 모두 '전후'의 공해 사건이다.

증언을 인용해보자.

> 일본 경제를 일대 전환하여 불황에서 호황으로 변화시킨 것은 1950년 6월에 발발한 한국전쟁이었다. 유엔군으로 출동한 미군이 군수 관련 물자의 조달과 차량 수리 · 병영 건설 등의 서비스 제공을 일본에 요구했기 때문에 특수라고 불리는 임시 수요로 일본 경제는 숨을 되돌렸다. 미국은 대규모 군비 확장 계획을 결정하고 서방 나라들에도 군비 확장을 요청했기 때문에, 세계적인 군비 확장의 기운 속에서 세계 경제도 불황에서 호황으로 돌아섰다. 특수와 세계 호황 아래 일본 경제는 부흥으로부터 재건의 시대로 향했다.[4]

패전 후 몇 년 동안 일본인은 심각한 불황에 시달렸다. 일본이 그 불황에서 다시 일어설 수 있었던 것은 1950년대 초의 한국전쟁에 즈음하여 점령국인 미국의 명령에 따라 '군수 관련' 물자 조달과 서비스 제공을 요청받았기 때문이다. 요컨대 패전국 일본의 경제 부흥이 가능해진 것은 한반도 사람들이 전쟁의 희생양이 됨으로써, 좀 더 말하자면 일본이 그 희생을 제물로 삼음으로써 이루어졌다. 사실 당시 일본은 어떠한 전화에도 노출되지 않고서 중점 산업의 규모를 '전전' 수준까지 회복했다. 이러한 1950년대 경제 부흥의 눈부심에 대해 환경경제학자 미야모토 겐이치宮本憲一는 다음과 같이 총괄하고 있다. '1950년 경제 성장률 11%, 51년 13%, 광공업 생산은 50년 22%, 다음 51년에는 35%가 증가하여 전전 수준으로 회복했다. 특수의 규모는 [한국전쟁의] 3년간 누계로 약 10억 달러에 달하며, 당시 연간 수출고에 필적할 정도로 컸다. …… 1951년 산업합리화 심의회는 우리나라 산업의 합리화 방책에 대해 발표하고, 전력 · 해운 · 석탄 · 철강 · 화학의

• •

4. 日本経営史研究所 편, 『風雪の百年 — チッソ株式会社史(풍설의 백년 — 칫소주식회사사)』, チッソ株式会社, 2011년, 211쪽.

중점 산업 합리화·기술혁신이 시작되었다. 생산의 증강은 공해 문제의 시작이었다.'[5] 이처럼 일본이 수행한 기적적인 경제 부흥은 한국전쟁의 희생이라는 토대를 빼놓고서 말할 수 없다. 고도 경제성장의 조건은 일본인 자신의 기술력에 의해서가 아니라 이웃 나라의 인민을 두 개의 국가로 찢어발긴 전쟁의 특수 경기로 인해 갖추어진 것이다. 다만 국외의 희생에 기초한 '생산의 증강'은 동시에 국내의 희생으로서 '공해 문제의 시작'이기도 했다. 왜냐하면 이익 추구 지상주의에 기초한 '생산의 증강'은 비용 삭감에 대한 고려에서 필연적으로 생산지에 '공해를 흘려보내는' 결과에 빠지기 때문이다. 이런 의미에서 전후 일본이 국책으로서 채택한 이익 추구 지상주의=경제성장주의는 전쟁과 공해를 중개하는 매개항으로서, 그리고 또한 전쟁과 공해의 연속성을 간접적으로 보여주는 증거로 기능해왔다고 말할 수 있을 것이다.

그런데 위에서 약술한 것과 같은 경제성장주의가 바로 일본의 재군비 동향과 동시 병행하고 있었다는 사실도 간과할 수 없다. 실제로 냉전 구조를 눈여겨본 미국의 안전보장 정책에 기초하여 일본이 경찰 예비군(현재의 육상 자위대)을 창설한 것은 1950년이며, 육·해·공에 미치는 현재의 자위대 원형을 만들어낸 것은 1954년이었다. 요컨대 패전 후 일본에서 한국전쟁 특수에 의한 경제 재생은 다시 군사력을 보유하는 것과 완전히 동기화되어 있었다. 이 점은 그 후 일본이 '군대를 보유하지 않는다'(일본국 헌법 제9조)라는 간판에도 불구하고 군비의 증강과 확대를 국가 정책으로서 계속해서 추구해왔던 것, 그리고 2014년 현재, 그 군사비가 세계 제9위의 도달해 있다는 것으로부터도 여실히 알아볼 수 있을 것이다.[6] 어떠한

- -

5. 宮本憲一, 『戰後日本公害史論(전후 일본 공해사론)』, 岩波書店, 2014년, 27쪽. 강조는 인용자.

6. SIPRI(Stockholm International Peace Research Institute)에 의한 「세계 각국의 군사비 동향」(2015년 4월)을 참조. 제1위는 미국으로 세계 전체 군사비의 40퍼센트를 차지하고 있다. http://books.sipri.org/files/FS/SIPRIFS1504.pdf 자위대의 탄생으로부터 확대까지 그 역사적 경위에 대해서는 다음을 참조. 前田哲男, 『自衛隊の歷史(자위대의 역사)』,

수사학으로 분식하고자 할지라도 현재 일본의 국책이 경제성장주의와 군비증강주의의 한 쌍에 의해 성립되고 있다는 것은 명백하며, 따라서 그것은 근대 초기에 수립된 '식산흥업 정책'(공업입국)과 '부국강병 정책' (군사입국)의 연장선에 있다고 할 수 있다. 다음 절에서 이야기하는 것과 같은 '공해 선진국'으로 지칭될 정도의 격심한 공해는 이러한 공업=군사입 국이라는 논리에 의해 빚어진 것이다.

이렇게 생각해보면 한국전쟁 이후 일본이 표면적인 국책으로서 내걸어 온 '경제성장주의'에는 실질적으로 다음과 같은 삼중화된 부인의 계기가 들어 있다는 점을 이해할 수 있을 것이다. 첫 번째 부인은 이 절의 서두에서 시사했듯이 공해에 대한 그것이다. 4대 공해(구마모토 미나마타병, 니가타 미나마타병, 이타이이타이병, 욧카이치 천식)란 바로 이 첫 번째 부인에 의해 격화일로를 걸어간 징후적인 사례 외에 다른 것이 아니었다. 두 번째 부인은 일본 헌법 제9조에 대한 그것이다. 헌법 제9조가 '군대를 보유하지 않는다'라고 명기하고 있는 이상, 군대로서의 자위대가 그 헌법에 어긋난 다는 것은 의심할 수 없다. 요컨대 재군비 추진으로 형성된 자위대는 헌법의 규범성, 구속성에 대한 부인의 나타남인 것이다. 세 번째 부인은 자위대의 전투 능력에 대한 그것이다. 이미 이야기했듯이 자위대는 실제로는 '군대'이기 때문에 그 존재는 명확한 헌법 위반이다. 그러나 다른 한편으로 '자위대Self-Defense Force'라는 명칭은 그것이 '군대Army'가 아니라고 강변하기 위한 수사학으로서 역사적으로 계속해서 기능해왔다. 요컨대 '전후 일본' 에 의한 표면적인 국책으로서의 경제성장주의는 첫째로 공해의 격화라는 현실을, 둘째로 최고 규범으로서의 일본 헌법을, 셋째로 군사력 확대라는 국가의 속내를 동시에 부인하는 곡예적인 자가당착과 불가분의 방식으로 계승되어왔다.

이러한 견지에 서게 되면, '아베노믹스'라는 이름으로 경제성장 신화에

• •

ちくま学芸文庫, 1994년.

매달려 '후쿠시마 제1원전의 오염수는 완전히 차단되었다'라고 공언하고, 집단적 자위권 행사를 용인하는 명백히 헌법을 위반하는 안전보장 법안을 국회에서 날치기 표결하는 아베 정권의 행태가 공해, 일본 헌법, 군사력 확대에 대한 삼중의 부인이라는 '전후 일본'이 앓고 있는 병의 축도라는 것은 쉽게 이해될 수 있을 것이다. 실제로 아베 정권의 경제 정책인 '아베노믹스'는 군사력 확대와 원전 유지 정책과 밀접한 관계를 지닌다. 아베 정권은 2014년, 무기 수출을 금지한 '무기 수출 3원칙'을 철폐하고 '방위장비 이전 3원칙'('방위 장비 이전'이라는 익숙하지 않은 말은 '무기 수출'을 바꿔 말한 것)으로의 정책 전환을 통해 무기 수출에 대한 용인을 단행했지만, 이 움직임은 같은 해 각료 회의 결정에 따른 집단적 자위권의 행사 용인과 궤를 같이하고 있다. 또한 2015년 9월 안전보장 법안 가결 직전에 경제단체연합회는 '안전보장 관련 법안이 성립하면 자위대의 국제적 역할 확대가 전망되며', '방위산업의 역할은 한층 더 높아질' 것이기 때문에, 무기 수출을 '국가 전략으로 추진해야 한다'라고 제안하고, 법안 가결에 노골적인 성원을 보내기도 했다. 이 사실은 우리에게 '죽음의 상인'이라는 말을 상기시키지 않을 수 없다.[7] 요컨대 아베 정권은 경제계와 일치 협력하여 '경제성장'을 위해 군사력 확대를 적극적으로 이용하고자 하는 것이다. 일본의 원전 제조 기업(미쓰비시, 도시바, 히타치)이 동시에 무기 제조 기업이라는 사실을 상기한다면, 이러한 경제=군사 정책에 후쿠시마 제1원전 사고의 영향이 강하게 작용하고 있다는 점을 이해할 수 있을 것이다. 아베 정권과 경제계는 후쿠시마 제1원전 사고 이후 명백히 사양화되고 있는 원전산업의 이익 감소를 군사산업의 확대로 보완하고자 하고 있으며, 이를 통해 원전산업의 유지도 계속해서 고집하고 있다[8](아베 정권은 사양

••
7. 「武器輸出国家戦略として推進すべき経団連が提言(무기 수출 국가 전략으로서 추진해야 한다고 경단련이 제언)」, 〈朝日新聞〉, 2015년 9월 10일. 제언은 다음에서 열람할 수 있다. 日本経済団体連合会, 「防衛産業政策の実行に向けた提言(방위산업 정책의 실행을 위한 제언)」, 2015년 9월 15일. http://www.keidanren.or.jp/policy/2015/080.html

화하는 원전산업의 생존을 목표로 톱 세일즈에 의해 국외에 원전을 계속
판매하는 동시에, 후쿠시마 제1원전 사고라는 대재앙 이후에는 본래 있을
수 없는, 국내에서의 신규 원전 건설이라는 선택지마저 포기하고 있지
않다). 공해, 일본 헌법, 군사력 확대에 대한 삼중화된 부인이라는 막다른
골목을 벗어나 탈원전과 반전주의를 실현하지 않는 한, 우리의 미래에
기다리고 있는 것은 후쿠시마 제1원전 사고보다 더 돌이킬 수 없는 대재앙
일 것이다.

1-2. 4대 공해의 역사적 '기원'에서 본 고도 경제성장

우리는 제4부 제1장에서 아시오 광독 피해가 '전전'에도 '전후'에도
이어져 있다는 것을 분명히 했지만, 이와 같은 문제의 구도는 고도 경제성장
시기에 커다란 주목을 받은 '4대 공해'에 대해서도 많든 적든 지적할
수 있는 것으로 보인다. 그래서 이 절에서는 앞 절에서 언급한 사항을
다른 관점에서 다시 파악하기 위해 4대 공해 중에서도 징후적인 세 가지
사례(이타이이타이병, 욧카이치 공해, 미나마타병)에서의 '전전'과 '전후'
에 주목하고자 한다. 이 작업을 통해 오로지 고도 경제성장으로 인한
부정적인 유산으로서만 자리매김해 온 전후 공해에 대해 그 조건들이
사실은 이미 '전전' 단계에서 갖추어져 있었다는 것을 지적해 보이고자
한다. 다행히도 이 책과 동일한 문제의식에 서서 공해의 역사를 추적한
저널리스트 마사노 아쓰코政野淳子의 『4대 공해병』이 2013년에 출간되어
있으므로 이 노작을 이끄는 실로 삼고 미야모토 겐이치의 『전후 일본
공해사론』도 참고로 하면서 고찰을 진행해나가고자 한다. 이러한 고찰은
'공해의 흘려보내기'를 반복하면서 그 사실을 집요하게 계속해서 부인하는
근대 일본의 증상을 밝혀줄 것이다.

● ●

8. 이 점에 대해서는 히로세 준(廣瀨純)과의 개인적인 대화로부터 시사 받았다. 여기에
적어 감사드린다.

1-2-1. 이타이이타이병

이타이이타이병은 도야마현의 진즈강 하류 지역에 사는 중년의 출산 경험이 있는 여성에게서 많이 발생한, 카드뮴 섭취가 원인인 공해병이다.[9] 오염원인 미쓰이 금속광업의 가미오카 공장이 진즈강에 방류한 카드뮴은 약 854톤에 달하는 것으로 추정된다. 이 공해병은 세뇨관 장애와 골연화증을 주요한 특징으로 하며, 허리와 무릎 통증으로 시작하여 점차 걸을 수 없게 되고, 구르는 것만으로 골절되는 것과 같은 증상이 보고되었다. 그중에는 전신에 수십 군데의 골절을 지닌 환자나 키가 30센티나 줄어든 환자도 있어 그 고통의 처참함을 여실히 이야기해주고 있다. 그 지역 의사들이 처음으로 이 건강 피해를 알게 된 것은 패전 직후인 1946년이었지만, 후생성이 공식적으로 이타이이타이병을 인정한 것은 그로부터 20년 이상이 지난 1968년의 일이다.

1970년대의 불황기에는 이미 정설이 되어 있던 '카드뮴 원인설'이 '비타민 D 부족설'에 의해 부인되는 등의 혼란도 생겨났다. 그때 일역을 담당한 것이 '신장병의 권위'로 알려진 가나자와대학 의학부 교수인 다케우치 쥬고로武內重五郎이다. 다케우치 쥬고로는 그때까지 그 자신이 주창한 '카드뮴 원인설'을 뒤집고 '이타이이타이병은 비타민 D의 부족이 원인이다'라는 색다른 의견을 발표하는데, 그의 주장이 제대로 된 현지 조사에 근거하지 않았다는 것이 재판에서 밝혀졌다. 이와 같은 공해 부인 경향은 '방사능 오염을 너무 두려워하여 영양 부족이 되는 쪽이 위험하다'와 같은 요즘 유행하는 언설에 확실히 계승되어 있다고 말할 수 있을 것이다. 덧붙이자

● ●

9. 이타이이타이병에 관한 기술은 다음을 참조. 政野淳子, 『四大公害病(4대 공해병)』, 中公新書, 2013년, 제3장 「이타이이타이병 — 구제에 도전한 의사와 변호사들」. 宮本憲一, 『전후 일본 공해사론』, 35~40쪽, 242~255쪽. 미야모토 겐이치에 따르면 이타이이타이병이 중년의 출산 경험이 있는 여성에게서 많이 발생한 것은 그녀들의 일상적인 행동 범위가 유해 물질에 24시간 노출되기 때문이라고 한다(같은 책, 14쪽).

면, 1972년에는 나고야고등법원이 오염자인 미쓰이 금속광업에 대해 2억2천만 엔의 배상금 지급을 명령하는 판결을 내렸다. 그러나 공건법(공해건강피해보상 등에 관한 법률, 1973년)에서 인정된 이타이이타이병 환자는 196명, 관찰이 요구되는 자는 404명, 나아가 환경성이 1997년부터 2007년까지 실시한 조사에 따르면 중증의 세뇨관 장애는 1,000명 가까이에 이르는 것으로 생각되고 있으며, 이 공해병이 근본적인 해결을 보지 못했다는 것은 명백하다.[10]

그런데 미쓰이 재벌이 진즈강 유역에서 광산 경영에 나선 것은 1874년(메이지 7년)으로 거슬러 올라간다. 러일전쟁이 끝난 지 몇 년 후인 1911년에는 이곳에 미쓰이 광산이 설립되었다. 제2차 세계대전 이후 '재벌 해체'에 의해 가미오카 공장의 경영은 일단 미쓰이의 손을 떠나지만, 1952년에 다시 미쓰이 밑으로 결집해온 것이 다름 아닌 미쓰이 금속광업이다. 하지만 그 가미오카 공장에 의한 광독 피해는 이미 메이지 시대 단계에서 의심되고 있었다는 것이 보고되고 있다. 그 역사적 경위를 적확하게 정리한 마사노 아쓰코의 기술을 인용하고자 한다.

가미오카 광업소의 광독 피해가 우려되기 시작한 것은 19세기 말이었다. 메이지 시대에 호쿠리쿠에서 발행된 〈호쿠리쿠정보北陸政報〉(1896년 4월 24일)는 '광독의 여해'라고 보도했다. 진즈강에서 물을 끌어들이는 '가미니카와군 신보무라 오쿠보무라 등'의 논밭에서 벼의 생육이 대단히 나쁘며, 원인은 상류의 '히슈'(현 기후현 북부)에 있는 각 광산에서 유출된 광독이 아닌가 하는 우려가 적혀 있다.

그로부터 20년 후인 다이쇼 시대에 〈호쿠리쿠타임스〉(현 〈북일본신

• •
10. 『전후 일본 공해사론』, 1쪽. 『4대 공해병』, 166쪽. 공건법에 관해서는 다음을 참조. 『전후 일본 공해사론』, 416~440쪽. 공건법은 다음에서 열람이 가능하다. http://law.e-gov.go.jp/htmldata/S48/S48HO111.html

문〉1916년 11월 1일)는 「소란스러운 광독」이라는 제목으로 '미쓰이 가문 소유의 가미오카 광산'의 광독이 큰 문제가 되고 농림성 농사 시험장의 기사가 실시한 답사를 통해 '수목에 미치는 해독은 심하다'라는 것, '이미 미쓰이 가문에 대해 손해 배상금을 신청했다'라는 것을 보도했다.

쇼와에 들어서고 나서도 광독 피해는 이어진다. 제2차 세계대전 이전에는 진즈강의 신쓰가와 은어가 죽어 강에 떠올랐고, 진즈강 유역의 각 촌장·농회장·수산회 등에 의한 '진즈강 광독 방지 기성 동맹회'가 항의를 거듭했다고 보도되었다.[11]

이 구절은 우리가 제3부 제3장, 제4부 제1장에서 논의했듯이 청일전쟁 후와 제1차 세계대전 중의 호황을 계기로 도쿄전등에 의한 전력 공급과 아시오 구리광산의 구리 생산량이 비약적으로 늘어나고, 그에 수반하여 특히 아시오의 광독 피해가 격화했다는 사실을 상기시키지 않을 수 없다. 이런 의미에서 가미오카 광업소에 의한 광독 피해가 드러나게 된 것은 부국강병 정책과 식산흥업 정책이라는 근대 일본의 2대 국책에 의해 필연적으로 방향 지어져 있었다고 간주할 수 있을 것이다. 무엇보다 근대 초기 단계에서 실질적인 광독 피해가 많이 발생한 것이 지적되고 있었다는 사실은 특별히 적어둘 필요가 있다. 일반적으로는 고도 경제성장 시기를 통해 4대 공해가 격화했다는 것이 통설이지만, 적어도 그 '기원'은 이미 근대 초기에 명확히 형성되어 있었으며, 게다가 주민들의 삶을 반복적으로 위협하고 있었다.[12]

• •

11. 『4대 공해병』, 119~122쪽.

12. 가미오카 공장에 의한 카드뮴 피해가 한 세기에 걸친 역사를 지닌다는 것을 상세히 논의한 문헌으로서 다음을 참조. 松波淳一, 『定本カドミウム被害百年回顧と展望 ─ イタイイタイ病の記憶(정본 카드뮴 피해 100년 회고와 전망 ─ 이타이이타이병의 기억)』, 桂書房, 2010년. 또한 최초로 이타이이타이병 환자의 존재를 알게 되고, 치료에 진력한

1-2-2. 욧카이치 공해

욧카이치 공해란 이세만 서안에 집중적으로 입지한 석유 콤비나트 공장에서 배출된 중유와 매연에 의한 해양 오염·대기오염이 원인이 되어 확대된 피해를 가리킨다.[13] 우선 1960년 3월 이후 이세만에서 잡힌 전어와 정어리의 '고약한 냄새'가 화제에 오르게 된다. 1965년 5월에 발표된 미에현 수산과의 조사에 따르면, 욧카이치를 중심으로 연안 4km에서 100%, 8km에서 70%의 '중유 냄새나는 물고기'의 분포가 판명되고 이세만의 전면적인 오염이 밝혀졌다. 무엇보다도 공장에서 토해내는 악취와 매연으로 인해 두통, 불면증, 식욕부진, 천식, 폐 공기증 등의 피해가 많이 발생했고, 인근의 농가에서는 20억 엔 상당의 경제적 손실로 이어지는 논벼 재배 피해도 볼 수 있었다.

이러한 피해들에 대한 부인의 구체적인 사례는 부족하지 않다. 1962년, 콤비나트에 참여하고 있던 쇼와 석유의 총무과장은 공장 시찰을 위해 방문한 미야모토 겐이치에 대해 '전쟁 중의 해군 연료 창에 도착한 유조선이 공중 폭격으로 침몰하고 그 기름이 유출되어 냄새나는 물고기의 원인이 되었다'라는 거짓 변명을 하고 있다.[14] 또한 미에현의 사업가로 1966년부터 72년까지 욧카이치 시장을 지낸 구키 기쿠오九鬼喜久男는 시의회의 답변에서 '석유화학에 공해는 없습니다'(1966년 12월 13일 의사록), '욧카이치 천식이라는 질병은 일반적인 질병이며, 어느 도시에나 천식이라는 것은 있습니

지역의 의사에 의한 다음의 책도 중요하다. 萩野昇, 『イタイイタイ病との闘い(이타이이타이병과의 투쟁)』, 朝日新聞社, 1968년.

13. 『4대 공해병』, 제4장 「욧카이치 공해 — 대기오염이라는 고도성장의 짙은 그림자」. 『전후 일본 공해사론』, 145~157쪽, 272~293쪽. 당시 욧카이치 공해에 관한 보도 기사를 정리한 것으로서 다음의 자료집은 귀중하다. 四日市公害記録写真編集委員会 편, 『新聞が語る四日市公害 — 四日市公害判決20年記念(신문이 말하는 욧카이치 공해 — 욧카이치 공해 판결 20주년 기념)』, 四日市法律事務所, 1992년.

14. 『전후 일본 공해사론』, 148쪽.

다'(1967년 6월 16일 의사록)라고 반복적으로 공해의 사실을 부인했을 뿐만 아니라 새로운 콤비나트 유치를 단행했다.[15] 이 보도를 받아들고서 절망한 욧카이치 천식 환자가 잇따라 자살했다. 쓰津 지방법원이 콤비나트를 형성하는 6개 회사(쇼와 석유, 미쓰비시 석유, 미쓰비시 화성, 미쓰비시 몬산토 화성, 중부 전력, 이시하라 산업)의 공장에서 배출된 매연과 건강 피해의 인과관계를 인정하고, 피고 6개 회사에 손해 배상의 지급을 명령한 것은 1972년의 일이다.[16] 공건법으로 인정된 환자는 976명(1988년 12월, 인정 해제), 공해병이 원인이 되어 사망한 환자는 64명에 이른다.

이처럼 '전후'에 피해가 가시화된 욧카이치 공해이긴 하지만, 오염자인 석유 콤비나트를 유치한 지역은 사실은 '전전'부터 중화학공업의 거점으로서, 그리고 또한 군사 기지의 요충지로서 기능하고 있었다. 이 점에 관해서도 마사노 아쓰코의 기술은 대단히 적확하다.

1938년(쇼와 13년), 그 염전의 일각에 이시하라 산업이 진출한 것이 공업 지대 역사의 시작이다. 이시하라 산업의 구리 정련 계획이 명확해지자 아시오 구리광산의 광해를 알고 있던 주민들에 의한 반대가 있었다. 이에 대해 이시하라 산업은 2만 명이나 되는 근로자를 투입하여 세계에서 가장 높은 185미터의 굴뚝을 건설하고, 1940년에 완성했다.

1943년에는 군수공장으로서 지정되고, 가까이에서 시작된 것이 제2 해군 연료창(기지)의 건설이다. 지주 농가를 밭에 모아 놓고 매각을 강요하여 건설했다. ……

제2차 세계대전의 공습으로 생산 설비의 50%가 상실된 제2 해군 연료창의 철거지는 종전한 지 10년이 지난 1955년 8월, 각료회의 양해 '옛 군대 연료창의 활용에 대해'에 기초하여 석유화학공업 육성을 위해

15. 『4대 공해병』, 193쪽.
16. 『전후 일본 공해사론』, 286쪽.

매각된다.[17]

이미 이야기했듯이 이시하라 산업은 앞의 석유 콤비나트의 핵심적인 위치를 차지하는 기업이다. 이 인용에 기초하여 지적해두고 싶은 것은 다음의 세 가지 점이다. 첫째, 이세만 서안에서는 1930년대부터 중화학공업화가 진행되고 있었다는 것(이시하라 산업은 1941년, 다이쿄대협 석유[현 코스모 석유]는 1943년에 조업을 개시했다[18]), 둘째, 이시하라 산업은 제2차 대전 중에 군수 산업으로 지정되었고, 또한 그 공장 인근에는 해군의 연료 기지가 건설되었다는 것, 셋째, 패전 후 국책에 기초하여 그 군사 철거지가 석유 콤비나트 육성을 위해 다시 이용되었다는 것이다.[19] 이와 같은 군사 철거지의 재이용이라는 국책이 한국전쟁 종전 후(1955년)에 결정되었다는 사실에 대해서도 특별한 주의가 필요할 것이다. 요컨대 이 국책은 한편으로는 제2차 대전 중의 부국강병 정책과 식산흥업 정책의 토대 위에서, 또한 다른 한편으로는 한국전쟁의 특수 경기 속에서 비로소 가능해진 것이다. 이 점과 더불어 그 전해(1954년)에는 현재의 자위대 원형이 생겨났고, '군사력 확대'라는 또 하나의 국책이 '경제성장주의'와 맞짝을 이루는 형태로 추진되기 시작했다는 점에 대해서도 새롭게 상기시켜 두고자 한다(1~1절을 참조). 정말이지 욧카이치 공해의 직접적인 원인이 고도 경제성장 시기 석유 콤비나트의 조업에 놓여 있다는 사실은 의심할 수 없다. 그러나 공해 발생의 조건은 이미 '전전' 단계에 형성되어 있었으며, 또한 '전후'에도 '군사력 확대'와 '고도 경제성장'이라는 2대 국책에 의해 방향을 부여받고 있었다. 우리는 이 관점에 설 때, '전후 일본'이 평화주의적

• •

17. 『4대 공해병』, 173~174쪽.
18. 『전후 일본 공해사론』, 146쪽.
19. 욧카이치 해군 기지의 절반이 미군의 공습으로 소실된 경위에 대해서는 다음을 참조. 創価学会青年部反戦出版委員会 편, 『伊勢の海は燃えて ― 海軍燃料廠と四日市空襲(이세의 바다는 불타고 ― 해군 연료창과 욧카이치 공습)』, 第三文明社, 1978년.

이고 민주주의적인 체제라고 하는 통설에 대해 회의적으로 되지 않을 수 없게 된다. 일본의 사회 시스템은 '전전'부터 일관되게 공업=군사입국이라는 국가와 자본의 논리에 의거한 중앙집권적 통치 시스템이었다. 그리고 '전전'의 국가주의적이고 군국주의적인 통치 시스템이 해체되었다 하더라도, '전후'에 그것은 '관리된 민주주의'라는 통치 시스템으로서 존속하고 있다.

1-2-3. 미나마타병

미나마타병은 신일본질소비료주식회사(통칭 칫소)가 1932년(쇼와 7년)부터 1968년까지의 36년간에 걸쳐 바다로 배출한 메틸수은 화합물이 원인이 된 공해병이다.[20] 칫소 미나마타 공장의 오염 폐수에 포함된 메틸수은 화합물의 총량은 70톤에서 150톤으로도 말해지며, 사망, 마비, 경련 등의 급성 중증으로부터 지각 장애, 시야 협소화, 손발의 감각 장애까지 다양한 건강 피해를 초래했다. 그중에는 어머니의 태반을 통해 피해를 본 태아성 환자도 수많이 존재한다. 구마모토가쿠엔대학 미나마타학 연구센터의 설명에 따르면, 그 오염 피해는 '미나마타만으로부터 아마쿠사와 가고시마현의 나가시마, 사자도 등 건너편 섬들까지 시라누이해 전체로 확산되어' 있다.[21] 정부로부터 인정받은 환자 수 2,275명, 인정 신청이 기각된 환자 수 20,000명, 「미나마타병 피해자 특별 조치법」(2009년)에 근거한 미나마타병 종합대책 의료사업의 신청자는 6만 명 이상에 달하며, 자신이 미나마타

• •

20. 『4대 공해병』, 제1장 「미나마타병 ─ 잠재 환자 20만 명으로 불리는 비극」. 『전후 일본 공해사론』, 293~315쪽, 517~522쪽, 692~701쪽.

21. 熊本学園大学水俣学研究センター 편저, 신판 『水俣を歩き、ミナマタに学ぶ ─ 水俣学ブックレットNo. 12(미나마타를 걷고, 미나마타에게서 배운다 ─ 미나마타학 부클렛 No. 12)』, 熊本日日新聞社, 2014년, 14쪽. 이 부클렛은 미나마타병 관련 '광역 지도'를 제시하고, '견학 포인트'와 기초 지식을 정리한 안내서다. '미나마타학'의 입문서로서 가장 적합하다.

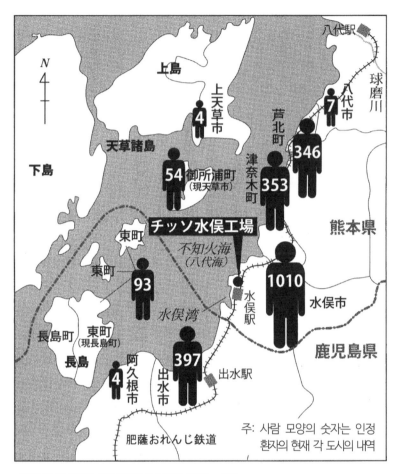

[그림 1] 미나마타병 발생 지역과 개요(『4대 공해병』, 8쪽)
● 인정 환자 수
생존자 수 620명 / 누계 2,275명(2013년 6월말 현재 환경성 파악 수, 구마모토현 인정 수 1,784명, 가고시마현 인정 수 491명) / 신청 건수 23,177(2008년 현재 미나마타시 파악 수)
● 1995년 미나마타병 종합대책 의료사업 대상자 수
7,286명(구마모토현 5,073명, 가고시마현 2,213명)
● 2009년 미나마타병 피해자 구제 특별 조치법에 근거한 신청자 수(2013년 현재 판정 중) 60,988명(구마모토현 42,961명, 가고시마현 18,027명)

병이라고 목소리를 높인 사람만 9만 명, 잠재적 환자 총수는 현재, 시라누이해 일대 주민을 중심으로 20만 명이라고도 추정되고 있다.[22] 이 공해병은 현재도 끝나지 않았으며, 적어도 후쿠시마 제1원전 사고가 발생하기까지는 일본 근대사를 통해 가장 큰 규모의 산업공해였다([그림 1]을 참조).

그런데 일반적으로 미나마타병은 오로지 '전후'의, 그것도 특히 '고도 경제성장 시대'의 부정적인 유산으로서 받아들여지고 있다. 정말이지 칫소 미나마타 공장 부속병원에서 최초의 미나마타병 환자가 공식적으로 확인된 것은 1956년이며,[23] 국가와 자본에 의한 집요한 부인의 반복으로 인해 그 후의 피해가 격화되고 확대된 것은 의심의 여지가 없다. 다만 역사적 '기원'으로 거슬러 올라가는 우리의 방법에 의거하면, 이 미나마타병 피해의 조건이 이미 '전전'에 갖추어져 있었다는 것을 간과해서는 안 된다. 마사노 아쓰코는 '전전'의 미나마타에서 문제가 되었던 피해의 대강을 간결하게 그려내고 있다.

> 칫소는 1932년 아세트알데히드 생산을 개시한 후, 공장 폐수를 어항 과 백간항 양쪽으로 흘려보냈지만, 어항에 있는 양식 시설 물고기가 폐사했기 때문에 백간항으로만 흘려보냈다. 그러나 백간항에서는 카바 이드 잔여물(남은 찌꺼기)의 퇴적물이 6.5미터 깊이에 달했고, 밀물 때 이외에는 선박이 출입할 수 없게 되었다.[24]

이처럼 1932년 시점에서 칫소 미나마타 공장의 오염된 폐수로 인해 '어항에 있는 양식 시설 물고기'가 '폐사'하고 있었다. 그 후 1954년에 미나마타시 시게미치의 사육 고양이들이 미쳐 죽고 거의 전멸한 사실을 고려하면, 이 '양식 시설 물고기'의 전멸은 하나의 징후였다고 할 수 있을 것이다.

물론 미나마타병 공해의 역사적인 '기원'이 '전전'에서 발견된다는 우리

●●●

22. 『4대 공해병』, 6~8쪽.
23. 신판 『미나마타를 걷고, 미나마타에게서 배운다』, 「미나마타병 사건 축약 연표」, 64쪽.
24. 『4대 공해병』, 9쪽.

의 주장은 위와 같은 피해의 가시화라는 사실에만 근거한 것이 아니다. 여기서는 그 주장을 뒷받침하는 것으로서 칫소 회사사『풍설의 백년』에서 두 가지 요점을 추출해 보이고자 한다.

첫 번째 요점은 제2차 대전 당시의 칫소가 메이지 이후의 2대 국책(부국 강병과 식산흥업)의 일익을 담당하는 거대한 콘체른으로 성장했다는 사실 이다. 칫소의 전신인 일본질소는 1907년에 창업을 시작하여 소기전기와 일본카바이드사의 제휴를 통해 수력발전과 화학공업을 중심축에 둔 경영 을 추진했다. 창업 시기가 러일전쟁 종전 2년 후라는 것, 수력발전에 기초한 화학공업 체제를 발전시킨 것은 우리가 제3부 제3장에서 논의한 도쿄전등 의 성장 과정을 방불케 하는 것일 디이다. 그 일본질소의 성장이 얼마나 놀라운 것이었는지에 대해 칫소 회사사는 다음과 같이 증언하고 있다.

일본질소 그룹의 1945년 8월의 규모(불입자본금 12억5,238만 엔)는 미쓰이, 미쓰비시, 스미토모 3대 재벌에 비하면 작지만, 야스다 재벌보다 는 크며, 여섯 재벌이라고 불린 아유카와, 아사노, 후루카와, 오쿠라, 나카지마, 노무라와 비교해도 아유카와의 닛산 그룹을 제외한 그 밖의 다섯 그룹보다 크다.

광공업 · 운수업 · 전기가스업의 총자산 순위에서 1940년 후반기에 일본질소는 제9위이며, 이후 41년에 합병한 조선질소는 제31위로, 두 회사를 합계하면 총자산액으로는 전국 제6위에 자리한다. 덧붙이자면, 상위 5개사는 남만주철도, 일본제철, 일본발송전, 도쿄전등, 미쓰비시 중공업이다.[25]

패전 직전 시점에 일본질소의 콘체른 자산은 일본에서 제6위라는 거대 한 규모에 도달해 있었다. 그 배경으로서 '내지'에서는 미나마타 공장과

25.『풍설의 백년』, 84~85쪽. 강조는 인용자. 이하 동일.

노베오카 공장을 거점으로 하고 '외지'에서는 다이쇼 말기에 일본이 식민지화한 한반도의 흥남 공장('조선질소')을 거점으로 하여 수력발전, 암모니아 제조, 화학 비료 및 화약(특히 다이너마이트)의 대규모 생산 체제를 구축했다는 사실을 들 수 있다.[26] 일본질소는 공업=군사입국이라는 국책 노선에 기초하여 일본 정부에 의한 식민지주의 정책에 가담하고, 아시오 광독 사건을 일으킨 후루카와보다 거대한 기업체가 되어 있었다. 앞서 이야기한 바와 같은 미나마타 공해의 심각성의 배경은 여기에 있다.

두 번째 요점은 제2차 대전 당시의 칫소가 국가와의 관계를 꾸준히 강화하고 최종적으로는 군수산업으로서의 역할을 했다는 사실이다. 예를 들어 창업 후 오랫동안 일본질소의 이사회 의장을 맡은 나카하시 도쿠고로 中橋德五郎는 1918년(다이쇼 7년), 후루카와광업의 고문이기도 했던 하라 다카시를 총리로 하는 내각에 문부대신으로 입각했다.[27] 또한 이 회사에서 이사를 맡은 센고쿠 미쓰기 仙谷貢는 1924년, 가토 다카아키 加藤高明 내각(1924~1926년)의 철도상으로서 입각했으며, 이후 만주철도의 총재로 취임했다.[28] 이러한 일본질소와 국가의 결합은 1930년대 후반이 되자 만주국 정부나 관동군과의 긴밀한 연결로 발전하며, 회사는 만주국 정부의 명령에 따라 국책 군수산업의 일환으로서 석탄액화 사업을 도급 맡게 되었다.[29] 이러한 일련의 동향을 토대로 하여 보면, 일본질소가 '군수회사'로 지정된 것은 전혀 이상하지 않다.

1944년(쇼와 19년) 1월 17일에는 군수회사법(43년 10월 31일 공포)에 기초하여 일본질소가 군수회사로 지정되었다. 군수회사는 전면적으로

● ●

26. 같은 책, 58쪽.
27. 같은 책, 34쪽. 후루카와광업과 하라 다카시의 밀접한 관계에 대해서는 제4부 제1장에서 논의했다.
28. 같은 책, 35쪽.
29. 같은 책, 124쪽.

국가 관리 하에 놓이고 자금 측면 등에서 우대 조치가 주어지지만, 사장은 기존의 대표권을 상실하고 '생산 책임자'가 되어 군수 생산의 책임을 짊어지며, 공장장도 '생산 담당자'로 임명되고 전력 증강이라는 국가 요청에 부응하여 점점 더 군수 사업의 수행에 매진하게 되었다. 군수회사 지정 이틀 전에 노구치(창업자 노구치 준[野口遵])는 사망하고, 후임 사장이 된 에나미 나오사부로榎並直三郎가 '생산 책임자'로 선임되어 대표이사 자격을 잃고, 미나마타 공장장인 하시모토 히코시치橋本彦七가 '생산 담당자'로 임명되었다. 공장명도 '구마 제7042 공장'으로 불리게 되었다.[30]

이 증언이 시사하고 있듯이 일본질소는 군국주의 정부에 의해 '군수회사'로 지정되고 '전면적인 국가 관리' 아래 '전력 증강'을 위한 합성 고무 등의 대량 생산에 종사했다. 당시 미나마타 공장장을 맡고 있던 것은 패전 후에 초대 미나마타 시장이 되어 미나마타병의 부인을 반복한 하시모토 히코시치였다. 이처럼 패전 후에 재출발한 칫소는 이미 '전전' 단계에서 그 기업 체질을 형성하고 있었다고 말할 수 있다. 고도 경제성장 시대에 확대일로를 걸은 미나마타병 공해의 역사적 '기원'은 부국강병과 식산흥업의 국책 노선에 따라 식민지주의와 군수 생산 체제를 추진한 일본질소의 기본 방침 그 자체에 깃들어 있었다. 일단 이러한 관점에 서면 '전전'과 '전후'를 나누려고 하는 통속적 사고방식이 전혀 자명하지 않다는 것을 이해할 수 있을 것이다. 우리는 걸핏하면 '전후 일본'을 평화주의적이고 민주주의적인 시스템으로 보는 경향이 있지만, 그 실상은 오히려 공업=군사입국이라는 국가와 자본의 논리에 의해 중앙집권적으로 통치된 '관리된 민주주의' 체제에 지나지 않았던 것이 아닐까?

• •

30. 같은 책, 141쪽.

1-3. 미나마타병 사건과 후쿠시마 제1원전 사고의 유사성

우리는 지금까지 원자력=핵에너지가 '평시 이용'과 '전시 이용'의 양 측면을 아울러 지닌다(원전과 핵무기의 본질적 관계성을 상기시키고자 한다[31])는 점을 염두에 두면서 많은 산업공해(아시오 광독 사건, 이타이이 타이병, 욧카이치 공해, 미나마타병)에 주목하고, 그것들이 일관되게 공업= 군사입국이라는 국가와 자본의 논리에 의거한 일본 근대의 통치 시스템에 의해 생겨난 것이라는 사실을 밝혀왔다. 후쿠시마 제1원전 사고는 많은 공해 사건과 마찬가지로 공업=군사입국이라는 국가와 자본의 논리에 의거한 '전후 일본'의 통치 시스템이 불러일으킨 산업공해다. 우리가 집요 하게 과거의 역사로 거슬러 올라가 논의를 전개해온 것은 후쿠시마 제1원 전 사고라는 산업공해가 단순한 돌발적인 사고가 아니라 일본 근대사가 품은 질병의 한 축도로서 발생했다는 것을 보여주고 싶었기 때문이다.

이 절에서 남은 과제는 미나마타병의 격화, 확대를 부른 국가와 자본에 의한 공해의 부인이 어떠한 것이었는지, 그리고 그 행동은 후쿠시마 제1원 전 사고 후의 일본 정부와 도쿄전력의 행동과 어떠한 유사성을 지니는지를 보여주는 것이다.

첫째로 지적해두어야 하는 유사점은 가해 기업과 정부에 의한 고농도 오염이라는 사실에 대한 부인이다. 예를 들어 칫소 미나마타 공장이 배출하는 수은 값에 관해서는 구마모토대학 연구팀이 이미 1959년 7월 단계에서 백간 배수구로부터 2,000ppm 이상이라는 데이터를 검출하여 보고하고 있었다. 이 데이터는 현재의 총 수은의 환경 기준 0.0005mg/l에 비추어보면 그것의 400만 배에 해당한다. 그러나 칫소와 행정부는 이 보고를 무시하고 아무런 대책도 취하려고 하지 않았다.[32] 이와 같은 오염의 도외시가 미나마 타병의 격화로 이어졌다는 것은 하라다 마사즈미를 비롯한 '미나마타학'

31. 이 점에 대해서는 제1부 제2장에서 상세히 논의했다.
32. 『4대 공해병』, 22~23쪽.

연구자들이 항상 지적하는 점이다.

한편 후쿠시마 제1원전 사고로 눈을 돌리면, 고농도 오염과 이를 초래한 중대사고를 부인하려고 하는 자세는 민주당 정권 당시의 노다 총리에 의한 '수습 선언'에서 뚜렷이 알아볼 수 있다. 2011년 12월 16일, 노다 총리는 총리 관저에서 '내가 본부장을 맡은 원자력재해대책본부를 개최하고, 원자로가 냉온정지 상태에 도달해 발전소 사고 자체는 수습에 이르렀다 판단된다고 확인했습니다'라고 분명히 말했다.[33] 이 시점에서는 후쿠시마 제1원전의 원자로에 대해 이미 핵연료봉이 멜트다운되어 있었다는 것, 요컨대 불-가역의 중대사고에 부딪쳤다는 것이 명료했다. 본래 '냉온정지'란 정상적으로 직동하는 원자로를 멈출 때 사용되는 표현이며, '레벨 7'로 평가된 거대 사고를 형용하는 것으로서는 적합하지 않다. 실제로 이 선언 이후에도 고농도 오염수의 해양 누출이 잇따랐으며, 특히 2013년 4월 6일에는 선언 이후로는 최악의 규모인 약 7,100억 베크렐의 방사능 오염수 120톤이 누출되었다.[34] 그 후 '오염' 문제는 오로지 '제염' 문제로 바꿔치기 되며, 후쿠시마 제1원전 부지 내에 관한 보도도 꾸준히 감소했다. '오염수는 완전히 차단되었다'라고 공언하고 일본 각지의 원전 재가동을 실질적으로 촉진하려고 하는 아베 정권의 방향성은 이와 같은 문제 바꿔치기의 극점을 이루는 것이다.

두 번째 유사점은 가해 기업에 의한 공해=사고 원인에 관한 정보 은폐와 그 부인이다. 예를 들어 1959년 칫소병원 원장을 맡고 있던 호소카와 하지메 細川一 의사는 수은이 함유된 미나마타 공장의 폐액을 고양이에 투여하는 실험을 수행하여 미나마타병 환자와 동일한 발병이라는 결과를 칫소에 보고했다. 칫소는 이 '고양이 400호 실험'의 실험 결과를 봉인한 채 조업을

33. 노다 내각총리대신 기자회견, 수상 관저, 2011년 12월 26일. http://www.kantei.go.jp /jp/noda/statement/2011/1216kaiken.html 강조는 인용자.

34. 「漏れた汚染水は120トン福島第一, 地下水に混入か(누출된 오염수는 120톤 후쿠시마 제1원전, 지하수로 유입될까?)」, 〈朝日新聞〉, 2113년 4월 6일.

계속하고, 폐액을 계속해서 바다로 방출했다. 하라다 마사즈미 의사는 이 단계에서 칫소가 오염 폐액의 방출을 멈추는 등의 대책을 취했다면, 미나마타병이 이 정도로 심각한 규모의 공해로 발전하지는 않았을 것이라고 곳곳에서 강조하고 있다. 그런데 주의를 촉구하고 싶은 것은 칫소의 회사사 『풍설의 백년』에는 이와 같은 정보 은폐의 사실이 전혀 기술되어 있지 않다는 점이다. 『풍설의 백년』은 '미나마타병'이 '공해'라는 것, 칫소가 그 원인이라는 것을 한 마디도 명기하지 않고 있다. 거기서는 정보 은폐를 비롯하여 공해 원인 기업으로서의 책임을 엄격히 추궁한 미나마타병 재판의 내용은 완전히 무시되고 있다. 본래 656쪽에 이르는 이 큰 책에서 '미나마타병 발생' 경위에 대해서는 3쪽밖에 기술이 보이지 않는 한편, 칫소가 지급한 보상금의 상세한 내용에 관해서는 총 20쪽에 가까운 설명이 적혀 있다.[35] 요컨대 오늘날에도 계속되고 있는 공해 피해에 관한 해명은 단 한마디도 없이 '미나마타병 문제의 재연'이 원인이 된 '보상 문제'에 대한 대응을 강요받아온 칫소의 '풍설'과 '고난'만이 강조되고 있는 형편이다.[36]

그런데 후쿠시마 제1원전 사고에 대해 말하자면, 도쿄전력이 거대 쓰나미의 '구체적인 예견 가능성'을 인식한 것에 더해 그 가능성을 고의로 무시했다는 것이 밝혀져 있다. 후쿠시마 원전 고소단의 가이도 유이치海渡雄一 변호사는 도쿄전력의 가쓰마타 쓰네히사勝俣恒久 전 회장, 무토 사카에武藤榮, 다케쿠로 이치로武黒一郎 두 전 부사장의 '업무상 과실치사 사상 혐의'와 관련한 「해설. 강제 기소 의결의 의의」에서 다음과 같이 말하고 있다.

[2007년에] 도쿄전력의 설계가 산출한 후쿠시마 제1원전 부지 남쪽의

● ●

35. 다음을 참조. 『풍설의 백년』, 제5장~제7장. '미나마타병의 발생'에 대해서는 같은 책, 282~284쪽. '보상 문제'에 대해서는 같은 책, 284~287쪽, 342~351쪽, 423~427쪽.
36. 같은 책, 제5장 제5절의 제목은 '미나마타병의 발생과 보상 문제', 제6장의 제목은 '사업 재편과 미나마타병 문제'로 되어 있다.

15.7미터라는 쓰나미의 시험 계산 결과는 원자력발전에 관여하는 자로서는 절대로 무시할 수 없는 것이라고 해야 한다. …… 도쿄전력 자체가 과거에 두 차례의 침수, 수몰 사고를 일으켰으며, 토목 조사 그룹 사람들이 참여했던 물 넘침 공부 모임을 통해 후쿠시마 제1원전 10미터 판을 크게 넘는 거대 쓰나미가 발생하면 침수 사고가 발생하여 전체 전원 상실, 노심 손상, 건물 폭발 등을 거쳐 방사성 물질의 대량 배출이라는 사태를 초래할 가능성이 있다는 것도 보여주었다.[37]

요컨대 도쿄전력은 거대 쓰나미와 그로 인한 중대사고의 가능성을 알고 있었음에도 불구하고, '안전대책보다 비용을 우선하는 판단'[38]에 기초하여 정보를 조직적으로 은폐했다. 이와 같은 도쿄전력에 의한 '예견 가능성'의 부인 내지 은폐가 현재도 진행 중인 후쿠시마 제1원전 사고의 원인이 된 것은 의심할 여지가 없다.[39]

세 번째 유사점은 건강 피해와 그 인과관계를 부인하는 가해 기업과 정부의 자세다. 미나마타병 사건의 역사에서는 칫소가 공해 원인 기업으로서의 책임을 피하려고 다양한 '전문가들'의 가설을 증거로 제시했다는 사실이 알려져 있다. 칫소는 '고양이 400호 실험' 보고 후에 이미 과학적으로 부정되고 있었던 일본화학공업협회 이사 오시마 다케지大島竹治에 의한 '구 육군의 폭약설'과 도쿄공업대학 교수 기요우라 라이사쿠清浦雷作에 의한 '독성 아민설'(이 설은 경제기획청의 미나마타병 종합조사연락협의회에서

• •

37. 海渡雄一, 「解説 強制起訴議決の意義 ― 市民の正義が東電・政府が隠蔽した福島原発事故の真実を明らかにする途を開いた!(해설. 강제 기소 의결의 의의 ― 시민의 정의가 도쿄전력·정부가 은폐한 후쿠시마 원전 사고의 진실을 밝히는 길을 열었다!)」, 福島原発告訴団, 2015년 8월 3일. http://kokuso-fukusimagenpatu.blogspot.jp/2015/08/blog-post_4.html

38. 같은 곳.

39. 이 점에 대해서는 제2부 제2장에서 상세히 논의했다.

발표되었다) 등에 기초하여 유기수은과 건강 피해의 인과관계를 계속 부인한 것이다. 칫소의 회사사 『풍설의 백년』에는 이러한 부인 사실에 관한 설명도 전혀 없다.[40]

한편 후쿠시마 제1원전 사고에 대해 말하자면, 사고 후에 방출된 대량의 방사성 요오드가 원인이 되어 후쿠시마현 내에 사는 어린이들 사이에서 갑상선암의 발병 건수가 눈에 띄게 증가하고 있다.[41] 또한 study 2007의 『방치된 초기 피폭』은 후쿠시마 제1원전에서 유래한 방사성 요오드로 인한 주민들의 피폭 선량이 일관되게 과소평가되어 왔다는 것을 철저히 밝히고 있다.[42] 그러나 도쿄전력도 일본 정부도 이 엄연한 사실에 대해 무시 내지 부인의 자세를 관철하고 있다.

네 번째 유사점은 국가가 공해 피해자보다 가해 기업의 구제를 우선시한다는 것이다. 이 점은 공해 피해자가 아니라 가해자인 자본의 논리가 중시된다는 것, 요컨대 공해 사건에서 국가의 논리와 자본의 논리의 동일성이 노골적으로 드러난다는 것을 의미한다. 예를 들어 일본의 행정은 실질적으로 기업 범죄를 저지른 칫소에 대해 현재에 이르기까지 수많은 극진한 우대 조치를 해왔다. 그 구체적인 예는 넘쳐나지만, 여기서는 미야모토 겐이치의 증언에 기초하여 가장 징후적인 사건을 언급해두고자 한다.

> 1978년 6월, 정부는 「미나마타병 대책에 대하여」라는 각료회의 양해에 따라 칫소에 대해 구마모토현채 발행에 의한 금융 지원을 하기로 결정했다. 현채는 보상금 지급액에 대해 칫소의 경상이익이 부족한 금액에 맞추기로 했으며, 매년 거의 40~50억 엔에 이른다. 불황이었던

• •

40. 『4대 공해병』, 26~28쪽. 『전후 일본 공해사론』, 264쪽, 271쪽. 그 경위를 아주 명확하게 그려낸 문헌으로서 다음을 참조. 原田正純, 『水俣病(미나마타병)』, 岩波新書, 1972년, 54~70쪽.
41. 이 점에 대해서는 제1부 제1장에서 상세히 논의했다.
42. study 2007, 『見捨てられた初期被曝(방치된 초기 피폭)』, 岩波科学ライブラリー, 2015년.

제1회부터 16회(1978년 말부터 86년 7월까지)의 금융 지원은 381억 엔에 이른다. 보상금에서 차지하는 칫소의 독자적인 지급액은 13퍼센트에 지나지 않으며 대부분이 현채다. 현채는 자금운용부가 떠맡았으며, 상환 기한 30년(거치 5년, 원리 균등 반년부 상환), 금리는 정부 자금 이자율이다. 이를 수행하는 데서 다음과 같은 각료회의 양해가 있다. '칫소로부터의 상환이 이행되지 않는 사태가 생겨날 때는 현채의 원리 상환에 대해 국가에서 충분한 조치를 마련하도록 배려한다.' 이 지원 조치는 미나마타병 환자의 구제라는 대의명분에 의해 이루어졌지만, 지금까지의 역사상 예가 적을 정도로 극진한 기업 우대 조치다. 한 기업의 구제, 그깃도 '범죄'를 지질렀다고 해도 좋은 기업의 구제에 국가와 현이 원조한다는 것은 아마도 처음 있는 경우일 것이다.[43]

피해자에 대한 배상금 지급은 원칙론에 따라 말하자면 오염자인 칫소가 전적으로 부담해야만 할 것이다. 그러나 당시 후쿠다 다케오福田叫夫 내각 (1976년 12월~1978년 12월)은 국가와 구마모토현을 거론하며 오염자인 칫소의 지원을 공식적으로 결정했다. 이것은 칫소가 창업 이래로 근대 일본의 국책에 기초하여 성장을 이룬 자본이라는 것의 증거라고 할 수 있을 것이다.

한편 후쿠시마 제1원전 사고의 가해자인 도쿄전력에 대해 일본 정부가 사고 전에도 사고 후에도 수많은 우대 조치를 해온 것은 의심할 여지가 없다. 앞에서 거론한 가이도 유이치의 「해설. 강제 기소 의결의 의의」에 따르면, 도쿄전력에 의한 쓰나미 '예측 가능성'에 관련된 정보 은폐는 실질적으로 경제산업성의 원자력안전·보안원과의 일치협력 체제를 통해 진행되고 있었다. 놀랍게도 원자력안전·보안원은 후쿠시마 제1원 전과 제2원전의 쓰나미 대책을 엄격히 점검한 고바야시 마사루小林勝

• •

43. 『전후 일본 공해사론』, 521쪽.

내진 심사실장에 대해 '보안원과 원자력안전위원회의 상층부가 손을 잡고 있으니 쓸데없는 일 하지 마라', '쓸데없는 일을 하면 잘릴 것이다'와 같은 조직적 압력을 가하고 있었다.[44] 또한 후쿠시마 제1원전 사고 후에 실시된 도쿄전력에 대한 우대 조치로서는 도쿄전력 소관 내 전기요금의 일률 인상을 들어두면 충분할 것이다. 구체적으로 말하면, 도쿄전력은 2012년 9월 1일부터 평균 8.46퍼센트의 전기요금 인상을 실행했다. 도쿄전력은 그 이유로서 '화력발전 연료비 등의 대폭적인 증가'를 꼽고 있지만,[45] 원전 사고 수습 작업에 필요한 막대한 대책비용, 원전 고소로 인해 생길 수 있는 소송비용, 원전 사고 재해 피해자에 대한 배상금 지급 등, 후쿠시마 제1원전 사고 발생으로 인한 다양한 비용에 대한 대책이 목적으로서 가미되었다는 것은 분명하다. 이것은 도쿄전력이 스스로의 가해 책임을 짐짓 모른 체하고, 방사능 오염 피해를 본 당사자 자신에게 사고 비용의 일부를 부담시킨다는 것을 의미한다. 요컨대 도쿄전력은 자본의 논리에 기초하여 자사가 수행해야 할 가해 책임을 피해자에 의한 비용 부담이라는 형태로 대체시키고 있다. 일본 정부는 이와 같은 도쿄전력의 윤리적 도착을 방치하고 있으며, 자본의 논리와 동일화하는 이러한 국가의 논리는 나타나는 방식이 다르긴 하지만 사고 전에도 사고 후에도 본질적으로 변함이 없다. 공해 사건에 즈음해 국가와 자본의 논리가 전면적으로 전개되면, 이처럼 필연적으로 가해 기업에 대한 우대 조치가 선행하게 되는 것이다.

다섯 번째 유사점은 국가와 행정에 의한 피해자의 잘라 내버림이다. 이 다섯 번째 유사점이 네 번째 유사점과 표리일체 관계에 있다는 것은

44. 특히 다음을 참조. 「해설. 강제 기소 의결의 의의 — 시민의 정의가 도쿄전력·정부가 은폐한 후쿠시마 원전 사고의 진실을 밝히는 길을 열었다!」, 7 「제2차 고소 사건의 검사에서 해명이 고대되는 보안원과 도쿄전력의 왜곡된 공범관계」.
45. 히로세 나오미(廣瀬直己) 사장에 의한 「電気料金の値上げについて(전기요금 인상에 대하여)」를 참조. http://www.tepco.co.jp/e-rates/individual/kaitei2012/index-j.html

말할 필요도 없다. 이 요점에 관해서도 일일이 다 들 여유는 없지만, 1977년 3월 이시하라 신타로石原愼太郎 환경청 장관의 이름으로 발표된 「후천성 미나마타병의 판단조건에 대하여」(통칭 「1977년 판단조건」)는 사실상 잠재적인 미나마타병 환자의 잘라 내버림을 촉진한 것으로서 악명이 높다. 이 「1977년 판단조건」은 그때까지의 미나마타병 인정 기준에 엄격한 제약을 설정하여 인정 환자 수를 제한하려고 하는, 분명히 정치적인 의도에 기초하는 것이었다. 이 점에 대해서는 마사노 아쓰코의 증언이 간결하고 이해하기 쉬우므로 인용해두고자 한다.

> 이것[「1977년 판단조건」]은 미나마타병 인정 조건을 어패류에 축적된 유기수은을 섭취한 적이 있다는 것과 손가락과 발가락의 감각이 둔한 것 등의 감각장애에 더하여 운동실조, 운동실조 의심, 평형기능장애, 양측성의 구심성 시야 협소화, 중추성 장애를 나타내는 다른 안과 또는 이비인후과 증상 등의 조합이 있는 것……으로 한 것이다.[46]

요컨대 일본 정부는 1971년 공건법에서 제시된 인정 기준을 뒤집고 거기에 다양한 조건을 추가함으로써 미나마타병으로 인정될 수 있는 피해자의 구제를 실질적으로 좁히는 조치를 했다. 미야모토 겐이치는 이 조치를 명확히 '피해자를 잘라 내버리는 중대한 변경'이라고 정의하고 있다.[47]

한편 후쿠시마 제1원전 사고와 관련하여 말하자면, 아베 정권이 2015년 6월에 표명한 원전 자발적 피난민에 대한 주택 지원의 중단이 징후적이다. 이것은 구체적으로는 피난 지시 구역 바깥으로부터의 피난을 결정한 36,000명의 당사자에 대해 정부와 후쿠시마현이 사고 직후 결정한 피난처

• •

46. 『4대 공해병』, 49쪽.
47. 『전후 일본 공해사론』, 519쪽.

주택의 임대료 부담을 2017년 3월을 기한으로 하여 중지하겠다는 결정이
자 틀림없이 피해자의 잘라 내버림에 해당한다.[48] 원전 자발적 피난민들이
취한 선택은 산업공해의 역사나 공해 연구의 축적을 토대로 하면 '예방
원칙'이라는 일정한 합리적 판단에 기초하는 것이다. 무엇보다도 잊어서
는 안 되는 것은 애초에 후쿠시마 제1원전 사고가 없었다면 그들이 '자발적
피난'을 결정하는 일도 없었을 것이라는 단적인 사실이다. 익숙하게 살아
온 땅에서 '피난'하겠다는 결단은 그들 자신의 주체적인 원망에 기초하여
이루어진 것이 아니다. 그러나 아베 정권은 도쿄전력의 가해 책임을
추궁하는 것이 아니라 피해자인 원전 피난민에 대한 실질적인 잘라
내버림을 촉진하려고 하고 있다. 여기서도 공해 사건에서 가해 기업을
우대하고 피해자의 희생을 방치하려고 하는 국가와 자본의 논리가 표출된
다.

　이상과 같은 비교에서도 명확하듯이 동일한 산업공해로서의 미나마타
병 사건과 후쿠시마 제1원전 사고 사이에서는 많은 공통점이 인정된다.
다만 공해 피해의 격심함이라는 관점에 서면, 이미 십여만 명 규모의
'고향 상실자'를 낳은 원전 사고의 심각성은 미나마타병 사건과 비교할
바가 아니다. 실제로 하라다 마사즈미 의사는 2012년 6월 사망하기 석
달 전에 다음과 같이 말하고 있었다.

　　이 사건[후쿠시마 제1원전 사고]이 일어난 이후 언론이 많이 취재하
　러 왔습니다. 이번의 사고와 미나마타병을 겹쳐 보고서 취재하러 온
　것 같습니다. 확실히 공통점은 많이 있습니다. 피해가 대단히 컸다는
　점, 현재도 여전히 해결되지 않은 문제라는 점, 기업과 행정의 책임이라

● ●

48. 桐島舜, 「弱者切り捨ての安倍政権支援打ち切りで行き場失う福島県の自主避難者たち(약
　자를 저버리는 아베 정권 지원 중단으로 갈 곳을 잃은 후쿠시마현의 자발적 피난민들)」,
　『週刊朝日』, 2015년 7월 17일호. 원전 피난에 대해서는 결론에서 부흥청의 귀환
　촉진 정책과의 관련성에 초점을 맞추어 다시 언급한다.

는 점 등 공통점은 많이 있습니다. 하지만 이번 후쿠시마 원전 사고로 인한 방사능 오염 문제는 미나마타병보다 훨씬 심각하다고 말씀드리고 싶습니다. …… 미나마타병 문제가 반세기에 걸쳐서도 해결되지 못한 채 있는 것은 분명히 행정과 기업의 책임입니다. 이번 사고는 어쩌면 이상한 일일 수도 있지만 설사 제대로 대책을 취한다고 하더라도 결과가 나오는 것은 10년이나 20년 뒤, 아니 좀 더 뒤의 일일 것입니다. 이 점이 다르고, 미나마타병보다 훨씬 더 심각하다고 생각합니다. 또한 미나마타병의 경우에는 여러 가지 논쟁이 있었고 재판도 있었습니다. 그러나 환자의 구제에 어려움을 겪을 정도로 증상이 분명하지 않은 일은 없었습니다. 나는 의사입니다. 의사의 입장에서 보면 증상이 분명한 상태였습니다. 다만 태만하지 않았을 뿐입니다. 이번 원전 사고로 인한 방사능 오염의 경우에는 미래에 어떠한 형태로 건강 피해로서 나오게 될 것인지 반드시 분명한 것은 아닙니다. 예를 들어 발암성 문제도 일반적인 예와 어떻게 다른가 하는 것 따위 말입니다. 그런 의미에서 극히 심각합니다.[49]

이것은 반세기 이상에 걸친 미나마타병 사건의 역사를 최전선에서 지켜본 의사의 '유언'이다. 이 유언을 이어받아 우리는 다음과 같이 말해야만 한다. 탈원전의 실현은 공해 피해의 현실이 우리에게 요구하는 '절박한' 이념이라고 말이다. 우리는 공업=군사입국이라는 일본 근대사를 관통하는 국책에 대항하여, 또한 그 국책에 기초한 '전후 일본'의 '관리된 민주주의'에 대항하여 탈원전의 실현을 위한 실천을 시작해야만 한다.

• •

49. 宮本憲一·淡路剛久 편, 『公害·環境硏究のパイオニアたち(공해·환경 연구의 개척자들)』, 岩波書店, 2014년, 179~180쪽.

2. 공해에 대한 부인으로서의 '국토개발계획' —『자료 신 전국종합개발계획』을 읽다

　국가와 자본의 논리에 기초한 공해의 부인은 미나마타병 사건에서만 볼 수 있는 것이 아니다. 1970년이 '공해 원년'으로서 자리매김하고, 일본이 세계적으로 '공해 선진국'으로서 악명을 떨치게 된 이후에도, 공해를 부인하는 경향은 집요하게 반복되고 있다. 잘 알려져 있듯이 일본의 '고도 경제성장'(1960~1974년)이란 1달러 360엔이라는 비정상적인 엔저에 기초하여 원유와 같은 1차 생산품을 저렴한 가격으로 개발도상국에서 수입함으로써 성립했던 데 지나지 않으며, 그와 같은 성장 조건은 1971년의 닉슨 쇼크와 1973년의 오일쇼크로 완전히 붕괴해버렸다. 그럼에도 불구하고 '경제성장'을 최고 목표로 하는 '전후 일본'의 정치경제 시스템의 변경은 쉬운 일이 아니었다.

　이 절에서는 고도 경제성장 시대에 드러난 공해의 확대, 격화를 배경으로 하여 국가가 표면상으로는 공해의 사실을 받아들이면서도 실제로는 그것을 어떻게 부인해왔는지를 하나의 증례에 근거하여 관찰해보고자 한다. 그 증례란 경제기획청 종합개발국이 1971년에 출간한『자료 신 전국종합개발계획』[50](이후『신 전국종합개발계획』으로 약기)이다. 이것은 당시 건설 관료 간부인 시모코베 아쓰시下河辺淳의 지휘 아래 구상되어 제65회 국토종합개발심의회(1969년 4월 30일)에 승인된 '국토개발계획'을 출간 자료로서 정리한 것으로, 가로쓰기 2단 조판으로 738쪽에 이르는 큰 책으로 완성되어 있다. 직주근접 원칙, 도심 고층 주택화, 도심 자동차 교통 규제론, 공해방제 가해자 부담 원칙, 토지 사유권 제한 등, 현대 일본 사회의 여러 원칙을 내세운 다나카 가쿠에이田中角榮의『일본열도개조론』(1972년)[51]이『신 전국종합개발계획』의 '국토개발'관을 토대로 하고

• •

50. 下河辺淳 편,『資料新全国総合開発計画(자료 신 전국종합개발계획)』, 至誠堂, 1971년.

있었다는 것은 잘 알려져 있다. 이전에 미야모토 겐이치가 지적했듯이 『신 전국종합개발계획』은 발표 후 3년 동안 아무런 성과도 거두지 못한 채 좌절했지만,[52] 그 구상 내용은 정치, 관료, 재계에 의한 '국토 관리'의 논리를 솔직하게 표현하고 있으며, 오늘날에 이르기까지 국토 행정의 원형을 제시하고 있기도 하다. 이 절에서 『신 전국종합개발계획』을 증례로 서 다루는 의의는 여기에 놓여 있다.

  그러면 『신 전국종합개발계획』은 어떠한 '국토개발계획'을 제시했던 것일까? 이 자료가 분명히 말하고 있듯이 구상 자체는 1960년에 제시된 '국민소득 배증 계획'의 연장선상에 놓여 있다.[53] 이런 의미에서 그 구상이 당시 이미 파탄의 징후를 보여주고 있던 '고도 경제성장' 신화에 근거한 계획이었다는 것은 의심할 수 없다. 다만 『신 전국종합개발계획』은 대도시 의 인구 과밀화를 해결하기 위해 대기업 자본에 의한 지역개발을 유도하고 자 했다는 점에서 그 이전의 지역개발계획과는 달랐다.[54] 미야모토 겐이치 는 『전후 일본 공해사론』에서 『신 전국종합개발계획』의 계획을 다음과 같이 평가하고 있다. '지금까지 대도시 지역에 사용한 재정 자금을 지방

• •

51. 田中角栄, 『日本列島改造論(일본열도개조론)』, 日刊工業新聞社, 1972년.
52. 宮本憲一, 『地域開発はこれでよいか(지역개발은 이것으로 좋은가?)』, 岩波新書, 1973년, 52쪽.
53. 『자료 신 전국종합개발계획』, 11쪽.
54. 『신 전국종합개발계획』의 입안자들이 대도시의 초과밀화에 대해 위기감을 지니고 있었다는 것은 이상과 같은 기술로부터 알아볼 수 있다. '지금까지처럼 격차 시정을 위해 정책적으로 공업을 분산시키려고 하는 것이 아니라 대도시 집적의 불이익을 조정하기 위해 전 국토의 종합개발의 필요성을 생각하는 시대다.'(『자료 신 전국종합 개발계획』, ii쪽). '우리나라의 국토 이용은 주로 약 600만 헥타르의 농지, 약 2,500만 헥타르의 삼림 및 46만 헥타르의 시가지로 구성되며, 전 국토의 1.2%에 지나지 않는 시가지에 인구의 약 48%가 집중해 있지만, 이 가운데 58%가 도쿄, 오사카, 나고야와 그 주변의 50킬로미터 권역 내에 집중해 있으며, 최근 5개년의 시가지 인구 증가분의 약 74%가 이러한 권역들 내에 집중하는 상황에 놓여 있다.'(같은 책, 665쪽).

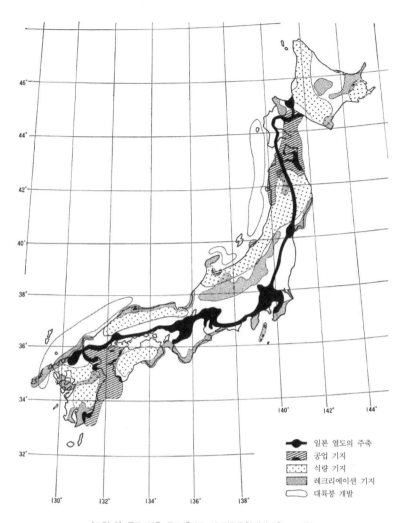

일본 열도의 주축
공업 기지
식량 기지
레크리에이션 기지
대륙붕 개발

[그림 2] 국토 이용 구도(『자료 신 전국종합개발계획』, ⅲ쪽)

도시와 농촌 지역에 보조금으로서 살포하고 지역개발을 위한 사회자본 건설로 돌리면, 과소화를 방지하고 기업과 인구를 분산시킬 수 있다는 것이다.[55] 요컨대『신 전국종합개발계획』의 출발점은 대도시에서의 인구 집중인바, 무엇보다도 도시 문제를 해결하기 위해 고도 성장기를 통해 인구 유출이 계속된 지방 농촌의 과소화 문제에도 주목했다는 것이 실상이었다.

위의 분석으로부터도 짐작할 수 있듯이『신 전국종합개발계획』에는 몇 가지 근본적인 문제점이 있다. 첫 번째 문제점은 명백한 대도시 중심주의다.『신 전국종합개발계획』의 대도시 중심주의는「머리말」에 내걸린 '국토 이용 구도'([그림 2])에 노골적으로 나타나 있다.

이 지도는 대량의 인구와 산업이 집중된 도쿄, 오사카, 나고야를 '도카이도 메갈로폴리스'로서 조직하고, 그 벨트의 연장선상에 삿포로, 센다이, 지바, 고베, 히로시마, 기타큐슈 등을 배치하고 있다. 같은「머리말」에서는 '이 그림은 상징적인 표현이긴 하지만, 일본 열도를 일일 행동권으로서, 하나의 도시로서 전 국토를 효과적으로 개발하려는 아이디어를 보여주려고 하는 것이다'[56]라고 말해지고 있지만, '일일 행동권'으로서 구상된 것은 아무리 보아도 '일본 열도의 주축' 위에 배치된 도시들뿐이다. 그리고 그 외의 지방은 이 '주축' 주민들의 생활 기반을 지원하기 위한 '기지'('공업 기지', '식량 기지', '레크리에이션 기지')로서 자리매김해 있다.『신 전국종합개발계획』에서는 전편에 걸쳐 집요하게 정보화 사회에서의 '고속화'와 '네트워크화'의 필요성을 호소하고 있지만, 그 '고속화'와 '네트워크화'의 중심에 위치하는 것은 어디까지나 도쿄, 오사카, 나고야와 같은 메갈로폴리스인바, 원래 호쿠리쿠, 시코쿠, 규슈 지방 등에서 일차 산업에 종사하는 주민들이 이 '일일 행동권'에 참여할 여지는 처음부터 상정되지 않았다.

둘째로 지적해야 할 것은 일본 국내의 구조적 차별의 강화와 보완이야말로『신 전국종합개발계획』의 사상적 바탕을 이루고 있다는 사실이다. 이 큰 책에서는 '지방의 특성'을 살리고 '지역의 주체성'을 끌어낸다고 하는 듣기 좋은 문구가 자주 출현한다. 그러나 거기서 상정되는 '지역의

• •

55.『전후 일본 공해사론』, 475쪽.
56. 같은 책, ⅳ쪽.

주체성'은 대도시 중심주의에 종속된다는 것이 대전제이며, 그 특성은 대도시 주민의 욕구를 만족시키기 위한 '기지'로서의 속성일 뿐이다. 기업 경영을 모델로 한 다음의 구절은 이 점을 강력히 뒷받침하고 있다.

> 새로운 네트워크의 건설은 이와 같은 중추 관리 기능의 집적을 효과적으로 이용하면서 진행할 필요가 있다. 마치 기업을 발전시키기 위해서는 기업 경영의 최고 경영진을 강화하듯이 도쿄의 중추 관리 기능을 강화하는 것이 일본 전국의 지역개발을 촉진해가게 된다.[57]

『신 전국종합개발계획』의 사상은 이처럼 '기업 경영의 최고 경영진'을 본받아 구상된 '도쿄의 중추 관리 기능'의 강화라는 발상에 기초한다. 그 '국토개발계획'은 일본 열도 전체를 하나의 '주식회사'로 보고서 도쿄의 주도하에 각 지역을 효율적으로 분업화함으로써 고도의 중앙집권적 관리 사회로 재구성하려고 하는 것이다. 이 계획은 말하자면 사회적 분업을 '지역'으로 '분화'시키고 대도시 이외의 지방은 모두 '중추'의 쾌적함과 편리성을 충족시키는 '기지'로서 준비시키려고 한다는 점에서 틀림없이 차별적이다. 정말이지 그것은 중공업을 기반으로 한 기업도시의 형성과는 다소 방향성을 달리한다고 말할 수 있을 것이다. 그러나 '지방'을 한층 더 '중추'에 종속시키고자 하는 지향은 하나도 변함이 없다. 『신 전국종합개발계획』의 '국토개발계획'은 국가의 논리를 자본의 논리에 동화시키고, 이를 통해 대도시와 지방간의 구조적 차별을 강화, 보완하며, 중앙집권적 관리사회의 추진을 기도하고 있다. 이 계획이 아무리 교통·통신 네트워크의 획기적인 성격을 호소하고, 아무리 '생활권의 광역화'를 주장한다고 할지라도, 애초에 '주변'의 주민들이 각각의 지역사회 환경과 사정에 맞게 건강하고 문화적인 삶을 보내기 위해서는 어떻게 해야 하느냐는 분권적

----

57. 같은 책, 8쪽.

민주주의 사상이 그 표어에 들어갈 여지는 남아 있지 않은 것이다.[58]

우리의 분석을 보완하는 것으로서『신 전국종합개발계획』에 관련된 미야모토 겐이치의 증언을 두 개 인용해두고자 한다. 첫 번째는『지역개발은 이것으로 좋은가?』(1973년), 두 번째는『전후 일본 공해사론』(2014년)으로부터의 인용이다. 조금 길어지지만, 두 증언을 아우름으로써 '국토개발계획'의 본질적인 차별성이 드러날 수 있을 것이다.

신 전국종합개발계획에서는 이러한 거대 콤비나트를 두 군데, 이것의 2~3분의 1 정도인 가시마 콤비나트 급의 것을 몇 군데 계획하고 있다. 이와 같은 콤비나트를 입지시키는 것은 대도시 권역에서는 절대로 불가능하다. 그래서 제2도마코마이, 도카치린카이, 무쓰오가와라, 아키타, 히가시미카와, 후쿠이, 중난세, 도쿠시마, 니시세토우치, 휴가나다, 시부시 등과 같은 원격지를 후보지로 내세웠다. 이 지점들은 대도시 권역처럼 공해 반대 운동이 일어나지 않으리라는 것이 계획자의 판단이었다.[59]

NHK TV에서 시모코베 아쓰시는 무쓰오가와라와 시부시만을 부엌에 비유하고, 한 집에 부엌은 절대로 필요하며, 먹을 것을 생산하는 장소인 이상 깨끗이 하고 싶은 까닭에 공해는 가능한 한 예방하겠다는 취지의 발언을 했다. 이 비유 이야기는 '제2 전국종합개발계획'[『신 전국종합개발계획』]의 구상을 명쾌하게 보여준다. 이 구상은 사회적 분업을 지역적으로 분화시키고 있는 까닭에, 일본 열도를 하나의 도시=집인 것처럼 비유하고, 무쓰오가와라나 시부시는 부엌 또는 화장실로 만들고 도쿄나 오사카는 사랑방이나 응접실로 만들고자 하는 것이다.

● ●

58. 분권적 민주주의에 대해서는 결론에서 상세히 논의한다.
59.『지역개발은 이것으로 좋은가?』, 49쪽.

만약 부엌이나 화장실의 주민이 사랑방이나 응접실에서 편안히 쉬고 싶다면 신칸센을 타고 도쿄나 오사카에 오면 된다는 것이다.[60]

'대도시 권역에서는 절대적으로 불가능한' 콤비나트의 입지로 '원격지'를 이용하는 것. 그것은 그 지역들에서는 '대도시 권역처럼 공해 반대 운동이 일어나지 않을 것'이라는 판단에 근거한 것이자 나아가서는 해당 지역을 '부엌 또는 화장실'로 간주하는 발상에 뒷받침되고 있다. 이와 같은 '계획'이 일본 국내의 구조적 차별을 강화, 보완하는 것이라는 것은 불을 보듯이 분명하다. 『신 전국종합개발계획』의 '국토개발계획'은 중앙 집권적인 체제에 기초하고 있으며, 거기서 주장되는 '지역의 주체성'은 '관리된 민주주의' 위에서 비로소 성립될 수 있는 것에 지나지 않는다.

셋째로 주의해야 하는 것은 『신 전국종합개발계획』의 '국토개발계획'이 그 근저에서 1970년대 당시의 공해 격화를 부인하고 있다는 점이다. 이 점은 앞 단락까지 지적한 두 가지 관점에서 보더라도 분명하지만, 여기서는 약간 보완적인 고찰을 하고자 한다. 『신 전국종합개발계획』의 '국토개발계획'을 뒷받침하는 것은 기술혁신과 개발 방법의 쇄신으로 공해를 극복한다는 사상이다. 이 사상을 징후적으로 보여주는 기술을 인용하고자 한다.

국토개발 측면에서는 레이저 이용 기술 개발 등에 의한 정보 시스템의 변혁, 초고속 대용량 운송 수단의 개발 등에 의한 운송 혁명, 원자력 기술의 진보, 새로운 재료의 출현 등에 의한 생산 형태의 변혁, 바닷물의 담수화 기술 개발에 의한 물 이용의 변혁, 주택 건설, 도시 개발 등의 기술 진보에 의한 환경의 변화 등이 진전될 것이다.[61]

60. 『전후 일본 공해사론』, 477쪽.
61. 『자료 신 전국종합개발계획』, 5쪽. 강조는 인용자.

이 구절이 드러내는 것은 다름 아닌 기술의 혁신과 진보에 대한 순진하기까지 한 신봉과 기대다. 이러한 기술 신앙이 『신 전국종합개발계획』의 구석구석에 고루 퍼져 있는 경제성장주의와 상호보완적인 관계에 있다는 것은 말할 필요도 없다. 애초에 738쪽에 이르는 이 큰 책에서 '공해'에 할당된 지면은 겨우 한 쪽에 지나지 않으며, 편자인 시모코베 아쓰시가 진심으로 공해를 고찰하고자 한 흔적은 전혀 발견되지 않는다.[62] 확실히 제2편 제2장 「인간 환경의 파괴」에서는 이른바 '환경오염'이라는 논제가 제시되고 있지만, 그 사례로서 제시되는 것은 일본과 세계 각국의 대기오염 상황을 비교한 일반적인 데이터와 다마강 수질오염에 관한 형식적인 데이터에 지나지 않으며, 이타이이타이병, 욧카이치 천식, 니가타 미나마타병, 구마모토 미나마타병과 같은 4대 공해 사건에 대해서는 아무런 언급도 나타나지 않는 형편이다. 결국 이 제2장의 말미에서는 '환경오염' 문제가 '쾌적한 자연환경의 실현에 더하여 새로운 사회적 환경의 형성도 동시에 달성해야만 한다는 과제'[63] 속에 자리매김하는 데 그치며, 『신 전국종합개발계획』에서의 '환경정책'이 실제로는 '종합국토개발계획'이라는 규정된 노선의 틀 안에서만 파악되는 비본질적인 것이라는 점은 명료하다. 기술혁신과 개발 계획의 쇄신으로 공해를 극복한다는 '국토개발계획'의 사상은 그 자체가 자본의 논리에 의거한 것인바, 공해의 근본적인 해결에는 이바지할 수 없다. 아니, 그렇기는커녕 그 사상은 본성상 공해의 발생원으로서의 자본의 활동을 용인하고 건강 피해의 심각화를 방치하는 경향을 지닌다. 공해를 극복한다는 표어에 의해 공해를 심화시킨다는 점에서 이 사상은 '부인'의 전형적인 예라고 말할 수 있을 것이다.

주의 깊게도 『신 전국종합개발계획』은 새로운 '국토개발'의 일환으로

• •

62. 같은 책, 106~107쪽.
63. 같은 책, 372쪽.

서 '여가'의 창출과 '레저 산업'의 추진을 드높이 내걸고 있다.[64] '국토 이용 구도'([그림 2])에서 말하자면, '레크리에이션 기지'의 개발이 이에 해당하지만, 여기서도 '여가'나 '레저'의 수혜자로서 상정되는 것이 대도시 주민에 지나지 않는다는 것은 굳이 말할 필요도 없다.

마지막으로 또 하나, 이 책의 주제에 근거하여 중요한 것을 부언해두고자 한다. 앞에서 인용한 구절에는 '원자력 기술의 진보'라는 말이 포함되어 있었다. 또한 『신 전국종합개발계획』 제2편 제8장 제8절에는 '기존의 대규모 개발 프로젝트— 파이프라인, 원자력발전 등'[65]이라는 제목이 붙어 있어 '종합국토개발계획'이 지방에 원전을 입지시키는 일본의 국책을 충실하게 계승한 것이라는 점을 뒷받침하고 있다. 이로부터도 『신 전국종합개발계획』이 지방교부금 살포 시스템의 원형이며, 국가와 자본의 논리에 기초하여 원전을 지방에 입지시키는 차별적인 구조와 친화적이라는 것을 알아볼 수 있을 것이다. 사실 오일쇼크 후인 1974년, 다나카 가쿠에이 내각이 에너지 생산을 원자력=핵에너지로 전환시키기 위해 성립시킨 전원3법은 바로 그와 같은 차별적인 구조를 완성의 영역으로 높이는 것이었다.[66] 전원3법의 메커니즘에 대해 다나카 가쿠에이는 다음과 같이 말했다고 한다.

도쿄에 만들 수 없는 것을 만들어. 만들어서 계속해서 전기를 보내. 그리고 계속해서 도쿄에서 돈을 보내는 거야.[67]

• •

64. 같은 책, 372쪽.
65. 강조는 인용자.
66. 전원3법 교부금 시스템에 대해서는 제3부 제1장에서 상세히 논의했다.
67. 『아사히그래프』, 1988년 6월 10일호. 이 발언은 1988년 당시의 것이 아니라 가시와자키카리와 원전에 관한 다나카 가쿠에이의 과거의 발언을 그의 지지자가 회상한 것이다. 다음에서 인용했다. 清水修二, 『원전에 여전히 지역의 미래를 맡길 것인가?』, 自治体研究社, 2011년, 77쪽.

원전을 지방에 입지시키고 그곳에서 대도시로 '계속해서 전기를 보내'는 것. 그 보상으로 전기를 소비하는 대도시에서 모은 '돈'(전원3법 교부금)의 일부를 지방에 뿌려서 한층 더한 '개발'을 추진하는 것. 거기에는 한 번이라도 산업공해가 발생하면 얼마나 큰 '불가역적인 절대적 손실'(미야모토 겐이치)이 생겨나는지를 배려하고자 하는 자세는 전혀 없으며, 공해에 의해 희생을 낸 곳에서 그 희생은 '중추'의 번영이 상쇄해줄 것이라는 중앙집권적인 독선적 개발관이 표출되고 있다. 전원3법, 그 토대로서의 일본 열도 개조론, 나아가서는 그것들의 '원형'으로서의 『신 전국종합개발계획』은 고도 경제성장이 그림자를 보이고 있던 전환기에, 그럼에도 여전히 경제성장주의를 견지하기 위해 관료기구가 끄집어낸 과대망상의 산물일 뿐이며, 따라서 상정된 '지역의 주체성'은 결국 '관리된 민주주의'의 보완물에 지나지 않는다고 말할 수 있을 것이다.

그렇지만 우리는 그 관료적인 과대망상이 우리 자신을 깊숙이 계속해서 구속하고 있다는 점을 자각할 필요가 있다. 실제로 원전 비용의 막대함을 가시화한 후쿠시마 제1원전 사고 후인 오늘날에도 '원전을 움직이지 않으면 경제가 유지될 수 없다'라는 것과 같은 기만적인 말이 끊임없이 되풀이되고 있다. 십여만 명의 원전 피난민을 낸 중대사고를 목격하고 있으면서 주민의 삶보다 '경제'를 우선시하려고 하는 이런 종류의 사고방식은 거의 병적이다. 우리가 구상하는 탈원전의 철학은 이와 같은 '전후 일본'의 질병으로부터 이탈하고자 하는 시도이다.

3. 원전 사고의 회귀, 자기치료의 절박성

우리는 지금까지 '전전'과 '전후'의 일본을 관통하는 공업=군사입국이라는 국가와 자본의 논리와 그 논리에 기초한 중앙집권적 통치에 대해 검토해왔다. 그때 일본 근대사 과정에서 집요하게 반복되는 공해 사건이야 말로 공업=군사입국이라는 국가와 자본의 논리를 분명히 드러내는 증후라는 관점에 서 왔다. 후쿠시마 제1원전 사고는 이러한 산업공해의 극점을 이루는 대재앙적인 사건이며, 일본 근대의 사회 시스템에서 생겨난 하나의 필연적인 결과다. 공해 피해의 현실을 부인하고 후쿠시마 제1원전 사고의 사건성을 과소평가하는 것은 이러한 공업=군사입국이라는 국가와 자본의 논리에 기초한 중앙집권적 통치, 즉 '관리된 민주주의'를 추인한다는 것을 의미한다.

그런데 이 장을 마무리하면서 우리는 새로이 이 책의 주제인 원전 사고로 시점을 되돌려보고자 한다. 여기서 다루는 것은 전 세계의 원자력발전소에서 일어난 중요 사고의 연표다. 공식적으로 확인된 것만 하더라도 원자력발전소와 관련된 중요 사고는 끊임없이 전 지구적인 규모로 계속 발생하고 있다. 정말이지 스리마일, 체르노빌, 후쿠시마가 미증유의 중대 사고였음은 의심할 수 없다. 그러나 우리가 이 절에서 내거는 '중요 사고' 연표 안에 다시 자리매김해보면, 이 세계사적인 3대 사고에 대한 시각도 변할 것이다. 요컨대 이 세 개의 원전 사고는 당연히 일어날 일이 일어난 것에 지나지 않는다는 것을 이해할 수 있을 것이다. 아래의 연표는 원자력 종합연표 편집위원회, 『원자력 종합연표 — 후쿠시마 원전 지진재해에 이르는 길』(2014년)에 기초하여 연대별로 단락을 나누고, 2011년까지 일어난 전 세계의 '중요 사고'를 열거한 것이다.[68] 조금 긴 기술이 되겠지만, 하나하나 사례를 계속 따라감으로써 이 세계에서 원전 사고가 얼마나 자주 발생했는지를 이의 없이 감지할 수 있을 것이다.

● ●

68. 原子力総合年表編集委員会, 『原子力総合年表 — 福島原発震災に至る道(원자력 종합연표 — 후쿠시마 원전 지진재해에 이르는 길)』, すいれん舎, 2014년, 「G 원자력 관련 사고, G1 중요 사고」, 767~772쪽(우리의 요약).

1940년대. 45년 8월 미국 로스알라모스 국립연구소에서 임계사고. 2명 피폭, 그 가운데 1명 사망. / 46년 5월, 같은 국립연구소에서 임계사고. 8명 피폭, 그 가운데 1명 사망.

1950년대. 52년 12월, 캐나다 초크리버 실험로에서 연료봉 용융. 4,000톤 의 오염 냉각수가 누출되고, 원자로 건물 내부도 오염. / 57년 9월, 소련 첼랴빈스크 재처리 시설에서 고준위 방사성 폐기물 탱크 폭발. 40만 명이 피폭하고, 오염 지구 거주자의 5분의 1이 백혈구 감소. '레벨 6'으로 인정. / 57년 10월, 영국 윈스케일 군사용 플루토늄 생산로에서 우라늄 연료가 연소 14명 피폭. '레벨 5'로 인정. / 58년 5월, 캐나다 초크리버 연구로에서 연료봉이 발화. 원자로 건물 내부가 오염되어 피폭자가 발생. / 58년 10월, 유고슬라비아 중수감속로에서 즉발 임계사고, 6명 피폭, 그 가운데 1명 사망. / 58년 12월, 미국 로스알라모스 국립연구소에서 즉발 임계사고. 3명 피폭, 그 가운데 1명 사망. / 59년 11월, 미국 오크리지 국립연구소 재처리 시설에서 폭발 사고. 건물 밖으로 플루토늄 누출.

1960년대. 61년 1월, 미국 국립원자로시험장에서 즉발 임계사고 3명이 사망하고 건물 내부가 오염. / 62년 4월, 미국 핸포드 재처리공장에서 임계사고. 4명 병원 수용. / 62년 7월, 미국 유나이티드 뉴클리어사의 핵연료 회수 공장에서 즉발 임계사고. 3명 피폭, 그 가운데 1명 사망. / 63년 2월, 일본원자력연구소에서 폭발 사고. 방사능 오염. / 63년 11월, 영국 윈스케일 원전에서 사고 발생. 6명 피폭. / 64년 4월, 영국 돈레이 실험로에서 사용 후 연료가 무차폐 상태. 일시적으로 원자로 실내의 방사선 이 높은 레벨로 올라간다. / 64년 7월, 미국 윈드리버 사용 후 핵연료 회수 공장에서 임계사고가 2회 발생. 2명 피폭, 그 가운데 1명 사망. / 66년 10월, 미국 실험용 고속증식로에서 노심 용융 사고. / 66년 10월, 프랑스 카다라슈 실험로에서 탱크 손상. / 67년 3월, 이탈리아 라티나 원전에서 노심 연료의 20퍼센트가 용융. / 67년 7월, 일본 교토대학 연구용 원자로에서 2명 피폭. / 68년 하와이 오아후섬 북서부에서 소련 원자력 잠수함이 폭발. 70명의 승무원이 사망. / 69년 10월, 프랑스 생로랑 데조 원전에서 우라늄 노심 융해 사고.

1970년대. 70년 8월, 영국 돈레이 실험로에서 나트륨 누출로 인한 화재 사고. / 71년 1월, 일본 교토대학 연구용 원자로에서 1인 피폭. / 71년 7월, 일본 도카이 원전에서 제어봉 장치 추출 중에 3명 피폭. / 73년 6월, 미국 핸포드 재처리 시설에서 437,000리터의 고준위 방사성 폐액이 땅으로 누출. / 73년 9월, 영국 윈스케일의 사용 후 핵연료 재처리공장에서 화재 발생. 35명 피폭. / 74년 1월, 미국 온타리오 원전에서 연료 냉각 수조에서 작업원이 피폭. / 75년 3월, 미국 브라운즈 페리 원전에서 케이블 화재. 일시적으로 노심 냉각 불능 사태가 된다. / 75년 11월, 소련 레닌그라드 원전에서 방사능 누출 사고(당시, 사고 정보는 공개되지 않음). / 75년 12월, 동독 그라이프스발트 원전에서 화재 사고. 일시적으로 냉각 상실 상태(1990년까지 공개되지 않음). / 76년 1월, 미국 쿠퍼 원전에서 폭발 사고. / 76년 7월, 프랑스 고속증식로 피닉스에서 나트륨 누출 사고. / 76년 11월, 미국 마일스톤 원전에서 임계 사고 / 78년 1월, 캐나다 북서부에서 소련 원자로 탑재 인공위성이 추락. 오염된 분진이 60킬로미터에 걸쳐 비산. / 78년 3월, 미국 란초세코 원전에서 제어 시스템이 오작동. / 78년 6월, 서독 브룬스뷰텔 원전에서 방사능 누출 사고. / 78년 11월, 일본 후쿠시마 제1원전에서 정기 점검 중에 제어봉 다섯 개가 **빠져나가** 임계 사고(2007년 3월에 비로소 발각). / 79년 3월, 미국 스리마일섬 원전에서 노심 용융 사고. 80킬로미터 내의 주민이 피폭. '레벨 5'로 인정. / 79년 4월 영국 윈스케일 재처리공장에서 고준위 방사성 폐액이 20년간에 걸쳐 누출된 것으로 판명. / 79년 7월, 영국 윈스케일 재처리공장에서 화재 사고. 6명 피폭. / 79년 9월, 미국 노스 안나 원전에서 배관 파열. 건물 내부가 오염되고 원자로가 긴급 정지. / 79년 10월, 미국 프라이레 원전에서 배관 파열. 방사능이 누출되고 원자로가 긴급 정지.

　1980년대. 1980년 3월, 프랑스 생로랑 데조 원전에서 노심 용융 사고, '레벨 4'로 인정. / 80년 4월, 프랑스 라 아그 핵연료 재처리공장에서 누전 화재 사고. 일시적으로 고준위 방사성 폐액이 냉각 불능 상태가 된다. / 80년 6월,.미국 브라운즈 페리 원전에서 76개의 제어봉 삽입에 실패한다. / 81년 7월, 일본 도카이 원전에서 제어봉을 추출하는 중에 3명의 작업원이 피폭. / 82년 1월, 미국 기네이 원전에서 배관 파열. 원자로가 긴급 정지. / 82년 4월, 프랑스 고속증식로 피닉스에서 발화 사고 / 82년 12월, 프랑스 고속증식로 피닉스에서 방사능 누출 사고(83년 2월에도 유사한 사고가 발생). / 82년 12월, 남아프리카 쿠버그 원전에서 4개의 폭발 사고 / 83년 8월, 캐나다 피커링 원전에서 냉각재 손실 사고 / 83년 11월, 영국 세라필드 핵연료 재처리공장에서 고방사성 폐기물을 여러 차례 아이리쉬해로 방출. / 84년 8월, 벨기에 앞바다에서 450톤의 6불화 우라늄을 적재한 프랑스 화물선이 침몰. / 86년 4월, 소련 우크라이나공화국 체르노빌 원전에서 수증기 폭발이 발생. 134명이 고선량 피폭하고, 그 가운데 2명이 직후에 사망, 28명이 3개월 이내에 사망. '레벨 7로 인정. / 86년 5월, 서독 함-윤트롭 원전에서 방사능 누출 사고. / 86년 10월, 대서양 버뮤다섬 앞바다에서 소련 미사일 원자력 잠수함이 침몰(두 개의 원자로, 34개의 핵탄두를 탑재). / 86년 12월, 미국 사리 원전에서 배관 파열. 8명이 사상. / 87년 3월, 프랑스 고속증식로 슈퍼피닉스에서 나트륨 누출 사고. / 87년 7월, 미국 노스 안나 원전에서 배관 파열. 방사성 냉각수가 누출. / 89년 1월, 후쿠시마 제2원전에서 원자로 재순환 펌프 부품이 손상되고 운전정지. / 89년 4월, 노르웨이 앞바다에서 소련 원자력 잠수함이 침몰(두 개의 핵미사일을 탑재). 41명이 사망. / 89년 10월, 스페인 반데로스 원전에서 발전기 냉각용 수소의 인화 사고.

1990년대. 90년 7월, 프랑스 고속증식로 슈퍼피닉스에서 펌프 문제가 발생해 운전정지. '레벨 2'로 인정. / 90년 12월, 독일 지멘스사 하나우 MOX 연료공장에서 폭발 사고. 2명 피폭(4월, 6월에도 사고가 연이어 발생). / 91년 2월, 일본 미하마 원전에서 배관 파괴. 원자로가 긴급 정지. '레벨 2'로 인정. / 91년 7월, 소련 빌리비노 원전에서 방사능 오염수 누출 사고. '레벨 3'으로 인정(8월, 빌리비노 원전 근처에서 방사성 폐기물 수송 중에 교통사고가 발생, 부근 일대가 오염된다). / 91년 7월, 소련 스몰렌스크 원전에서 위반 운전. '레벨 3'으로 인정. / 92년 1월, 일본 핵연료개발사업단 도카이 고준위 방사성 물질 연구 시설에서 질산 플루토늄 용액이 누출. 2명의 작업원이 피폭. / 92년 3월, 러시아 레닌그라드 원전에서 배관 파열. 환경 속으로 방사능이 방출된다. / 92년 8월, 캐나다 피커링 원전에서 중수 누출 사고. 2,300조 베크렐의 방사성 삼중수소가 온타리오 호수로 유입. / 92년 9월, 영국 세라필드 재처리공장에서 플루토늄 질산염 용액이 누출. '레벨 3'으로 인정. / 93년 2월, 러시아 콜라 원전에서 외부전원 손실. '레벨 3'으로 인정. / 93년 2월, 핀란드 로비사 원전에서 배관 파손. '레벨 2'로 인정. / 93년 3월, 인도 나로라 원전에서 터빈 건물 화재 사고. 원자로를 수동으로 긴급 정지. '레벨 3'으로 인정. / 93년 4월, 러시아 시베리아 톰스크 재처리공장에서 화재 발생. 부지 바깥도 고방사선량이 되었고, 작업원들도 피폭. '레벨 3'으로 인정. / 93년 10월~94년 말, 미국의 많은 BWR로에서 슈라우드 용접부에서 균열 발견 / 93년 12월, 일본 핵연료 개발사업단 도카이 분리 정련 공장에서 방사성 물질이 비산. 4명 피폭. '레벨 2'로 인정. / 94년 3월, 프랑스 FBR 실험로 랩소디 해체 중에 나트륨 탱크 폭발 사고. 1명 사망, 4명 중경상. / 94년 7월, 중국 광둥 대아만 원전에서 냉각수 누출 사고(2월, 5월에는 전기 계통 사고도 발생). / 95년 11월, 중국 톈진 전선 공장에서 2명 피폭. / 95년 11월, 우크라이나 체르노빌 원전에서 원자로 건물 내부가 방사능 오염. '레벨 3'으로 인정. / 95년

12월, 일본 고속증식로 몬쥬에서 나트륨 누출 사고. '레벨 1'로 인정(사고 직후의 비디오 은폐가 발각). / 97년 3월, 일본 핵연료개발사업단 도카이 저준위 폐기물 아스팔트 고화 시설에서 화재와 폭발이 발생. '레벨 3'으로 인정. / 97년 4월, 일본과 후겐 원전에서 중수 누출 사고. 11명 피폭(과거 2년 동안 11회의 중수 누출 사고가 발생했다는 것이 판명). / 97년 6월, 프랑스 라 아그 재처리공장에서 대서양으로 배출되는 폐액으로부터 바닷물의 1,700만 배의 방사능을 검출. / 99년 6월, 일본 시가 원전에서 정기 점검 중에 임계사고(2007년, 사고 은폐가 발각). '레벨 2'로 인정. / 99년 7월, 일본 후겐 원전에서 중수 누출 사고(후겐에서는 92년 8월 이후, 19번째 중수 누출 사고). / 99년 7월, 일본 쓰루가 원전에서 51톤의 냉각수가 누출. / 99년 9월, 일본 JCO 전환 시험장에서 임계사고. 3명의 작업원이 피폭, 그 가운데 2명 사망. 이 밖에 종업원 80명, 방재 관계자 60명, 인근 주민 7명이 피폭. '레벨 4'로 인정. / 99년 12월, 프랑스 브레예 원전에서 지롱드강 홍수로 인해 원자로 건물이 침수. 일시적으로 외부전원 상실 상태가 된다. '레벨 2'로 인정.

2000년대. 2000년 8월, 일본 도마리 원전의 방사성 폐기물 처리 건물 내 폐액 탱크에서 작업원이 추락 사망. / 01년 11월, 일본 하마오카 원전에서 배관 파괴. 건물 내부가 오염된다. '레벨 1'로 인정. / 02년 3월, 미국 데이비스 베세 원전에서 정기 점검 중에 원자로 용기 윗덮개에서 결함 발견. '레벨 3'으로 인정. / 02년 8월, 도쿄전력이 80년대 후반부터 90년대 전반까지 29건의 사고를 은폐했다는 것이 판명. / 02년 11월~12월, 주부전력, 도호쿠 전력, 도쿄전력에서 배관 균열 데이터 은폐가 밝혀짐. '레벨 1'로 인정. / 03년 4월, 헝가리 파크슈 원전에서 정기 점검 중에 연료 집합체가 손상되고 방사성 가스가 방출. '레벨 3'으로 인정. / 04년 8월, 일본 미하마 원전에서 배관 파열. 작업원 5명 사망, 6명 중경상. / 05년 4월, 영국 세라필드 재처리공장에서 배관 파손. '레벨 3'으로 인정. / 06년 11월, 일본 도쿄전력의 가시와자키 원전, 후쿠시마 제1원전, 도호쿠전력의 오나가와 원전, 간사이전력의 오오이 원전에서 데이터가 조작되었다는 것이 밝혀짐. 후쿠시마 제1원전 3호기의 임계사고 은폐도 발각. / 07년 7월, 일본 도쿄전력의 가시와자키 원전에서 주에쓰오키 지진으로 화재 발생. 사용 후 연료 수조에서 넘친 오염수가 일본해로 유출. / 08년 7월, 프랑스 트리카스탄 원자력 시설에서 우라늄 폐수가 가까운 하천으로 유출. / 09년 5월 캐나다 초크리버 실험로에서 200톤의 3중 수소를 포함하는 중수가 누출되고, 온타리오 호수에 유입된다. / 09년 12월, 일본 하마오카 원전에서 방사성 폐액이 누출. 29명 피폭. '레벨 1'로 인정.

2010년대. 10년 10월, 중국 대아만 원전에서 냉각수 배관의 균열로부터 오염수 누출. 몇 사람의 작업원이 피폭. '레벨 1'로 인정. / 11년 3월, 일본 후쿠시마 제1원전에서 1~5호기의 전원이 모두 상실. 계속해서 1~3호기가 폭발하고 노심 용융. '레벨 7로 인정. / 11년 3월, 일본 후쿠시마 제2원전에서 1, 2, 4호기가 쓰나미로 침수. 일시적으로 냉각 기능 상실 상태. '레벨 1'로 인정. / 11년 3월, 일본 오나가와 원전에서 일시적으로 냉각 시스템이 기능 부전. / 11년 4월, 일본 오나가와 원전에서 일시적으로 냉각 정지 상태. / 11년 8월, 미국 노스 안나 원전 근처에서 지진이 발생하고, 일시적으로 외부전원이 상실 상태가 된다. / 11년 9월, 프랑스 마르쿨 지구 핵시설에서 용융로 폭발과 화재 발생. 1명 사망, 4명 부상. '레벨 1'로 인정(후에 프랑스원자력위원회는 누출된 방사성 물질의 수치를 처음 발표된 것보다 약 500배 높은 3,000만 베크렐로 수정)

위의 리스트를 앞에 두고서 많은 말을 할 필요는 없을 것이다. 1940년대 이후 미국, 러시아(구소련), 영국, 프랑스, 독일, 캐나다, 일본을 중심으로 세계 각지에서 심각한 수준의 원전 사고가 계속해서 빈발했다. 스리마일, 체르노빌, 후쿠시마라는 3대 사고는 이러한 중요 사고들의 극히 일부를 이루는 데 지나지 않는다. 또한 원전 사고에 관한 정보 공개에 소극적인 국가와 자본의 논리를 고려하면, 여기서 거론한 사례만으로는 원전 사고의 전체상을 구성하기에 거리가 멀다고 간주하는 것이 당연할 것이다. 우리가 살아가는 세상은 약 70년에 걸쳐 끊임없는 방사능 오염의 위협에 노출되어 왔으며, 오늘날에도 그 위협은 전혀 줄어들지 않았다.

　　원전 사고는 다양한 유형의 공해 사건 가운데서도 최악의 오염으로 이어질 수 있는 산업공해 외에 다른 것이 아니다. 그와 같은 사고가 반복하여 '회귀'하는 이 세계의 구조를 통찰하고, 그러한 구조에서 벗어나는 길을 모색하는 것, 공해 피해에 대한 부인의 자세를 버리고, 공해의 가장 커다란 원인이라고 해야 할 공업=군사입국이라는 국가와 자본의 논리에 가담하지 않는 것, 그리고 무엇보다 공업=군사입국이라는 국가와 자본의 논리에 의거한 중앙집권적 통치, 즉 '관리된 민주주의'의 변용을 모색하는 것, 요컨대 '탈원전의 철학'을 실천하는 것 — 이러한 과제들은 우리에게 더할 나위 없는 절박성(자크 데리다[69])을 띠고 있다고 말할 수 있을 것이다.

• •

69. 우리는 '절박성' 개념에 대해 자크 데리다, 『마르크스의 유령들』을 참조하고 있다. 거기서 데리다는 결코 도달할 수 없는 미래의 무한히 먼 곳으로부터 현재 우리의 존재 방식을 방향 짓는 칸트적 '규제적 이념'과 구별하면서 '도래해야 할 데모크라시' 또는 사회변혁의 '절박성[imminence]'에 대해 말하고 있다. 다음을 참조. Jacques Derrida, *Spectres de Marx*, Galilée, 1993. 일역, 『マルクスの亡霊たち』, 増田一夫 옮김, 藤原書店, 2007년. 데리다적 '절박성'과 칸트적 '규제적 이념'의 비교에 대해서는 결론에서 상세히 논의한다.

제3장 공해, 원전 사고, 비판적 과학

그렇다 하더라도 왜 공해, 원전 사고는 이 정도로까지 계속 '회귀'하는 것일까? 그리고 왜 공해, 원전 사고는 이 정도로까지 계속 '부인'되는 것일까? 우리는 지금까지 역사적 고찰을 통해 이 물음에 대한 하나의 대답을 제시하려고 시도했지만, 이 장에서는 다른 각도에서 다시 한번 고찰해보고자 한다. 특히 '냉전 시기' 이후의 세계 및 일본에는 산업과학과 그 사회적 영향을 비판적으로 고찰한 과학자들의 계보가 존재한다. 예를 들어 이 책에서 반복해서 주목한 다카기 진자부로를 비롯하여 후쿠시마 제1원전 사고 이후 주목을 받은 고이데 히로아키나 이마나카 데쓰지 등 원자력 연구자들(이른바 '구마토리 6인조')은 이 계보에 줄지어 있는 자들이라고 말할 수 있다. 그들에게 공통된 것은 어디까지나 객관적인 데이터를 중시하면서, 게다가 동시에 정치적, 경제적, 사회적 입장이 그 데이터의 해석 관점을 불가피하게 좌우하는 것을 직시하는 태도다. 이와 같은 이중화된 태도를 뒷받침하는 것은 산업으로서의 과학이란 담지자의 의도가 어떠한지에 관계없이 국가와 자본이 제공하는 토대 위에서만 성립할 수 있다는 통찰 이외에 다른 것이 아니다. 우리는 이러한 비판적 과학의 관점에 서서 그 본질을 가장 두드러지게 체현한 두 사람의 과학자—레이첼 카슨과 우이 준— 에 주목한다. 우리가 공해, 원전 사고의 '반복강박'을 자기 치유하기 위해서는 비판적 과학의 성과를 참조하는 것이 불가결하다고 생각되기 때문이다. 이 장이 목표로 하는 것은 위 두 사람의 업적에서 볼 수 있는 비판적 과학의 영역을 그려내는 것이자 나아가서는 그것을 통해 후쿠시마 제1원전 사고 이후 공학, 의학 등의 '전문가'들이 행했거나 행하고 있는 사고 영향에 대한 부인 구조를 되비쳐보는 것이다.

1. 레이첼 카슨의 문명 비판

해양생물학자 레이첼 카슨의 『침묵의 봄』은 1962년 9월 미국에서 간행되었다. 일본에서는 1964년에 번역이 소개되자 마침 공해가 격화되고 있던 고도 경제성장기에 겹쳐진 점도 있어 사회적으로 커다란 반향을 불러일으켰다.[1] 『침묵의 봄』에서의 카슨의 고찰은 DDT를 비롯한 농약 오염 메커니즘에 집중되어 있었지만, 그 비판의 창끝은 국책에 의해 추진된 산업 과학의 본성에까지 정확히 미치고 있었다. 약 40년 후 우이 준이 이 작품을 '오늘날의 환경과학의 출발점'이라고 부른 것은 그 때문이다.[2] 또한 후쿠시마 제1원전 사고의 사후라는 관점에서 다시 읽어보더라도 미국과 소련의 핵실험 경쟁으로 인한 방사능 오염의 현실을 직시한 카슨의

●●

1. Rachel Carson, *Silent Spring*, Houghton Mifflin, 1962; Penguin Books, 2000. 1964년에 신쵸사로부터 번역, 간행된 초판의 제목은 『삶과 죽음의 묘약— 자연 균형의 파괴자 '화학약품'』이다. 이 책에서는 그 문고판(レイチェル・カーソン, 『沈黙の春(침묵의 봄)』, 青樹簗一 옮김, 新潮文庫, 1974년, 개정판 2004년)을 참고하면서 Penguin Books 판으로부터 독자적인 번역을 시도한다.

2. 宇井純, 「レイチェル・カーソンを読む — 改読のススメ四〇年前に警告された環境問題の古典(레이첼 카슨을 읽다 — 다시 읽기를 추천하는 40년 전에 경고된 환경 문제의 고전, 2004년)」, 『宇井純セレクション3(우이 준 선집 3)』, 新泉社, 2014년, 318~319쪽.

관점은 오래되었음을 전혀 느낄 수 없다.[3] 레이첼 카슨의 『침묵의 봄』은 바로 시대를 넘어서 다시 읽혀야 할 일급의 고전 작품이다.

우리의 문제의식에 있어 간과할 수 없는 것은 『침묵의 봄』의 제2장으로부터 제4장이다. 왜냐하면 이 세 개의 장에서는 나머지 장 대부분에서 전개되는 다양한 오염 사례 연구에 기초하여 공해를 둘러싼 원리적인 고찰이 제시되기 때문이다.[4] 이 절에서는 네 가지 관점에서 이 장들을 분석해보고자 한다.

첫째로 주의해야 하는 것은 식물 연쇄를 통해 농축된 오염 메커니즘이 실증적으로 밝혀졌다는 점이다. 예를 들어 카슨은 미국 캘리포니아주의 클리어 호수에서 곤충을 방제하기 위해 살포된 DDD가 원인이 되어 원래는 1,000쌍이 넘는 물새 논병아리가 30쌍으로 급격히 감소했다는 사례를 제시한다.[5] 카슨에 따르면 캘리포니아 당국은 'DDT보다 물고기에 대한 영향이 적기 때문'이라는 이유로 DDD를 채택하고, 5천만분의 1에서 7천만분의 1로 희석하여 호수에 투여했다고 한다. 그러나 논병아리의 급격한 감소로 DDD의 오염치를 조사한 결과, 호수에서는 0.025ppm, 플랑크톤에게서는 5ppm, 플랑크톤을 먹는 물고기는 40~300ppm, 물새인 논병아리는 1,600ppm, 육식계 물고기인 메기에 이르러서는 2,500ppm이라는 데이터가 검출되었다. 이러한 수치들이 이야기하는 것은 바로 호수에서 플랑크톤으로, 플랑크톤에서 그것을 잡아먹는 물고기로, 나아가 그 물고기를 잡아먹는

• •

3. 예를 들어 카슨은 다음과 같이 지적하고 있다. '무수한 핵실험에 의해 대기 중에 방출된 스트론튬 90은 비와 먼지에 섞여 방사성 강하물로서 지상에 도달한다. 그리고 토양 중에 머물며 거기서 자라는 식물, 옥수수, 밀 등에 흡수되고, 이윽고 인간의 뼈에 받아들여져 죽기까지 거기에 축적되어간다.'(*Silent Spring*, p. 23. 일역, 『침묵의 봄』, 16쪽).

4. 『침묵의 봄』, 제1장 「내일을 위한 우화」는 공해의 궁극적인 귀결을 실험적으로 가상한 하나의 뛰어난 문학 작품이다. 다만 그 상징성과 우화성의 높이는 이 책의 논의에는 친숙해지기 어려운 까닭에, 그에 대한 분석은 생략한다.

5. *Silent Spring*, pp. 56~60. 일역, 『침묵의 봄』, 68~74쪽.

조류나 육식 동물로 점차 오염 물질이 농축되어가는 현실이다. 이러한 식물 연쇄와 생물 농축의 가장 높은 자리에 있는 것이 인간이라는 것은 말할 것도 없을 것이다. 아시오, 미나마타, 후쿠시마 등의 경우에서는 하천과 해양에 의한 '희석 논리'가 제기되었고, '극히 미량의 오염 물질이라면 걱정할 필요가 없다'라는 설명이 반복되어왔지만, 그러한 설명은 카슨이 제시한 데이터에 의해 미리 남김없이 반증 되고 있다. 미량의 오염을 과소평가하는 태도에는 '생물 농축'이라는 공해 특유의 현상에 대한 관점이 치명적으로 빠져 있는 것이다.

둘째로 주의를 필요로 하는 것은 어떤 종류의 오염 물질은 태반을 통과한다는 사실이 일찌감치 지적되고 있다는 점이다.[6] 잘 알려져 있듯이 태아성 미나마타병의 발병은 유기수은이 태반을 통과하고 태아의 신체에 농축되어 축적된 것이 원인이었다. 이 인과관계에 대한 공적인 확인이 1962년이었다는 것을 생각하면, 카슨의 발견은 동시대적인 사건이었다는 것을 알 수 있다.[7] 그렇지만 카슨이 통찰한 사태는 그것에만 그치지 않는다. 그녀는 그로부터 한 걸음 더 나아가 여성의 자궁을 '환경' 자체로 포착할 수 있는 입장을 제시하기 때문이다. '어떠한 인간도 지금 수정 순간부터 죽음에 이르기까지 어쩔 수 없이 위험한 화학물질과 접촉해야 한다.'[8] '태아가 흡수하는 화학물질은 보통 약간의 분량에 불과하지만, 어린이가 성인보다 독에 민감하게 반응하는 것을 생각하면, 그 작용을 무시해서는 안 된다.'[9] 이러한 언명들 배후에는 생리적으로 가장 큰 약자인 태아와 영유아야

• •

6. Ibid., pp. 37~38. 일역, 같은 책, 38~39쪽.
7. 1962년 11월, 16명이 처음으로 환자심사회에 의해 '태아성 미나마타병 환자' 또는 '선천성 미나마타병 환자'로서 인정되었다. 다음을 참조. 熊本学園大学水俣学研究センター 편저, 신판 『미나마타를 걷고, 미나마타에게서 배운다 — 미나마타학 부클렛 No. 12』, 熊本日日新聞社, 2014년, 「미나마타병 사건 간략 연표」, 64쪽.
8. *Silent Spring*, p. 31. 일역, 『침묵의 봄』, 28쪽.
9. Ibid., p. 38. 일역, 같은 책, 38쪽.

말로 화학물질에 의한 오염의 희생자가 된다는 원리적 인식이 가로놓여 있다. 이러한 카슨의 인식은 좀 더 사회적이고 법적인 관점에서 다시 파악하게 되면, 체르노빌 원전 사고 이후에 주목을 받은 '재생산권reproductive rights' ― 요컨대 안전한 동시에 건강한 환경에서 안심하고 출산, 육아할 수 있는 권리 ― 의 이념을 선취한 것으로 간주할 수 있을 것이다.[10] 레이첼 카슨의 '과학'은 단지 의학적인 법칙을 객관적으로 설명하는 태도와는 선을 긋고 있다. 공해 연구에서 빠트릴 수 없는 필수적인 이러한 독특한 경지는 당시 여성 인구가 압도적으로 적었던 '자연과학 연구'를 생업으로 하면서 해당 분야 특유의 남성 사회 편견을 실감하고 있던 카슨의, 이를테면 특이한 경우로부터 생겨났다고 추측된다. 그리고 이러한 특이성이야말로 그녀에게 보편적인 인식을 가져다주었다.[11]

셋째로 간과할 수 없는 것은 군사기술과 화학물질의 관계를 둘러싼 카슨의 통찰이다. 이 점에 대해 그녀는 다음과 같이 말하고 있다.

이렇게 된 것은 살충력을 지닌 인공적인 합성화학물질을 생산하는

● ●

10. '재생산권'에 대해서는 다음을 참조. 上野千鶴子・綿貫礼子 편저, 『リプロダクティブ・ヘルスと環境 ― ともに生きる世界へ(재생산 건강과 환경 ― 함께 살아가는 세계로)』, 工作舍, 1996년. 다만 아라하타 간손(荒畑寒村)은 이미 1907년의 시점에 아시오 구리광산의 '광독'이 태아 유산이나 모유 오염을 초래했다고 고발하고 있다(荒畑寒村, 『谷中村滅亡史(야나카무라 멸망사)』, 岩波文庫, 1999년, 24쪽). '재생산권'의 관점에서 보더라도 아시오 광독 사건은 바로 공해의 원점이라고 할 수 있다.

11. 레이첼 카슨이 당시 미국 남성 사회에서 받은 수많은 차별에 대해서는 다음의 전기가 상세히 보여준다. Linda Lear, *Rachel Carson: Witness for Nature*, H. Holt, 1997. 일역, 『レイチェル・カーソン『沈黙の春』の生涯(레이첼 카슨 『침묵의 봄』의 생애)』, 上遠惠子 옮김, 東京書籍, 2002년. 또한 다음의 평전은 카슨의 사상을 간결하게 그려내고 있어 일독할 만하다. 『レイチェル・カーソン ―『沈黙の春』で環境問題を訴えた生物学者(레이첼 카슨―『침묵의 봄』에서 환경 문제를 호소한 생물학자)』, 筑摩書房, 2014년. 다만 그녀의 사상과 생애 둘 다를 상세히 서술한 것은 다음의 평전이다. Paul Brooks, *The House of Life: Rachel Carson at Work*, Houghton Mifflin, 1989. 일역, 『レイチェル・カーソン(레이첼 카슨)』, 上遠惠子 옮김, 新潮社, 1992년.

공업이 급속하고도 거대하게 발달했기 때문이다. 이 공업은 제2차 세계대전의 산물이다. 화학전 연구를 진행하는 동안, 실험실 속에서 만들어진 여러 화학물질에 살충력이 있다는 것을 알게 되었다. 이 발견은 우연의 산물이 아니었다. 원래 인간을 죽이기 위한 화학약품의 시험용으로서 실로 많은 곤충이 사용되었기 때문이다.

이리하여 다분히 끝도 없이 합성살충제를 생산하는 동향으로 귀결되었다. 이러한 약품들은 인공적인 과정을 거쳐 만들어진다는 점에서, 요컨대 실험실에서 교묘하게 분자가 조작되고 원자가 치환되며 그 배열이 바뀐다는 점에서 전쟁 전의 단순한 무기계 살충제와는 현저하게 달랐다…….

이러한 새로운 합성살충제가 무기계 살충제[비소, 구리, 납, 망간, 아연 등]와 다른 것은 심대한 생물학적 영향을 미친다는 점에 놓여 있다.[12]

카슨은 이 구절 조금 뒤에서 1960년대 당시의 미국 사회에서 사용되고 있던 합성살충제의 화학구조가 사실은 1930년대 말경에 나치 독일하에서 개발된 독가스의 화학구조와 매우 유사하다는 점을 지적하고 있다.[13] 『침묵의 봄』의 저자에게 '살충제'라는 명칭은 해당 약품의 본질을 교묘하게 은폐한다는 점에서 기만 이외의 아무것도 아니다. 공해의 원인이 되는 화학약품은 역사적으로 보아 제2차 세계대전 중에 개발된 군사기술에서 '기원'을 지니기 때문이다. 원래 인간을 살상하기 위한 목적으로 발명된 화학무기가 제2차 대전 후에 곤충 방제를 위해 다시 이용되게 되었다는 것이 숨길 수 없는 실상이다. 이러한 카슨의 관점은 **핵무기와 원자력발전을**

• •

12. *Silent Spring*, pp. 31~32. 일역, 『침묵의 봄』, 29쪽. 강조는 인용자. 이하에서도 마찬가지다.

13. Ibid., p. 42. 일역, 같은 책, 46쪽.

동일한 지평에서 파악하고자 하는 우리에게 결정적인 중요성을 지닌다. 그 관점이 가르치고 있는 것은 ⑴ 인간을 살상하는 무기는 환경도 파괴한다는 것, ⑵ 군사기술은 산업기술로 전용됨으로써 그 본질이 보이기 어렵게 된다는 것, ⑶ 군사=산업기술에 의한 환경오염을 통해 그 본질이 새롭게 가시화되기 쉬워진다는 것이다. 요약하자면 전쟁과 공해는 표리일체의 관계에 있으며, 한편의 원인을 낳는 기술은 다른 한편의 원인으로도 쉽게 반전될 수 있다는 것이다. 카슨의 인식은 '평시 이용'과 '전시 이용'의 경계 구분이 모호한 원자력=핵에너지 시스템에도 적용될 수 있다고 할 수 있을 것이다. 실제로 카슨이 『침묵의 봄』에서 가장 커다란 위협으로 간주한 화학물질은 원자력=핵에너지에 의해 생성되는 방사성 동위원소인 스트론튬 90이었다.[14]

넷째로 지적해야 하는 것은 제2차 대전 이후를 '공업'과 '전문가'의 시대로 정의하는 카슨의 문명 비판적인 시선이다.

> 현대는 전문가의 시대다. 그들은 모두 자신의 전문에만 눈을 돌리고 그 전문을 포함하는 좀 더 큰 틀에 대해서는 무지하거나 불관용하거나 한다. 또한 현대는 산업에 의해 지배된 시대이기도 하다. 아무리 희생이 생긴다고 하더라도 돈벌이의 정당성에 대해서는 거의 의심이 제기되지 않는다. 사람들이 농약의 위해에 관한 몇 가지 명백한 증거를 가지고서 항의의 목소리를 내더라도 그들은 곧바로 가짜 진정제를 마셔버린다.[15]

카슨은 이 언명에 대해 몇 가지 근거를 제시한다. 우선 '공업에 지배된 시대'라는 관점에 관해서는 다음과 같은 분석이 전개된다. 미국에서는 매년 약 500개의 신약이 그것들이 가져올 수 있는 부정적인 효과에 관한

••
14. Ibid., p. 23. 일역, 같은 책, 15~16쪽.
15. Ibid., p. 29. 일역, 같은 책, 26쪽.

충분한 검증이 이루어지지 않은 채 차례차례 시장에 나오고 있다.[16] 이러한 현 상황을 추동하고 있는 것은 다름 아닌 대량생산과 대량소비 시스템에 내재한 이익 추구의 논리다. 사실 미국에서의 합성살충제 생산량은 1947년에 1억2,425만9,000파운드였던 것이 1960년에는 6억3,766만6,000파운드에 달해 13년 동안 5배 이상의 증가세를 보였다.[17] 농작물 생산량을 가능한 한 효율적으로 증가시키기 위해 생산 공정을 단순화, 균질화함과 동시에 아주 가까이 놓여 있는 장애인 '해충'을 빠르게 제거할 필요가 있다.[18] 이러한 생산성 효율과 속도는 이익 추구의 논리를 뒷받침하는 두 가지 원리이며, 그 두 가지 원리에 기초하여 정당화된 것이 합성살충제의 대량생산이었다.

한편 카슨에 따르면 이와 같은 시대의 '전문가'는 본인의 의도 여하와 관계없이 자칫하면 이익 추구의 논리를 추진하기 위한 제도적인 보완물이 되는 경향이 있다. 그들이 중시하는 것은 대체로 초기 설정된 산업적인 개발 목표뿐이다. 정말이지 그들도 실험실 내에서의 작업에는 최대한의 정열을 쏟아붓는 것이지만, 거기서 개발된 화학물질이 인공적으로 관리된 실험실과는 다른 복잡한 자연환경 속에서 어떠한 결과를 가져올 수 있는지에 대해서는 제대로 숙고조차 하려고 하지 않는다. 그들의 주의는 '해충 방제'라는 눈앞의 목표에 집중하고, 살충제가 '익충'도 제거해버린다는 것과 생태계의 미묘한 균형을 교란시킬 수 있다는 것은 염두에도 떠오르지 않는 것이다. '공업에 지배된 시대'의 '전문가'들은 '국부적인 인위적 조작' (후쿠오카 신이치[福岡伸一])을 과신한 나머지, 그것이 후세에 어떠한 영향을 미칠 것인지를 간과하게 된다.[19]

레이첼 카슨에 의한 네 가지 관점은 모두 하나의 '센스'로 귀착되는

● ●

16. Ibid., p. 24. 일역, 같은 책, 17~18쪽.
17. Ibid., p. 32. 일역, 같은 책, 30쪽.
18. Ibid., p. 27. 일역, 같은 책, 22쪽.
19. 福岡伸一, 「권말 에세이 ─ 레이첼 카슨이 가르쳐준 것」, 『레이첼 카슨 ─『침묵의 봄』에서 환경 문제를 호소한 생물학자』, 182쪽.

것으로 보인다.[20] 그 '센스'란 복잡한 자연으로부터 국부적인 장면을 잘라내고 그 폐쇄계 내부에서만 통용되는 법칙을 일반화하여 마치 중립적으로 해설해 보이는 '과학'에 대한 근본적인 위화감 이외에 다른 것이 아니다. 이러한 '과학'은 생물 농축을 과소평가하고, 태아와 영유아와 같은 약자에 대한 배려가 없으며, 근대적인 화학물질의 역사적 기원에 눈을 감고, 좁은 실험실 내부의 '객관성'을 자연환경 전체에 적용하려고 한다. 게다가 이런저런 데이터에 관한 스스로의 해석 관점이 실제로는 이익 추구의 논리라는 토대 위에서 비로소 성립한다는 현실에 대해서는 철저히 맹목적으로 된다. 역설적인 표현이 되겠지만, 화학물질에 의한 복잡한 건강 피해와 해충의 저항성 증대와 같은 예측 불가능한 결과는 '공업'과 '전문가' 시대의 '좀 더 커다란 틀'에 대한 맹목이 불러일으킨 필연적인 귀결이기도 하다. 카슨의 비판적 과학은 이처럼 '공업에 지배된 시대'의 '과학'이 무엇을 은폐하고 무엇 위에서 비로소 가능해지며, 어떠한 원리적 한계를 잉태하고 어떻게 예측 불가능한 귀결을 가져오는지를 분석해 제시한다. 나중에 이야기하듯이 후쿠시마 제1원전 사고 후에 주목을 받은 '전문가'들에게는 이러한 카슨과 같은 관점, 방법이 놀라울 정도로 빠져 있다. 카슨의 비판적 과학은 결코 전면적으로 개발을 부정하는 것이 아니지만, 적어도 개발을 자기 목적화한 산업 과학이 왜 윤리를 놓치기 쉬워지는지를 냉철하게 바라보고 있다. 따라서 카슨에 의한 데이터 분석은 그 데이터를 제시하는 주체의 정치적, 경제적, 사회적 입장에 관한 비판적 분석과 나누어질 수 없는 방식으로 수행되는 것이다.

• •

20. 만년의 카슨은 메인주의 풍요로운 환경 속에서 일찍 사망한 친언니의 아이들을 키우면서 '센스 오브 원더'라는 개념을 착상했다. Cf. Rachel Carson, *The Sense of Wonder*, Harper & Row, 1965. 일역, 『センス・オブ・ワンダー(센스 오브 원더)』, 上遠惠子 옮김, 新潮社, 1996년(초판, 佑学社, 1991년).

2. '공해라는 복잡한 사회현상' — 우이 준의 과학 비판

일본에서 비판적 과학의 자리매김을 생각하는 데서 우이 준을 무시하기는 불가능하다. 우이 준은 본래 고도성장 시대의 산업기술자로서 출발했지만, 미나마타병, 니가타 미나마타병을 비롯한 공해의 반복과 격화를 목격하고 산업기술을 비판하는 쪽으로 전향한 경력의 소유자다. 그는 도쿄대학 공학부를 졸업한 후, 염화비닐수지 생산에 나선 후루카와 계열 회사(일본제온)에 취직하여 제조 공정에서 사용한 수은의 폐기에도 관여했지만, 회사를 그만두고 도쿄대학 대학원으로 돌아온 직후 미나마타병의 유기수은 원인설을 알고서 충격을 받아 공해 연구를 시작하게 된다. 이러한 이색적인 경력으로 인해 우이 준의 공해 연구 출발점에는 '나는 의도치 않게도 공해 가해자의 편에 서고 말았다'라는 통절한 반성이 가로놓여 있다. 이것은 해양생물의 생태를 연구하고 있던 레이첼 카슨과는 현저히 다른 점일 것이다. 이러한 '가해자로부터의 출발'이라는 특이한 입장이 끊임없이 공해 피해자의 현장을 찾아다닌 그의 독자적인 자세로 이어졌을 뿐만 아니라 공해의 여러 모습을 과학기술의 '전문가'로서가 아니라 비판적인 동시에 사회과학적인 관점에서 고찰하는 방법으로 열매 맺었다.[21] 그의 저작은 방대한 분량에 이르지만, 여기서는 최초 시기에 출간된 『공해의 정치학』(1968년)과 『공해 원론』(『공해 원론 I』, 1971년)에 한정하여 그의 비판적 과학의 영역을 그려 보이고자 한다. 이 작업을 통해 특정 장소의 공간

● ●

21. 우이 준(宇井純)은 『キミよ歩いて考えろ ― ぼくの学問ができるまで(그대여 걸으며 생각하라 ― 나의 학문이 나오기까지)』(ポプラ社, 1997년)에서 이러한 사정을 포함한 스스로의 인생 발걸음을 되돌아본다. '가해자로부터의 출발'이라는 우이 준의 경력은 원자력을 공부하면서 그 위험을 깨닫고 원자력 폐지를 위한 연구로 전환한 존 W. 고프만, 다카기 진자부로, '구마토리 6인조' 등, 원자력 분야의 비판적 과학자와 공통된다. 덧붙이자면, '가해자로부터의 출발'은 『우이 준 선집 3』(新泉社, 2014년)의 부제로 내걸려 있다.

선량과 다양한 먹을거리의 오염치를 끌어내는 것만으로 그 데이터들이 기준치 이하이기 때문에 위험하지 않다고 단정하는 '객관적' 설명이 사실은 단순한 시야 협소화의 산물일 뿐이라는 것이 밝혀질 것이다. 후쿠시마 제1원전 사고 후에 등장한 '전문가'들에게는 공해란 과학적인 현상이기 이전에 '복잡한 사회현상'이라는 인식이 빠져 있는 것이다.[22]

『공해의 정치학』과 『공해 원론』에서 우리가 주목해야 할 요점은 세 가지다. 첫 번째 요점은 공해의 현장을 현대 일본 사회의 축도로서 파악하는 관점이다. 우이 준이 이 관점에 서게 된 가장 큰 계기는 미나마타병이다. 그는 『공해의 정치학』에서 다음과 같이 말하고 있다.

> 미나마타병은 바로 '작은 마을의 큰 사건'이었다. 그러나 이 작은 마을에는 현대 일본의 모든 문제가 축소된 형태로 밀어 넣어져 있었다. 그 모순이 사건의 진전에 다양한 영향을 미치고, 1960년대 들어서 급증하는 각종 공해 사건의 원형을 만들어냈다.[23]

우이 준에 따르면 미나마타병 사건은 '각종 공해 사건의 원형'이었다. 예를 들어 미나마타시는 칫소의 미나마타 공장 덕분에 발전한 전형적인 기업도시다. 요컨대 우이 준의 비유를 빌려 말하자면 칫소라는 산업자본은 도시의 '영주님'이며, 칫소 공장장으로서의 경력을 배경으로 여러 차례 선출된 미나마타 시장 하시모토 히코시치는 '마름'이 된다. 우이 준에게 이처럼 정치와 기업이 밀착한 '작은 마을'의 현실은 다름 아닌 고도성장

• •

22. 『공해 원론 I』의 서두에 놓인 「개강의 말」에는 '공해라는 복잡한 사회현상'이라는 표현이 등장한다(宇井純, 『공해 원론 I』, 亜紀書房, 1971년[『신장판 합본 공해 원론』, 亜紀書房, 2006년, 수록], 2쪽). 우리는 이 표현에 우이 준 사상의 진수가 응축되어 있다고 생각한다.

23. 宇井純, 『公害の政治学 — 水俣病を追って(공해의 정치학 — 미나마타병을 쫓아서)』, 三省堂新書, 1968년, 28쪽.

시대 일본 사회의 본질을 압축한 것이다. 1960년대, 이러한 일본 각지의 '작은 마을'에서 떠오른 많은 공해 사건은 '주변'의 예외적 현상이기는커녕 산업자본의 우대라는 '전후 일본'의 국책이 가져온 필연적인 결과였다.[24]

이상과 같은 인식은 『공해 원론』에서는 '공해의 무시에 의한 고도성장'이라는 준엄한 표현으로 바꿔 말해지고 있다.[25] 이러한 표현으로 우이 준이 보여주려고 한 것은 고도 경제성장의 '일그러짐'에 의해 공해가 야기된 것이 아니라 완전히 반대로 공해의 발생을 전제로 함으로써 고도 경제성장이 성립할 수 있었다는 관점이다. 예를 들어 '다른 나라들'에서 '물고기에 그다지 큰 피해를 주지 않는 정도로 배수처리 하는 것에 필요한 비용은 생산 설비의 약 10~20%의 설비 투자가 필요하다는 것이 상식'[26]이지만, 이러한 '상식'이 '전후 일본'의 배수처리에 적용된 흔적은 전혀 없다고 한다. 일반적으로 기업이란 '능률을 올리는 사상'[27]에 기초하여 '비용 저하'와 '과소 투자'[28]를 추구하고자 하는 것이지만, 고도성장 시대의 일본형 산업자본주의는 이 '능률을 올리는 사상'을 극한까지 확대하고, 공해가 일어나더라도 피해를 호소하는 목소리가 가시화되지 않는 기업도시에 특유한 사회적 현실을 최대한으로 이용하여 성장을 이룰 수 있었다.

두 번째로 지적해두고자 하는 것은 우이 준이 위에서 이야기한 논의를 '공해사'에 부연하면서 이 책에서 강조해온 인식을 공유하고 있다는 점이다. 그 인식이란 전쟁과 공해는 언제나 이미 불가분의 관계에 놓여 있다는

• •

24. 같은 책, 24~25쪽, 『공해 원론 I』, 83~85쪽. 우이 준은 '산업자본의 우대'와 관련하여 일본의 공해 소송에서는 가해 기업의 경영자가 법정에 서지 않아도 된다는 관습이 있다는 것을 지적하고 있다(『공해 원론 I』, 166쪽). 가해 책임자가 피해 당사자의 육성을 들을 기회를 면책 받고 있는 이러한 현실은 공해에 대한 부인으로 연결되는 제도적 요인들 가운데 하나라고 할 수 있을 것이다.

25. 『공해 원론 I』, 25쪽.

26. 같은 책, 27쪽.

27. 같은 책, 63쪽.

28. 같은 책, 25쪽.

것이다. 『공해의 정치학』에 따르면 '공해의 무시'라는 일본의 국책은 결코 '전후'에 선택된 방침이 아니다. 예를 들어 메이지 시대 이후 일본에서는 전국 각지에서 수많은 공해 분쟁이 발생했지만, 그러한 분쟁들은 '부국강병 정책'과 '식산흥업 정책'에 어긋나는 것으로서 엄격히 단속되었다. 우리가 제4부 제1장에서 논의했듯이 아시오 광독 사건은 그 전형적인 사례였다. 우이 준은 또한 일본이 군국주의 정부에 의해 통치되게 되자 '나라를 위해서라는 한 마디로 사기업의 이익을 추구하는 행위가 모두 합리화되고, 반대하는 운동도 일어나지 않았다'[29]고 지적한다. 예를 들어 1943년(쇼와 18년)경에는 국책에 기초하여 홋카이도의 아사히카와시에 건설된 펄프 공장이 대량의 오염 물질을 배출한 결과, 이시카리강 하류 유역이 '거대한 하수구'로 변하고 일대의 논도 황폐해졌지만, 전쟁 중에 이 피해를 호소하는 목소리가 울려 퍼지는 일은 없었다. 우이 준이 내세우는 이 실례는 전쟁의 수행이 공해의 부인으로 이어진다는 것, 게다가 그사이에도 공해의 피해는 실질적으로 확대된다는 것을 여실히 이야기해주고 있다. 다나카 쇼조가 아시오 광독 사건과 러일전쟁의 표리일체성을 간파했듯이, 『공해의 정치학』의 저자도 전쟁과 공해의 풀기 어려운 결합을 밝혀내고 있다. 레이첼 카슨이 '군사기술의 전용에 의한 공해'라는 관점을 제시함으로써 '전전'과 '전후'의 경계 구분에 의심을 던졌던 것과 마찬가지로, 우이 준은 전쟁과 공해가 보여주는 잠재적인 위상에 주목함으로써 역시 '전전'과 '전후'가 잇닿아 있다는 것을 시사하고 있다. 이러한 비판적 과학의 역사 인식은 우리가 제4부 제2장에서 논의한 것에 정확히 대응한다.

우이 준의 공해 연구에서 세 번째로 주의해야 하는 것은 **구조적 차별의 한 형태로서의 공해**라는 관점이다. 공해와 차별의 관계에 대해 우리는 제4부 제1장에서 하라다 마사즈미 의사의 테제에 의거하여 논의했지만, 여기서는 동일한 문제를 조금 다른 각도에서 재검토해보고자 한다. 우선 이

• •

29. 『공해의 정치학』, 195쪽.

문제를 우이 준을 흉내 내어 테제로 만든다면 다음과 같이 될 것이다.

명제 1. 공해의 피해자는 언제나 몸 전체에서 종합적으로 피해를
보고 있다.

우이 준이 미나마타병 환자를 끊임없이 찾아다님으로써 도달한 것은
공해 피해자가 '사느냐 죽느냐'라는 차원에서 피해를 참아내고 있다는
인식이었다. 가해자와 피해자 사이에는 역전 불가능한 권력관계로서의
구조적 차별이 존재하며, 양자 사이에는 공해의 실태에 관한 인식의 괴리가
존재한다. 이리하여 피해의 전체상을 본질적으로 이해하기 위해서는 입장
그 자체를 교체하는 것 이외에 방법이 없다는 것이 우이 준의 견해가
된다. 이 견해에 기초하면 예를 들어 '아황산가스 농도가 몇 ppm'과 같은
식으로 특정 오염 물질의 수치에 기초하여 피해 상황을 판단하는 것은
'삶 전체에 걸친 차별의 전체'를 보지 못하게 하는 효과를 지닌다. 요컨대
'가해자' 내지 '제삼자'는 '부분화된 지표밖에는 받아들 수 없다'라고 하는
구조가 미리 성립해 있는 것이다.[30]

이상에서 이야기한 사항은 오염의 수치화라는 절차에 내재하는 원리적
인 어려움에 관련된 것이다. 물론 우이 준도 수치화 그 자체를 부정하는
것은 아니다. 본래 그 자신이 수치와 비교가 유의미하게 보여주는 정보를
여러 저작에서 적극적으로 다루고 있다. 그가 강조하려고 하는 것은 위에서
말한 것과 같은 수치화에 얽힌 어려움이 그냥 내버려 두면 가해자 측의
'공해'관을 강화, 보완할 수도 있다는 현실이다. 이 현실이 가장 두드러진
방법으로 명백해지는 것은 공해 발생 이후의 과정에서일 것이다. 우이
준은 이 과정을 '공해의 기승전결'이라고 이름 지은 다음, 다음과 같이
말하고 있다.

● ●

30. 『공해 원론 I』, 38~39쪽.

공해라는 것이 발견되거나 피해가 나옵니다. 그에 관해 원인의 연구, 인과관계의 연구(제1단계)라는 것이 시작되어 원인을 알 수 있습니다. 이것이 제2단계입니다. 그렇게 하여 원인을 알 수 있는 것만으로 공해는 전혀 해결되지 않습니다. 제3단계에 반드시 반론이 나옵니다.

이 반론은 공해를 내고 있는 쪽에서 나올 때도 있고 아니면 제삼자라고 일컫는 학식 경험자에게서 나올 때도 있습니다. 어느 쪽이든 반론은 반드시 나옵니다. 그리하여 제4단계는 중화 단계이고, 어느 것이 옳은지 전혀 알 수 없게 됩니다.[31]

이 구절이 그려내는 '공해의 기승전결'은 '공해 발생', '원인 규명', '반론 제출', '중화'라는 네 단계로 구성된다. 이 가운데 특별한 주의를 필요로 하는 것은 일단 '원인 규명'이 이루어진 후에 일어나는 '제3단계' 이후의 과정, 요컨대 공해의 '발생원'과 '제삼자라고 불리는 학식 경험자'가 수많은 반론을 반복해서 부르짖는 과정이다. 우이 준의 진단에서는 공해가 발생하면 거의 법칙적으로 이 '중화'로 향하는 과정이 반복되게 된다. '진실은 하나밖에 없는 까닭에, 수많은 반론과 나란히 나열되게 되면, 어느 것이 진실인지 사정을 알지 못하는 사람에게는 분명하지 않게 된다.'[32] 그런데 이 언명이 후쿠시마 제1원전 사고 후에 생긴 언론 상황을 정확히 예고하고 있다는 점을 간과해서는 안 된다. 예를 들어 후쿠시마현에서 소아 갑상선암 증가 경향은 '후쿠시마현의 아이들 전원을 조사한 결과 잠재적인 갑상선암 환자가 발견된 것에 지나지 않는다'(이른바 '조사 효과' ─ 덧붙이자면, 조사 효과에 의한 '많은 발생'은 일반적인 데이터에 따르면 2배에서 3배,

• •

31. 같은 책, 98~99쪽. 강조는 인용자. 이하 마찬가지. 동일한 분석이 『공해의 정치학』에서도 보인다(146~148쪽).
32. 『공해의 정치학』, 146쪽.

또는 많은 경우에도 6배에서 7배 정도에 불과하지만, 원전 사고 후의 후쿠시마현에서는 20배에서 50배 많은 발생이 확인된다),[33] '체르노빌에서는 갑상선암 환자의 증가는 사고 5년째 이후이며, 그 이전에 암 환자가 증가하는 일은 있을 수 없다', '본래 체르노빌보다 후쿠시마 쪽이 오염 수준이 낮아 갑상선암 증가는 있을 수 없다'와 같은 많은 반론에 의해 '중화'되는 것이다.[34]

공해 가해자의 책임은 이와 같은 '중화' 현상을 통해 필연적으로 모호해져 간다. 또한 중요한 원인의 제거는 미뤄지기 때문에 당연하게도 피해자 측에 점점 더 희생이 전가되게 된다. 이 사이에 공공연히 가해 기업에 가담하는 국가와 자치단체의 태도가 명백해질 뿐만 아니라 생사의 갈림길에 서게 된 피해 당사자에 대해 과학적인 증명 책임을 지우고자 하는 도착적인 언론이 등장할 때도 있다고 한다.[35] 이상의 사항을 우리의 말로 바꿔 말하면 다음과 같이 정식화할 수 있다.

명제 2. 공해는 대체로 가해자 측의 책임을 모호하게 하는 과정을 밟아가기 쉽다. 이 과정에서 피해자는 더 많은 고통 감내를 강요받게 된다.

이 명제 2와 관련하여 간과할 수 없는 것은 명제 1에서 이야기하는 과정('공해의 기승전결')에서 '제삼자라고 불리는 학식 경험자'가 수행하는

• •

33. 쓰다 도시히데(津田敏秀)의 지적에 따른다. 「福島の子供の甲状腺がん発症率は20〜50倍 津田敏秀氏ら論文で指摘(후쿠시마 아이들의 갑상선암 발병률은 20~50배. 쓰다 도시히데 씨 등 논문에서 지적)」, The Huffington Post, 2015년 10월 8일. http://www.huffingtonpost.jp/2015/10/08/tsuda-toshihide-fukushima-pandemic_n_8262682.html

34. 후쿠시마 제1원전 사고에 관한 원자력 피해의 '중화'에 대해서는 다음 절에서 다른 관점으로부터 상세히 서술한다.

35. 『공해의 정치학』, 198~200쪽.

기능이다. 이것은 비판적 과학의 영역을 이해하는 데서도 중요한 논점인 까닭에 이 절의 매조지로서 여기서 고찰해두고자 한다. 우이 준은『공해 원론』에서 다음과 같은 대학 비판을 제시한다.

> 현재의 공학부 또는 도쿄대학 전체가 업종별 직업훈련소로서 나오자마 자 바로 사용할 수 있는 인간 양성을 위해 대학이 만들어졌다는 점으로 인해 이 속에서의 연구 내지 교육은 언제나 좁은 전문 분야에서 자신이 내다볼 수 있는 범위를 가능한 한 좁힌 다음 그 좁은 분야 속의 서열을 다투거나 자신의 우위성을 다른 사람에 대해 주장하는 것이 연구라고 일컬어지는 것의 실태입니다.
> 따라서 공해와 같이 종합적인 피해가 많은 자연조건이 복합된 경우에 일어나는 문제에 대해서는 좁은 전문적인 눈으로 볼 때는 종종 어처구니 없이 간과하게 되는 것입니다.[36]

여기에는 1970년대 당시 도쿄대학에서 공학부 조교로서 일했던 우이 준다운 현장 감각이 표현되어 있다. 말할 필요도 없이 이것은 어떤 직장의 내부고발과 같은 특수한 차원에 머무르는 증언이 아니다. 사실 이 증언에서 는 제2차 세계대전 이후를 '공업'과 '전문가'의 시대로 간주한 레이첼 카슨의 문명비평과 통하는 관점이 보일 뿐만 아니라 다름 아닌 '공업'과 '전문가' 시대의 내실이 정확하게 묘사되고 있기 때문이다. 대학이 실질적 으로 '업종별 직업훈련소'로 변하고 있고, 그런 까닭에 '전문가'들은 '자신이 내다볼 수 있는 범위를 가능한 한 좁히고자' 한다고 엄혹하게 지적하면서 도, 약 40년이 지난 오늘날에도 여전히 생생한 현실성을 내보이고 있다. 우이 준에 따르면 바로 그러한 '좁은 전문 분야의 틀에서만 문제를 보려고 하는 '전문가'의 존재 방식이 '공해라는 복잡한 사회현상'에 대한 불감증의

---

36. 『공해 원론 I』, 54쪽.

온상이 되는 것이다.

위와 같은 '전문가'의 존재 방식을 상징하는 사례로서 우이 준은 니가타 미나마타병의 민사소송 사례를 소개한다.[37] 그 소송에서는 '화학', '통계학', '의학' 등 서로 다른 분야의 '전문가'들이 차례로 법정에 나왔지만, 흥미롭게도 그들은 각각의 전문 분야 틀 내에서 정합적으로 설명하는 것으로 일관하고, 그러한 설명들 사이에서 생긴 상호모순에 관해서는 완전히 무관심했다. 이 사례가 밝혀주는 것은 개별적인 전문 분야의 세분화와 인클로저를 추진한 근대적인 대학 제도 속에서 어느 사이엔가 학자들이 서로 다른 학문들 사이의 갈등과 어긋남에 대한 긴장감을 상실하고 말았다는 사실이다.

이처럼 전문으로 나누어 그 전문의 틀 안에서만 이치를 맞추고자 하는 기술이 있는 한, 공해의 피해자는 구제받지 못하며, 그 전문의 빈틈에서 반드시 공해는 나오게 됩니다.[38]

이제 우이 준에 의한 비판적 과학의 진수는 분명할 것이다. 비판적 과학이란 한정된 '전문성'이라는 이름으로 절단되는 공해 피해의 종합성을 주시하려고 하는 태도를 가리킨다. 이 입장에 서는 한, '제삼자'를 표방하는 '전문가'들의 자세는 그 자체로 회의의 대상이 된다. 이 회의의 구체적 내용을 테제로 전개하면 다음과 같다.

명제 3. 공해에서는 누구나 현재적으로든 잠재적으로든, 의식적으로 든 무의식적으로든 어쩔 수 없이 가해자의 편이나 피해자 편에 서게 된다. 그런 까닭에 거기에 가치중립적인 제삼자는

• •

37. 같은 책, 59~61쪽.
38. 같은 책, 62쪽.

존재할 수 없다.

역으로 말하면, '객관성', '가치중립성', '제삼자성'을 내걸면서 공해 피해 실태를 말하고자 하는 사람들에 대해서는 그것이 선의에 기초하는 것이면 것일수록 비판적인 시선을 돌릴 필요가 있다는 것이다. 그들의 태도는 공해 피해의 종합성을 부분화, 추상화함으로써 결과적으로 실태를 과소평가하고, 결국 가해자의 입장을 보완, 강화하는 경향을 내포하고 있기 때문이다. 부분적일 뿐인 데이터에만 의존하는 사람들의 '과학'적인 태도는 그들의 의도 여하와 관계없이 공해 피해자의 '삶 전체'를 억압할 수 있다. 그들에게 빠져 있는 것은 공해가 공해 가해자와 피해자 사이의 비대칭적이고 역전 불가능한 권력관계와 필연적으로 공해 가해자 편에 서려고 하는 국가와 자본의 논리를 포함하는 '복잡한 사회현상'이라고 하는 관점이다. 우리가 공해 피해를 자연과학적 대상으로서뿐만 아니라 사회과학적 대상 으로서도 검증해야 한다고 생각하는 것은 공해란 바로 그러한 '복잡한 사회현상'이라는 인식 때문이다. 반복하게 되지만, 후쿠시마 제1원전 사고 후에 주목을 받은 '전문가'들의 '객관적'인 설명에는 이와 같은 인식의 흔적조차 찾아지지 않는다.

3. '과학의 중립성'이라는 이데올로기 — 쓰다 도시히데와 아도르노-호르크하이머

지금까지의 고찰에서 우리는 '전문가'라는 말을 일관되게 따옴표로 묶어왔 다. 여기서 그 취지를 확인해두어야만 한다. 정말이지 레이첼 카슨과 우이 준의 비판적 과학은 전문성이라는 것의 위태로움을 엄격히 추궁하고 있었다. 여기서 주의할 필요가 있는 것은 그들의 추궁 대상이 어디까지나 '전문가'를 자칭하는 자들에게 한정되어 있었다는 단적인 사실이다. 이 사실에 주목할 때 떠오르는 것은 그렇다면 누가 공해의 전문가냐는 소박한 물음이다. 우리의 관점에서 말하면, 바로 비판적 과학의 계승자야말로 공해의 전문가에 해당한다. 아래에서는 두 가지 관점에서 이 테제에 대해 고찰해보고자 한다.

첫째로 참고가 되는 것은 쓰다 도시히데津田敏秀의 증언이다. 쓰다 도시히데는 환경의학과 역학의 관점에서 비판적인 공해 연구를 진행해온 의사다. 그의 연구의 특징은 스스로도 임상 지식을 지닌 의사이면서 그에 더하여 동시에 의사들이 어떻게 공해 사건의 가해자 측 논리에 가담해왔는지를 정밀하게 실증하고 있다는 점이다. 『의학자는 공해 사건에서 무엇을 해왔던가?』(2004년)에서 쓰다는 다음과 같이 지적한다.

> 미나마타병 사건에서 자칭 '전문가'들은 대부분이 신경내과 전문가를 자칭하고 있다. 즉 미나마타병 전문가=신경내과 전문가라고 스스로 정리한 것이다. …… 이러한 일방적 단정에서 미나마타병 사건에서는 신경내과의 관점만이 표면으로 나온다. 그러나 식품위생 문제에도 공해 문제에도 원인이 있는 질병이다. 임상의학 전문가만 독점해야 할 문제가 아니다. 이러한 경향은 우리나라의 공해 사건이나 의약품 사건에서도 종종 볼 수 있는 현상이다.[39]

쓰다 도시히데에 따르면, 미나마타병 사건에서 의학자들은 솔선하여 '미나마타병 전문가=신경내과 전문가'라는 성급하고 일방적인 단정을 내렸다. 바로 이 점이 공해에 대한 본질적인 이해를 저해하고 공해 그 자체의 확대를 촉진하고 말았다. 이 증언은 공해 사건에서 '전문가' 선택의 어려움을 여실히 이야기해준다. 요컨대 무언가의 산업공해가 발생했을

39. 津田敏秀, 『医学者は公害事件で何をしてきたのか(의학자는 공해 사건에서 무엇을 해왔던가?)』, 岩波現代文庫, 2014년(초판, 岩波書店, 2004년), 89~90쪽.

때, 어떠한 것이든 특정 분야의 학자들만을 '전문가'로서 정의하는 언설은 대체로 의심스럽다는 것이다. 이러한 견지에 서면, 원전 전문가는 원자력 공학자라든가 방사능의 인체 영향 전문가는 방사선 의학자라고 하는 언설이 얼마나 의심스러운 것인지가 보이게 된다. '공해라는 복잡한 사회현상'(우이 준)의 역사가 가르치는 것은 그처럼 한정적으로 '전문가'를 자칭하는 사람들이 스스로의 전문성에 갇힘으로써 앞장서서 시야 협소화에 빠지고, 의도하지 않게도 공해 격화를 조장해버렸다는 뼈에 사무치는 사실이다.

둘째로, 많은 '전문가'들은 스스로의 전문성에 갇힌다는 단순한 시야 협소화에 그치지 않고, 국가와 자본의 논리에 의거하여 의도적으로 공해의 영향을 부인해왔다. 그러한 '전문가'의 태도에 대해 니가타 미나마타병 환자의 진단과 운동을 위해 노력한 사이토 히사시斎藤恒 의사는 어떤 흥미로운 예를 제시하고 있다. 그것은 니가타 미나마타병에 관해 당시 니가타대학 의학부 교수였던 쓰바키 다다오椿忠雄가 사이토 의사와 나눈 대화다. 쓰바키는 니가타 미나마타병의 원인을 특정한 인물이지만, 환경청 전문가 회의의 책임자가 된 1993년 8월의 시점부터 미나마타병의 진단 기준을 엄격하게 하여 니가타 미나마타병의 인정 제도를 유지하려고 하는 환경청의 이론적 지주가 된 인물이기도 하다.[40]

오염 사실이 명확하고 사지의 감각 장애가 있으면[니가타 미나마타병 환자로서] 인정해도 좋은 것이 아닐까 하는 나[사이토 의사]의 질문에 대해, 쓰바키 교수는 '사이토 씨, 당신이 말하는 것은 분명합니다. 그것은 지금까지 인정된 것보다 좀 더 피라미드의 저변까지 인정하라는 것이겠 지요. 하지만 그렇게 되면 쇼와전공이나 국가가 해나갈 수 있을까요?'라고

40. 斎藤恒, 『新潟水俣病(니가타 미나마타병)』, 毎日新聞社, 1996년, 142~145쪽. 宇井純, 「医学者は水俣病で何をしたか(의학자는 미나마타병에서 무엇을 했던가?)」, 『ごんずい (쏠종개)』 제53호, 水俣病センター相思社, 1999년. 다음에서 열람 가능. http://soshisha. org/gonzui/53gou/gonzui_53.htm#anchor605632

말했다.

　나는 놀라서 '쓰바키 선생과도 같은 사람으로부터 그런 말을 들을 것이라고는 생각하지 못했습니다. 그것은 정치적으로 의학을 왜곡하는 것이 아닐까요?'라고 말하자, 쓰바키 교수는 '그렇지만요'라고 말하며 침묵하고 말았다. …… 나는 쓰바키 선생이 이전의 선생과는 달리 환경청의 특별위원회 책임자로서 미나마타병의 막을 닫는 것만을 생각하고 있는 것 같았다. 의학자로서가 아니라 행정관이 되어버렸다는 느낌이 들어 그 후 직접 집을 방문하는 일은 그만두었다.[41]

'쇼와전공이나 국가가 해나갈 수 있을까요?'라는 이 쓰바키 다다오의 발언은 공공 피해를 평가하는 '전문가'들이 국가와 자본의 논리에 적극적으로 가담하여 피해를 의도적으로 과소평가하는 경향을 지닌다는 사실을 명확히 입증하고 있다. 그들은 종종 국가와 기업으로부터 연구비를 얻기 위해 또는 행정기구의 심의회, 각종 위원회의 위원을 맡음으로써 적극적으로 국가와 자본의 논리에 참여하고, 그 결과 국가와 자본의 논리에 따른 공해 피해의 의도적인 과소평가나 '중화' 작업에 가담하게 된다.

　그런데 위에서 언급한 사태에 기초하면, '공해 전문가'에게 필요한 자질은 자연스럽게 밝혀진다. 그것은 다음과 같은 두 가지 명제로 집약될 수 있다.

　　명제 1. 스스로의 전문 분야 및 인접 분야가 역사적으로 '공해 사건에서
　　　　　 무엇을 해왔는가'를 비판적으로 객체화하고 있을 것.
　　명제 2. 환경오염을 자연과학적인 대상으로서뿐만 아니라 사회과학적인
　　　　　 대상으로서도 파악하고 있을 것.

· ·

41. 『니가카 미나마타병』, 147~148쪽. 강조는 인용자. 『의학자는 공해 사건에서 무엇을 해왔던가?』, 136쪽에서 일부 인용한다.

이미 분명하듯이 레이첼 카슨, 우이 준, 쓰다 도시히데(그리고 존 W. 고프만, 다카기 진자부로, '구마토리 6인조', 하라다 마사즈미 등, 지금까지 우리가 인용해온 많은 비판적 과학자들)에게는 정도의 차이가 있긴 하지만, 이러한 두 가지 자질이 충분히 갖추어져 있다. 이 두 가지 자질은 어느 것이든 스스로 학자로서의 한계와 조건을 비판적으로 파악할 수 있는가 아닌가에 관계되는 것인바, 비판적 과학이란 바로 이와 같은 이중화된 지평에 기초하여 공해를 고찰하는 과학이라고 다시 정의할 수 있을 것이다.

그런데 후쿠시마 제1원전 사고 이후 등장한 자칭 '전문가'들은 앞에서 거론한 두 가지 자질 가운데 어느 것도 갖고 있지 않다. 원자력공학자로서는 마다라메 하루키, 세키무라 나오토關村直人, 오하시 히로타다大橋弘忠, 또한 방사선 의학자로서는 야마시타 슌이치, 나카가와 게이이치, 그리고 원자물리학자로서는 하야노 류고早野龍五 등이 그 전형이다. 그들이 말하는 바는 어느 것이든 표면상의 '제삼자성'을 표방하면서 현실적으로는 원전 사고와 그 영향을 부인하고, 그리함으로써 국가와 자본의 논리를 강화, 보완한다는 데 공통점이 있다.

사실 엄밀하게 말하자면, 그들 사이에도 국가와 자본의 논리에 의거하여 의도적으로 원전 사고와 그 영향을 부인해온 사람들과 반드시 의도적으로 그렇게 하는 것은 아닌 사람들과의 차이점은 존재한다. 예를 들어 후쿠시마 제1원전 사고 당시의 원자력안전위원장으로서 '원전은 구조상 폭발하지 않는다'라고 단언한 마다라메 하루키, 후쿠시마 제1원전 1호기의 수소 폭발에 즈음하여 '폭발 밸브를 작동시켰을 가능성이 있다'라고 꾸며댄 세키무라 나오토, '플루토늄은 마시고도 문제없다', '전문가가 되면 될수록 격납용기가 파괴될 것으로 생각하지 않는다'라고 호언한 오하시 히로타다는 모두 다 원자력공학을 전문으로 하는 도쿄대학 교수, 전 교수이자 '원자력 무라'의 구성원으로서 '제삼자'이기는커녕 명백한 당사자성을 지닌다. 또한 후쿠시마현 방사선 건강위험관리 고문으로서 '방사능의 영향은 싱글벙글 웃는 사람에게는 오지 않는다'라고 피폭 영향을 부인한 야마시타 슌이치는 방사선 방호를 전문으로 하는 나가사키대학 교수로서 ICRP 위원, 체르노빌 포럼에 의한 체르노빌 보고의 집필자를 맡은 '국제 원자력 로비'의 일원인바, 역시 '제삼자'이기는커녕 명백한 당사자성을 지닌다.[42] 요컨대 그들은 분명히 국가와 자본의 논리에 의거하여 의도적으로 원전 사고와 그 영향을 부인해 온 자들에 해당한다.[43]

한편 나카가와 게이이치와 하야노 류고는 반드시 의도적으로 그렇게 하는 것은 아닌 사람들에 해당하는 것으로 보인다. 그들의 '계몽' 활동을 뒷받침하는 것은 '과학의 객관성'을 추구해온 입장 특유의 강력한 자부심과 사명감일 것이다. 사실 후쿠시마 제1원전 사고 직후의 이 두 사람의 자세를 되돌아보면, 두 사람 모두 각자의 학문적 경력을 배경으로 담담하게 정보 발신을 계속하고 있었음은 분명하며, 거기에 국가와 자본의 논리를 강화하려고 하는 적극적인 의도가 담겨 있었던 것은 아니다. 다만 사고로부터 4년 이상의 시간이 경과하는 가운데 이 두 사람의 언설이 서서히 공해 피해에 대한 부인 경향을 강화하고 있다는 것도 의심할 수 없다. 나카가와 게이이치와 하야노 류고는 일정한 전제에서 일정한 범위 안에서 통용되는 데 지나지 않는 '과학'의 영역을 어느덧 벗어나 어디까지나

• •

42. '국제 원자력 로비'에 대해서는 다음을 참조. コリン・コバヤシ, 『国際原子力ロビーの犯罪 ― チェルノブイリから福島へ(국제 원자력 로비의 범죄 ― 체르노빌로부터 후쿠시마로)』, 以文社, 2013년, 제1장 「국제 원자력 로비란 무엇인가」. 덧붙이자면, 체르노빌 포럼은 원자력의 민생 이용을 촉진하는 국제기관 IAEA와 가까운 까닭에, 그 평가는 대상을 좁은 범위로 한정하여 체르노빌 원전 사고에 의한 암 사망자 수를 과소평가하고 있다. 이 점에 대해서는 제1부 제1장을 참조.

43. 후쿠시마 제1원전 사고 이전과 이후에 발설된 '전문가'들의 무책임한 발언의 기묘한 논리구조에 대해서는 다음의 문헌이 상세하고도 빠짐없이 분석하고 있다. 影浦峽, 『信頼の条件 ― 原発事故をめぐることば(신뢰의 조건 ― 원전 사고를 둘러싼 말)』, 岩波科学ライブラリー, 2013년.

불확정적인 요소를 포함하는 건강 피해에 대해 성급한 '안전'론을 반복하는 데 이르고 있기 때문이다. 현재 후쿠시마현에서 소아 갑상선암의 발병 건수가 유의미하게 증가 경향을 보이고 있음에도 불구하고, 그들은 엄연한 사실에 대한 부인의 태도를 거두지 않고 있다. 앞 절에서 인용한 우이 준의 말을 빌리자면, 그들의 태도는 바로 공해 영향의 '중화' 과정을 구성하는 것이다.

현재 나카가와 게이이치와 하야노 류고에게 빠져 있는 것은 이른바 과학적 판단의 틈새로부터 공해가 생겨났다는 역사적인 지식이다. 그 증거로 두 사람의 저작에서는 오염치에 관한 해설이 공표되어 있지만, 그들과 동일한 학자들의 안전론에도 불구하고 일본 각지에서 공해가 반복적으로 회귀하고 격화되어온 역사에 대해서는 한마디의 언급도 없다.[44] 요컨대 그들은 '과학의

• •

44. 후쿠시마 제1원전 사고 이후의 방사능 오염에 관한 두 사람의 저서로서 다음의 것이 있다. 中川恵一, 『放射線医が語る被ばくと発がんの真実(방사선 의사가 말하는 피폭과 발암의 진실)』, ベスト新書, 2012년. 中川恵一, 『放射線医が語る福島で起こっている本当のこと(방사선 의사가 말하는 후쿠시마에서 일어나고 있는 참된 일)』, ベスト新書, 2014년. 早野龍五·糸井重里, 『知ろうとすること(알고자 하기)』, 新潮文庫, 2014년. 이 세 권의 책에는 그들 자신처럼 '제삼자를 자칭하는 전문가들'의 개입에 의해 공해 피해가 간과되고 최종적으로는 격화되어버렸다는 역사에 관한 인식이 빠져 있다. 이 점에 더하여 두 사람의 언설에 대해서는 아래에서 지적하는 것과 같은 이유에서도 크게 의문이 남는다. 첫째, 나카가와 게이이치는 '100밀리시버트 이하에서는 건강에 영향이 없다'라는 주장을 집요하게 반복하고 있지만, 100밀리시버트 이하의 저선량 피폭으로 인한 발암 위험에 대해서는 이미 다양한 증명이 존재한다(이 점에 대해서는 제2부 제1장에서 상세히 논의했다). 나카가와가 방사선 의사인 한에서 견지에 따라서는 그는 이 문제에 이해관계를 지니는 당사자라고 생각할 수도 있을 것이다(제2부 제1장, 특히 거기서 인용한 고프만 『인간과 방사능』의 한 구절을 참조. '원자력과 의료 방사선을 적극적으로 사용하는 사람들은 '허용치'가 발견될 것이라는 원망을 끊임없이 지닌다. '허용치'란 그 값 이하의 방사선량이라면 피폭되더라도 해가 없다는 값이다.'). 둘째, 하야노 류고는 저서 속에서 다음과 같이 말하고 있다. '과학이라는 것은 틀릴 수 있는 것이다. 뉴턴의 물리학이 옳다고 생각되고 있던 시대에 아인슈타인이 어떤 미묘한 차이를 깨닫는다. 그 아인슈타인에게도 틀린 것이 있다. 그렇게 해서 과학은 다시 쓰이고 진보해간다. 한정적으로 옳은

중립성' 측에 서면서 '공해라는 복잡한 사회현상'을 직시하는 것을 부인하는 것이다. '후쿠시마현의 방사능 오염은 인체에 영향을 미칠 정도의 것이 아니다'라는 그들의 언설에 기초하는 한, 그로부터 탈피폭과 탈원전의 절박함이 도출되는 일은 있을 수 없다. 그들의 태도는 공해를 자연과학적 대상으로서뿐만 아니라 사회과학적 대상으로서 파악한다는 관점을 갖지 못하고 있다. '과학'의 역사성과 '공해라는 복잡한 사회현상'에 대한 비판 정신을 결여한 그들의 '객관적' 태도는 거의 치명적인 무자각의 모습을 드러내고 있다고 말할 수밖에 없으며, 이런 한에서 그들 역시 국가와 자본의 논리를 강화, 보완하고 있다고 말할 수 있다.[45]

• •

것이다. 따라서 과학자는 이러한 전제에서 이 범위에서는 옳다는 식으로 설명하려고 한다.'(『알고자 하기』, 171쪽) 그 하야노가 후쿠시마현민의 총피폭량의 안전성에 관해 스스로가 암 치료에 사용한 방사선 피폭치(200밀리시버트)를 근거로 판정하려고 하는 것에 대해서는 고개를 갸웃하지 않을 수 없다. 앞에서도 말했듯이 100밀리시버트 이하의 저선량 피폭의 발암 위험에 대해 우리는 제2부 제1장에서 상세히 논의했다. 또한 하야노 자신도 신중하게 말을 고르고는 있지만 갑상선암의 발병 건수가 유의미하게 증가 경향을 보여준다는 점도 무시할 수 없다. 후쿠시마현에서는 이미 통상적인 경우의 몇십 배 많은 갑상선암 발병이 확인되고 있으며, 특히 피폭 선량이 높은 지역에서 갑상선암이 많이 발생한다는 것(후쿠시마현 중간 정도로 중부로부터 남부에서 약 40배에서 50배의 많은 발생이 확인된다), 또한 후쿠시마현에 의한 첫 번째 검사에서 이상 없음으로 판정된 25명의 어린이에게서 두 번째 검사에서 갑상선암이 발견되었다는 것으로부터(하야노 자신은 '두 번째 검사 결과, 첫 번째에 비해 새롭게 발견된 사람 숫자가 많았다면 원전 사고의 영향일 가능성이 크다'라고 분명히 말하고 있다(『알고자 하기』, 114쪽) 이것이 피폭에 의한 과잉 발생이라는 것은 이미 명백하다 (이 점에 대해서는 제1부 제1장을 참조). 또한 갑상선암의 원인인 방사성 요오드에 의한 '초기 피폭'의 과소평가에 대해서는 다음을 참조. study 2007, 『見捨てられた初期被曝(방치된 초기 피폭)』, 岩波科学ライブラリー, 2015년.

45. 왜 일본에서는 이와 같은 일이 반복되는 것일까? 그 요인 가운데 하나로서 '환경학'에서 사회과학의 지위가 낮은 것을 들 수 있다. 이시 히로유키(石弘之)는 일본에서의 환경 문제 해결방식과 관련해 '공학·농학에 치우친 자연과학적 방법을 중심으로 논의해온 혐의가 있으며, 사회·인문계의 해결 방법과 자동차의 두 바퀴를 이루고 있는 유럽과 미국의 환경학과와는 대조적이다. 그 뒤에는 일본인의 기술지상주의가 있으며, ······ 일본의 환경대책이 인원을 많이 껴안고 연구비도 비교적 윤택했던 공·농학부를 중심으

이 장의 고찰을 마무리하면서 독일 프랑크푸르트학파의 철학자 테오도르 W. 아도르노와 막스 호르크하이머의 말을 인용하고자 한다. 아도르노-호르크하이머는 제2차 대전 중에 망명지인 미국에서 집필한 대저 『계몽의 변증법』(1947년)에서 유럽의 전체주의의 연원에는 근대의 '통일과학'의 정신, 특히 그 정신 내부에 잠재된 동질화에 대한 욕망이 놓여 있었다고 지적했다. 다음의 구절은 그 '통일과학'이 '중립성'과 '제삼자성'이라는 이름으로 무엇을 해왔는지를 증언하고 있다.

> 과학적 언어의 불편 부당성 속에서는 힘없는 것은 완전히 스스로를 표현하는 힘을 상실하고 현존하는 것만이 언어의 중립적인 기호를 발견한다. 그러한 중립성은 형이상학보다 더 형이상학적이다. 계몽은 마침내 다양한 상징뿐만 아니라 그 후손인 일반개념을 다 먹어 치웠다. 그리고 형이상학 가운데 남겨진 것은 형이상학이 그로부터 생겨난 집단성에 대한 추상적 불안 이외의 아무것도 아니었다. 개념들은 계몽 앞에서는 산업 트러스트 앞에서의 이자생활자나 다름없다.[46]

● ●

로 연구되어 온 점이 크다'라고 지적하고 있다(石弘之, 「環境学は何を目指すのか ─ 環境研究の新たな枠組みの構築(환경학은 무엇을 지향하는가 ─ 환경 연구의 새로운 틀의 구축)」, 石弘之 編, 『環境学の技法(환경학의 기법)』, 東京大学出版会, 2002년, 18쪽. 강조는 인용자). 이와 같은 현 상황의 역사적 배경으로서 이시 히로유키는 다음과 같은 네 가지 점을 들고 있다. (1) 1992년 유엔환경개발회의('지구정상회의')를 경계로 하여 일본 각지의 대학에서 '환경 붐'이 발생했고, 서서히 '환경'이라는 이름을 가진 학과와 전공이 설치되었다. (2) 1990년대에 신설된 일본의 '환경' 관련 학과와 전공은 '농학·공학·이학'이 거의 3분의 2를 차지하고 있는바, 요컨대 '자연과학계'의 주도에 의한 것이었다. (3) 유럽과 미국의 대학이 '사회로부터의 환경 연구 요청'에 대해 정면에서 대답하려고 했던 데 반해, 일본의 대학은 '학내 인원의 변동과 조직 변경으로 그 마당을 헤쳐나갈 수 있었던' 데 지나지 않는다. (4) 일본의 '환경학'에서는 자연과학적, 기술주의적인 '문제해결'만이 중시되고, 환경오염 현장에서 배우고 공해 피해자의 목소리에 귀를 기울이며 그 문제의 정치적, 경제적, 사회적인 구조를 검증하려고 하는 인문 사회과학적인 자세가 없었다(같은 책, 3~39쪽, 우리에 의한 요약).

46. Max Horkheimer, Theodor W. Adorno, *Dialektik der Aufklärung : Philosophische*

아도르노-호르크하이머에 따르면 실험과 관찰, 자료수집, 귀납에 의한 일반법칙의 산출과 같은 '실증과학'(='계몽') 절차의 기저에는 '형이상학보다 형이상학적'인 '중립성'에 대한 욕망이 가로놓여 있다. 그러나 그 '중립성' 내지 '불편 부당성'은 현실적으로는 '당파성'의 산물에 지나지 않는다고 그들은 말한다. 이유는 간단하다. 오늘날의 실증과학이라는 것은 국가와 자본에 의해 제공된 정치적, 경제적, 사회적 기반 없이는 한시도 존립할 수 없기 때문이다. 아도르노-호르크하이머가 특별히 '산업 트러스트'의 비유를 사용한 것도 그러한 현 상황을 토대로 한 것이다. 이리하여 그들은 다음과 같은 가혹한 진단을 선고한다 — 요컨대 실증과학이란 스스로를 '중립적인 기호'로서 연출함으로써 그 척도에 적합하지 않은 요소를 배제하고 '억압적 평등'의 법칙을 수립하며, 결과적으로는 국가와 자본의 논리를 보완하게 된다는 것이다. '힘없는 것은 완전히 스스로를 표현하는 힘을 상실하고'라는 구절은 국가와 자본의 논리에 의해 프로그래밍 된 기준이 거기서 벗어나는 요소들을 차례차례 '법칙' 밖으로 추방해가는 현 상황을 표현하고 있다.

비판적 과학은 위에서 이야기한 것과 같은 실증과학과는 명료하게 선을 긋고 있다. 비판적 과학은 결코 데이터를 경시하지 않고, 게다가 동시에 그 데이터를 성립시키는 토대에 대한 물음을 계속해서 견지한다. 비판적 과학의 정신은 국가와 자본에 의해 체제화된 '실증과학'이 무엇을 어떻게 망각해버리는지를 응시하려고 한다. 비판적 과학의 정신을 지니는 자는 특히 환경오염이나 공해 사건에 관해 어떠한 해석 관점도 해석자의 정치적, 경제적, 사회적 입장에 의해 방향 지어지지 않을 수 없다는 점을

• •

Fragmente, in Theodor W. Adorno, Gesammelte Schriften, Bd. 3, Suhrkamp, 1981, S. 39. 일역, 『啓蒙の弁証法 — 哲学的斷想(계몽의 변증법 — 철학적 단상)』, 德永恂 옮김, 岩波文庫, 2007년, 55쪽. 강조는 인용자.

우려한다. '수치'의 '객관성' 역시 하나의 '문화'일 뿐이라는 것을 밝힌
것은 과학사가인 시어도어 M. 포터였지만,[47] 그 점을 누가 보아도 알
수 있는 형태로 가리켜 보여주는 것은 증례로서의 공해 사건이다. 그
공해가 근대적인 산업자본주의가 봉착한 하나의 필연적인 귀결이라는
것을 전하는 것은 비판적 과학의 사명이다. 그리고 말할 것도 없이 우리가
제창하는 탈원전의 철학은 이러한 비판적 과학의 정신을 계승하는 것이어
야만 한다.

. .

47. Theodore W. Porter, *Trust in Numbers: The Pursuit of Objectivity in Science and Public Life*, Princeton University Press, 1995. 일역, 『数値と客観性 ― 科学と社会における 信頼の獲得(수치와 객관성 ― 과학과 사회에서 신뢰의 획득)』, 藤垣裕子 옮김, みすず書 房, 2013년.

결론: 탈원전의 철학

1. 탈원전, 탈피폭의 이념

1-1. 탈원전, 탈피폭 이념의 절박화 — 한스 요나스와 자크 데리다

우리는 이 책을 통해 비판적 과학, 공해 연구, 환경학, 경제학, 사회학 등의 다양한 관점에서 탈원전 이념이 절박한 현실성을 지닌다는 점을 밝혀왔다. 체르노빌 원전 사고, 후쿠시마 제1원전 사고라는 대재앙의 **'사전'**이라면, 도래해야 할 탈원전의 필요성이 비판적 과학자에 의해 주장되고, 그것이 세상 사람들의 무시와 냉소에 부딪힌다고 하더라도 사태는 이를테면 '그 정도로 끝났을 것이다(물론 우리는 그러한 사태를 긍정하는 것이 아니다). 그러나 이 두 대재앙이 일어나고야 만 오늘날 우리는 미래의 한 시점에서의 탈원전을 주장하는 것만으로는 끝낼 수 없는 **절박한** 현실에 직면해 있다. 실제로 특히 후쿠시마 제1원전 사고에 의한 방사능 오염의 영향을 어떻게 회피, 감축시킬 것인가 하는 물음은 다름 아닌 일본에서 살아가는 우리에게 긴급한 과제이다. 그리고 이 과제의 긴급성과 중요성 때문에 더 이상의 방사능 오염의 원인이 될 수 있는 원자력발전 시스템은 즉시 폐지되어야만 한다는 결론이 도출된다. 체르노빌과 후쿠시마라는 두 개의 대재앙적인 사건의 '**사후**'에 탈원전 이념은 탈피폭의 이념과 불가분한 것으로서 고찰될 필요가 있다. 이 두 가지 이념은 이제 먼 미래의 한 시점에서 실현되어야 하는 '당위'가 아니라 곧바로 실현해야만 하는 절박한 과제가 되었다. 대재앙의 '**사전**'과 '**사후**'에서의 이와 같은 이념의 질적 변용에 대해 이 절에서는 철학적으로 근거 지어 보이고자 한다.

우선 엄밀함을 기하기 위해 위에서 이야기한 절박성 개념을 두 가지 차원에서 다시 파악하는 데서 시작하자. 첫 번째 차원은 문자 그대로 탈피폭-탈원전의 절박성이다. 이 책에서 반복해서 지적해왔듯이 후쿠시마 제1원전 사고 이후 후쿠시마현에서 소아 갑상선암이 유의미한 증가 경향을 보여주고 있다는 것과 그 증가가 후쿠시마 제1원전 사고로 인한 방사능 오염의 영향이라는 것은 이미 역학적으로 입증되었다.[1] 원전 사고로 인한 건강 피해의 가시화는 탈원전 이념과 탈피폭 이념을 먼 미래 세대에 대한 책임으로서뿐만 아니라 현재 시점 또는 지금 여기서의 절박한 이념으로서 말할 필요가 있다고 우리에게 엄명하고 있는 것이다.

두 번째 차원은 근대 일본 병의 자기치료에 관계된 절박성이다. 이 책의 제3부와 제4부에서 논의했듯이 여기서 말하는 '병'이란 일본 근대사를 통해 끈질기게 반복되어온 공해의 '부인'이라는 증상을 가리킨다. 가까운 과거로부터 현재에 이르기까지 계속해서 회귀하는 공해에 대한 '부인'을 멈추고 공해 피해의 현실을 직시하는 것 역시 우리에게 그야말로 절박한 과제다. 그리고 위에서 말한 두 가지 절박성은 사실상 서로 불가분의 관계에 놓여 있다고 말할 수 있을 것이다. 왜냐하면 원전 사고라는 대재앙은 근대적인 공해 사건의 극점으로서 파악되어야 할 사건이기 때문이다. 후쿠시마 제1원전 사고의 '**사후**'에 공해의 역사를 검증하고 탈피폭=탈원전

• •

1. 이 점에 대해서는 제1부 제1장에서 논의했다.

의 이념을 추구하는 것은 필연적으로 공해 부인의 반복강박을 자기 치료한다는 것을 함의한다. 우리가 탈원전의 철학을 구상하는 것은 현재 시점 또는 지금 여기에서의 탈피폭 이념을 제시하고, 가까운 과거로부터 현재까지 이어지는 공해 부인이라는 병을 극복하려고 시도하는 것이기 때문이다.

그렇다면 체르노빌과 후쿠시마 대재앙의 '**사전**'과 '**사후**'에서 탈원전 이념의 질적 변용은 철학적으로는 어떻게 파악할 수 있을까? 체르노빌과 후쿠시마 대재앙의 '**사전**'에 관해 말하자면, 한스 요나스(1903~1993년)의 '미래 세대에 대한 책임' 개념이, 또한 그 '**사후**'에 관해서는 자크 데리다(1903~1993년)의 '절박성' 개념이 각각 무시할 수 없는 무게감을 지닌다. 한스 요나스는 이 책의 제1부에서 언급한 귄터 안더스(1902~1992년)와 마찬가지로 나치 독일의 대두로 인해 영국, 팔레스타인/이스라엘을 거쳐 미국으로 망명한 독일 태생의 유대계 철학자이자[2] 하이데거, 아렌트와 가깝다는 점에서 안더스와 거의 동일한 철학 동아리에 속해 있었다. 여기서 주목해야 할 것은 요나스가 만년에 저술한 대저 『책임의 원리』(1979년)이다. 그는 이 저작에서 '종래의 윤리학'과는 다른 '새로운 유형의 명령', 즉 '미래 세대에 대한 책임'을 고려한 윤리학을 수립해야만 한다고 주장하며 다음과 같이 말하고 있다.

> 새로운 유형의 인간 행위에 적합한 명령, 새로운 유형의 행위 주체로 향한 명령은 다음과 같이 될 것이다. '너의 행위가 가져오는 인과적 결과가 지구상에서 참으로 인간의 이름에 값하는 생명이 영속하는 것과 어울리도록 행동하라.' 부정적인 형태로 표현하면, '이러한 생명이

• •

2. 나치의 대두를 거쳐 망명하지 않을 수 없게 된 독일 태생의 유대계 철학자인 안더스와 요나스가 공통되게 근대 과학기술의 폭력성과 대재앙 문제에 관심을 기울였다는 사실은 대단히 흥미롭다. 그것은 홀로코스트라는 '대재앙', 그리고 그것을 가능하게 한 '절멸 기술'을 내 일로서 받아들일 수밖에 없는 유대계라는 그들의 출신과 아마도 강한 관계를 지니고 있었을 것이다.

미래에도 가능하다는 것이 너의 행위가 가져오는 인과적 결과에 따라 파괴되지 않도록 행위하라.' 또는 간단히 말하면, '인류가 지구상에서 언제까지나 존속할 수 있는 조건을 위험에 빠뜨리지 말라.' 또는 다시 긍정적인 형태를 사용하면, '네가 현재 선택할 때 인간이 미래에도 무사할 것을 네가 바라는 대상에 포함해라.'[3]

요나스가 이 구절에서 제시한 테제의 사정거리를 이해하고, 그것이 탈원전 이념에 어떠한 의미를 지니는지 이해하기 위해서는 세 개의 보조선을 그을 필요가 있다. 첫째로 지적해야 할 것은 과학기술의 진보라는 논점이다. 요나스에 따르면 현대 과학기술은 인간 자신에 의한 제어를 넘어서 누적하여 자기 증식하는 특성을 보인다. 현대에는 기하급수적인 가속도에 기초한 과학기술의 진보를 통해 기술혁신 그 자체가 자기 목적이 되어 있다. 이처럼 자기 증식화, 자기 목적화한 과학기술 시스템은 어쩔 수 없이 기술혁신 이외의 목적, 즉 자연환경의 균형이나 인간 자신의 생존에 대해 배려를 하지 못한다.[4] 아니, 그렇기는커녕 최첨단 기술 영역에서는 '인간 그 자체가 기술의 대상이 되었다'[5]라는 것이 요나스의 진단이다. 이처럼 인간 자신을 착취하는 현대 과학기술 시스템 아래에서는 가까운 미래의 한 시점에서 인류의 생존 자체가 위기에 빠지는 것이 아닐까 하는 비관적인 예측이 현실감을 지니게 되었다. '마음에 드는 예측보다 마음에 들지 않는 예측을 우선시해야만 한다',[6] '과학기술의 가능한 성과에

• •

3. Hans Jonas, *Das Prinzip Verantwortung: Versuch einer Ethik für die technologische Zivilisation*, Insel, 1979; Suhrkamp, 1984, S. 36. 일역, 『責任という原理 — 科学技術文明のための倫理学の試み(책임의 원리 — 과학기술 문명을 위한 윤리학의 시도)』, 加藤尚武 감역, 東信堂, 신장판, 2010년(초판, 2000년), 22쪽.
4. Ibid., S. 26~32. 일역, 14~19쪽.
5. Ibid., S. 47. 일역, 같은 책, 32쪽.
6. Ibid., S. 70. 일역, 같은 책, 56쪽.

는 미래 인간의 실재를 통째로, 또는 그 본질을 통째로 위기에 빠뜨릴 가능성이 있다'[7] ─ 요나스가 이러한 강한 위기감을 표현하는 데서 염두에 두고 있었던 것은 특히 1970년대 당시부터 이미 폭발적인 발전을 시작한 '유전자 조작' 기술이었다.[8] 그러나 우리의 문제의식에서 보면, '인간 그 자체'를 '기술의 대상'으로 하고 '미래 인간의 실재를 통째로 …… 위기에 빠뜨릴 가능성'을 지니는 기술의 전형적인 예는 말할 필요도 없이 다름 아닌 핵=원자력 기술이다. 또한 요나스는 이른바 '기술'의 파괴성에만 관심을 집중하고 있지만, 본래 '기술의 자기 생성적 전개'(낭시)를 초래하는 가장 큰 동인은 국가와 자본의 논리라는 사실도 잊어서는 안 된다.[9] 그야 어쨌든 한스 요나스가 1979년에 제창한 '미래 세대에 대한 책임' 개념은 요나스 자신의 의도 여하와 관계없이 핵=원자력 기술(핵무기와 원전)이 미래 세대에 가져올 수 있는 대재앙의 위험을 생각하는 데서 매우 유효하다. 사실 귄터 안더스가 '인류는 전체로서 살해될 수 있다'[10]라는 명제를 제시한 것은 바로 핵무기 시스템의 폭주 위험을 염두에 두고 있었기 때문이었다.[11] 이러한 안더스의 명제를 윤리학적인 관점에서 다시 파악하면, 그것을 요나스가 정식화한 '인류가 지구상에서 언제까지나 존속할 수 있는 조건을 위험에 빠뜨리지 말라'라는 명령으로 변환할 수 있다는 것은 의심할 수 없다.

두 번째 논점은 미래 세대에 대한 구조적 차별이다. 미리 덧붙여두자면, '구조적 차별'은 우리의 용어이지 요나스 자신의 용어가 아니다. 다만

● ●

7. Ibid., S. 80. 일역, 같은 책, 66쪽.
8. Ibid., S. 52~53. 일역, 같은 책, 37쪽.
9. 이 점에 대해서는 제1부 제3장에서 상세히 논의했다.
10. Günther Anders, *Die Antiquiertheit des Menschen, Bd. I : Über die Seele im Zeitalter der zweiten industriellen Revolution*, C. H. Beck, 1956, S. 242. 일역 『時代おくれの人間(上卷) ─ 第二次産業革命時代における人間の魂(시대에 뒤떨어진 인간(상권) ─ 제2차 산업혁명 시대의 인간 영혼)』, 青木隆嘉 옮김, 法政大学出版局, 1994년, 255쪽.
11. 이 점에 대해서는 제1부 제1장에서 상세히 논의했다.

요나스가 '미래 세대에 대한 책임' 개념을 통해 고려하고 있었던 것은 현재 세대와 미래 세대 사이에 가로놓인 비대칭적이고 불가역적인 관계성이었다. 그 인식의 일부분은 '네가 현재 선택할 때 인간이 미래에도 무사할 것을 네가 바라는 대상에 포함해라'는 테제 속에서 엿볼 수 있다. 그러나 현재 세대에 의한 미래 세대에 대한 구조적 차별이라는 관점을 명백히 내세우고 있는 것은 역시 아래의 구절일 것이다.

> 지금 존재하지 않는 자는 권리요구를 내세우지 않는다. 그러므로 그 권리를 침해당하지도 않는다. 존재하게 되면 권리를 지닐지도 모른다. 하지만 언젠가 존재하게 될 것이리는 가능성에만 의기하여 권리를 인정받을 수는 없다. 애초에 실제로 존재하기 이전에는 존재할 권리 따위는 없다. 존재를 요구할 권리는 존재하게 되고서 비로소 생긴다. 하지만 바로 이러한 아직 존재하지 않는 자에게 우리가 추구하는 윤리학은 관계하게 된다. 이 윤리학의 책임 원리는 권리라는 관념으로부터, 동시에 상호성이라는 관념으로부터도 완전히 자유로워야만 한다.[12]

요나스에 따르면 '종래의 윤리학'의 목적은 지금 존재하는 자들의 '권리요구'를 상호적으로 충족시키는 것이었다. 요컨대 그것은 현재 세대의 당사자들 사이에서 어떻게 약속의 상호성, 공유 가능성을 확보할 것인가라는 물음으로 시종하는 것이었다. 그런데 이러한 윤리학의 틀 안에서는 '아직 존재하지 않는 자'로서의 미래 세대의 생존과 행복은 고려되지 않는다. 특히 앞서 언급한 것과 같은 과학기술 시스템의 위협이 명확해지고 있음에도 불구하고 동시성과 상호성을 추구하는 '종래의 윤리학'에만 계속해서 의거한다면, '지금 존재하는 자'에 의한 '아직 존재하지 않는 자'에 대한 차별의 구조를 보완, 강화해버리게 될 것이다. 요나스가 '미래

• •

12. *Das Prinzip Verantwortung*, S. 84. 일역, 『책임의 원리』, 69쪽.

세대에 대한 책임'이라는 새로운 윤리학을 제창한 것은 이처럼 세대 간에 존재하는 비대칭성이라는 관점을 중시했기 때문이다. 이런 의미에서 요나스에 의한 '새로운 윤리학'은 우리의 탈원전의 철학과 밀접한 관계를 지닌다고 할 수 있을 것이다. 사실 이 책에서 반복해서 지적해왔듯이 원자력발전이란 그것을 가동하면 할수록 장기적인 관리를 필요로 하는 대량의 방사성 폐기물을 발생시키지 않을 수 없는 시스템이다. 이 시스템에서는 현재 세대의 전력 소비를 위해 계속해서 원전을 유지하는 그만큼 처분 불가능한 방사성 폐기물이 증가하고, 그 관리와 그로 인한 대재앙의 위험성이 미래 세대에게로 떠밀어 넘겨지게 된다. 원자력발전은 현재 세대에 의한 미래 세대에 대한 구조적 차별을 보완, 강화하는 징후적인 사례이다. 현재 세대의 '행복'이 미래 세대의 '희생' 위에 성립하는 구조를 인식하기. 그리고 그런 까닭에 요나스가 제창하는 '미래 세대에 대한 책임' 개념을 진지하게 고려하기. — 이러한 생각들은 그야말로 탈원전의 철학에 대해 필수 불가결한 절차다.[13]

세 번째 논점은 칸트의 규제적 이념에 대한 비판이다. 요나스는『책임의 원리』에서 칸트의 규제적 이념이 플라톤의 선의 이데아와 같은 초월적이고 '수직'적인 도덕적 이상을 시간 좌표에서 무한한 미래로부터 우리를 도덕적으로 규정하는 이상으로서 '수평'화했다고 평가한다. 그러나 요나스에 따르면 칸트가 말하는 규제적 이념이란 인류의 역사 속에서 '도달 가능한' 목표가 결코 아니며, 그 목표에 '마치 도달 가능한 것처럼' 미래의 무한히 먼 지점으로부터 현재의 우리를 방향 짓는 이념일 뿐이었다.[14]

• •

13. 후쿠시마 제1원전 사고 후인 오늘날 '미래 세대에 대한 책임'을 진지하게 논구하는 사상가로서 오사와 마사치(大澤真幸)라는 이름을 들어두고자 한다. 오사와는 '미래 세대에 대한 책임' 개념을 한 걸음 더 밀고 나가 현재 세대와 미래 세대의 연대는 어떻게 가능한가의 물음을 제기하고 있다. 다음을 참조. 大澤真幸, 「未来は幽霊のように (미래는 유령처럼?)」, 「可能なる革命(5)(가능한 혁명(5))」, 『atプラス』제11호, 太田出版, 2012년, 158~168쪽.

역으로 말하면 그것은 도덕적 이상의 실현 가능성을 무한히 먼 지점의 미래로 미루어 놓음으로써 사실상 현재 세대의 절박한 행위 필요성을 불문에 부칠 위험을 간직한 이념이기도 했다는 것이다. 요나스가 제창하는 '미래 세대에 대한 책임' 개념은 칸트의 규제적 이념과는 분명히 선을 긋고 있다. 요나스는 인류의 존속에 대한 과학기술의 위협이 미래의 무한히 먼 지점에서가 아니라 좀 더 가까운 미래의 한 시점에서 대재앙적인 방식으로 현실화하리라고 생각했으며, 그러한 있음 직한 미래에서의 대재 앙을 피하기 위한 현재 세대 행위의 중요성을 인식했기 때문이다. 이런 의미에서 요나스의 '미래 세대에 대한 책임' 개념은 미래에 대재앙을 불러일으킬 위험을 지니고 방사성 폐기물을 제한 없이 미래 세대에 떠넘기 지 않을 수 없는 원자력발전 시스템을 비판하기 위해 효과적인 개념이라고 말할 수 있다.

그러나 체르노빌과 후쿠시마에서 대재앙이 이미 실현되어버린 현재는 있음 직한 미래의 대재앙과 '미래 세대에 대한 책임'(요나스)을 매개할 필요조차 없으며, 현재 시점 또는 지금 여기서의 탈원전=탈피폭의 '절박성'(데 리다)이 도출되어야만 한다. 여기서 요나스에게서 벗어나 데리다 『마르크 스의 유령들』(1993년)을 참조하고자 한다. 거기서 데리다는 '도래해야 할 데모크라시[démocratie à venir]'라는 이념의 '절박성[imminence]'에 대해 말하고 있다.[15] '도래해야 할 데모크라시'란 예를 들어 슬라보예 지젝이 데리다를 비판하여 말하는 것과 같은 의미에서 절대로 실현되지 않고 '영원히 약속인 채로 머무는' 것과 같은 이념이 아니다.[16] 데리다에게서 '도래해야 할

• •

14. *Das Prinzip Verantwortung*, S. 227~228. 일역, 『책임의 원리』, 215~216쪽.

15. 예를 들어 다음을 참조. Jacques Derrida, *Spectres de Marx*, Galilée, 1993, pp. 59~69. 일역, 『マルクスの亡霊たち(마르크스의 유령들)』, 增田一夫 옮김, 藤原書店, 2007년, 79~93쪽.

16. Cf. Slavoj Žižek, *Did Somebody Say Totalitarianism?: Five Interventions in the (Mis)
use of a Notion*, Verso, 2001, pp. 152~160. 일역, 『全体主義 ― 観念の(誤)使用について

데모크라시'란 오히려 현재 시점에서의 '절박성' 또는 '절박한' 이념인바, 현재의 정치적 모순들과 미래의 정치적 비결정성을 직시하면서 '도래해야 할 데모크라시'라는 사회변혁을 '절박하게 도래시켜야만 한다'라고 명령하는 '정치적 엄명[injonction politique]'을 의미하는 것이다.[17] 우리는 여기서 '도래해야 할[à venir]'을 '절박하게 도래시켜야만 한다'라는 강한 의미에서 해석하고, '도래해야 할 데모크라시'의 '절박성'을 강조하는 독해를 선택한다.[18] 그러한 의미에서만 데리다는 '도래해야 할 데모크라시'의 절박성을 칸트적인 규제적 이념의 무한히 먼 지점의 미래에 대치시키고 있었다.

> 여기서 문제가 되는 것은 이러한 간극(격차, 실패, 불일치, 이접, 조정 부전, "out of joint"인 것)에서만 생겨날 수 있는, 약속 개념으로서의 데모크라시 개념 자체다. 따라서 우리는 언제나 도래해야 할 데모크라시[démocratie à venir]에 대해 이야기할 것을 제안하는 것이며, 그것은 미래의 현재에서의 미래의 데모크라시[démocratie future]도 아니고, 칸트적인 의미에서의 규제적 이념도 아니며, 또는 유토피아도 아닌 ― 적어도 그것들의 도달 불가능성이 아직 미래의 현재[présent futur]라는 시간 형식 또는 생생한 현재[présent vivant]의 미래 양태라는 시간 형식을 취하는 한에서.[19]

● ●

(전체주의 ― 관념의 (오)사용에 대하여)』, 中山徹 · 清水知子 옮김, 2002년, 靑土社, 183~191쪽.

17. 데리다는 『마르크스의 유령들』의 곳곳에서 '현재[présent]'의 '비-자기동일성[non-identité à soi, non-contemporanéité à soi]'에 대해 논의하고 있다. 우리는 이 '현재'의 '비-자기동일성'을 현재 시점에서의 '절단[rupture]' 또는 사회변혁의 절박성으로 해석한다. 예를 들어 다음을 참조. *Spectres de Marx*, p. 62. 일역, 『마르크스의 유령들』, 83.

18. 이 점에 대해서는 다음에서 상세하게 논의했다. 佐藤嘉幸, 『權力と抵抗 ― フーコー · ドゥルーズ · デリダ · アルチュセール(권력과 저항 ― 푸코 · 들뢰즈 · 데리다 · 알튀세르)』, 人文書院, 2008년, 4 · 6장.

19. *Spectres de Marx*, p. 110. 일역, 『마르크스의 유령들』, 149쪽.

여기서 데리다가 말하고 있듯이 '도래해야 할 데모크라시'란 칸트적인 규제적 이념의 무한히 먼 미래의 지점처럼 결코 '도달 불가능한' '미래의 현재'의 시간에 위치하는 것이 아니라 오히려 현재 시점에서의 '절박한' 이념이며, 좀 더 말하자면 '절박하게 실현되어 할 이념이다. 우리는 이러한 관점에 서서 데리다의 '절박성' 개념을 체르노빌과 후쿠시마의 대재앙 **'사후'**에 재해석할 것을 제안한다. 그와 같은 재해석을 통해 현재 시점 또는 지금 여기서의 방사능 오염을 직시하면서 탈원전=탈피폭의 이념을 '절박하게 실현해야만 한다'라고 엄명하는 새로운 윤리학이 떠오를 것이다. 체르노빌과 후쿠시마의 대재앙 이후 탈원전=탈피폭이란 바로 현재 시점 또는 지금 여기서의 '절박한' 이념이며, 탈원전=탈피폭에 대한 우리의 절박한 책임은 체르노빌과 후쿠시마 이전과 비교해 극한까지 증대해 있는 것이다.

1-2. 다양한 탈피폭의 옹호

앞 절에서 우리는 한스 요나스의 '미래 세대에 대한 책임' 개념과 자크 데리다의 '절박성' 개념을 대비시킴으로써 체르노빌 원전 사고, 후쿠시마 제1원전 사고의 **'사전'**에서는 요나스가 말하듯이 미래에 일어날 수 있는 대재앙과 그것을 피한다고 하는 '미래 세대에 대한 책임'을 고려하는 것만으로 충분하다고 생각되었지만, 체르노빌과 후쿠시마라는 두 대재앙의 **'사후'**인 오늘날에는 탈피폭=탈원전의 실현 가능성을 데리다적 의미에서 현재 시점에서의 '절박한' 이념으로서 파악해야만 한다고 주장했다. 이러한 탈피폭=탈원전의 이념은 결코 실현 불가능하지만, 이념성에서 현재 세대의 행위를 규정하는 '규제적 이념'이 아닐 뿐만 아니라 미래의 한 시점에서의 대재앙을 상정하고 그것을 매개로 하여 현재 세대의 행위를 규정하는 '미래 세대에 대한 책임'의 이념도 아니다. 탈피폭=탈원전의 이념은 체르노빌, 후쿠시미의 대재앙 이후에는 현재 시점에서의 '절박한'

이념이며, 동시에 우리가 그 '절박성'을 직시하고 그것을 실현하기 위한 수단을 하나하나 실행해 나가면 틀림없이 실현 가능한 이념이다. 이 점에 대해 논의하기 위해 이 절에서는 우선 후쿠시마 제1원전 사고 이후에 우리 생활권에 확산한 방사능 오염을 어떻게 회피, 감축할 것인지, 그리고 이를 위한 조건이 무엇인지에 대해 몇 가지 관점을 제시하고자 한다.

우선 현재 시점 또는 지금 여기서의 탈피폭을 생각하는 데서 필요한 것은 각각의 당사자가 놓인 상황을 최대한 존중하는 자세다. 이 절에서는 '강제 피난민', '잔류자', '자발적 피난민', '귀환자'와 같은 네 가지 입장에 주목하지만, 이러한 범주로는 다 다룰 수 없는 복잡한 사정이 각각의 당사자 경우만큼이나 존재한다는 것은 이미 지적되었다.[20] 이 점에 근거하면, 어느 한 입장의 정당성만을 주장하거나 그것과는 다른 입장을 폄하하는 것과 같은 논의는 엄격히 삼가야만 한다. 우리가 이 책에서 제안하고자 하는 것은 어디까지나 각각의 서로 다른 입장에 입각한 다양한 탈피폭을 실현하는 것, 그리고 이를 위한 선택지를 보장하고 확충하는 것이다. 물론 이러한 다양한 탈피폭의 실현 가능성을 보장하는 데서 후쿠시마 제1원전 사고 후의 방사능 오염의 위험성을 직시하는 것은 불가결하지만, 그 위험성에 대한 인식에 기초해서 해야 할 일과 할 수 있는 일도 수많이

• •

20. 다음을 참조. 宇都宮大学国際学部附属多文化公共圏センター・うつくしまNPOネットワーク・福島乳幼児妊産婦ニーズ対応プロジェクト편, 『福島県内の未就学児を持つ家族を対象とする原発事故における避難に関する合同アンケート調査(후쿠시마현 내의 미취학 아동을 가진 가족을 대상으로 한 원전 사고에서의 피난에 관한 합동 설문 조사)』, 2012년. http://cmps.utsunomiya-u.ac.jp/news/fspyouyaku.pdf 宇都宮大学国際学部附属多文化公共圏センター 편, 『福島乳幼児・妊産婦支援プロジェクト(FSP)報告書2011年4月〜2013年2月(후쿠시마 영유아・임산부 지원 프로젝트(FSP) 보고서 2011년 4월~2013년 2월)』, 2013년. https://uuair.lib.utsunomiya-u.ac.jp/dspace/handle/10241/9246 같은 센터 편, 『2013年北関東地域の被災者アンケート調査 福島県からの避難者アンケート調査資料集(2013년 기타간토 지역의 피해자 설문 조사. 후쿠시마현으로부터의 피난민 설문 조사 자료집)』, 2014년. https://uuair.lib.utsunomiya-u.ac.jp/dspace/handle/10241/9232

존재한다. 그러나 그것들은 아직 충분히 실현되지 않았거나 널리 인식되지 않은 채로 머물러 있다. 이런 의미에서 설사 후쿠시마 제1원전 사고로 인한 피폭 당사자의 개별적인 구체적 사정을 남김없이 파악하는 것은 불가능하다 하더라도, 적으나마 피폭 상황의 개요를 조감하고 거기서 어떠한 문제가 표출되고 있는지를 이해하는 것은 피할 수 없는 작업일 것이다. 후쿠시마 제1원전 사고의 가해자인 도쿄전력과 일본 정부가 일관되게 피폭 상황 조사를 소홀히 하고 계속해서 문제를 부인하고 있는 만큼 이 점은 더욱더 강조해야만 한다.

그러면 다양한 탈피폭의 실현 가능성 조건을 생각하는 데서 우리는 어떠한 피폭 상황을 염두에 둘 필요가 있는 것일까? 이 점과 관련해서는 무엇보다도 우선 한 사람당 연간 피폭 한도량을 둘러싼 일본 정부의 결정(그것은 경제적-사회적 비용 감축을 우선시한 정치적 판단이었다), 그 결정에서 유래한 이런저런 귀결을 무시할 수 없다.[21] 일본 정부는 후쿠시마 제1원전 사고 후에 발표된 ICRP 성명에 기초하여 사고 전까지는 1밀리시버트로 되어 있었던 일반 공중의 연간 피폭량 한도를 20밀리시버트로 끌어올리는 결정을 단행했다. 이러한 연간 피폭 한도량 20밀리시버트라는 새로운 기준에 기초하여 후쿠시마현 하마도리의 광대한 지역의 주민들에게 피난 지시가 내려졌다. 그 후 일본 정부는 사고 직후보다 방사선량이 감소하고 연간 피폭이 20밀리시버트 이하로 줄어들 것으로 추정되는 지역에 관해 순차적으로 주민들의 귀환을 촉구하는 자세를 명시하고 있다. 2015년 10월 현재, 정부는 '피난 곤란 구역', '거주제한 구역', '피난 지시 해제 준비구역'이라는 경계 구분에 기초하여 피난 지시 해제 준비구역의 주민, 피난 지시 구역 외부의 피난민(이른바 '자발적 피난민')에 대해 공적 지원의 중단과 세트로 이루어진 귀환 촉진 정책을 펴고 있다. 정부는 더 나아가 거주제한 구역, 피난 지시 해제 준비구역을 2017년 3월까지 모두 해제하고,

• •

21. 이 점에 대해서는 제2부 제1장에서 상세히 논의했다.

또한 해제 시기와 관계없이 2017년 3월에 피난위자료 지급을 중단할 방침을 분명히 하고 있다. 이처럼 구역마다 확실한 구분에 기초하여 점진적으로 귀환을 촉진하려고 하는 일본 정부의 자세는 동일한 원전 사고에 의해 피폭된 당사자들 사이에 공적 지원과 배상금 등을 둘러싼 세밀한 분열을 가져왔으며, 근대 일본의 공해역사에서 보인 사회현상이 또다시 우리 눈앞에서 반복되고 있다. 우리는 이와 같은 인식에 기초하여 후쿠시마 제1원전 사고에 의한 피폭 당사자를 네 가지 입장으로 분류하고, 각각의 입장이 사고 후에 놓여온 곤경을 약술해보고자 한다.[22]

(1) 강제 피난민 — 가장 높은 농도의 방사능으로 오염된 후쿠시마현 하마도리의 일부 지역의 주민들을 가리킨다. 오랜 세월 동안 살아온 고향을 순식간에 빼앗긴 것에 절망할 뿐만 아니라 사고 직후 방사능의 대량

• •

22. 네 가지 입장의 기술에 관해서는 각주 20에서 소개한 세 개의 문헌 외에 다음의 문헌도 참고로 하고 있다. 山下祐介·市村高志·佐藤彰彦, 『人間なき復興 — 原発避難と国民の不理解をめぐって(인간 없는 부흥 — 원전 피난과 국민의 몰이해를 둘러싸고)』, 明石書店, 2013년. 関西学院大学災害復興制度研究所·東日本大震災支援全国ネットワーク·福島の子供たちを守る法律家ネットワーク 편, 『原発避難白書(원전 피난 백서)』, 人文書院, 2015년. 成元哲 편저, 『終わらない被災の時間 — 原発事故が福島県中通りの親子に与える影響(끝나지 않는 재해의 시간 — 원전 사고가 후쿠시마현 나카도리의 부모와 자식에게 미치는 영향)』, 石風社, 2015. 이 문헌들은 후쿠시마 제1원전 사고의 재해 당사자의 곤경을 조감하기 위해 불가결한 기초 자료다. 또한 다음의 문헌은 '원전 피난' 문제를 생각하는 데서 중요하다. 除本理史, 『原発賠償を問う — 曖昧な責任, 翻弄される避難者(원전 배상을 묻다 — 모호한 책임, 농락당하는 피난민)』, 岩波書店, 2013년. 阪本公美子·匂坂宏枝, 「3·11震災から2年半経過した避難者の状況 — 2013年8月栃木県内避難者アンケート調査より(3·11 지진재해로부터 2년 반 경과한 피난민의 상황 — 2013년 8월 도치기현 내 피난민 설문 조사로부터)」, 『宇都宮大学国際学部研究論集(우쓰노미야대학 국제학부 연구논집)』 제38호, 2014년. 高橋若菜, 「福島県外における原発避難者の実情と受け入れ自治体による支援 — 新潟県による広域避難者アンケートを題材として(후쿠시마현 밖에서의 원전 피난민의 실정과 수용 지자체에 의한 지원 — 니가타현에 의한 광역 피난민 설문 조사를 소재로 하여)」, 『우쓰노미야대학 국제학부 연구논집』 제38호, 2014년.

방출로 인해 가족을 피폭하게 한 것에 괴로워하는 당사자도 많다. 같은 고향 사람들이 피난처로 흩어지게 된 결과 공동체가 붕괴했다는 사례도 잇따르고 있다. 얼핏 보면 후히 배상금을 지불받은 것으로 보이지만, 현실적으로는 행정으로부터의 충분한 설명도 없는 채, 고향이 방사성 폐기물의 '중간저장시설' 후보지로 되는 등, 그들의 고뇌는 깊어질 뿐이다. 언제쯤이면 오랫동안 살아온 집으로 돌아갈 수 있을지도 모른 채 시간만 지나는 것에 피폐해지고, 쇠약해지는 고령자나 절망한 나머지 자살하는 자도 끊이지 않는다. 보상금 수취를 둘러싸고서 말할 수 없는 시기를 받는다거나 피폭이 원인이 되어 가족이 차별을 받는 것이 아닐까 하는 불안에 시달리기도 한다. 후쿠시마현 나카도리로 피난한 당사자에게는 그 피난처도 오염되어 있다는 엄혹한 현실이 놓여 있다. 나아가 일본 정부가 설정한 '귀환 곤란 구역', '거주제한 구역', '대피 지시 해제 준비구역'이라는 경계 구분으로 동일한 강제 피난민이라는 입장에도 불구하고 세밀하게 쪼개진 분열이 들어오고 있다.

(2) 잔류자 — 일본 정부에 의한 피난 지시는 나오지 않았지만, 사고 전에 비해 훨씬 높은 농도의 방사능으로 오염된 주로 후쿠시마현 나카도리 지역의 주민을 가리킨다. 인구가 많은 후쿠시마시, 고리야마시는 이 지역의 중심 도시다. 특히 영유아가 있는 가정에서는 아이들의 피폭을 덜어 주기 위해 바깥 놀이를 제한하거나 지역에서 생산된 음식물을 사지 않거나 하는 등, 항상적인 불안감을 지니는 당사자도 적지 않다. 이와 같은 방사능 대책을 둘러싼 인식의 어긋남 때문에 부부, 친족, 이웃, 지인들 사이에서 인간관계가 악화하는 예도 보고되고 있다. 한창 자랄 때의 아이들을 바깥 놀이를 못 하게 하는 것에 따른 스트레스뿐만 아니라 미래에 후쿠시마 출신이라는 이유로 아이가 차별받지 않을까 하는 걱정도 끊이지 않으며, 당사자들의 고립감과 불안감이 지속되고 있다. 원전 사고에 대한 정부와 도쿄전력의 대응에 근본적인 불신감을 지니는 것과 동시에 보상이나 배상을 둘러싼 구분에 대해 불공정하다고 느끼는 당사자도 적지 않다.

피폭 경감의 일환으로서 아이를 휴양시키려고 시도하지만, 교통비, 숙박비 등이 고액에 이르기 때문에 당사자의 경제적 부담은 증가하고 있다. 또한 제염 비용, 선량계 구입, 미래를 예측한 암 보험 가입 등 평시에는 있을 수 없는 비용 지출을 강요받고 있는 가정도 있다.

(3) 자발적 피난민 — 일본 정부에 의한 피난 지시가 내려지지 않은 지역들로부터의 피난을 독자적으로 결정한 당사자를 가리킨다. 야마가타현과 니가타현은 후쿠시마현으로부터의 피난민을 많이 받아들였고, 그 30, 40%는 자발적 피난민이라고 알려져 있다. 그들은 사실상 피난을 강요당한 당사자이지만, '자발적 피난'이라는 말의 뉘앙스 때문에 그들에 대한 세상의 몰이해는 대체로 크다. 피난지의 생활에 친숙해지지 못하고, 취업할 곳을 찾지 못하며, 지출이 늘어나고, 피난을 떠난 곳의 가족, 친척, 지인의 비난과 몰이해에 괴로워하는 등 정신적, 경제적 어려움에 직면한 사례가 적지 않다. 피난지에서 어머니와 아이 둘만으로 고립된 경우도 이곳저곳에서 발견된다. 피난을 떠난 곳에 대한 애향심은 있지만, 일시 귀향할 때마다 오염 수준이 거의 떨어져 있지 않아 낙담이나 새로운 불안으로 내몰리는 당사자도 있다. 또한 아버지가 피난을 떠나온 곳에 남아 일을 계속할 때는 그곳과 피난지의 이중생활로 인한 경제적 부담이 적지 않다. 지진재해 직후에는 도호쿠의 고속도로 무료화 등의 공적 지원이 행해졌지만 이미 그 지원도 종료되었으며, 이중생활에 따른 지출은 늘어나는 형편이다. 덧붙이자면, 이후에는 피난을 위해 떠난 곳이 '피난 지시 해제 준비구역'으로 지정된 강제 피난민에게도 이와 같은 자발적 피난민의 곤경과 마찬가지 현상이 생겨날 것이라 지적되고 있다.

(4) 귀환자 — 일단은 스스로의 의지로 피난했지만, 피난을 위해 떠나온 곳으로의 귀환을 결정한 당사자를 가리킨다. 피난 생활로 인한 경제적 부담이 크고, 피난을 떠난 곳에 남은 가족과 떨어져 지내는 생활을 계속하기가 어려운 것 등, 귀환 결정에 이르는 이유는 당사자에 따라 다양하다. 자기 나름대로 이해하고 귀환하는 당사자도 있지만, 피난을 떠난 곳의

오염 수준이 떨어지지 않고 있는 것을 걱정하는 당사자도 있다. 또한 피난하기 전까지는 통상적인 교제를 나누고 있던 그곳의 공동체로부터 흔쾌히 받아들여질 수 없는 것 아닐까 하는 불안을 품는 예도 있다.

위의 기술에서도 명확하듯이 네 가지 입장은 각자에게 고유한 사정을 지닌다.[23] 다만 잊어서는 안 되는 것은 이러한 입장들이 모두 후쿠시마 제1원전 사고라는 산업공해의 피해를 본 당사자라는 의미에서 본질적으로 공통된 것이라는 점이다. '공해 피해 당사자'라는 관점에 서면 표면상의 차이에도 불구하고 네 가지 입장을 곤경으로 몰아가는 공통의 토대가 보이게 되는 것이다. 이 점에 대해 네 가지 관점에서 정리해보자.

첫째, 그들은 모두 사고 이전에 만들어온 삶의 기반을 뿌리째 빼앗겼다. 이를 법적인 용어로 표현하면, 후쿠시마 제1원전 사고의 피해를 본 피폭 당사자들은 '건강하고 문화적인 최소한도의 삶을 누릴 권리'(일본 헌법 제25조)를 현저하게 침해당하고 있는 것이게 될 것이다.[24] 말할 필요도 없이 이러한

● ●

23. 반복하게 되지만, 이러한 상황은 어디까지나 유형적인 기술에 지나지 않는다. 예를 들어 피난지에서의 다양한 곤경을 벗어나 전향적으로 생활 재건에 나서는 당사자, '언제까지나 재해 피해자라고 불리고 싶지 않다'라고 느끼는 당사자도 존재한다. 다음을 참조. 高橋若菜・田口卓臣 편, 『お母さんを支えつづけたい ─ 原発避難と新潟の地域社会(어머니를 계속 모시고 싶다 ─ 원전 피난과 니가타의 지역사회)』, 本の泉社, 2014년, 29쪽. 그러나 원전 사고가 없었다면 현재와 같은 피해 상황은 생기지 않았을 것이라는 점도 사실이다. 이런 의미에서 피해 상황에 대한 조사와 조감은 현재 가장 필요한 작업일 것이다.

24. 후쿠시마 제1원전 사고 후의 '건강을 향유할 권리의 침해'를 지적한 문헌으로서 다음을 참조. 清水奈名子, 「危機に瀕する人間の安全保障とグローバルな問題構造 ─ 東京電力福島原発事故後における健康を享受する権利の侵害(위기에 처한 인간의 안전보장과 전 지구적인 문제구조 ─ 도쿄전력 후쿠시마 원전 사고 이후의 건강을 향유할 권리의 침해)」 전・후편, 『우쓰노미야대학 국제학부 연구논집』 제39호, 2015년. 이에 기초하여 우리는 한 걸음 더 나아가 그러한 '권리 침해'가 명확히 일본 헌법 위반에 해당한다는 점을 덧붙여 말해두고자 한다. 이와 같은 후쿠시마 제1원전 사고 이후의 권리 침해에 대해 입헌주의를 표방하고 있는 헌법학자와 법철학자들의

권리를 침해하는 가해자는 직접적으로는 도쿄전력이며, 좀 더 근원적으로는 다름 아닌 국가 정책으로서 원전을 추진해온 일본 정부다. 현행 일본 헌법의 견지에 서는 한, 도쿄전력과 일본 정부는 사고 후 5년간 내내 헌법 위반을 무릅써왔다고 결론지을 수 있다.

둘째, 그들에 대한 보상과 배상은 가해자인 도쿄전력과 일본 정부에 의해 주도되고 있다. 이처럼 가해자가 피해자의 처우를 결정하는 사태가 현저히 도착적이라는 것은 굳이 확인할 필요조차 없을 것이다. 이것과 표리일체 관계에 있는 사실로서 도쿄전력과 일본 정부가 정보를 공개하는 데 소극적인 자세를 유지하고, 스스로의 가해 책임을 모호하게 만들어왔다는 사실도 상기해둘 필요가 있다. 예를 들어 후쿠시마 제1원전 사고의 진척 상황에 관해 도쿄전력은 일관되게 정보 공개에 등을 돌려왔다. 또한 일본 정부에 의한 SPEEDI의 방사능 오염 예측정보의 은폐는 우리의 기억에 새겨져 있다. 일본 정부의 '안전 · 안심' 캠페인에도 불구하고 당사자들이 불신감을 품고 방사능 불안을 씻어내지 못하고 있는 것은 극히 당연한 귀결이라고 할 수 있다. 덧붙이자면, 가해자가 피해자의 처우를 결정하는 도착적인 사태는 아시오 광독 사건, 구마모토 미나마타병 사건 등, 일본 근대의 공해역사에서 항상적인 것이 되어온 현상이다.[25]

셋째, 당사자는 모두 국가와 자본의 논리에 기초하여 다양한 면에서 차별과 분열을 당하고 있다. 예를 들어 강제 피난민의 출신지에 방사성 폐기물의 '중간저장시설'을 설치하는 것, 강제 피난민과 자발적 피난민 사이에 배상과 보상 등의 면에서 구분을 짓는 것, 피난 지시 구역 재편을 통해 강제 피난민 사이에 복수의 경계 구분을 도입하는 것 — 나타나는 방식은 다르지만, 이러한 시책들의 근저에 공통된 것은 당사자들의 개별적이고 구체적인 사정을 고려하면서 대응책을 결정해간다는 논리와는 정반대의 것인바,

• •

반응이 둔한 것은 대단히 불가해하다.

25. 이 점에 대해서는 제4부 전체를 통해 상세히 논의했다.

요컨대 경제적-사회적 비용 감축을 최우선시하는 국가와 자본의 논리 이외의 다른 것이 아니다. 일본 정부와 도쿄전력은 당사자의 피폭 불안을 전혀 고려하려고 하지 않을 뿐만 아니라 오히려 당사자들 사이의 차별, 분열을 중층화함으로써 스스로의 가해 책임을 모호하게 만들고 있다. 후쿠시마 제1원전 사고의 **'사후'**에 진행되어온 이와 같은 차별과 분열의 중층화는 원래 국가 정책으로서 추진되어온 원자력발전이라는 시스템에서의 구조적 차별을 보완, 강화하는 시책으로서 파악될 필요가 있을 것이다.

넷째, 당사자들이 겪은 피해의 실제 상태는 사실상 일본 정부와 도쿄전력에 의해 계속해서 부인되고 있다. 에를 들어 후쿠시마현 안에 거주하는 어린이들의 갑상선 검사를 통해 갑상선암 발병이 유의미한 증가 경향을 보인다는 것이 확인되었음에도, 일본 정부와 도쿄전력은 이 사실을 계속해서 부인해왔다. 또한 일본 정부는 후쿠시마 제1원전 사고로 인한 피폭 당사자의 실태 조사를 거의 하지 않고 있다. 이러한 행정의 자세가 두드러지게 드러나는 것은 '원전 피난' 문제에서다. 연구자, 변호사, 시민단체의 협력으로 간행된 『원전 피난 백서』(2015년)는 다음과 같이 지적하고 있다.

> 원전 피난의 특징은 피난 기간이 장기간에 이른다는 것과 피난이 극히 넓은 지역에 걸친다는 것이다. 방사능 오염이 곧바로 사라지지 않는 데다 광범위하기 때문이다.
>
> 장기간의 피난은 재해 피해자의 삶과 정신에 무거운 부담을 가져오며, 광역 피난은 재해 피해자의 상황을 파악하기 어렵게 한다. 그런 만큼 피난민의 숫자라는 기본 데이터를 정확히 파악할 필요가 있다.
>
> 그러나 정부는 이를 피하려고 하듯이 정보의 집약을 소홀히 하고 있으며, 피난민의 숫자 추이를 파악하지도 않는 것이 현실이다.
>
> 정부가 피난민의 정의를 확정하지 않음으로써 '원전 피난'의 존재는 모호해지고, 피해의 총체는 은폐되어간다.[26]

이처럼 사고 후 5년간을 통해 일본 정부는 당사자에 관한 정보의 집약을 게을리하고 피해의 총체를 모호하게 만드는 방침을 관철해왔다. 뒤에서 이야기하듯이 부흥청의 '귀환 촉진 정책'은 이러한 행정의 기본자세에서 필연적으로 생겨난 귀결이다. 나아가 아베 정권에 의한 일본 전국의 원전 재가동 방침도 본질적으로 이상과 같은 공해 부인의 일환으로서 내세워지고 있다. 따라서 우리는 각각의 시책을 개별적으로 파악하는 것이 아니라 그것들의 근저에 가로놓여 있는 국가와 자본 논리의 일관성을 추출하고 총체로서 비판해갈 필요가 있는 것이다.

이상의 고찰을 근거로 하면, 탈피폭 개념을 '피폭 선량을 줄일 수 있다면 그것으로 좋다'라는 수준의 논의에 그쳐서는 안 된다고 하는 것은 분명할 것이다. 후쿠시마 제1원전 사고로 인한 당사자들은 대량의 방사성 물질 확산으로 삶의 기반을 빼앗겼고, '건강하고 문화적인 최소한도의 삶을 누릴 권리'를 계속해서 침해당했다. 그런 한에서 우리가 제창하는 탈피폭은 당사자 각각의 삶의 기반을 회복하고 침해당한 권리를 되찾는 것과 불가분의 시도이어야만 할 것이다. 후쿠시마 제1원전 사고 이후의 절박한 과제로서 탈피폭은 당사자 각각의 입장이나 의지에 입각한 실천이어야만 하며, 그 실천을 뒷받침하는

26. 『원전 피난 백서』, 12쪽. 이 책에 따르면, 2015년 현재, 일본 정부가 공표한 원전 피난민 숫자는 '12만 명'이다. 그러나 이 책의 공저자 가운데 한 사람인 마이니치신문 기자, 히노 고스케(日野行介)는 다음과 같이 지적하고 있다. '간토 지방에서도 피난민이 많은 사이타마현은 정확한 파악이 어렵다고 하여 사실상 응급 가설 주택에 사는 피난민만을 피난민 숫자로서 부흥청에 보고했다. 이에 반해 피난민을 지원하는 『후쿠타마 소식(福玉便り)』 편집부는 그렇게 지원하는 감각에 비추어 이 피난민 숫자는 지나치게 적다고 하여 독자적으로 현내 전체 63개의 시·마치·무라에 피난민 을 조회했던바, 6,770명(2013년 2월), 5,885명(2014년 1월)에 이르며, 어느 것이든 같은 시기의 현 보고의 약 2배에 달했다. 조사 결과는 『후쿠타마 소식』에 게재된 것 외에, 일부 전국지가 사이타마판에 보도했지만, 사이타마현은 그럼에도 집계 방법을 바로잡지 않았다.'(같은 책, 32쪽) 히노 고스케에 따르면 비슷한 예는 가나가와 현에서도 보였다고 한다(같은 책, 33쪽).

보상이나 지원과 하나의 세트로 구상되어야만 한다. 그런 의미에서도 어느 한 당사자의 입장의 정당성만을 주장하는 것은 과녁을 빗나간 것일 뿐만 아니라 전향적인 실천과 논의에 있어 해롭기까지 할 것이다. 특히 방사능 오염 권역 바깥에 사는 사람들은 당사자의 곤경에 대한 이해를 빼놓고서 성급한 가치판단을 내려서는 안 된다. 다른 한편 당사자들 자신도 국가와 자본의 논리가 자신들 사이에 들여온 분열에 이끌리지 않고 각각의 자기 자리에서 가능한 탈피폭이란 어떠한 것인지, 그리고 분열이나 대립의 연쇄로 회수되지 않는 상호적인 권리회복으로 나아가는 길은 어떠한 것인지를 냉정하게 생각해볼 필요가 있을지도 모른다.

　우리가 강조하고자 하는 것은 다양한 탈피폭의 방법을 옹호하기 위해서는 당연하게도 각각의 당사자의 입장이나 의지에 입각한 선택지가 확보되어 있어야만 한다는 점이다. 좀 더 구체적으로 이야기해보자. 첫째, 아베 정권이 2015년 6월에 표명한 자발적 피난민에 대한 주택 지원의 중단은 당사자를 잘라내 버리는 '기만' 정책이다.[27] 자발적 피난민에게 주택 지원의 중단은 피난지에서의 삶의 기반이 박탈되는 심각한 현실로 직결된다. 그것은 그들 자신이 원하지 않는, 피난을 위해 떠난 곳으로의 귀환 가능성을 증가시키는 것인바, '귀환'은 그들에게 있어 탈피폭이라는 실천에 가장 역행하는 사태다. 다른 한편 만약 귀환을 피하기 위해 피난지에 머무르고자 한다면, 그것은 그들에게 있어 주택 지원으로 성립해 있던 삶의 불안정화를 의미하지 않을 수 없다. 자발적 피난민의 탈피폭과 권리회복을 첫째로 생각한다면, 아베 정권과 부흥청이 경제적–사회적 비용감축 우선의 발상에 기초하여 결정한 주택 지원의 중단은 엄격히 비판되어야 한다. 후쿠시마 제1원전 사고는 원전 추진이라는 일본의 국가 정책이 초래한 산업공해인 이상, 그 공해 피해의 당사자인 자발적 피난민의 생활에 대해 정부가 책임지는 것은 당연하다. 또한 무엇보다 자발적 피난민에 대한 일본 국민의

● ●

27. 이 점에 대해서는 제2부 제1장, 제4부 제2장에서 상세히 논의했다.

몰이해, 냉담함도 크게 시정될 필요가 있다.

둘째, 후쿠시마현 내외의 오염지역에서 살아가는 잔류자가 안심하고 휴양할 수 있도록 일본 각지에서 기회와 선택지가 확충되어야만 한다. 휴양은 오염지역에서 삶을 이어가고 있는 당사자에게 있어 탈피폭을 실현하기 위한 중요한 수단이다.[28] 그러나 일본 정부는 휴양의 중요성을 완전히 무시하고 있으며, 실질적으로는 일부 시민단체가 각각의 현장에서 휴양 기회를 제공하고 있는 것이 현실이다. 첫 번째 사례와 마찬가지로 이것에 가장 많은 책임을 짊어져야 할 일본 정부가 문제를 부인하고 계속해서 방치하고 있는 이상, 오염권역 밖에 사는 사람들이 얼마만큼이나 잔류자의 곤경을 이해하고 얼마만큼이나 시민 수준의 연대 고리를 넓혀나 갈 수 있는지가 관건일 것이다. 덧붙이자면, 체르노빌 원전 사고로 인해 고농도 방사능 오염에 노출된 우크라이나와 벨라루스에서는 탈피폭의 한 수단으로서 휴양의 실효성이 뒷받침되고 있다는 사실도 덧붙여두고자 한다.[29]

셋째, 오염지역에서 살아가는 당사자들의 숙의에 근거한 방사능 측정 시스템이 정비, 확충되어야만 한다. 지역 방사선량 측정, 피난, 휴양이 넓은 의미에서의 '주'에 관계되는 탈피폭이라고 한다면, 농산물 등에 대한 오염 측정은 '식'에 관계되는 탈피폭의 시도라고 할 수 있다. 우리가 강조하

● ●

28. 시민단체에 의한 휴양 지원의 예로서 '311 수용 전국협의회', '오키나와·구미노사토' 등을 참조.

29. 우크라이나에 관해서는 다음을 참조. DVD 『チェルノブイリ28年目のどもだち(체르노빌 28년째의 아이들)』, OurPlanet-TV, 2015년. 또한 벨라루스에 관해서는 다음을 참조. 田口卓臣·高橋真由 편, 『ベラルーシから学ぶ私たちの未来 ― チェルノブイリ原発事故と福島原発事故を振り返る(벨라루스에서 배우는 우리의 미래 ― 체르노빌 원전 사고와 후쿠시마 원전 사고를 돌아본다)』, 우쓰노미야대학 국제연대심포지엄 보고서, 2012년. http://www.kokusai.utsunomiya-u.ac.jp/fis/pdf/tabunkah_1.pdf 이 보고서 에는 벨라루스에서 다양한 탈피폭 방법을 실천해온 민스크시 일본문화정보센터, 다쓰미 마사코(辰巳雅子)의 귀중한 증언이 수록되어 있다.

고 싶은 것은 생존조건으로서 식과 주에서의 탈피폭의 선택지가 각 지역의 풍토와 특성에 따라 민주주의적으로 확보되어야만 한다는 것이다. 탈피폭의 선택지는 위로부터 일방적으로 주어지는 것이 아니라 당사자가 충분히 이해할 수 있는 방식으로 확보될 필요가 있다. 예를 들어 후쿠시마현 내에서는 몇 개인가의 NPO 법인이 일어서서 지역의 방사선량, 식재료에 대한 시민 측정을 비롯하여 전신 측정 장치, 갑상선 검진, 어린이 휴양 프로젝트와 같은 주민이 주체가 된 다면적인 활동이 전개되고 있다.[30] 이와 같은 실천 사례는 이후 다양하고 분권적이며 주민 참여 유형의 탈피폭 시스템을 실현해갈 때 하나의 본보기가 될 것이다.

넷째, 고농도 오염지역에서 살아가는 잔류지들의 절실한 소원을 생각하면, 제염을 전면 부정하는 것과 같은 논의는 이제 슬슬 봉인되어야만 한다. 정말이지 사고 직후에 반복해서 지적되었듯이 '제염'이란 한 지점의 오염 물질을 다른 지점으로 이동시킨다는 의미에서 실질적으로 '이염'에 지나지 않는다는 것은 틀림없는 사실이다. 그러나 거주 공간과 일상적인 행동 범위의 오염 수준을 조금이라도 줄이고 싶어 하는 당사자의 바람은 너무나도 당연한 요구이며, 원전 사고로 인해 박탈당한 권리의 회복을 위해서도 최소한 실현되어야만 하는 사항이다. 다만 일본 정부가 추진하는 제염 사업은 대체로 오염권역 외부의 업자에게 청부 되어 원전 사고 피해에 의해 사고 피해를 보지 않은 '중앙'의 종합건설 기업이 경제적으로 혜택을 얻는 왜곡된 사회 구조를 초래하고 있다.[31] 이러한 왜곡은 우리가 거듭해서 지적해온 구조적 차별의 일환으로서 파악되어야 할 사항이며, 당연히 강하게 비판되어야만 한다. 제염은 오염권역 외부에 거점을 둔 기업의 이익에 흡수되는 것이 아니라 오염지역 주민들의 자치, 복리로

● ●

30. 후쿠시마현에서 실천되고 있는 다양한 탈피폭의 시도는 '후쿠시마의 오늘로 이어지는 상담실 toiro'가 발행하는 정보지 『color 2015』에서 소개되고 있다.

31. 예를 들어 다음을 참조. 「除染受注問題 ゼネコン 新たに2事業, 無競争(제염 수주 문제, 종합건설회사 새롭게 2사업, 무경쟁)」, 〈도쿄신문〉, 2013년 8월 30일.

환원되는 방식으로 진행될 필요가 있다. 이런 의미에서 후쿠시마현과 동등한 고농도 오염에 부딪힌 도치기현 북부에서 시민 주체의 제염 활동을 전개하는 NPO 법인 회사인 '나스 희망의 보루' 활동은 하나의 본보기가 될 것이다.[32]

다섯째, 강제 피난민의 고향(특히 후쿠시마 제1원전 주변 지역)에 방사성 폐기물의 '중간저장시설'을 설치한다는 계획에 대해서는 철저한 숙의의 필요성을 지적해두고자 한다. 왜냐하면 이 문제는 우리가 지금까지 진지하게 생각하기를 포기해온 어떤 근본적인 이율배반에 관계되기 때문이다. 그 이율배반을 아래와 같이 서로 대립하는 두 개의 테제로서 정식화할 수 있을 것이다.

> 명제 1. 방사성 폐기물의 '중간저장시설'을 강제 피난민의 고향에 설치하는 것이 후쿠시마 제1원전 사고로 인해 가장 큰 희생을 강요당하고 있는 당사자에게 한층 더한 희생을 강요한다는 것을 의미한다.
> 명제 2. 방사성 폐기물의 '중간저장시설'을 강제 피난민의 고향 이외의 장소에 설치하는 것은 후쿠시마 제1원전 사고로 인한 고농도 방사능 오염을 피한 지역의 주민들에게로 미래의 피폭 위험을 확대한다는 것을 의미한다.

명제 1은 '이 이상으로 원자력발전 시스템에 내재하는 구조적 차별을 보완, 강화해도 되는가'라는 물음에 관계된다. '그래도 된다'라고 간주하는

● ●

32. 다음을 참조. 田口卓臣, 「記録 栃木県北地域と隠れた被災者 — 市民による除染と子どもの安全のための活動を事例として(기록. 도치기현 북부지역과 숨겨진 재해 피해자 — 시민에 의한 제염과 아이들의 안전을 위한 활동을 사례로 하여)」, 『후쿠시마 영유아·임산부 지원 프로젝트(FSP) 보고서 2011년 4월~2013년 2월』, 12~16쪽. NPO 법인 '나스 희망의 보루'에 대해서는 다음을 참조. http://nasutoride.jp

태도는 당사자가 쌓아 올려온 삶의 기반을 이중, 삼중으로 찬탈해도 된다고 표명하고 있는 것과 같다. 이와 같은 입장은 야나카무라의 마을 주민들에게 이중, 삼중의 희생을 강요하게 된 아시오 광독 사건 사례를 상기시키지 않을 수 없다.[33] 요컨대 강제 피난민의 고향에 '중간저장시설'을 밀어붙이는 것은 사실상 원자력발전 시스템이 지니는 내적 논리를 계속해서 유지하고, 일본 근대사 공해 사건의 본질을 '회귀'시키는 것을 함의하는 것이다.

다른 한편 명제 2는 '고농도 오염을 피한 지역의 사람들이 미래에 어떻게 탈피폭 가능성을 확보할 수 있는가' 하는 물음에 관계된다. 오염 위험 경감이라는 탈피폭 과제를 진지하게 근거로 하면, '오염 물질은 고농도 오염지역에 집중시켜야 한다'라는 주장은 정당성을 지닐 뿐만 아니라 합리적이기까지 한 것으로 보인다. 그러나 이러한 언뜻 보아 정당하고 합리적인 입론의 배후에 가로놓여 있는 것은 노골적이기까지 한 차별적인 심성이라는 것도 의심할 수 없다. 게다가 이와 같은 심성은 원자력발전에 의한 '희생의 시스템' 아래 성립해온 많은 사람의 현상 추인 자세와 동일한 까닭에 세심한 주의를 필요로 한다.

우리 생각에는 이 두 가지 테제가 제시하는 이율배반을 지양하는 해결책은 유감스럽게도 존재하지 않는다. 우리가 현 단계에서 명확히 말할 수 있는 것은 후쿠시마 제1원전 사고로 인해 가장 커다란 '희생'을 강요받아온 강제 피난민의 목소리에 귀를 기울이지 않고서 그들의 고향에 '중간저장시설'을 설치하려고 하는 것은 윤리적으로 허용되지 않는다는 것뿐이다.

1-3. '귀환' 이데올로기 비판

이 절을 마무리하면서 다양한 탈피폭 실현 가능성을 가장 저해하는 요인에 대해 지적해두고자 한다. 그 요인이란 부흥청이 핵심이 되어 추진해온 '귀환' 이데올로기다. 부흥청의 기본 방침은 후쿠시마현의 고향으로부

● ●

33. 이 점에 대해서는 제4부 제1장에서 상세히 논의했다.

터 피난한 당사자들에 대해 각각의 고향으로의 '귀환'을 촉진하는 것이다. 이 방침의 문제점은 처음부터 결론이 이미 정해져 있는 대전제에 서서 사실상 귀환 이외의 선택지의 가능성을 배제한다는 점에 놓여 있다. 당연하게도 이와 같은 배타적인 방침은 우리가 제안하는 다양한 탈피폭 이념에 역행하는 것이며, 따라서 다양한 탈피폭 이념의 실현 가능성을 확보하기 위해서는 '귀환' 이데올로기에 대한 비판을 빠트릴 수 없다. 말할 필요도 없는 것이지만, 굳이 귀환을 선택한 당사자의 의지는 최대한 존중되어야만 하며, 그들이 귀환지의 공동체에서 고립되지 않도록 하기 위한 지원은 중요한 과제다.[34] 다만 당사자에 의한 '귀환'의 선택은 행정 권력에 의해 방향 지어진 것이 아니라 당사자 자신의 이해에 기초해 있을 것이 필수적이다. 그런데 부흥청의 기본방침은 이러한 당사자의 자발적인 의지를 존중하는 것이 아니라 당사자의 피폭 상황으로부터도 현저히 괴리되어 있다고 말할 수밖에 없다.

그렇다면 일본의 행정 권력은 어떤 동기에 기초하며, 어떠한 방법으로 피난민들의 귀환을 추진하려고 하는 것일까? 그리고 그것은 어떠한 귀결을 가져오는 것일까? 이 점에 대해서는 사회학자 세실 아사누마-브리스의 고찰이 참고가 된다.[35] 그녀의 고찰에 기초하여 일본 정부와 부흥청의 '귀환' 이데올로기를 분석함으로써 우리가 지향해야 할 이념의 윤곽이 새삼 명확해질 것이다.

일본 정부와 부흥청의 방법에 대해서는 이미 이 책의 곳곳에서 단편적으

· ·

34. 다음을 참조. 『어머니를 계속 모시고 싶다』.

35. セシル·浅沼-ブリス, 「現実を超えて — あるいは概念から虚構的な理想空間が創出されるとき原子力カタストロフィの際に原子力国家が移住·避難に対して行う管理について(현실을 넘어서 — 또는 개념으로부터 허구적인 이상 공간이 창출될 때 원자력 대재앙 때에 원자력 국가가 이주·피난에 대해 행하는 관리에 대하여)」, 渡名喜庸哲 옮김, 『神奈川大学評論』 제79호, 2014년. 프랑스어 원문도 포함하여 다음의 「시민과학자 국제회의(市民科学者国際会議)」 사이트에서 열람할 수 있다. 이 장에서의 인용은 이 사이트에 게재된 번역과 프랑스어 원문에 기초한다. http://csrp.jp/posts/1896

로 언급해왔다. 여기서 재확인하면, 민주당과 국민신당의 연립정권인 노다 정권이 2012년에 시작한 피난 지시 재편(요컨대 '피난 지시 구역'을 '귀환 곤란 구역', '거주제한 구역', '피난 지시 해제 구역'으로 다시 구분하는 것), 자유민주당·공명당의 연립정권인 아베 정권이 2015년 6월에 표명한 자발적 피난민에 대한 주택 지원의 중단 등은 일본 정부의 방침을 명료하게 보여준다. 일본 정부의 설명에 따르면, 연간 피폭 한도량 20밀리시버트라는 ICRP의 '방호 기준'에 기초하게 되면 그 이하의 오염 수준까지 내려간 구역에서는 귀환할 수 있다는 것이다. 그러나 몇 번이고 지적해두어야만 하는 것은 ICRP의 '방호 기준'이란 후쿠시마 제1원전 사고 후에 일본 정부가 갑자기 채택한 것에 지나지 않으며, 사고 전에 정부가 채택하고 있었던 것은 그 기준의 20분의 1, 즉 연간 피폭 한도량 1밀리시버트였다는 점이다.[36] 이처럼 후쿠시마 제1원전 사고 후에 이루어진 '방호 기준'의 변경은 일본 정부가 증거로 내세우는 '과학적 근거'의 자의성을 이야기할 뿐만 아니라 정부가 원전 사고 피해에 대한 책임을 짊어질 의도가 없다는 사실을 명확히 보여준다. 요컨대 일본 정부의 귀환 촉진 정책이란 단지 후쿠시마현으로의 귀환자를 늘리는 데 그치지 않고 원전 사고로 인해 피해를 본 당사자들에 대한 공적 지원을 감축, 폐지하는 것을 목적으로 하는 것이며, 그 정책을 뒷받침하는 것은 정부의 결정에 따르지 않고서 '자발적'으로 피난한 사람들에 대해서는 지원이나 보상의 필요성이 없다는 비용감축 우선의 통치 논리이다. 후쿠시마 제1원전 사고의 직접적인 책임은 도쿄전력에 있으며, 좀 더 근원적으로는 원전을 국책으로 추진해온 일본 정부에게도 그 책임이 있을 것이지만, 피난 지시 재편과 자발적 피난민에 대한 공적 지원의 중단은 이러한 국가와 자본이 짊어져야 할 책임을 한 사람 한 사람의 개인에게 전가하고 모호하게 하는 기능을 수행하고 있다. 이런 의미에서 귀환 촉진 정책이란 국가 자신의 책임을 피해 당사자의 책임으로 바꿔치기하는

36. 이 점에 대해서는 제2부 제1장에서 상세히 논의했다.

도착과 기만으로 가득 찬 방법이다.

그런데 이러한 일본 정부의 귀환 촉진 정책은 현재 후쿠시마현 내에서 반복해서 개최되는 '리스크 커뮤니케이션' 워크숍을 통해 집요하게 강화, 보완되고 있다. 여기서 말하는 '리스크 커뮤니케이션'이란 '과잉 방호', '마스크 착용' 및 '학교 교정 및 수영장 사용이나 먹을거리에 대한 다양한 제한'은 스트레스의 원인이 되어 정신적 부조화로 이어질 수 있으며, 방사능 오염 그 자체에 의한 건강 영향보다 훨씬 해롭다는 도착적인 논리를 선전하는 행정 주도의 캠페인을 가리킨다. 이 캠페인에 협력하고 있는 것은 후쿠시마현의 행정 논리에 바싹 다가서 있는 후쿠시마 현립 의과대학뿐만 아니라 IAEA, ICRP, UNSCEAR(원자방사선의 영향에 관한 유엔과학위원회) 등, 우리가 이 책에서 반복해서 비판해온 국제 원자력 로비에 속한 조직이다. 아래에서 인용하는 세실 아사누마-브리스의 고찰은 이러한 조직들의 방법과 동기를 해당 조직의 담당자 자신의 증언으로 훌륭하게 뒷받침하고 있다.

후쿠시마 현립 의과대학과 사사가와 기념보건협력재단이 공동 주최한 후쿠시마에서의 제3차 국제전문가회의에서 …… UNSCEAR과 IAEA 안전기준위원회 위원도 맡고 있는 아벨 곤잘레스 씨에게 있어 모든 것은 커뮤니케이션 문제다. [그는] 보호에는 비용이 들어간다는 것, 인구 일부분을 피난 내지 이주시키는 것은 목표가 될 수 없다는 것을 여러 차례 지적했다……. WHO의 에밀리 반 데벤더도 …… 이렇게 결론짓고 있다. '어쨌든 우리는 비용-편익 베팅에서 승리해야만 한다.' 이를 위해 그리고 또한 분명히 확인되는 인구 유출을 막기 위해서는 안도감을 창조하는 것이 이후의 과제가 된다. 이 과제를 떠맡은 것은 국제방사선 방호위원회(ICRP)의 자크 로샤르이지만, 그는 이를 위해 특히 '주민들에 대해 그들의 일상의 일부를 이루는 피폭이라는 새로운 요소를 수용해 달라'고 말한다. 그들은 모두 주민의 내부 피폭을 측정하는 것에 충분한 데이터는 없다는 것에 대해서는 이해하고 있지만, 어쨌든 그것은 걱정해야 할 사항에 들어가지 않는 듯하다. 로샤르에 따르면 중요한 것은 허용치를 설정하는 것이 아니라 '개별적인 수단에 의한 체르노빌과 같은 본보기에 기초한 피난이라는 과정을 중단함으로써 사람들에게 안심을 되찾아 주고 오염된 환경 속에서 일상생활의 자기관리를 할 수 있게 하는' 것이다.[37]

후쿠시마 제1원전 사고로 인한 피폭자 보호에는 비용이 든다는 것. 인구 일부분을 피난 내지 이주시키는 선택지는 포기하고 '비용-편익 베팅'에서 승리해야만 한다는 것. 이를 위해서는 피폭 당사자들에 대해 '그들의 일상의 일부를 이루는 피폭'을 '수용해 달라'고 하지 않을 수 없다는 것. 아니, 그렇기는커녕 피난의 선택지를 부정함으로써 역설적으로 사람들에게 '안심'을 주고 오염된 환경에서 '일상생활의 자기관리'로 적극적으로 유도하는 것. — 이러한 증언들은 모두 국제 원자력 로비에 속한 IAEA, ICRP, UNSCEAR의 담당자들 자신의 입에서 나온 것이다. 그들 증언의 근저에 공통된 것은 피폭 당사자인 주민의 건강관리보다 경제적-사회적 비용 감축을 우선시하는 다름 아닌 신자유주의적인 통치기술이다. 요컨대 '리스크 커뮤니케이션'이란 경제적-사회적 비용 감축 우선의 논리에 기초하여 오염된 땅 밖으로 피난하는 선택지를 전면적으로 부정하는 배타적 이데올로기이다. 그것은 겉보기에는 피폭 불안의 완화, 안심의 증대를 노래하고 있지만, 현실적으로는 경제적-사회적 비용 감축을 제1목적으로 하여 당사자에 대해 피폭을 참고 견디게 하려는 사상이다.[38] 단적으로

• •

37. 「현실을 넘어서」, 『神奈川大学評論』 제79호, 강조는 인용자.
38. '리스크 커뮤니케이션'의 담당자로서 민간단체 '후쿠시마의 에토스'라는 이름도 들어두고자 한다. '후쿠시마의 에토스'는 주민에 의한 피폭의 '자기관리'와 피폭을 참고 견디는 것을 목적으로 하여 ICRP의 자크 로샤르가 벨라루스에서 설립한 '에토스 프로젝트'를 모델로 한 것이다. '후쿠시마의 에토스'의 활동에는 로샤르 자신이 성덩히 밀접하게 협력하고 있다. 다음을 참조. コリン・コバヤシ(콜린 고바야시 한사

말하자면 그것은 피폭 당사자들에게 피폭의 '자기관리'를 강요함으로써 통치와 관련된 경제적-사회적 비용을 줄이려고 하는 신자유주의 권력의 논리라고 요약할 수 있다.[39]

위에서 이야기한 것과 같은 '리스크 커뮤니케이션'의 방향성은 일본 정부, 부흥청의 귀환 촉진 정책의 방향성과 완전히 일치한다. 세실 아사누마-브리스의 계산에 따르면, 2014년 시점에서 피난 지시 재편의 영향을 받는 주민 숫자는 76,420명이다.[40] 그 가운데 67%, 즉 51,360명은 '피난 지시 해제 준비구역'의 주민에 해당한다. 요컨대 당장 5만 명 이상의 당사자에 대한 공적 지원 비용을 감축하는 것이 일본 정부, 부흥청의 귀환 촉진 정책을 뒷받침하는 속마음이자 동기이다. 이렇게 생각해보면, 일본 정부의 귀환 촉진 정책이란 실질적으로는 '기민棄民'의 논리에 기초하여 피폭 당사자를 잘라내 버리는 용인하기 어려운 시책이라고 할 수 있다.[41] 아래에서 인용하는 가혹한 현실은 강제 피난민에게 한정되는

• •

람 성명), 『国際原子力ロビーの犯罪 ― チェルノブイリから福島へ(국제 원자력 로비의 범죄 ― 체르노빌로부터 후쿠시마로)』, 以文社, 2013년, 제2장 「에토스 프로젝트의 실상으로부터」. '후쿠시마의 에토스'의 활동에 대해서는 다음의 블로그를 참조. http://ethos-fukushima.blog spot.jp/

39. 이 점에 대해서는 제2부 제1장에서 상세히 논의했다.

40. 「현실을 넘어서」, 『神奈川大学評論』 제79호.

41. 부흥청에 의한 원전 사고 피해자 지원정책의 기만성에 관해서는 다음을 참조. 日野行介, 『福島原発事故被災者支援政策の欺瞞(후쿠시마 원전 사고 피해자 지원정책의 기만)』, 岩波新書, 2014년. 히노에 따르면, 부흥청의 실무 관료에 의한 '폭언 트위터' 사건은 '피해자 지원' 이념을 무효화한 부흥청의 '기민' 정책을 상징한다. 나아가 이것과 동일한 모양의 정책은 후쿠시마현에 사는 어린이들의 갑상선 검사('현민 건강 조사')를 진행하는 정부나 실시 주체인 후쿠시마현에 대해서도 인정된다고 한다. 이와 같은 정책에 따라 정부와 후쿠시마현은 피폭의 건강 영향을 부인하고, 피폭 당사자에 대한 건강 대책이나 보상비용을 억제하려고 하고 있다. 이는 근대 일본의 수많은 공해에서 반복되어온 공해 부인의 논리와 전적으로 동일한 것이다. 다음을 참조. 日野行介, 『福島原発事故県民健康管理調査の闇(후쿠시마 원전 사고 현민 건강관리 조사의 어둠)』, 岩波新書, 2013년.

것이지만, 그 현실을 초래한 것은 바로 우리가 이 절에서 비판해온 일본 정부의 기민 논리 이외에 다른 것이 아니다.

제1원전에 인접한 각 자치단체의 사망자 수 분포를 보면, 나미에마치는 333명, 도미오카마치는 250명, 후타바마치는 113명, 오쿠마마치는 106명으로 이들 자치단체의 전체 주민 가운데 802명의 사망자가 원전 사고로 인한 귀결로서 헤아려진다. 그 가운데 55명은 이 반년 안에 기록된 것이다. 〈후쿠시마민보〉는 2014년 7월 21일 자 기사에서 자살자 숫자가 다시 상승하고 있다는 내각부의 발표를 보도하여 경종을 울리고 있다.[42]

일반적으로 사용되는 '원전 사고 관련 사망'이라는 가치중립적인 표현은 일본 정부의 기민 논리를 은폐하는 일종의 수사학이다. 마찬가지로 '자살자 숫자'라는 표현 역시 당사자의 '자살'이 일본 정부의 기민 논리에 의해 방향 지어진 것이라는 점을 은폐해버리는 또 다른 수사학이다. 오염지역에서 살아가는 주민들에게 피폭의 '자기관리'를 강요하는 신자유주의 권력의 논리는 당사자들의 '관련 사망'을 모두 '자발적 의지에 기초한 선택'으로 해석하고 잘라내 버릴 것이다. 이런 의미에서 일본 정부의 '귀환' 이데올로기는 우리가 제언하는 다양한 탈피폭 이념에 대해 정면으로 대립하고 있다. '귀환' 이데올로기는 한 사람 한 사람의 당사자가 각각의 현장에서 각각의 바라는 방식으로 탈피폭을 추구할 가능성을 전면적으로 물리치고자 하는 것이다. '귀환' 이데올로기는 또한 경제적-사회적 비용 감축 우선의 논리에 기초하여 인간적 삶을 국가와 자본을 연명시키기 위한 수단으로 깎아내린다. 인간적 삶을 목적으로 간주하는 탈피폭-탈원전의 철학에 있어 일본 정부, 부흥청의 방침은 가장 커다란 저해 요인이다.

• •

42. 「현실을 넘어서」, 『神奈川大学評論』 제79호.

우리는 '귀환' 이데올로기에 의해 살포되는 '안전·안심'의 웃는 얼굴에 속아서는 안 된다. 그 웃는 얼굴 맞은편에 가로놓여 있는 것은 다름 아닌 다양한 탈피폭 가능성의 조건을 무너뜨리고 인간적 삶의 가치를 우롱하는 신자유주의 권력의 차가운 웃음이다.

2. 탈원전의 실현과 민주주의

2-1. 탈원전을 어떻게 실현해야 할 것인가?

다음으로 우리는 후쿠시마 제1원전 사고 이후인 2011년에 2022년까지의 탈원전을 결정한 독일의 사례를 검토하고, 독일과의 비교에서 일본이 어떤 방법으로 탈원전을 실현해야 하는지, 그리고 탈원전을 통해 어떠한 사회, 어떠한 민주주의를 실현해야 하는지를 고찰해보고자 한다.

동서냉전의 최전선이자 핵무기 배치로 인해 핵에 대한 공포가 일상적이었던 서독에서는 오일쇼크를 계기로 원전의 대량 건설이 시작된 1970년대부터 격렬한 반원전 운동이 존재했으며, 특히 빌 원전, 브로크도르프 원전 건설 반대 운동은 언론에서도 활발히 다루어졌다. 이러한 격렬한 반원전 운동들과 사법부에 의한 건설 중지 명령으로 빌 원전, 브로크도르프 원전은 이미 1970년대에 건설을 중지하지 않을 수 없었다. 또한 마찬가지로 격렬한 반대 운동으로 인해 1979년에는 고어레벤 재처리 시설의 건설이 연방정부에 의해 철회되었다.

반원전 운동 '발상지'인 빌과 빌 인근의 대학도시 프라이부르크에서의 원전 반대 운동은 원전 폐지를 당의 기본 방침으로 하는 녹색당 창설의 계기가 되었다.[43] 1980년에 설립된 녹색당은 '제도화된 사회운동'[44]이라고

---

43. 다음을 참조. 川名英之, 『なぜドイツは脱原発を選んだのか ─ 巨大事故·市民運動·国家(왜 독일은 탈원전을 선택했는가 ─ 거대사건·시민운동·국가)』, 合同出版, 2013

도 불리며, 그 환경정책과 '풀뿌리 민주주의[Basisdemokratie]'라고 불리는 새로운 민주주의 이념에 의해 서서히 지지층을 확대해나간다. '풀뿌리 민주주의'란 분권적인 직접 민주주의를 실현하는 것이고, 그 직접 민주주의의 이념은 국민투표나 시민에 의한 공무원, 대의원, 기관들의 감독으로서 실현된다고 정의되어 있었다. 1980년의 「자르브뤼켄 연방당 강령」은 다음과 같이 말하고 있다.

> 풀뿌리 민주주의 정책이란 집중을 배제한 직접 민주주의를 실현하고 강화하는 것이다. 각급 도시와 동아리는 자치권과 광범위한 자율성을 유지한다. 그렇지만 통합하는 역할을 지닌 기관을 두고서 많은 거다란 저항 속에서도 생태정책을 추진하고, 주와 연방 차원의 국민투표를 하여 직접 민주주의를 실현하는 것이 필요하다. 풀뿌리 민주주의의 중심사상은 모든 공무원, 대의원 및 여러 기관을 밑바닥이 감독하고 언제든지 그들을 교체할 수 있는 것에 놓여 있다.[45]

또한 환경정책에 대해 1980년의 녹색당 강령 「녹색당은 무엇을 하고자 하는가?」는 다음과 같이 원전 폐기와 재생가능에너지로의 전환을 분명히 주장하고 있다.

• •
  년, 제1장, 제2장.
44. Wolfgang Rüdig, "Phasing Out Nuclear Energy in Germany", in *German Politics*, Vol. 9, No. 3, 2000, p. 46.
45. "Das Saarbrücker Bundesprogramm", Kurzfassung von Hans-Werner Lüdke, in Hans-Werner Lüdke, Olaf Dinné, hrsg., *Die Grünen: Personen-Projekte-Programme*, Seewald, 1980, S. 212. 일역, 「ザールブリュケン連邦党綱領(자르브뤼켄 연방당 강령)」(한스-베르너 뤼트케에 의한 요약), 한스-베르너 뤼트케, 올라프 디네 편, 『西ドイツ綠の党とは何か —人物・構想・綱領(서독 녹색당이란 무엇인가 — 인물・구상・강령)』, 新井宗晴・石井良 외 옮김, 人智学出版社, 1983년, 293쪽.

모든 사람은 기성 정당의 영향으로 핵에너지와 같은 것마저도 더 확충하려고 생각하기 시작했다. 그 결과 핵폐기물의 최종 저장 시설을 암염 속에 설치할 수밖에 없게 되고, 해리스버그[스리마일섬 원전 사고]와 같은 대재앙이 지금도 얼굴을 내미는 상황이 초래되었다. 최종 저장 시설에서는 고농도의 방사선이 수천 년에 걸쳐 사라지지 않고 남으며, 그것이 생물권에서 안전하게 차단되지도 않는다. 그것은 많은 차세대의 생명을 계속해서 위협한다.

핵에너지의 사용은 민주주의와 다양한 기본권을 위험에 노출하고 있을 뿐만 아니라 안전성과 관련된 높은 위험 때문에 우리나라에 경찰국가와 감시국가(원자력 국가)로의 길을 걷게 하고 있다. 여러 나라에 대한 원자력 기기의 수출은 평화를 위험에 빠트린다. 그런 까닭에 우리는 모든 원자력 시설의 계획, 건설, 조업, 수출을 즉시 중단할 것을 요구한다.

현재의 에너지 생산은 연소에 의한 방법을 사용하고 있는 까닭에, 막대한 에너지 손실(예를 들어 폐열)과 나중에 환경 파괴를 초래한다. 생태적 에너지 정책은 이러한 방법 대신에 환경과 조화되고 재생 가능하며 생산기구를 비집중적으로 조직한 에너지원(태양, 풍력, 수력, 바이오가스 등)에서 에너지를 추출하려고 한다. 요컨대 생태적 에너지 정책은 환경과의 조화라는 틀 속에서 에너지 소비를 안정시키는 데 힘쓰는 것이다.[46]

이처럼 녹색당의 강령은 단순히 탈원전을 주장할 뿐만 아니라 탈원전을 실현하기 위해 재생가능에너지를 보급, 촉진하는 것, 나아가서는 비민주

46. "Wahlplattform: Was wollen Die Grünen?", in *Die Grünen*, S. 251. 일역, 「緑の党は何をしようとしているのか(녹색당은 무엇을 하려고 하는가, 1980년 6월 12일자 연방의회 선거강령)」, 『서독 녹색당이란 무엇인가』, 347쪽.

의적인 '원자력 국가'의 존재 방식을 비판하고, 민주주의 제도들을 좀 더 직접 민주주의적인 것으로 변혁하는 것을 이미 창당 때에 주장하고 있었다. 녹색당에 의한 직접 민주주의에 대한 호소가 정치제도로서 어느 정도 독일 사회에서 실제로 실현되어 있는가는 별도로 이러한 두 가지 점은 우리가 뒤에서 이야기하는 탈원전으로 실현되어야 할 사회의 이미지에 대단히 가깝다.

1986년에 체르노빌 원전 사고가 일어나 독일 일부가 방사성 물질에 의해 오염되자 반원전 운동은 더욱 세를 늘려갔다. 체르노빌 원전 사고 다음 달인 1980년 5월의 여론조사에 따르면 원전 반대는 서독 인구의 66%를 차지했다.[47] 그러한 반원전을 주장하는 여론과 녹색당의 존재에 영향을 받아 원전을 긍정하고 있던 사회민주당은 1986년 8월의 당대회에서 탈원전 정책으로 극적으로 강령을 전환한다. 또한 이에 맞추어 독일노동조합연맹도 탈원전 노선으로 방침을 전환한다. 아래에 그 사회민주당의 강령을 인용한다.

(1) 사회민주당은 원자력에너지가 짧은 과도기적인 것일 뿐이라는 것을 배웠다. 당은 핵을 사용하지 않고 좀 더 안전하고 환경보호 차원에서도 바람직한 에너지로의 이행을 달성한다. 서독에 있는 가동 중인 원전 19기를 이후 10년 사이에 단계적으로 정지한다.
(2) 신규 원전 건설은 인정하지 않는다.
(3) 대체 에너지를 개발한다.[48]

이와 같은 탈원전 정책으로의 강령 전환에 수반하여 사회민주당이 정권을 잡고 있던 노르트라인베스트팔렌주는 건설 중이던 칼카르 고속증

47. 『왜 독일은 탈원전을 선택했는가』, 116쪽.
48. 같은 책, 118쪽.

식로에 대해 1986년 7월에 그 건설을 중단하고 운전 허가를 취소했다.[49] 탈원전을 위한 현실적인 정책이 독일에서 움직이기 시작한 것이다.

동독과 서독의 통일을 거쳐 마침내 1998년에 사회민주당과 녹색당의 연립정권이 성립한다. 두 당은 협의를 통해 2000년에 전체 원전을 2021년까지 폐지하기로 결정했다. 그 기본 합의는 다음과 같다.

(1) 19기의 원전 평균 수명은 32년으로 한다. 각 원전은 운전 개시부터 각각 평균 32년에 전폐한다.

(2) 새로운 원전의 설치는 인정하지 않고, 사용 연한에 도달한 것부터 순차적으로 폐기해가며, 2021년까지 모든 원전을 폐지한다.

(3) 사용 후 핵연료의 재처리는 2005년 7월 1일까지로 하고, 그 이후에는 최종 처분장에서의 저장으로 한정한다.

(4) 당분간은 중간 처리장에 저장하는 것을 인정한다.[50]

또한 다른 한편으로 사회민주당과 녹색당의 연립정권은 탈원전을 실행에 옮기기 위해 재생가능에너지의 보급 확대를 지원하는 '재생가능에너지법'을 2000년에 제정, 시행했다. 이 '재생가능에너지법'에 기초한 고정가격 매입제도에 의해 그 후 독일에서는 재생가능에너지가 폭발적으로 보급되게 된다. 고정가격 매입제도란 재생가능에너지 전력을 발전 종류별, 규모별 등의 조건별로 정해진 고정가격으로 일정 기간 계속해서 구매하는 것을 전력회사에게 의무화하고, 그 구매 재원은 전기요금에 끼워 넣어 소비자로부터 징수하여 사회 전체에서 부담하는 방식이다. 전력 매입가격은 재생가능 전력 발전사업자가 받아들인 매입 기간 중의 전력 판매 총액이 총 필요비용을 상회하게 되어 있다. 그 결과 설비 소유자는 경제적 손실을

49. 같은 책, 119쪽.
50. 같은 책, 156쪽.

입지 않고 오히려 약간의 이익을 얻을 수 있는 까닭에, 시민과 지역 주민 등도 포함한 다양한 주체의 재생가능에너지 자원에 대한 도전이 진행되고 보급이 촉진되는 것이다.[51] 고정가격 매입제도는 이렇게 하여 재생가능에너지의 보급 확대를 사회 전체에 지원, 촉진하는 것이다.

환경경제학자 오시마 겐이치大島堅一에 따르면 2000년에 제정된 '재생가능에너지법'의 제도적 특징은 다음과 같은 점들로 이루어져 있었다.

(1) 재생가능에너지의 전력 계통에 대한 우선 접속이라는 원칙이 확립되었다. 이 원칙은 대단히 중요하다. 왜냐하면 재생 가능 자원이 존재하는 지점에 전력 계통이 설치되어 있지 않거나 계통 용량이 충분하지 않은 경우, 이를 이유로 전력 계통에 접속할 수 없다면, 재생 가능 자원이 풍부하게 존재한다고 하더라도 재생가능에너지의 보급이 진전되지 않기 때문이다.

(2) 전력 매입가격이 원칙적으로 20년의 고정가격으로 정해져 있다. 독일에서는 1998년의 전력자유화 이후 전력 소매가격이 시장에서 결정되게 되어 있었다. 전력자유화 아래에서도 매입가격이 절대 액수로 제시되면, 재생 가능 전력의 매입가격이 안정화되고, 재생가능에너지의 경영상의 위험이 경감된다. 재생가능에너지법 아래에서 재생가능에너지 발전사업자의 경영 위험은 거의 없어졌다고 할 수 있다.

(3) 매입가격에 체감률이 정해져 있다. 요컨대 매입가격은 해가 지남에 따라 체감해가는 것이다. 이것의 목표는 두 가지다. 첫째, 기술혁신이 진행됨에 따라 발전 단가가 내려가는 것에 대응하기 위해서다. 둘째, 재생가능에너지의 조기 도입을 촉진하기 위해서다. 매입가격이 체감한

• •

51. 和田武, 『飛躍するドイツの再生可能エネルギー —— 地球温暖化防止と持続可能社会構築をめざして(비약하는 독일의 재생가능에너지 —— 지구온난화 방지와 지속 가능 사회 구축을 시향하여)』, 世界思想社, 2008년, 16쪽.

다는 것을 미리 알고 있는 까닭에 재생가능에너지 발전사업자는 가능한
한 일찍 발전설비를 설치하려고 한다.[52]

2009년에 기독교민주 · 사회동맹과 자유민주당의 보수 · 중도우파 연
립정권인 제2차 메르켈 정권이 성립하자 다음 해 이 정권은 재정적자
삭감을 이유로 하여 원전의 사용 연수를 평균 12년 연장한다는 탈원전
기한 연장 정책을 내세웠다. 그러나 2011년 3월에 후쿠시마 제1원전 사고가
일어남으로써 원전의 연명에 반대하는 여론 동향에 민감한 메르켈 정권은
갑자기 탈원전 정책으로 정책을 전환하게 된다. 2011년 4월, 메르켈 총리는
'안전한 에너지 공급을 위한 윤리위원회'를 설치하고, 이후의 에너지 공급
시스템에 대해 '윤리적' 관점에서 논의할 것을 요청했다. 위원들은 위험사
회학자 울리히 벡, 환경학자 미란다 슈라즈를 비롯하여 과학기술계, 가톨
릭, 프로테스탄트교회의 수뇌부, 사회학자, 정치학자, 경제학자, 철학자,
실업가, 노동조합 의장 등으로 이루어져 있지만, 원자력공학자나 전력회사
관계자들은 전혀 포함되어 있지 않다. 왜냐하면 이 위원회의 목적은 원전도
포함한 에너지 생산의 이후의 방식에 대해 기술적, 경제적 관점에서가
아니라 '윤리적' 관점에서 조사하는 것이었기 때문이다.[53]
에너지 생산의 방침에 대해 '윤리위원회'는 공청회와 윤리위원회에서

· ·

52. 大島堅一, 『再生可能エネルギーの政治経済学 — エネルギー政策のグリーン改革に向けて
(재생가능에너지의 정치경제학 — 정책의 녹색 개혁을 위하여)』, 東洋経済新報社,
2010년, 208~209쪽(우리에 의한 요약).
53. 독일에는 순수하게 기술적, 경제적 문제 이상의 좀 더 깊은 도덕적, 윤리적 문제를
검토하는 '윤리위원회'라는 제도가 있으며, 예를 들어 2001년 이래로 생명과학의
윤리적 문제에 대한 사회적 대화를 진행하기 위해 '국가윤리심의회'가 설치되어
있다. 심의회는 자연과학, 의학, 진학, 철학, 사회과학, 법학, 환경학, 경제학 등 각
분야의 위원들로 이루어져 있다. 다음을 참조. ミランダ · シュラーズ, 「日本の読者のみ
なさんへのメッセージ(일본의 모든 독자에게 보내는 메시지)」, 吉田文和, ミランダ ·
シュラーズ 편역, 『ドイツ脱原発倫理委員会報告(독일 탈원전 윤리위원회 보고)』, 7쪽.

집중적인 토론을 진행하고, 같은 해 5월 30일에 '10년 이내에 원자력에너지로부터 철수할 수 있다'라고 하는 윤리위원회 보고를 제출했다. 보고서의 요점은 다음과 같다.

(1) 원전의 안전성이 높아도 사고는 일어날 수 있다.

(2) 일단 원전 사고가 일어나면 다른 어떤 에너지원보다 위험하다.

(3) 다음 세대에게 폐기물 처리 등을 남기는 것에는 윤리적 문제가 있다.

(4) 원자력보다 안전한 에너지원이 존재한다.

(5) 지구온난화 문제도 있으므로 화석연료를 대안으로 사용하는 것은 해결책이 되지 않는다.

(6) 재생가능에너지 보급과 에너지 효율화 정책에서 원전을 단계적으로 0으로 만들어가는 것은 장래의 경제를 위해서도 커다란 기회가 된다.[54]

이러한 제언들에 우리는 거의 동의할 수 있다. 특히 원전의 안전성이 아무리 높더라도 사고는 일어날 수 있으며, 그것이 큰 사고가 된다면 그 영향은 전쟁과 같은 정도로 대재앙적인 피해를 초래할 수밖에 없다는 논점, 그리고 방사성 폐기물을 다음 세대에게 남기는 것에는 윤리적 문제가 있다는 논점은 우리가 이 책의 처음부터 몇 번이고 지적해온 것과 겹쳐진다.

'윤리위원회'와 병행하여 행해지고 있던, 기술자들로 이루어진 원자로 안전위원회에 의한 독일 국내 원전의 안전 평가 보고는 같은 해 5월 16일에 '독일의 원전은 항공기 추락을 제외하면 비교적 높은 내구성을 지닌다'라고 답신했다. 그러나 메르켈 총리는 그 보고에 따르지 않고

• •

54. 吉田文和, 「ドイツ脱原発のなぜとどのように(독일 탈원전의 왜와 어떻게)」, 『ドイツ脱原発倫理委員会報告(독일 탈원전 윤리위원회 보고)』, 144~145쪽.

윤리위원회의 보고를 토대로 같은 해 6월, 2022년까지 탈원전을 완료한다는 방침을 내세우게 된다.[55] 이리하여 일단 탈원전을 연기한 독일은 후쿠시마 제1원전 사고를 계기로 하여 다시 탈원전 정책으로 복귀했다.

이처럼 독일의 탈원전 결정까지의 역사를 되돌아보면, 우리는 그로부터 다음과 같은 두 가지 점을 이해할 수 있다.

첫째, 독일에서는 핵무기 배치를 배경으로 하여 1970년대부터 이미 반원전 운동이 활발했으며, 사법과 행정에 의한 원전과 원자력 시설의 건설 중지 명령을 이미 1970년대에 끌어내고 있다. 또한 미디어는 1970년대부터 반원전 운동을 적극적으로 다루었으며, 반원전 운동을 지원하는 비판적 과학자 집단(예를 들어 1977년에 설립된 환경싱크탱크, 에코연구소 등[56])도 존재했다. 일본에서도 1970년대 이후에 유치된 원전 설치는 주민들에 의한 반대 운동으로 인해 어려워졌지만, 재판 투쟁에서는 대조적으로 반원전파가 이카타 원전 소송에서 비판적 과학자 집단의 지원을 얻어 선전했음에도 불구하고 최종적으로는 패소했다.[57]

둘째, 빌 원전 반대 운동으로부터 태어난, 탈원전을 주장하는 환경 정당인 녹색당이 1980년대부터 일정한 세력을 유지하고 있으며, 그에 영향을 받는 형태로 그때까지 원전을 용인하고 있던 사회민주당과 독일노동조합연맹도 탈원전으로 방침을 전환했다. 그리고 1998년의 사회민주당과 녹색당의 연립정권 수립으로 일거에 탈원전과 재생가능에너지 확대로 나아가는 길이 열렸다. 또한 일단 결정된 탈원전 흐름을 부정하려고 하는 보수정권에 의한 반동의 움직임도 후쿠시마 제1원전 사고와 그에 따른

●　●

55. 같은 책, 144쪽.
56. 다음을 참조. 高木仁三郎, 『市民の科学(시민의 과학)』, 講談社学術文庫, 2014년(초판, 『市民の科学を目指して(시민의 과학을 지향하여)』, 朝日選書), 제Ⅰ부 제2장 「전문적 비판의 조직화에 대하여」.
57. 이카타 원전 소송에 대해서는 제2부 제2장에서 상세히 서술했다.

반원전 운동으로 인해 결정적으로 좌절되었다. 다른 한편 일본에서는 1972년에 사회당이 반원전 방침을 명확히 하고 반대 운동을 지원했지만, 안타깝게도 국정 차원에서의 정책 결정에 영향을 미치지는 못했다. 실제로 사회당은 1994년의 무라야마 내각 성립으로 정권의 자리에 도달함과 동시에 '현실 노선'인 원전 용인으로 정책을 전환하고 반원전 방침을 철회했다. 또한 1998년에 결성된 민주당도 후쿠시마 제1원전 사고까지 원전 용인(2006년 이후에는 오히려 적극적인 원전 추진[58])을 당의 기본정책으로 삼았다.

요컨대 독일의 역사가 요아힘 라트카우가 이야기하듯이 독일에서의 반원전 운동은 시민운동, 언론, 정치, 행정, 사법, 과학의 '상호작용'에 의해 마침내 정부에 의한 탈원전 결정으로 열매 맺은 것이다. 이는 반원전 운동이 주민운동과 그 이외의 활동가들 사이에 광범위한 '상호작용'을 만들어낼 수 없었던 일본과 결정적으로 다른 점이다.[59]

독일은 지금까지 일본과 같은 대재앙적인 원전 사고를 일으키지 않았다. 그러한 독일에서조차 후쿠시마 제1원전 사고 이후 보수정당도 포함한 정당 전체가 탈원전에 동의하고 탈원전으로 복귀했다. 독일은 2022년까지 탈원전을 실현한다는, 에너지 생산 시스템의 완만한 이행을 상정하고 있지만, 후쿠시마 제1원전 사고와 같은 대재앙적인 사고를 일으키고, 더욱이 2년에 걸쳐 모든 원전이 정지했음에도 불구하고 전원 공급을 원전 없이 해낼 수 있었던 일본은 탈원전을 즉시 실현해야 한다고 우리는 생각한다.[60]

● ●

58. 「原発, 不可欠と容認 民主が積極推進に転換(원전, 불가결하다고 용인. 민주가 적극 추진으로 전환)」, 共同通信, 2006년 7월 25일.

59. Joachim Radkau, "Eine kurze Geschichte der deutschen Antiatomkraftbewegung", in Bundeszentrale für politische Bildung, hrsg., *Ende des Atomzeitalters?: Von Fukushima in die Energiewende*, 2012. 일역, 「ドイツ反原発運動小史(독일 반원전 운동 소사)」, 『ドイツ反原発運動小史 ― 原子力産業・核エネルギー・公共性(독일 반원전 운동 소사 ― 원자력 산업·핵에너지·공공성)』, 海老根剛·森田直子 옮김, みすず書房, 2012년.

60. 일본 국내의 원전은 2012년 5월부터 7월, 2013년 9월부터 2015년 8월까지의 기간에

일본은 후쿠시마 제1원전 사고 이후인 2012년 7월에 독일과 동일한 모양의 고정가격 매입제도를 도입했으며, 자연에너지 도입이 순조롭게 진행되고 있다. 특히 맑은 한여름 피크 때에 발전량이 많아지는 태양광 발전의 보급과 절전의 보급(절전은 숨은 에너지원이라고 말해진다)으로 전체 원전이 정지한 2015년 8월 상반기 시점에 1년 전력 수요의 피크인 한여름에도 전력 공급은 여유를 가지고 이루어질 수 있게 되었다. 따라서 전력 공급이라는 관점에서는 원전에 의존할 필요는 이미 전혀 존재하지 않는다.[61]

그러나 실제로 탈원전을 하기 위해서는 이를 위한 정치적 수단을 확보해야만 한다. 2014년의 여론조사에 따르면 국민의 77%가 탈원전에 찬성하고 있음에도 불구하고,[62] 여당인 자유민주당은 여전히 원자력에너지 추진을 계속하고 있다. 선거에서의 쟁점은 언제나 경제 문제일 뿐이고 원자력 정책은 전혀 쟁점이 되지 않는다. 이 때문에 탈원전은 일본 국민의 '일반의지'(루소)에도 불구하고 현 단계에서는 실현의 전망이 전혀 서 있지 않다.

일본에는 독일 녹색당과 같은 환경 정당이 존재하지 않으며, 야당 제1당인 민주당의 에너지 정책도 유력한 지지 기반의 하나인 전력총련(전국 전력관련 산업노동조합 총연합, 원자력 무라의 일익을 담당하고, 원전 유지를 주장하는, 바로 '당사자'의 하나)과의 관계로 대단히 모호하다.[63] 이것은 일본 국민의 '일반의지'가 탈원전이라 하더라도 이니셔티브를 쥐고서 탈원전을 실현할 수 있는 정당이 존재하지 않는다는 것을 의미한다.

● ●

모든 원전이 정지했지만, 전력 공급에 지장은 생기지 않았다.

61. 「太陽光, ピーク時肩代わり 夏の電力需給 猛暑, 晴れて本領(태양광, 피크 때 대체. 여름 전력 수급 폭염, 맑게 개어 진가)」, 〈朝日新聞〉, 2015년 8월 8일.

62. 아사히신문의 2014년 3월의 조사에 따른다. 「원전 재가동 반대 59%」, 〈朝日新聞〉, 2014년 3월 18일.

63. 민주당의 에너지 정책은 '2030년대에 원전 제로를 가능하게 하는 모든 정책 자원을 투입한다'라는 것인바, 명확히 탈원전 기한을 설정하고 있지 않으며, 또한 탈원전의 실현을 분명히 말하고 있지도 않다.

또한 말할 필요도 없이 여당인 자유민주당은 경제산업성, 원자력 무라와 노골적으로 결부되어 명백한 원전 회귀 노선을 내놓고 있다.

이상과 같은 일본에 고유한 상황에 따라(다만 동일한 상황이 아마도 일본 이외의 많은 나라에도 공유되고 있을 것이다) 탈원전을 실현하는 수단은 국민투표 이외에는 존재하지 않는다고 우리는 생각한다.[64] 요컨대 국민투표에 의해 탈원전을 할 것인지 아닌지를 국민의 의지로서 결정하면 된다는 것이다.

만약 국민투표에 의해 탈원전이 결정되면, 후쿠시마 제1원전을 포함한 모든 원전은 각 전력회사에서 분리하여 국유화하고 폐로 작업을 진행하며, 원전 이외의 자산을 갖고 있지 않은 일본원자력발전은 폐로 전문기업으로 조직 전환하여 각 원전의 폐로 작업을 지원해야 한다. 전력회사는 원전의 폐로를 결정하면 그해에 거액의 손실을 계상해야만 하며, 상황에 따라서는 채무 초과에 빠지지 않을 수 없다는 경영상의 이유로 인해 자체적으로 폐로를 결단하기가 어렵다.[65] 그러한 관점에서 우리는 폐로를 위한 전체 원전의 국유화를 주장하는 것이다. 또한 말할 필요도 없이 탈원전과 더불어 핵연료 사이클 사업에서도 완전히 철수하고, 도카이, 6개 핵연료 재처리공장, 고속증식로 몬주もんじゅ, 일본이 독자 개발한 고속증식로의 하나는 모두 폐기해야 한다.

• •

64. 실제로 일본 후쿠시마 제1원전 사고 이후 도쿄도와 오사카시에서 원전 가동의 옳고 그름을 묻는 주민 투표 조례 제정을 위한 서명운동이 진행되어 도쿄도에서 32만3,076명, 오사카시에서 5만5,428명의 서명이 모였으며, 각각의 의회에 주민 투표 조례안이 제출되었지만, 그 조례안들은 의회에 의해 부결되었다. 주민 투표 청구를 의회가 부결할 수 있는 현재의 지방자치 체계에는 직접 청구에 필요한 서명 수를 넘는 많은 숫자의 민의를 의회가 간단히 부정할 수 있다는 점에서 커다란 문제가 있다. '원전' 국민투표 운동의 추이와 현재에 대해서는 다음의 'みんなで決めよう原発国民投票(모두가 결정하자 원전 국민투표)' 홈페이지를 참조. http://kokumintohyo.com/

65. 「原発廃炉なら4社債務超過損失計4兆円超経産省試算(원전 폐로하게 되면 4사 채무초과 손실 총 4조엔 넘어, 경제산업성 계산)」, 〈朝日新聞〉, 2012년 6월 18일.

탈원전을 실현하고 국가에 의한 지방 종속화라는 구조적 차별을 해체하기 위해서는 전원3법 교부금은 곧바로 폐지하고 그 재원인 전원개발촉진세를 후쿠시마 제1원전 사고의 사고 처리와 원전 전체의 폐로 작업에 사용되는 '탈원전세'로 전환할 필요가 있다. 후쿠시마 제1원전 사고라는 대재앙적인 사고를 일으킨 일본에서는 사고 처리와 탈원전을 위한 비용을 국민 전체에게 부담시키는 것이 피하기 어려운 일이지만, 이를 위해서는 구조적 차별의 수단이었던 전원개발촉진세를 '탈원전세'로 전환하여 탈원전을 위해 사용하는 것이 가장 합리적인 방법일 것이다.[66]

국민투표의 구체적인 제도 설계에 대해서는 이마이 하지메今井一 『'원전' 국민투표』[67]의 제안이 참고가 된다. 국민투표는 원전의 가동 지속 또는 폐지, 신규 건설의 시비를 묻는 '원전 국민투표법'을 국회에서 제정하여 실시할 수 있다. 일본 헌법은 헌법 개정 이외의 국민투표 규정을 정하지 않았지만, 법적 구속력을 지니지 않고 결과를 정부나 의회가 참고로 하여 정책을 결정하는 자문형 국민투표라면 시행할 수 있다.

탈원전과 같은 모든 국민의 미래와 관련된 중요한 정책 결정에 관해서는 국민투표의 시행이 불가결하다. 왜냐하면 앞에서 말했듯이 원전 문제는 간접 민주주의 하의 의회 선거에서는 지금까지 전혀 없다고 말할 수 있을 정도로 쟁점화된 적이 없는 주제이기 때문이다. 실제로 2011년 3월 이후의 중의원, 참의원 선거에서 탈원전 문제가 주요한 쟁점으로 설정된 적은 없다. 그것은 원전 추진 세력인 자유민주당도 포함한 거의 모든 정당이 탈원전 또는 탈원전 의존을 주장하고 있고, 언뜻 보아 어느 당에 투표하더라도 똑같은 것 같은 겉보기가 만들어져 있기 때문이다. 그러나 그와 같은 겉보기와는 반대로 2012년 중의원 선거 이후 여당인 자유민주당은 일관되게 원전

• •

66. 전원3법 시스템과 그 폐지, 전원개발촉진세의 '탈원전세'로의 전환 제안에 대해서는 제3부 제1장에서 상세히 서술했다.

67. 今井一, 『「原発」国民投票('원전' 국민투표)』, 集英社新書, 2011년.

추진의 자세를 바꾸지 않았다. 예를 들어 2014년 12월의 중의원 선거 시에 자유민주당은 '원전 의존도를 가능한 한 낮추겠다'라고 주장했다. 그러나 선거 후인 2015년 7월, 경제산업성은 2030년 전원 구성 비율에서 원전 비율을 20~22%로 할 것을 결정했다. 이것은 기존 원전을 모두 재가동 하고, 그 운전 기간을 40년에서 60년으로 연장하며, 나아가서는 건설 중인 원전 모두를 가동한다는 것을 함의하는바,[68] 자유민주당의 이전의 선거 공약과는 정반대의 방향성을 의미한다. 이러한 점들을 고려하면, 대의제 민주주의와 관료기구가 국가와 자본의 논리에 의거하여 중앙집권 적으로 통치하는 '관리된 민주주의'[69] 하에서는 탈원전을 실현하기가 한없 이 불가능에 가깝다.

따라서 우리는 현재의 대의제 민주주의에 가능한 한 직접 민주주의 요소를 도입하기 위해 국민의 발의로 법적 구속력을 지닌 국민투표를 시행할 수 있는 국민투표의 도입을 주장하고자 한다. 국민투표에는 일반적 으로 이니셔티브와 레퍼랜덤이라는 두 가지 종류가 있다. 이니셔티브란 헌법과 법률의 제정 및 개폐에 대하여 일정한 숫자의 청구로 국민의 발의권을 인정하고 그 발의의 채택 여부를 결정하기 위해 행해지는 국민투 표이며, 레퍼랜덤이란 의회에서 채택된 헌법 및 법률의 제정·개폐안, 국제조약의 비준 등에 대해 그것에 효력을 지니도록 할 것인가 아닌가를 결정하기 위해 실시되는 국민투표다. 말하자면 이니셔티브란 국민의 발의 에 의한 아래로부터의 국민투표이며, 레퍼랜덤이란 의회의 발의에 의한 위로부터의 국민투표이다.[70] 우리는 위로부터의 논점 설정이 아니라 오히

● ●

68. 다음의 요시오카 히토시(吉岡斉)의 인터뷰를 참조. 「経産省案「原発比率20~22%」は非 現実的だ どうする電源構成〈3〉九州大学·吉岡教授(경제산업성 안 '원전 비율 20~22%' 는 비현실적이다. 어떻게 할 것인가 전원 구성〈3〉. 규슈대학·요시오카 교수)」, 東洋経済オンライン, 2015년 5월 2일. http://toyokeizai.net/articles/-/68379

69. 이 점에 대해서는 제4부 제2장에서 상세히 논의했다.

70. 『'원전' 국민투표』, 23~24쪽.

려 아래로부터의 민주주의를 중시하는 관점에서 이니셔티브만을 국민투표 제도로서 제정할 것을 제안한다.

2-2. 탈원전으로 어떠한 사회를 실현해야 할 것인가?

앞 절에서 이야기했듯이 탈원전이란 민주주의의 문제이며, 일본에서 탈원전을 실현하기 위해서는 국민투표라는 직접 민주주의적인 수단이 필요하다. 국민투표의 시행으로 모든 유권자가 탈원전이라는 문제에 대해 집중적으로 공부하고 토론하고 투표하는 것, 그것이야말로 직접 민주주의 요소를 받아들인 새로운 민주주의를 실현하는 하나의 수단이 될 것이다. 실제로 지방 자치단체 수준에서 주민 투표가 시행된 사례를 보면, 많은 경우에 유권자의 집중적인 공부, 토론, 투표라는 흐름을 관찰할 수 있다.[71] 한나 아렌트는 그와 같은 유형의 직접 민주주의를 '평의회 민주주의'라고 부르고 있다.[72]

그러면 우리는 탈원전으로 어떠한 사회를 실현해야 할 것인가? 중요한 것은 원전과 같은 집중적(또는 중앙집권적), 비밀주의적, 비민주주의적인 에너지 생산 시스템을 폐기하고, 재생가능에너지를 중심으로 한 분권적, 정보 공개적, 민주적인 에너지 생산 시스템으로 전환하는 것이다. 원전에 의해 에너지를 생산하는 사회란 예를 들어 원전 대국 프랑스처럼 관료기구가 중앙에서 국가-사회 시스템의 모든 것을 설계하고 통제하는 중앙집권적 사회다(그에 반해 독일은 각 주정부의 자율성을 많은 점에서 인정하는

• •

71. 다음을 참조. 今井一, 『住民投票 ─ 観客民主主義を超えて(주민 투표 ─ 관객 민주주의를 넘어서)』, 岩波新書, 2000년.

72. Cf. Hannah Arendt, *On Revolution*, The Viking Press, 1963; Penguin Books, 1990, Ch. 6 "The Revolutionary Tradition and Its Lost Treasure". 일역, 『革命について(혁명에 대하여)』, 志水速雄 옮김, ちくま学芸文庫, 1995년, 제6장 「혁명 전통과 상실된 보고」. 또한 아렌트의 평의회 이론을 참조하면서 이오니아의 이소노미아(무지배)에 대해 고찰한 책도 참조. 柄谷行人, 『哲学の起源(철학의 기원)』, 岩波書店, 2012년.

연방국가이며, 그러한 구조가 연방정부로부터 독립된 주정부에 의한 원전 정책을 가능하게 하고, 결국은 탈원전을 가능하게 했다). 원전을 추진하는 중앙집권적, 비밀주의적, 경직적인 정치-사회 시스템을 오스트리아의 작가 · 저널리스트 로베르트 융크는 '원자력 국가[Atomstaat]'라고 불렀다.[73] 물론 일본도 대체로 프랑스와 마찬가지의 강력한 관료기구를 가진 '원자력 국가'다. 우리는 또한 공업-군사입국이라는 국가와 자본의 논리에 의거하여 원전을 추진하는 중앙집권적 통치 시스템을 '관리된 민주주의'라고 불렀다. 그러한 의미에서 탈원전이란 바로 민주주의 문제이며, '관리된 민주주의'를 좀 더 직접 민주주의적인 근원적 민주주의radical democracy로 변용시키는 수단 가운데 하나다.

관료기구는 정권이 어떻게 교체되든지 간에 그리고 아무리 대재앙적인 원전 사고가 일어난다고 하더라도 일관되게 기존 그대로 정책을 실행하려고 한다. 원자력 국가와 관료기구의 본질적 성격이란 '무엇이 일어나든 자기의 전제, 원리를 절대 변화시키지 않는다'라는 대단히 경직된 것이다. 일본의 원자력 정책은 정권이 아니라 오히려 경제산업성이 9전력=지역독점체제를 통해 구석구석까지 통제하고 있다. 관료기구의 비밀주의적, 경직적, 비민주주의적인 성격은 외부로부터의 점검과 통제가 없으면 절대로 변하지 않는다. 따라서 관료기구에 대해서는 독립된 시민위원회에 의한 정책 점검, 통제를 의무화하고, 그 경직적이고 비밀주의적이며 비민주적인 성격을 타파하는 것이 필요할 것이다.

이처럼 탈원전이란 단순히 원전을 폐기하는 기술적인 문제가 아니다. 오히려 탈원전의 실현을 통해 대의제 민주주의와 관료기구가 (공업=군사입국이라는) 국가와 자본의 논리에 의거하여 중앙집권적으로 정책 결정을

· ·

73. Robert Jungk, *Der Atomstaat: Vom Fortschritt in die Unmenschlichkeit*, Kindler, 1977. 일역, 『原子力帝国(원자력 제국)』, 山口祐弘 옮김, 日本経済評論社, 2015년(초판, アンヴィエル, 1979년).

하는 '관리된 민주주의'를 직접 민주주의적이고 분권적이며 국가와 자본의 논리에 의거하지 않는 근원적 민주주의radical democracy로 변혁하는 것이 문제인 것이다.

일본은 이미 독일과 유사한 고정가격 매입제도를 도입했지만, 9전력=지역독점체제는 자기의 원전을 가동하기 위해 재생가능에너지 수용 용량을 제한하고 있으며, 결과적으로 재생가능에너지 증가량도 제한되고 말았다. 이러한 점에서 일본도 독일과 마찬가지로 재생가능에너지의 전력 계통에 대한 최우선 접속이라는 원칙을 법률로써 확립해야 한다. 재생가능에너지의 우선 접속 원칙이 존재하지 않는다면 일본에 아무리 많은 재생가능에너지 자원이 존재한다고 하더라도 그것을 실제로 에너지로 활용할 수 없다. 일본은 본래 풍력발전만으로 전체 에너지 소비를 감당할 수 있을 정도로 재생가능에너지의 잠재력을 지닌다.[74] 그럼에도 불구하고 9전력=지역독점체제에 의해 재생가능에너지 자원의 활용에 제한이 가해지고 있다면, 그것은 바로 '원자력 국가'와 9전력회사가 기존대로 원전과 중앙집권적 정치-사회 시스템의 유지를 의도하고 있기 때문일 뿐이다.

2016년 4월에는 일본에서도 전력자유화가 예정되어 있다. 그러나 국가와 자본의 논리를 반복해서 비판적으로 분석해온 우리의 견지에서 보면,

• •

74. 다음을 참조. ｅシフト 편, 『脱原発と自然エネルギー社会のための発送電分離(탈원전과 자연에너지 사회를 위한 발송전 분리)』, 合同出版, 2014년, 제4장, 竹村英明, 「발송전 분리와 함께 해결해야 할 과제」, 62~63쪽. 이 책에서 다케무라는 환경성이 2011년 4월에 공표한 『헤이세이 22년도 재생가능에너지 도입 잠재력 조사』(https://www.env.go.jp/earth/report/h23-03/)를 참조하여 다음과 같이 말하고 있다. '환경성의 도입 잠재력 조사를 보면, 일본의 풍력발전 잠재력이 매우 크다는 것을 알 수 있습니다. 육상 풍력은 특히 도호쿠와 홋카이도가 크며, 그 도입 잠재력은 발전용량(출력)에서 2.8억 킬로와트, 해상 풍력은 홋카이도를 중심으로 하여 도입 잠재력 ― 6억 킬로와트로 추정되고 있습니다. 풍력발전의 경우 1킬로와트의 발전설비에서 연간 2,100킬로와트시라는 양의 발전이 가능하고 생각되기 때문에, 육상과 해상을 아울러 19억 킬로와트의 풍력발전 설비가 만들어내는 전기의 양은 약 4조 킬로와트시가 됩니다. 일본의 전력 소비량의 네 배입니다.'

전력자유화는 단순한 시장주의로의 이행이어서는 안 된다. 재생가능에너지의 보급에는 발송전 분리가 불가결하지만, 이를 위해서는 특히 송전 부문을 사기업이 아니라 공공기관으로 재편하고 재생가능에너지의 전력 계통에 대한 우선 접속을 실현하는 것이 필요하다. 요컨대 송전 부문을 '사회적 공통자본'(우자와 히로후미[75])으로 하여 재생가능에너지를 전력 계통에 우선적으로 접속할 필요가 있는 것이다.

재생가능에너지를 효과적으로 활용하기 위해서는 전국 규모의 송전망을 확립할 필요가 있다. 현 상황에서는 9전력=지역독점체제 때문에 지역별 전력 융통 체제가 확립되어 있지 않다. 재생가능에너지에는 각각 적합한 지역이 있다. 일조량이 많아 태양광발전에 적합한 간토 지방 이남, 풍황이 좋고 풍력발전에 적합한 홋카이도, 도호쿠 지방, 그리고 지열발전에 적합한 홋카이도, 도호쿠, 규슈 지방 등이다. 이후에는 각 지역의 재생가능에너지에 의해 생산된 전력을 지역을 넘어서 서로 융통하기 위해 일본 전국을 통합한 송전망을 확립해야 할 것이다.[76]

나아가 9전력=지역독점체제와 원전에 의한 대규모 집중적인 전력 생산 시스템을 타파하기 위해서는 재생가능에너지 시민발전소를 보급, 확대해 가는 것, 그에 의해 전력 생산 시스템을 대규모 집중적 형태로부터 소규모 분산적 형태로 재구축해가는 것이 필요하다[그림 1] 「덴마크에서 소규모 분산형 에너지로의 전환」을 참조. 덴마크는 에너지 효율이 특히 높은 국가로 알려져 있으며, 2030년까지 소비 전력의 90%를 재생가능에너지로 생산하는 것을 목표로 하고 있다). 자연에너지 자원은 그 지역 고유의 것이며, 그런 까닭에 지역에 뿌리박고 살아가는 시민의 손으로 에너지로 활용되어야 할 것이다. 이를 위해 고정가격 매입제도는 전력회사가 고정가

75. 예를 들어 다음을 참조. 宇沢弘文, 『社會的共通資本(사회적 공통자본)』, 岩波新書, 2000년.
76. 『탈원전과 자연에너지 사회를 위한 발송전 분리』, 72~73쪽.

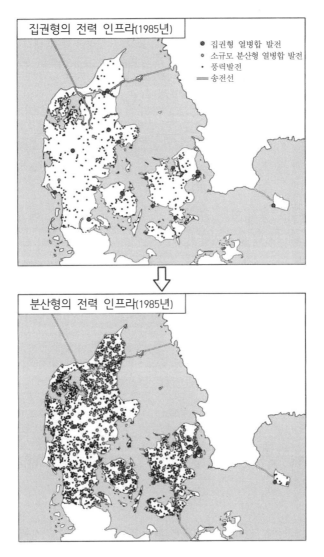

[그림 1] 덴마크에서 소규모 분산형 에너지로의 전환(덴마크 에너지청 작성, 脇阪紀行, 『欧州のエネルギーシフト(유럽의 에너지 이행)』, 岩波新書, 2012년, 161쪽)

격으로 전력을 매입하는 것을 의무화하고 경제적 위험을 최소화함으로써 시민의 손에 의한 자연에너지 자원 개발을 지원하고 있다.

독일에서는 많은 재생가능에너지 발전소가 지역에 사는 시민들이 공동 출자하는 시민 재생가능에너지 펀드, NPO 또는 협동조합 형태로 운영되고 있다. 2012년의 데이터에 따르면, 독일의 재생가능에너지 발전설비의 총 출력은 76.02기가와트이며, 해상 풍력발전 등 시민에 의한 지출이 기대되지 않는 대규모 발전시설을 제외한 72.9기가와트 가운데 일반 개인 소유의 25.2%, 시민 재생가능에너지 펀드, 협동조합, NPO 등에 의한 시민 출자의 시민 에너지 조직 9.2%를 아우르면 34.4%, 출력으로 해서 25.02기가와트가 좁은 의미의 시민 소유 설비다.[77]

이 중에서도 특히 협동조합 방식의 운영은 이 책의 취지에 있어 가장 중요하다. 왜냐하면 협동조합 방식의 운영은 출자금액과 관계없이 모든 출자자가 한 사람당 한 표를 가지고 시민발전소를 좀 더 지역에 뿌리내린 민주적인 것으로 만드는 특성이 있기 때문이다.[78] 우리는 특히 협동조합 형식에 의한 시민발전소가 앞으로 일본에서도 많이 태어날 것을 기대하고 있다.

또한 독일에서는 많은 자치단체가 도시에너지공사를 소유하고 있으며, 도시에너지공사가 시민에너지조합과 공동으로 발전과 배전을 수행하는 에도 많다. 그와 같은 관점에서 우리는 시민발전소의 설치를 각급 도시와 같은 기초자치단체가 경제적, 제도적, 기술적으로 지원하고 각급 도시와 시민이 공동으로 시민발전소를 설립, 운영해가는 것도 필수적이라고 생각한다.[79]

●●

77. 村上敦・池田憲昭・滝川薫, 『100％再生可能へ! ドイツの市民エネルギー企業(100% 재생 가능으로! 독일의 시민 에너지기업)』, 2014년, 17쪽.

78. 같은 책, 114쪽.

79. 독일에서 도시에너지공사와 시민에너지조합의 공동에 대해서는 다음을 참조, 같은 책, 제5장 「도시에너지공사」. 또한 일본의 경우에 대해서는 나가노현 이다시와 시민발 전소의 공동 사업이 참고가 된다. 다음을 참조, 飯田哲也, 『エネルギー進化論 ― 「第四の 革命」が日本を変える(에너지 진화론 ― 제4의 혁명'이 일본을 변화시킨다)』, ちくま新 書, 2011년, 199~205쪽.

고정가격 매입제도는 재생가능에너지에서 나온 전력을 전력회사에 고정 가격으로 판매하는 것을 전제로 하는 까닭에, 재생가능에너지 발전사업자와 출자자에게 안정된 수입이 확보된다. 따라서 지역에 거주하는 시민들이 스스로 운영하는 재생가능에너지 발전소를 설립하고 이를 각급 도시와 공동으로 행하면, 지금까지 9전력=지역독점체제 속에서 전기요금으로서 지역으로부터 전력 대기업으로 유출되고 있었던 대량의 자금을 지역 안에서 순환시킬 수 있게 된다. 이렇게 하여 원전에 의해서는 실현할 수 없었던, 지역 밖의 대기업에 의존하지 않는 방식으로 이루어지는 지역경제 활성화를 실현할 수 있고 구조적 차별을 타파할 수 있는 것이다.[80]

이 점과 관련해 후쿠시마현 아이즈시에 설립된 시민발전소 '아이즈전력' 사장인 사토 야우에몬佐藤弥右衛門의 생각은 우리의 생각에 대단히 가깝다. 후쿠시마현에는 수력발전을 중심으로 에너지 자급자족을 달성하고도 남는 재생가능에너지가 존재한다. 그러나 후쿠시마현에서 발전된 전력은 1914년의 이나와시로 수력발전소 설치로부터 1971년 후쿠시마 제1원전 설치를 거쳐 2011년 후쿠시마 제1원전 사고가 일어나기까지 모두 도쿄로 보내졌다. 사토 야우에몬은 그러한 도쿄와 후쿠시마의 관계를 '에너지 식민지'로 파악하고, 그 구조를 바꾸기 위해 지역의 손에 에너지를 되찾고 자립을 지향할 것을 호소하고 있다. '왜 후쿠시마에 원전이 있었는가 하면 지방이 가난하기 때문입니다. 거기에 돈과 교환하여 원전이 생겼습니다. 정말이지 만약 여러분이 발밑의 자원을 활용할 수 있다면, 지방은

• •

80. 다음을 참조. 『100% 재생가능으로! 독일의 시민 에너지기업』, 제1장 「에너지 전환을 지역과 시민의 손으로」. 덧붙이자면, 일본에서의 이러한 시민발전소의 구체적인 예로서는 다음을 참조. 『에너지 진화론』, 제5장 「일본의 지역으로부터의 도전」. 또한 중앙의 대자본이 운영하는 대규모 재생가능에너지 발전소가 지방에 설립되더라도 그 수익은 지역으로 순환되지 않고 중앙의 대자본에게로 회수되기 때문에, 중앙에 의한 지방의 수탈이라는 구조적 차별은 잔존하게 된다. 따라서 우리는 구조적 차별을 타파하기 위해 시민 재생가능에너지 발전소 — 특히 협동조합 방식에 의한 그것 — 와 기초자치단체와의 협동에 기대하고 있다.

국가나 현으로부터의 교부금에 의존하지 않더라도 자립할 수 있습니다. 자연에너지라는 새로운 산업을 창출하는 것의 의미는 지방 활성화라는 의미에서도 클 것입니다. 따라서 국가는 좀 더 거기에 힘을 쏟아야 할 것입니다.' '후쿠시마의 사람들은 입 밖으로는 내놓지 않지만, 방사능의 영향으로 모두가 고생하고 있습니다. 이런 생각을 다른 지역의 사람들에게는 말하고 싶지 않습니다. 아이즈전력의 노력을 통해 자신들의 힘으로 지역을 변화시켜가는 모습을 전국에 알리고 싶은 것입니다.' 아이즈전력은 이러한 생각에 따라 도쿄전력이 소유한 수력발전소를 인수할 계획도 갖고 있다고 한다.[81] 또한 무라 전체의 피난이 이어지는 이타테무라에서는 아이즈전력의 협력을 통해 시민발전소 '이타테전력'이 설립되고, 재생가능에너지를 활용함으로써 원전 사고 이후 농업이 불가능해진 마을에 '자립과 재생을 촉진하고 자신감과 존엄성을 되찾기' 위한 시도가 시작되고 있다.[82] 이처럼 후쿠시마 제1원전 사고로 심대한 피해를 보고서 다이쇼 시대부터 수도권의 에너지 식민지였던 후쿠시마현에서는 구조적 차별을 타파하기 위한 탈종속화 시도가 이미 시작된 것이다.

또한 독일의 실례를 통해 시민발전소와 같은 분권적 에너지 생산 시스템은 원전과 같은 집중적 에너지 생산 시스템보다 더 많은 고용을 창출한다는 것이 증명되고 있다. 독일에서 재생가능에너지는 킬로와트시 당 원전의 약 10배나 많은 고용을 창출하고 있다. 독일에서 재생가능에너지 부문의 고용은 보수·중도우파로의 정권교체로 인해 탈원전 정책이 후퇴 국면에 있던 2010년 시점에 37만 명, 2011년 시점에 38만 명이지만, 다른 한편으로

● ●

81. 高橋真樹, 『ご当地電力はじめました!(본고장 전력은 시작했다!)』, 岩波ジュニア新書, 2015년, 111~115쪽. 아이즈전력 홈페이지도 참조. http://aipower.co.jp/

82. 高橋真樹, 「自然エネで復興を, 全村避難の飯舘村で「飯舘電力」が誕生(자연에너지로 부흥을, 무라 전체가 피난한 이타테무라에서 이타테전력이 탄생)」, ソーシャル・イノベーション・マガジン! 『alterna』, 2015년 1월 25일. http://www.alterna.co.jp/14449 이타테전력의 홈페이지도 참조. http://iitatepower.jp/

원전 관련 고용은 2010년 시점에 3만 명으로 10분의 1 이하에 지나지 않는 것이다.[83] 재생가능에너지 부문과 원전 관련 부문의 고용자 숫자 차이는 자연에너지 부문의 한층 더한 성장과 탈원전 과정의 진전에 따라 앞으로 점점 더 커지게 될 것이다.

이 책에서 몇 번이고 지적해왔듯이 원전이란 단순한 에너지 생산 시스템이 아니라 핵무기 재료인 플루토늄의 생산으로 귀결된다는 점에서 핵무기 생산과 분리할 수 없으며, 동시에 공업=군사입국이라는 국가와 자본의 논리에 의거한 중앙집권적 통치, 즉 '관리된 민주주의'와 밀접히 결부되어 있다. 따라서 우리의 관점에서 중요한 것은 (1) 공업=군사입국이라는 국가와 자본의 논리에 의거한 중앙집권적 통치를 포기하고, 탈원전과 분권적인 에너지 생산 시스템을 확립함으로써 중앙집권적 정치-사회 시스템('원자력 국가' 또는 '관리된 민주주의')으로부터 분권적 정치-사회 시스템으로 이행하는 것, (2) 시민과 기초자치단체가 협력하여 시민발전소를 운영하고, 지역 밖의 대기업으로 빨려 들어간 자금을 지역 내에서 순환시킴으로써 지방과 중앙 사이의 비대칭적이고 역전 불가능한 권력관계, 즉 구조적 차별을 타파하는 것, (3) 국민투표와 관료기구에 대한 시민위원회의 점검, 통제와 같은 좀 더 직접 민주주의적인 요소를 받아들인

• •

83. 다음을 참조. 『독일의 시민 에너지기업』, 196쪽. 또한 그린피스의 홈페이지에서 다음의 리포트를 참조. 「ドイツ現地レポート4: 自然エネルギーで原発よりも12倍の雇用効果あり(독일 현지 리포트 4: 자연에너지로 원전보다 12배의 고용효과 있어)」, 国際環境NGOクリーンピース, 2011년 7월 1일. http://www.greenpeace.org/japan/ja/news/blog/staff/4-12/blog/35548/ 덧붙이자면, 사회학자인 가이누마 히로시(開沼博)는 '자연에너지는 원전과 비교하여 압도적으로 고용 흡수력이 적다'고 분명히 말하고 있지만(開沼博, 「이야기 속에 답은 없다」, 『この国はどこで間違えたのか ― 沖縄と福島から見た日本(이 나라는 어디서 잘못된 것일까 ― 오키나와와 후쿠시마로부터 본 일본)』, 德間書店, 2112년, 102쪽), 이 발언이 독일의 예를 조사한 데 기초하여 이루어진 것인지 여부는 대단히 의심스럽다. 덧붙이자면, 제3부 제1장에서도 인용한 일련의 가이누마 히로시의 발언이 가령 '원자력 국가'의 모순들과 구조적 차별을 냉소적으로 현상 긍정하는 것으로 귀결된다면, 우리는 그와 같은 입장을 결코 용인할 수 없다.

새로운 형태의 민주주의, 즉 근원적 민주주의radical democracy를 확립하는 것이다. 원전이란 핵무기라는 대량파괴무기 기술에 의거하여 개발된 대규모 집중적 에너지 생산 시스템이며, 공업=군사입국이라는 국가와 자본의 논리에 의거하여 방대한 에너지를 집중적으로 생산할 것을 지향하는 중앙집권적, 관료주의적, 비밀주의적 통치('원자력 국가' 또는 '관리된 민주주의')와 친화적이다. 대량파괴무기의 위험성에서 기인하는 이와 같은 위험한 시스템을 사기업이 운용할 수 있는 것은 물론 중앙집권적인 '원자력 국가'의 원조에 의해서만 가능하다. 반대로 재생가능에너지에 의한 에너지 생산은 분권적이고 지역에 뿌리를 둔 에너지 생산을 지향한다. 또한 우리 생각에 탈원전의 실현은 국민투표와 관료기구에 대한 시민위원회의 점검과 통제와 같은 직접 민주주의적인 정치-사회 시스템의 실현과 분리될 수 없다. 따라서 탈원전을 실현하는 것은 중앙집권적이고 핵에너지(원전과 핵무기 쌍방을 포함한다)에 친화성이 있는 '원자력 국가' 또는 '관리된 민주주의'를 분권적이고 직접 민주주의적인 근원적 민주주의radical democracy로 변혁한다는 것을 의미한다. 이러한 분권적이고 직접 민주주의적인 정치-사회 시스템이야말로 바로 우리의 '탈원전의 철학'이 제창하는 새로운 정치-사회 시스템의 이미지다.

옮긴이 후기

  도서출판 b의 편집부에서 이『탈원전의 철학』의 편집과 교정 작업을 마무리할 즈음, 우크라이나 체르노빌 원전에서 새로운 핵반응 조짐이 나타나고 있다고『사이언스』를 인용한 보도가 잇따랐다. 1986년 4월 26일 폭발 사고로 폐쇄되고 사고 직후 콘크리트로 덮어씌운 원전 원자로에서 중성자 수 증가가 확인되고 있으며, 그 중성자 수의 증가는 원자로 내부의 우라늄 연료 덩어리에서 다시 핵분열 반응이 진행되고 있다는 것을 의미할 수 있다는 것이다. 전문가들의 이야기에 따르면, 사고 후 들이부은 콘크리트의 노후화가 진행되어 다른 사고를 막기 위해 2016년 다시 '철근 돔'을 덧씌웠지만, 이것이 중성자 수 증가의 원인일지도 모르며, 또한 통제되지 않은 핵에너지 방출이라는 또 다른 사고가 발생할 가능성도 있다고 한다. 요컨대 1986년, 체르노빌에서 '인류 최악의 참사'가 있었고, 그에 대한 대책으로 콘크리트를 들이붓고 강철 덮개를 씌웠지만, 그것이 충분하거나 최종적인 해결책이 되지는 못했으며, 또한 우리는 현재의 원자로 내부 상황이나 이후의 상황 전개에 대해 정확히 알지 못한다는 것이다. 어느 신문의 한 기자는 이 보도와 후쿠시마 원전 사고로 발생한 방사능 오염수 방류를 함께 지켜보면서 오염수 방류가 해양생태계와 우리에게 어떤 영향을 얼마나 어떻게 줄지 명확히 아는 사람이 없다는 것을, 그래서 체르노빌과 후쿠시마는 과학과 자연과 정치와 인간에 대한 우리의 무지와 오만의 생생한 증거를 제공하고 있다는 것을 역설하고 있었다.

이 『탈원전의 철학』은 佐藤嘉幸 · 田口卓臣, 脫原發の哲學, 人文書院, 2016을 옮긴 것이다. 저자인 사토 요시유키佐藤嘉幸는 쓰쿠바대학 인문사회계 교수로『권력과 저항 — 푸코 · 들뢰즈 · 데리다 · 알튀세르』,『신자유주의와 권력 — 푸코로부터 현재성의 철학으로』등의 저자이며, 다구치 다쿠미田口卓臣는 우쓰노미야대학 국제학부 교수로『디드로, 한계의 사유 — 소설에 관한 시론』,『괴물적 사유 — 근대 사상의 전복자 디드로』등의 저자이다.

세계 속에서 삶을 살아가고 있는 한 사람으로서 옮긴이 역시 다른 사람들과 마찬가지로 세계가 무엇인지와 인간이란 누구인지 그리고 세계와의 관계 속에서 이루어지는 인간 삶이란 어떤 것이며 현재 우리가 해결해야 할 과제는 무엇인지의 물음에 관해 관심을 기울이는 것은 자연스러운 일이다. 그래서 언젠가부터 생태계 파괴와 기후 위기, 그와 관련한 우리의 생활양식과 책임의 원칙 및 미래 가능성과 지구상에서의 인류의 삶의 가능성이 옮긴이의 뇌리를 떠나지 않았지만, 특히 2011년 3월 11일의 동일본 대지진과 거대한 쓰나미와 함께 발생한 후쿠시마 제1원전에서의 수소 폭발과 방사능 유출 사고 이후에는 탈핵 · 탈원전이 긴급한 화두로서 제기되지 않을 수 없었다. 하지만 탈핵 · 탈원전을 둘러싸고 전개되고 있는 치열한 사회적 논란과 정치적 갈등을 앞에 두고서, 요컨대 경제와 사회, 정치, 과학과 현재 인류가 부딪혀 있는 문제들이 얽혀 있는 원자력발전 문제의 복잡성과 방대함, 역사성에 압도되어 어디서부터 갈피를 잡아야 할지 알 수 없다는 무력감에 사로잡히는 일이 자주 있었다. 그것은 아마도 탈원전의 필요를 확신하고 있음에도 불구하고 그 문제를 바라보는 근본적 관점과 사태에 대한 총체적 인식, 요컨대 철학의 결여 때문이라는 생각이

들기도 했다.

그때 만난 것이 이『탈원전의 철학』이었다. 아니, 그저 만났다기보다는 충격을 받았다고 해야 할지도 모르겠다. 사토 요시유키와 다구치 다쿠미라는 일본의 젊은 두 철학자가 후쿠시마 제1원전 사고라는 대재앙이 우리의 삶에 가져온 방대한 피해로부터 출발하여 원자력=핵에너지라고 하는 테크놀로지가 가지는 과학적, 사회적, 정치적, 이데올로기적 모순 및 그와 연관된 여러 문제와 정면으로 맞붙어 명확하게 분석해내는 것에서 어떤 분명한 가르침을 받을 수 있었기 때문이다.

이『탈원전의 철학』제1부에서 두 저자는 원전과 핵무기의 본질적인 연관을 귄터 안더스와 푸코, 몽테스키외와 낭시 등의 철학자들에 기대어 '핵 종말 불감증의 현 상황'과 '원자력발전과 핵무기의 등가성' 그리고 '절멸 기술과 목적 도착'이라는 주제 아래 보여주고 있으며, 제2부는 원자력 발전 문제를 이데올로기 비판의 과제로서 자리매김하여 원전과 피폭 문제를 둘러싼 '허용치' 이데올로기와 '안전' 이데올로기를 비판적으로 분석한다. 제3부에서는 원전 체제가 근본적으로 구조적인 정치적·사회적 차별 시스템이라는 것을 일본의 전력과 장거리 발·송전 체제의 역사적 형성 '기원'에 대한 해명을 통해 제시하며, 제4부는 공해 문제로부터 후쿠시마 제1원전 사고를 생각하는 가운데 원전 사고가 '아시오 광독 사건'을 비롯한 공해 사건과 동일한 맥락에 놓여 역사적으로 회귀하는 것임을 보여주고 있다. 그리하여 두 저자는 마지막 결론에서 한스 요나스와 자크 데리다를 원용하는 가운데 '탈원전의 철학'으로서 탈원전·탈피폭의 이념과 그 실현을 위한 민주주의의 과제를 제시한다. 요컨대 두 저자는 이『탈원전의 철학』에서 인류가 부딪힌 절박한 과제들을 염두에 두고 탈원전을 바라보는 근본적인 철학적 관점과 이데올로기 비판, 원전 문제의 본질과 역사적 형성 과정, 탈원전·탈피폭을 둘러싼 여러 문제의 연관과 탈원전 실현을 위한 민주주의의 과제를 '탈원전의 철학'으로서 체계적으로 제기하는 것이다. 여기서 특징적인 한 가지 사실을 덧붙이자면, 두 저자의 논의는 철학적 해명과 역사적 분석 및 이념의 제시에 그치지 않는다. 그들은 논의를 탈원전·탈피폭의 실천에 관여해온 비판적 과학자들과 넓은 의미에서의 활동가들에 기반하여 전개함으로써 철학적 문제의식의 본령이 삶 안에 들어온 구체적 과제들에 응답하는 정치적 실천과 하나임을 여실히 보여준다. 물론 두 저자의 논의는 과학의 중립성, 과학과 윤리, 기술과 경제 및 정치의 연관 등의 수많은 논제와의 연관에서 이루어지고 있다.

옮긴이로서는 이제 이『탈원전의 철학』이 우리의 원자력발전 체제나 그 역사적 형성 과정 그리고 발전소의 입지와 이를 둘러싼 사회적·정치적 갈등에 대해, 아니 그것을 넘어서서 우리 한반도를 둘러싼 일본의 원전 현실과 중국 서해안에 늘어선 수많은 원전을 눈앞에 둔 현 상황에 대해 통찰과 총체적 인식 및 그 해결에 대한 절실한 욕구를 일깨우는 데 이바지할 수 있기를 바랄 뿐이다. 도서출판 b의 조기조 대표와 편집부의 신동완, 김장미 선생은 이번의 작업에서도 단순한 수고를 넘어 공통의 인식을 향한 열정을 보여주었다. 언제나 그랬듯이 진심으로 감사드린다.

2021년 5월
학의천 옆 우거에서
옮긴이

찾아보기

425

리어, 린다 341

바리에테 신서 31

탈원전의 철학

초판 1쇄 발행 | 2021년 6월 16일

지은이 사토 요시유키 · 다구치 다쿠미 | 옮긴이 이신철 | 펴낸이 조기조
펴낸곳 도서출판 b | 등록 2003년 2월 23일 제2006-000054호
주　소 08772 서울특별시 관악구 난곡로 288 남진빌딩 302호
전　화 02-6293-7070(대) | 팩시밀리 02-6293-8080
이메일 bbooks@naver.com | 홈페이지 b-book.co.kr

ISBN 979-11-89898-53-3 03100
값 22,000원